BEETHOVEN

COMPLETE PIANO SONATAS IN TWO VOLUMES

Historic Edition with Preface in English, Spanish, Italian, German, and French

EDITED BY ARTUR SCHNABEL

AN ALFRED MASTERWORK EDITION

 © 1949 (Renewed) EDIZIONI CURCI, S.R.L. – Galleria del Corso, 4-20122 Milano, Italy
By Arrangement with EDIZIONI CURCI, S.R.L. – Milano
All Rights Reserved   Printed in USA
ISBN 0-7390-4215-7

Cover art: Bridge Over the Brenta
by Bernardo Bellotto (1721–1780)
Courtesy of Corel Professional Photos

PREFAZIONE DELL'EDITORE

Artur Schnabel è tra i maggiori interpreti di Beethoven. La sua arte pianistica nasce in un ambiente di perfezione sonora, da un attaccamento al testo preso rigorosamente alla lettera. È per questa fedeltà al testo, per questa volontà di realizzare il segno nella sua naturale potenza che la sua personalità d'interprete diventa tramite fedele per dar vita sonora all'immagine grafica, sicchè le sonorità destate alla vita sono, allo stesso tempo, le sue e quelle dell'artista creatore.

Schnabel è stato il *primo*, dopo Hans von Bülow, ad eseguire in cicli di concerti le 32 Sonate, e l'*unico* poi a inciderle su dischi fonografici in occasione della celebrazione del Iº Centenario beethoveniano nel 1927, lasciando così ai posteri un insigne documento della sua arte interpretativa del linguaggio musicale di Beethoven.

La presente revisione è stata curata da Schnabel in base ai manoscritti autografi, alle prime edizioni e a tutte le altre successive più importanti delle Sonate ed essa si aggiunge, con i suoi preziosi suggerimenti tecnico-interpretativi dovuti alla eccezionale erudizione di Schnabel, e quasi immagine visiva delle sue esecuzioni, all'eminente contributo dato da questo grande artista alla diffusione della maggiore opera pianistica di Beethoven. Essa costituisce altresì il testo più perfetto come autenticità e fedeltà all'originale. Nessun arbitrio nella grafia, nessuna semplificazione di dubbio gusto nella esecuzione dei passaggi nè alcun raddoppio in ottava o amplificazione di accordi da parte del revisore vi si riscontrano. Eppure quali stupendi effetti sonori si possono realizzare seguendo i segni tecnico-interpretativi di Schnabel e quante solide cognizioni culturali può trarre lo studioso dalla lettura degli interessanti commenti di ogni Sonata!

Anche la notazione del pedale destro è mantenuta in una linea di estrema sobrietà perchè solo da essa può nascere la purezza per cui il suono si anima, diventa parola e forma, s'intreccia in architetture e contrasti di richiami e ritorni.

Per tutti i suoi indiscussi pregi questa edizione non è soltanto indispensabile per lo studio e la preparazione concertistica, ma essa rappresenta — anche per coloro che già posseggono altre edizioni — un testo da consultarsi in tutti quei casi ove l'esecutore voglia conoscere la giusta via da seguire per non tradire lo spirito di Colui che creò questi immortali capolavori.

PUBLISHER'S PREFACE

Artur Schnabel was one of the greatest interpreters of Beethoven. His pianistic art springs from an ideal perception of sound, with strict adherence to the text. And it is because of this fidelity to the text, this determination to bring out the real significance of the composer's indications, that his personality as interpreter finds the unerring way to give sonorous life to the graphic image. in such manner that the sonorities brought to life are simultaneously his and those of the composer.

Schnabel was the f i r s t, after Hans von Bülow, to perform all 32 of the Sonatas in concert cycles; he was the o n l y one to play all of them on records — for the occasion of the first centenary of Beethoven's death in 1927 — thus leaving to posterity a precious testimony of his art of interpreting Beethoven's musical language.

This edition of Beethoven's piano sonatas was compounded by Schnabel on the basis of manuscripts, first editions and all of the more important later editions. With the wealth of its precious technical and musical advice, reflecting Schnabel's unique knowledge and insight and representing in effect an image of his playing, this edition constitutes part of the eminent contribution by this great artist toward wider knowledge and better understanding of Beethoven's piano works. Furthermore it is characterized by highest authenticity and accuracy. It does not contain any arbitrary notation, nor dubious simplifications in order to facilitate the execution of passages, nor any octave-doublings or filling out of chords by the editor. And yet, what stupendous sound effects can be realized by following Schnabel's directions and how much solid knowledge and profound insight can be gathered by anybody desirous to learn through reading the meaningful commentary to any one of the sonatas!

Also the pedal marks are handled with utmost restraint, this being the only means towards achieving the transparence and purity in which sound is given life, turns into speech, develops form in the intertwining of structures and contrasts within phrases and patterns.

Because of its manifold assets this edition is not only indispensable for study and concertistic preparation, but it represents—also for those who already own other editions—a text to be consulted, in all those cases where the performer desires to know the right way in order to understand, and not to betray, the spirit of the creator ot these immortal masterpieces.

VORWORT DES VERLEGERS

Artur Schnabel war einer der grössten Interpreten Beethovens. Seine Kunst des Klavierspiels entsprang aus einer vollendeten Klangvorstellung, bei strenger, genauer Beachtung des Texts. Dieser Texttreue, diesem Willen, die wahre Bedeutung der Bezeichnungen zu verwirklichen, ist es zu verdanken, dass seine Persönlichkeit als Darsteller den sicheren Weg fand, dem graphischen Bild tönendes Leben zu geben, solcherart, dass die zum Leben erweckten Klangbilder gleichzeitig seine und die des Komponisten sind.

Schnabel war nach Hans von Bülow der *Erste*, der in Konzertzyklen alle 32 Sonaten aufführte; er war der *Einzige*, der sie dann alle auf Schallplatten einspielte, zum Anlass der Feier von Beethovens hundertjährigem Todestage 1927, und damit der Nachwelt ein hervorragendes, bleibendes Zeugnis seiner künstlerischen Darstellung der Tonsprache Beethovens hinterliess.

Die vorliegende Ausgabe wurde von Schnabel auf Grund der Originalmanuskripte, Erstausgaben und aller wichtigeren späteren Ausgaben ausgearbeitet. Mit ihren wertvollen technischen wie musikalischen Ratschlägen, die Schnabels einzigartige Einsicht wiederspiegeln und gleichsam ein Abbild seines Spiels sind, schliesst sich diese Ausgabe dem bedeutenden Beitrag dieses grossen Künstlers zur Verbreitung von Beethovens Klavierwerk an. Sie zeichnet sich ausserdem durch höchste Authentizität und Originaltreue aus. Keinerlei Willkür der Schreibart, keinerlei Erleichterungen und Vereinfachungen zweifelhaften Geschmacks in der Ausführung von Passagen, auch nicht etwa Oktavenverdopplungen oder Akkordverstärkungen seitens des Herausgebers findet man hier. Nichtsdestoweniger, welche gewaltigen Klangeffekte lassen sich verwirklichen, wenn man Schnabels Anweisungen folgt, und welche solide Bereicherung der Bildung kann der Lernbegierige bei der Lektüre der interessanten Kommentare zu jeder Sonate gewinnen!

Auch die Pedalbezeichnungen sind mit äusserster Zurückhaltung gehandhabt, da nur so die Durchsichtigkeit gewährleistet ist, in welcher der Klang sich beseelt, zur Sprache und Form wird und sich in Zusammenhängen und Gegensätzen von Linien und Phrasen verflicht.

Ihres vielfältigen Wertes wegen ist diese Ausgabe nicht nur unentbehrlich für Studium und die Vorbereitung zu Konzerten, sondern sie ist — auch für diejenigen, die schon andere Ausgaben besitzen — ein Text, der in allen jenen Fällen zu Rat gezogen werden sollte, wo dem Ausführenden daran liegt, den rechten Weg zu kennen, um den Geist dessen, der diese unsterblichen Werke schuf, nicht zu verfälschen.

PREFAZIONE DEL REVISORE

Alcune volte, in questa edizione, la diteggiatura potrà sembrare strana. Essa non è stata scelta solo per rendere più facile l'esecuzione, ma allo scopo di stabilire o almeno suggerire — secondo le intenzioni del revisore — la espressione musicale d'un passaggio. Pertanto il revisore è stato spesso guidato dalla concezione pedagogica di un pianoforte non aiutato, per quanto riguarda la sonorità, dal pedale. Nel periodo classico il pedale era usato con moderazione, nei casi indispensabili e raramente come mezzo per il colorito. In base a questa concezione, le indicazioni del pedale sono, in questa revisione, molto limitate. In ogni caso, bisogna cercare di ottenere una buona fusione nei passaggi melodici senza ricorrere all'amalgama sonoro creato dal pedale.

La diteggiatura e i pedali sono quasi esclusivamente del revisore: i testi originali, specialmente quelli dei lavori giovanili, ne sono presso a poco sprovvisti.

Le legature, gli accenti e le indicazioni relative al tocco furono notati occasionalmente dall'autore con tale leggerezza e negligenza — in specie nelle sue prime opere — che il revisore ha ritenuto di avere il diritto, anzi il dovere, di cambiare, abbreviare, prolungare, completare e interpretare i vari casi secondo il suo giudizio, il senso del passaggio ed il buon gusto. Tali cambiamenti non recano indicazioni speciali. Tutte le altre aggiunte del revisore, al contrario, sono indicate in caratteri più piccoli o fra parentesi.

ARTUR SCHNABEL

EDITOR'S PREFACE

Some fingerings in this edition may appear somewhat strange. In explanation of the more unusual ones let it be said that the selection was not made exclusively with a view towards technical facility, but that rather often it originated from the desire to secure — or at least encourage — the musical expression of the passages in question (as the editor feels they should be interpreted). Quite often the editor was also guided by the pedagogic conception of a piano unaided, regarding sonority, by the pedal, which was used sparingly in the classical piano literature, only in case of need and very rarely as a means of colouring. The scanty use of pedal indications in this edition is in accordance with this conception. It should be attempted — and can be achieved — to succeed in rendering melodious, « cantabile » passages, as if cast in one mould, without the aid of pedal-« glue ».

Fingerings and pedal indications are almost without exception by the editor; the original texts, expecially those of the earlier works, contain next to none. The legato slurs as well as the accents and indications relative to touch were occasionally marked by the composer with such obvious, such confusing carelessness and negligence — particularly in the early works — that the editor felt himself not only musically justified, but in duty bound to change them now and then according to his best judgement, sense and taste: to abbreviate, to lengthen, to supplement, to interpret. Changes of this kind are not especially marked. All other additions made by the editor can be recognized either by small type or by parentheses.

ARTUR SCHNABEL

VORWORT DES HERAUSGEBERS

Manche Fingersätze dieser Ausgabe werden vielleicht befremden; zur Erklärung der ungewöhnlicheren sei gesagt, dass die Auswahl nicht ausschliesslich zur Bequemlichkeit der Hände getroffen wurde, dass sie vielmehr häufig dem Wunsche entstammt, den musikalischen Ausdruck der jeweiligen Stellen (wie ihn der Herausgeber meint) zu sichern oder mindestens nahezulegen. Dabei leitete ihn auch oft die erziehliche Vorstellung des Klavieres ohne klangliche Unterstützung durch das Pedal, das in der klassischen Klaviermusik sparsam und im Notfall, und nur sehr selten als Färbungsmittel verwendet wurde. Die Kargheit der Pedalisationshinweise entspricht dieser Auffassung; es ist zu erstreben (und zu erreichen), gesangartige Tonfolgen auch ohne Pedal-Leim wie aus einem Stück geformt erscheinen zu lassen.

Fingersätze und Pedalangaben sind fast ausnahmslos vom Herausgeber; die Originaltexte, zumal der früheren Werke, enthalten beinahe garkeine. Die Bindebogen (wie auch die Akzente und Anschlagarten) sind in den Vorlagen gelegentlich mit so offenkundiger, so verwirrender Flüchtigkeit und Sorglosigkeit aufgezeichnet—hauptsächlich in den Frühwerken—dass der Herausgeber das musikalische Recht, die musikalische Pflicht zu haben glaubte, sie mitunter nach Ueberlegung, Sinn und Geschmack zu ändern: zu verkürzen, zu verlängern, zu ergänzen, zu deuten. Derartige Abweichungen sind nicht besonders kenntlich gemacht. Alle anderen Zusätze des Herausgebers aber sind ersichtlich aus kleiner oder eingeklammerter Schrift.

ARTUR SCHNABEL

PREFACIO DEL REVISOR

La digitación inusitada que encontrerán de vez en cuando en esta edición talvez sorprenderá. Si ella ha sido escogida, no es tanto por la comodidad de los dedos, que con el fin de fijar el caracter de un trozo — o de aconsejar aproximadamente — segun las ideas del revisor. Muchas veces el revisor ha seguido la idea — util desde el punto de vista pedagogico — de un piano al cual faltaria el apoyo del pedal. En la musica clasica se recomienda de no usar el pedal que moderatamente y solo en caso de necesidad; eso tiene que servir raras veces como a colorido. Así bien no se encontrerà prescripto que en muy pocos sitios. El pianista tendrà que esforzarse de tocar la parte melodica de un trozo, sin hacer recurso al pedal. Es posible alcanzarlo al precio de muchos esfuerzos.

La digitación y el pedal son casi exclusivamente de mano del revisor, los textos originales son casi enteramente desprovistos, es allí el caso particular de trabajos de juventud.

En estos textos, las ligaduras (lo mismo que los acentos y las indicaciones relativas al tocar) han sido alguna vez señalada de prisa y con mucha negligencia, y puede dar lugar a faltas; aquí el revisor, se ha creido en el derecho de transformar, abreviar, alargar y completar como le parecia más rasonable y segun el sentido del paso y el buen estilo.

Las trasformaciones de esta especie no estan mencionada como tales.

Por contrario todas las otras añadiduras estan impresa en caracteres pequeños o situada entre paréntesis.

(m. d. = mano derecha — m. s. = mano izquierda).

A. SCHNABEL

La marca / en dirección de una nota indica, segun la opinion del revisor, que aquella nota tiene que ser puesta ligeramente en evidencia; sin embargo, esto no debe ser nunca echo en manera exagerada.

PRÉFACE DE L'ÉDITEUR

Artur Schnabel est parmi les plus grands interprètes de Beethoven. Son art de pianiste est eclos d'un milieu de sonorité parfaite, d'un attachement au texte pris rigoureusement à la lettre. C'est par cette fidelité au texte, par cette volonté de réaliser le but dans sa puissance naturelle que sa personnalité d'exécutant devient une interprétation complète et fidèle et rend une vie sonore au tableau graphique de sorte que les sonorités qui s'y révèlent sont en même temps siennes et celles de l'artiste créateur.

Schnabel a été le premier, après Hans von Bülow à exécuter dans cycles de concerts les 32 Sonates et il a été le seul ensuite à les enregistrer sur disques phonographes à l'occasion de la célébration du premier centenaire de Beethoven en 1927, et a laissé ainsi à la postérité un insigne document de son art interprétatif du langage musical de Beethoven.

L'actuelle révision a été soignée par Schnabel d'après des documents autographes, aux premières éditions et à toutes celles des Sonates les plus importantes et se joint, avec ses précieuses suggestions technico-interprétatives dues à l'exceptionnelle érudition de Schnabel — qui crée une image presque vivante à ses exécutions — à l'éminente contribution donnée par ce grande artiste à la diffusion de la plus importante oeuvre pour piano de Beethoven.

Elle constitue en outre le texte le plus parfait comme authenticité et conformité à l'original. Aucun arbitre dans la graphie, aucune simplification d'un goût douteux dans les passages et aucun doublage en octaves ou amplification des accords de la part du réviseur ne s'y trouve; pourtant quels magnifiques effets de sonorité peut-on réaliser en suivant les indications technico-

interprétatives de Schnabel, et combien de connaissances solides et culturelles peut-on s'approprier à travers la lecture des intéressants commentaires de chaque Sonate!

Aussi la notation de la pedale droite est maintenue sur une ligne d'extrème sobriété, parceque seulement à travers de celle ci peut naître la pureté par laquelle le son s'anime, prend forme et parole et devient expression, s'entrelassant dans une architecture de contrastes de rappels et de retours.

Pour toutes ces indiscutables valeurs, cette édition n'est pas seulement indispensable à l'etude et à la préparation des concertistes, mais elle représente — aussi pour ceux qui possèdent d'autres éditions— un texte à consulter dans le cas ou l'exécuteur voudrait connaître la juste voie à suivre pour ne pas trahir l'esprit de Celui qui créa ces chefs d'oeuvre immortels.

PREFACIO DEL EDITOR

Artur Schnabel es uno de los mayores intérpretes de Beethoven. Su arte pianística nace en un ambiente de perfeccion sonora, de un respecto al texto al pié do la letra. Es por esta fidelidad al texto, por esta voluntad de realizar el signo en su natural potencia que su personalidad de intérprete se hace trámite fiel para dar vida sonora a la imágen gráfica, así que las sonoridades despertadas a la vida son, al mismo tiempo, las suyas y las del artista creador.

Schnabel ha sido el *primero*, después de Hans von Bülow, a ejecutar en ciclos de conciertos las 32 Sonatas, y el *único*, después, a grabarlas todas sobre discos fonográficos en ocasion de la celebración del I Centenario beethoveniano en 1927, dejando así a la posteridad un insigne documento de su arte interpretativa del lenguaje musical de Beethoven.

La presente revisión ha sido cuidada

por Schnabel en base a los manuscritos autógrafos, a las primeras ediciones y a todas las demas sucesivas más importantes de las Sonatas y ella se añade, con sus preciosas sujeréncias técnico-interpretativas debidas a la erudición excepcional de Schnabel y casi imágen visiva de sus ejecuciones, a la eminente cooperación dada por este gran artista a la difusión de la mayor obra pianística de Beethoven. Ella constituye además el texto más perfecto como autenticidad y fidelidad al original.

Ningún arbitrio en la grafía, ninguna simplificación de dudoso gusto en la ejecución de los pasajes ni ningún redoblamiento en octava o amplificación de acordes por parte del revisor se encuentran en él.

No obstante, ¡ cuales estupendos efectos sonoros pueden realizarse siguiendo los signos técnicos-interpretativos de

Schnabel y cuantos sólidos conocimientos culturales puede sacar el estudioso de la lectura de los interesantes comentarios de cada Sonata!

También la notación del pedal derecho está mantenida en una línea de extrema sobriedad porque tán solo de ella puede nacer la pureza por la que el sonido se anima, se vuelve palabra y forma, se enlaza en arquitecturas y contrastes de llamadas y retornos.

Para todos sus indiscutibles méritos esta edición no es tán solo indispensable para el estudio y la preparación concertística, sino que representa, aún para aquellos que ya posèen otras ediciones, un texto para consultar en todos aquellos casos en los que el ejecutante quiera conocer el camino justo que ha de seguir para no traicionar el espíritu de Aquel que creó a estas immortales obras maestras.

PRÉFACE DU REVISEUR

Le doigté inusité que l'on trouvera par endroits dans cette édition surprendra peut-être. Elle a été choisie moins pour la commodité des doigts que dans le but de fixer le caractère d'un passage — ou de le suggérer d'une façon approximative — selon les intentions du réviseur.

Souvent le réviseur a suivi l'idée — utile au point de vue pédagogique — d'un piano auquel manquerait l'appui de la pédale. Dans la musique classique, il est recommandable de ne faire usage de la pédale que modérément, en cas d'urgence; elle ne doit servir que rarement de « colorant ». Aussi bien ne la trouvera-t-on prescrite qu'à fort peu d'endroits. Le pianiste devra s'efforcer de jouer les passages mé-

lodiques « comme d'une pièce », sans avoir recours à la pédale. Il est possible d'y parvenir au prix de certains efforts.

Le doigté et les pédales sont presque exclusivement de la main du réviseur; les textes originaux en sont à peu près entièrement dépourvus; c'est là le cas en particulier des oeuvres de jeunesse.

Dans ces textes, les arcs (de même que les accents et les indications relatives au jeu) ont été parfois notés très fugitivement et avec beaucoup de négligence, pouvant donner lieu à des erreurs; ici le réviseur s'est cru le droit et même le devoir de transformer, de raccourcir, de rallonger, de compléter selon que le lui dictaient la raison, le sens du passage, le bon goût.

Les transformations de ce genre ne sont pas mentionnées comme telles. Par contre toutes les autres adjonctions du réviseur sont imprimées en petits caractères ou placées entre crochets.

(m. d. = main droite | m. s. = main gauche)

A. SCHNABEL

Le signe | en direction d'une note indique, selon l'opinion du réviseur, qu'il faut donner du rilief à cette note; toutefois on ne doit jamais faire ceci d'une manière exagérée.

INDEX

Volume I

Volume II

SPIEGAZIONE DEI SEGNI ADOTTATI DA A. SCHNABEL NEL TESTO MUSICALE

I numeri romani indicano i periodi musicali che non corrispondono alla forma simmetrica tradizionale di 8 misure o di due volte 4 misure (in cui la prima e la terza misura hanno maggior rilievo). Anche nei periodi irregolari, la prima misura deve essere sempre più accentuata mentre l'ultima è più debole.

I segni ⌈ e ⌉ indicano l'inizio e la fine delle frasi, le semifrasi, i membri di frasi e, talvolta, gli incisi.

I segni ⌈⌉ ⌈⌉ indicano una frase che viene suddivisa, a sua volta, in parti minori.

Il segno (ꝑ) significa un brevissimo respiro.

La freccia orizzontale → segnala quei punti ove sussiste il pericolo di una interruzione dovuta a una figurazione secondaria o ad una pausa. La freccia serve come avvertimento a non effettuare tale interruzione.

La freccia verticale ↕ indica, negli accordi arpeggiati e negli abbellimenti, quale nota (la prima o l'ultima) deve essere suonata in battere.

Il segno ╱ in direzione di una nota serve a indicare che, secondo l'opinione del revisore, quella nota deve essere messa leggermente in evidenza; tuttavia, ciò non deve mai essere fatto in misura esagerata.

Tutte le indicazioni dinamiche, agogiche e interpretative stampate in carattere piccolo, nonché i segni dinamici e di fraseggio messi fra parentesi, sono del revisore.

EXPLANATION OF THE SIGNS USED BY A. SCHNABEL IN THE MUSICAL TEXT

The Roman numerals point out those periods of bars which do not correspond to the traditional, symmetrical form of 8 bars or twice 4 bars (in which the first and third bars are emphasized). Also in the irregular periods the first bar should always be considered as stressed and the last as weakest.

The signs ⌈ and ⌉ mark beginning and end of phrases, half-phrases, parts of phrases and, occasionally, insertions.

The signs ⌈⌉ ⌈⌉ refer to phrases which are, in turn, subdivided into parts of phrases.

The sign (ꝑ) recommends a very short breathing pause (cæsura).

The horizontal arrow → points out places where there is danger of interruption of a motive by subordinate figuration or by a rest. The arrow serves as a warning against such interruption.

The vertical arrow ↕ indicates whether in broken chords (arpeggio), embellishments and grace notes the first or the last note should be played on the beat.

The sign ╱ pointing to a note indicates that, in the editor's opinion, this note should be slightly emphasized. This stress, however, should never be exaggerated.

m. d. = right hand; m. s. = left hand.

All those indications referring to dynamics, tempo and interpretation which are put in parentheses or appear in small type are by the editor.

ERKLAERUNG DER VON A. SCHNABEL IM MUSIKALISCHEN TEXT VERWENDETEN ZEICHEN

Die römischen Zahlen weisen auf solche Perioden von Takten, die nicht der traditionellen, symmetrischen Form von 8 Takten oder zweimal 4 Takten (in denen der erste und dritte betonte Takte sind) entsprechen. Hingegen ist auch in den unregelmässigen Perioden stets der erste Takt als betont und der letzte als unbetont zu betrachten.

Die Zeichen ⌈ und ⌉ bezeichnen Anfang und Ende von Phrasen, Halbphrasen, Teilen von Phrasen und bisweilen von Einschaltungen.

Die Zeichen ⌈⌉ ⌈⌉ beziehen sich auf Phrasen, die ihrerseits aus Teilphrasen bestehen.

Das Zeichen (ꝑ) empfiehlt eine sehr kurze Atempause (Zäsur).

Der waagerechte Pfeil → zeigt Stellen an, wo die Gefahr der Unterbrechung eines Motivs durch untergeordnete Figurationen oder durch eine Pause besteht. Er soll vor solcher Unterbrechung warnen.

Der senkrechte Pfeil ↕ zeigt an, ob beim « Arpeggio » oder bei Vorschlägen und Verzierungen die erste oder die letzte Note mit dem Haupttaktteil gespielt werden soll.

Das Zichen ╱ in Richtung auf eine Note bedeutet, dass nach der Meinung des Herausgebers diese Note leicht hervorgehoben werden muss; jedoch soll dies niemals in übertriebener Form gemacht werden.

m. d. = rechte Hand; m. s. = linke Hand.

Alle dynamischen, agogischen und auf die Interpretation bezüglichen Angaben, die in Klammern gesetzt sind oder im Kleindruck erscheinen, sind vom Herausgeber.

For French and Spanish notes see page 530

SONATA N. 18

Composta nel 1802-03
Pubblicata nel 1804
presso Naegeli, a Zurigo

Op. 31 N. 3

a) Corona della durata di cinque quarti circa, ritardati perchè il ritardando continua fino all'inizio della battuta successiva.

a) Fermata of about 5 crotchets; crotchets gradually becoming slower, however, because the ritardando is still in effect.

a) Fermate etwa 5 Viertel, verlangsamte Viertel aber, weil das ritardando noch gilt.

— a) Point d'orgue d'une durée d'environ 5 temps ralentis, le ritardando s'étendant encore jusqu'ici.

a) Calderón de la duración de alrededor cinco cuartos, retardados porque el «ritardando» se prolunga hasta el principio del compás siguiente.

b) Per ottenere un'esecuzione più legata si consiglia di suonare i due *si b* alla sesta croma con la mano destra.

b) *In order to obtain a better legato, both b flats on the sixth quaver can be taken with the right hand.*

b) Ein besseres legato zu erreichen, könnte man bei dem sechsten 8tel beide «b» mit der rechten Hand nehmen.

b) *Pour obtenir un meilleur legato, on pourrait prendre, à la sixième croche, les deux si bémol de la main droite.*

b) Para alcanzar una ejecución más ligada se aconseja de tocar los dos *si b* a la sexta corchea con la mano derecha.

a) Secondo il revisore, il *f* sul primo quarto è un errore. Egli eseguisce *p* le due prime semiminime della destra, mentre la semiminima sul 2° quarto nella mano sinistra deve essere eseguita *f* (accentuando la nota inferiore), anzi *sf*, come anche le tre semiminime seguenti. I quattro *f* devono dare un effetto imprevisto: essi dominano e caratterizzano questo passaggio.

a) *In the editor's opinion the f on the first beat seems incorrect. He plays both crotchets in the right hand p, the second beat in the left hand, however, f (stressing the lower note), or rather sf as also the following 3 notes. These four f must come surprisingly; they dominate and characterise this place.*

a) *f* zum ersten 4tel erscheint dem Herausgeber unrichtig; er spielt die beiden 4tel rechte Hand *p*; das zweite 4tel in der linken aber *f* (mit Betonung der unteren Note), vielmehr *sf*, wie die folgenden 3 Töne. Die 4 *f* müssen überraschend eintreten, sie beherrschen und bezeichnen die Stelle.

For French and Spanish notes see page 473

a) Vedi pag. 8 a)

a) See page 8 a)

a) Siehe Seite 8 a)

a) In parecchie edizioni il *p* è posto sulla seconda croma: evidentemente è un errore.
b) Vedi pag. 7 a)

a) Some editions have *p* on the second quaver which is obviously a mistake.
b) See page 7 a)

a) *p* erst zum zweiten 8tel, wie es manche Ausgaben haben, ist sicherlich falsch.
b) Siehe Seite 7 a)

a) *Dans plusieurs éditions, le p n'est placé que sur le deuxième demi-temps; c'est certainement une erreur.*

a) En muchas ediciones el *p* está puesto encima de la segunda corchea: evidentemente es un error.

a) Vedi pag. 7 a)   a) See page 7 a)   a) Siehe Seite 7 a)

a) Vedi pag. 10 a)
b) Vedi pag. 10 b)

a) See page 10 a)
b) See page 10 a)

a) Siehe Seite 10 a)
b) Siehe Seite 10 b)

a) Vedi pag. 7 a)   a) See page 7 a)   a) Siehe Seite 7 a)

SCHERZO

Allegro vivace (♩=100)

a) Corona della durata di tre quarti circa, senza pausa respiratoria.

a) *Point d'orgue d'environ 3 temps; pas
de pause respiratoire.*

a) *Fermata of about 3 beats; no pause.*

a) Fermate etwa 3 Viertel: keine Luftpause.

a) Calderón de la duración de alrededor tres cuartos, sin pausa respiratoria.

a) È evidente che in questo passaggio le quattro semicrome sono state modificate perchè il pianoforte di Beethoven non arrivava oltre al *fa* superiore. Il modo in cui Beethoven ha superato questa difficoltà è particolarmente attraente. In ogni caso, non conviene sacrificare la soluzione imposta da Beethoven e che egli ha scelto fra molte altre, per sostituirvi la forma che avrebbe dato a questo passaggio se avesse avuto a sua disposizione un pianoforte moderno. Il fatto di non averlo dato il risultato di offrire una maggiore varietà di forma.

b) Non è possibile accertare dai testi se qui, come in seguito, gli accenti *sf* siano stati omessi volutamente o siano stati dimenticati. Ovunque essi mancano, il revisore dà un'esecuzione uniforme, senza alcun accento.

a) *It is obvious that Beethoven changed the melodic line of these 4 semiquavers because his keyboard did not extend beyond f. The manner in which he overcame this limitation is, however, particularly attractive. In no case is it permissible to sacrifice this forced solution (which he most certainly selected among many possibilities) by substituting it with the form Beethoven would have given it, had he had a piano of modern range. He did not have it and that actually results in a greater variety.*

b) *From the texts examined, it cannot be ascertained whether here and further on the sf marks have been omitted intentionally or forgotten. The aditor plays the quavers (here and wherever else the sf marks are missing) without accent.*

a) Die vier 16tel sind hier zweifellos **nur** verändert, weil Beethovens Klavier keinen höheren Ton als das dreigestrichene «f» hatte; wie er den Mangel überwand, ist jedoch von besonderem Reiz; es geht keineswegs an, die ganz gewiß unter vielen Möglichkeiten ausgewählte Notlösung zu opfern und durch die Gestalt zu ersetzen, die Beethoven, über ein Klavier heutigen Umfangs verfügend, der Stelle gegeben hätte. Er hatte es eben nicht, und daraus ergibt sich schließlich noch eine größere Mannigfaltigkeit.

b) Ob hier und später die Akzentzeichen (*sf*) absichtlich fortgelassen oder hier vergessen wurden, läßt sich nach den Vorlagen nicht entscheiden; der Herausgeber spielt die 8tel hier, wie überall, wo das *sf* fehlt, unbetont.

MINUETTO

Moderato e grazioso (♩=96)

a) Le grandi legature superiori sono del revisore: esse non indicano il tocco, ma il fraseggio.

a) *The upper, long slurs are by the editor. They do not refer to legato but to phrasing.*

a) Die oberen, großen Bögen sind vom Herausgeber und geben nicht den Anschlag, sondern die Phrasierung an.

c) Il trillo senza risoluzione:

c) *Trill without after-beat:*

c) Triller ohne Nachschlag:

For French and Spanish notes see page 473

28

a) Vedi pag. 27 b)　　　　　a) See page 27 b)　　　　　a) Siehe Seite 27 b)

b) Vedi pag. 27 c)　　　　　b) See page 27 c)　　　　　b) Siehe Seite 27 c)

c) Le legature superiori sono del revisore.　　c) *The upper slurs are by the editor.*　　c) Die oberen Bögen sind vom Herausgeber.

a) *Les liaisons supérieures sont du re-　　a) Las ligaduras superiores son del reviseur.*　　visor.

a) La legatura è autografa.

a) *Slur by Beethoven.*

b) oppure:
or:
oder:

o anche:
or possibly:
allenfalls auch:

c) Corona della durata di 7 crome, senza pausa.

d) Corona della durata di 2 battute e mezza circa.

c) *Length of Fermata 7 quavers, not followed by a pause.*

d) *Fermata of about 2½ measures!*

c) Fermate 7 Achtel; Keine Luftpause.

d) Fermate etwa 2½ Takte!

For French and Spanish notes see page 473

a) Corona della durata di una battuta circa: poi una pausa di mezza battuta.

a) Fermata of about one measure, to be followed by a pause of half a measure.

a) Fermate etwa ein Takt; danach ein halber Takt Luftpause.

a) Point d'orgue d'une mesure environ; ensuite une pause respiratoire d'une demi-mesure.

a) Calderón de la duración alrededor de un compás: después un silencio de medio compás.

a) La legatura è del revisore.　　　　a) *The slurs are by the editor.*　　　　a) Bögen vom Herausgeber.

a) *La liaison est du reviseur.*　　　　a) *La ligadura es del revisor.*

a) Le legature sono del revisore.
a) The slurs are by the editor.
a) Bögen vom Herausgeber.

a) Les liaisons sont du reviseur.
a) Las ligaduras son del revisor.

a) Legatura autografa.
b) Vedi pag. 32 b)

a) *Slur by Beethoven.*
b) See page 32 b)

a) Bogen autograph.
a) Siehe Seite 32 b)

a) *Liaison autographique.*

a) Ligadura autógrafa.

a) Legature autografe anche nelle 3 battute seguenti.

a) *Liaisons autographiques; de même aux 3 mesures suivantes.*

a) *Here and in the following 3 bars the slurs are by Beethoven.*

a) Bögen, auch in den folgenden 3 Takten autograph.

a) Ligadura autografa, tambien los tres compases siguientes.

a) Corona di una battuta e mezza circa (al massimo), senza pausa respiratoria.

a) Fermata not longer than 1½ measures; no breathing pause.

a) Fermate 1½ Takte lang (höchstens); keine Luftpause.

a) Point d'orgue d'environ 1 ½ mesures (au maximum); pas de pause respiratoire.

a) Calderón alrededor de un compás y medio (como maximo), sin pausa.

a) Al contrario dell'accordo che si trova 10 battute prima, questo accordo non è arpeggiato nè nell'Urtext nè nell'Edizione Critica Generale. Il revisore non ritiene si tratti di una negligenza, ma piuttosto che ciò fosse nelle intenzioni di Beethoven.

b) Vedi pag. 41 a)

a) Neither Urtext nor Kritische Gesamtausgabe have an arpeggio mark here, in contrast to the chord ten measures earlier. The editor thinks that Beethoven intended this dissimilarity and not that the texts are inaccurate.

b) See page 41 a)

a) Urtext wie Gesamtausgabe haben hier kein Arpeggio - Zeichen, im Gegensatz zu dem Akkord, der 10 Takte früher eintritt. Der Herausgeber sieht in dieser Verschiedenheit keine Nachläßigkeit der Texte, sondern eine Vortragsanweisung Beethovens.

b) Siehe Seite 41 a)

a) Au contraire de l'accord placé 10 mesures plus haut, ici, nous ne trouvons de signe d'arpège ni dans le texte original, ni dans l'Edition Critique Générale Le reviseur ne croit pas à une négligence, il est plutot d'avis qu'il s'agit bien d'une application indiquée par Beethoven lui même.

a) Contrariamente al acorde que se encuentra 10 compases antes, este acorde no es arpegiado ni en el texto original, ni en la Edición Critica General. El revisor no opina sea cuestion de una negligencia, pero más bien que esto fuese en las intenciones de Beethoven.

SONATA FACILE N. 19

(a)

Composta nell'anno 1799
Pubblicata in gennaio 1805
presso il "Bureau des arts
et de l'industrie" di Lipsia

Op. 49 N. 1

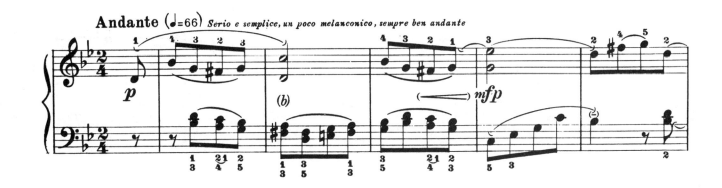

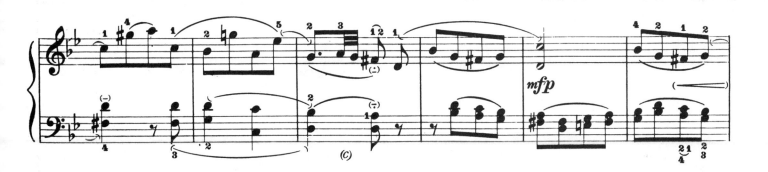

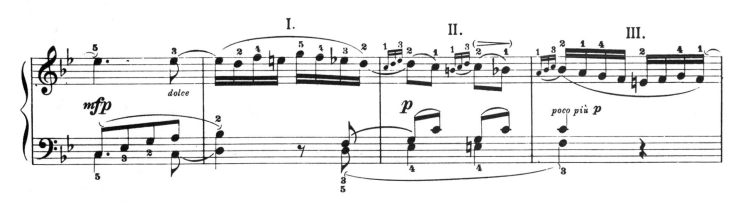

a) Il titolo « Sonata facile » è di Beethoven.
b) Anche nell'Edizione Critica Generale si trova qui *mfp* che manca nell'Urtext. Il revisore ha adottato la versione dello Urtext.
c) L'Edizione Critica Generale ha una legatura dal *re* al *re* (nella mano sinistra): questa legatura non si trova nell'Urtext, la cui versione il revisore ha adottato.

a) *The title « Easy Sonata » is Beethoven's own.*
b) *The Kritische Gesamtausgabe has mfp here too, but not the Urtext. The editor follows the Urtext.*
c) *The Kritische Gesamtausgabe has a tie from d to d in the left hand, but not the Urtext; again the editor follows the Urtext.*

a) Die Bezeichnung « Leichte Sonate » stammt von Beethoven selbst.
b) Die Kritische Gesamtausgabe hat auch hier *mfp*; der Urtext hingegen nicht. Der Herausgeber folgt dem Urtext.
c) Die Kritische Gesamtausgabe hat (linke Hand) einen Haltebogen von «d» zu «d»; der Urtext, dem der Herausgeber wiederum folgt, nicht.

For French and Spanish notes see page 474

44

a) oppure (meno consigliabile):
or (*less recommendable*):
oder (weniger empfehlenswert):
ou bien (*moins recommandable*):
o bien (poco aconsejado):

b) Secondo il revisore, il trillo deve essere eseguito senza risoluzione.

b) *In the editor's opinion the trill should be played without after-beat.*

b) *A l'avis du reviseur, le trille doit être exécuté sans note complémentaire*

b) Nach der Ansicht des Herausgebers ist der Triller ohne Nachschlag auszuführen.

b) Segun el revisor, el trino tiene que ser ejecutado sin nota de complemento.

a) Corona (aggiunta dal revisore) del valore di tre crome circa in tempo ritenuto. Continuare senza pausa respiratoria.
b) Vedi pag. 44 a)

a) *Fermata (by the editor) about 3 quavers (in ritenuto), not followed by a breathing pause.*
b) See page 44 a)

a) Fermate (des Herausgebers) etwa 3 Achtel — im rit. — wert; keine Luftpause danach!
b) Siehe Seite 44 a)

a) *Point d'orgue (ajouté par le reviseur), d'une valeur d'environ trois demi-temps en ritenuto; continuez sans faire de pause.*

a) Calderón (adjunto por el revisor) de la duración de alrededor 3 corcheas en tiempo retenido. Continuar sin pausa respiratoria.

RONDÒ

Allegro (♩.=112-120)

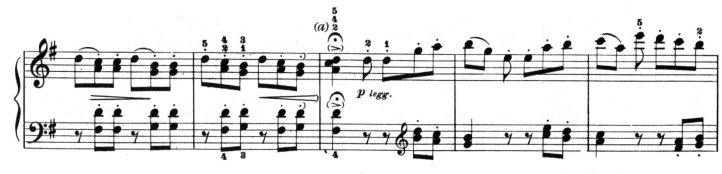

a) Corona della durata di cinque crome circa, senza pausa.

a) *Fermata about 5 quavers; continue without breathing pause!*

a) Fermate etwa 5 Achtel; ohne Luftpause weiter.

a) *Point d'orgue d'une valeur d'environ 5 croches; continuez sans faire de pause.*

a) Calderón de la duración de alrededor cinco corcheas, sin pausa.

a) Vedi pag. 48 a) | a) See page 48 a) | a) Siehe Seite 48 a)

54

a) Corona della durata di 8 crome circa, senza pausa respiratoria.

a) *Fermata about 8 quavers; continue without breathing pause!*

a) **Fermate etwa 8 Achtel; keine Luftpause danach!**

a) *Point d'orgue d'une durée d'environ huit croches; continuez sans faire de pause!*

a) Calderón de la duración de 8 corcheas, sin pausa.

SONATA FACILE N. 20

(a)

Composta nell'anno 1799
Pubblicata in gennaio 1805
presso il "Bureau des arts
et de l'industrie„ di Lipsia

Op. 49 N. 2

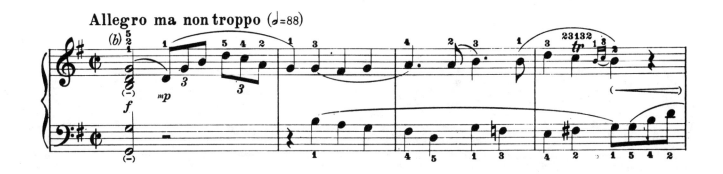

I.

---

a) Il titolo « Sonata facile » è di Beethoven.
b) La maggior parte delle legature sono del revisore. Nel testo originale quasi non ne esistono.

c)

---

a) *The title « Easy Sonata » is Beethoven's own.*
b) *Most of the slurs are by the editor. The original texts have practically none.*

c)

---

a) Die Bezeichnung «Leichte Sonate» stammt von Beethoven selbst.
b) Die meisten Bögen sind vom Herausgeber. Die Vorlagen haben fast garkeine.

c)

---

a) *La dénomination « Sonate facile » est de Beethoven.*
b) *La plupart des liaisons sont du reviseur. Les textes originaux n'en présentent presque pas.*

---

a) El titulo «Sonata facile» es de Beethoven.
b) La mayor parte de las ligaduras son del revisor. En el texto original casi no existen.

Tempo di Minuetto (♩=120)

grazioso, molto semplice

molto p, semplice

dolce

I. II. (♩=126) III.

SONATA N. 21

Dedicata al Conte von Waldstein

Composta nell'anno 1804
Pubblicata in maggio 1805
presso il "Bureau des arts
et de l'industrie „ di Lipsia

Op. 53

a) Corona del valore di 6 quarti circa.
Continuare senza pausa respiratoria.

a) *Fermata about 6 crotchets, not followed
by a pause.*

a) **Fermate** etwa sechs Viertel; keine
Luftpause danach!

a) *Point d'orgue d'environ six temps; ne
pas faire suivre d'arrêt respiratoire!*

a) Calderón de alrededor 6 cuartos de
duración. Continuar sin pausa respiratoria.

a pag. 83 — page 83 — Seite 83 — page 83

a) Secondo il revisore il *pp* deve esser posto sulla seconda croma, perciò la prima croma deve essere eseguita ancora *p* come **a pag. 83** terzo rigo, prima battuta.

a) *In the editor's opinion the pp should not start before the second quaver; the first quaver still p, as on* **page 83** *line 3, bar 1.*

a) Nach der Ansicht des Herausgebers soll *pp* erst beim zweiten Achtel eintreten, das erste noch *p* sein; wie Seite **83**, System 3, Takt 1.

a) *A l'avis du reviseur, le pp ne se place qu'au deuxième demi-temps; la première croche est donc à exécuter encore p comme la première mesure au troisième alinéa de la* **page 83**

a) Segun el revisor el *pp* tiene que estar en la segunda corchea, de modo que la primera corchea tiene que ser ejecutada todavia *p* como en la **pag. 83** tercer renglón, primer compás.

a) Czerny mette qui un *la b* invece di *si b*: ritengo che debba essere *si b*.

a) *Czerny has* a-flat *here instead of* b-flat, *but* b-flat *is surely correct.*

a) Czerny hat hier «as» statt «b»; «b» aber ist sicherlich richtig.

a) *Czerny met ici un* la b *en place du* si b; si b *est certainement juste.*

a) Czerny pone aqui un *la b* en lugar de un *si b*; se cree que tenga que ser un *si b.*

a) Vedi pag. 65 a)   a) See page 65 a)   a) Siehe Seite 65 a)

<table>
<tr><td>a) Il revisore trova accettabile questa esecuzione, pur non usandola lui stesso:</td><td>a) *The editor considers the following distribution suitable, though he himself plays this place in the original distribution:*</td><td>a) Eine Ausführung, die dem Herausgeber, obgleich er sie nicht anwendet, brauchbar erscheint:</td></tr>
</table>

<table>
<tr><td>a) *Le reviseur, quoique lui-même n'en use pas, trouve ce mode d'exécution acceptable:*</td><td>a) El revisor encuentra aceptable esta ejecución, aunque no empleandola él mismo:</td></tr>
</table>

81

a) Nel manoscritto e nelle due prime edizioni, la sesta semicroma non è un *fa*, è un *re*: ma il *fa* è senza dubbio corretto.

a) *In the manuscript, as well as in both First Editions, the sixth semiquaver is not f but d, but f is unquestionably correct.*

a) Im Manuskript und in den beiden Erstausgaben ist das sechste Sechzehntel nicht «f», sondern «d»; «f» dürfte aber zweifellos richtig sein.

a) *Dans le manuscript et les deux éditions primitives, la sixième double-croche n'est pas un fa², mais un re², c'est cependant le fa² qui devrait être juste.*

a) En el manuscrito y en las dos primeras ediciones la sexta semicorchea no es un *fa*; es un *re*: pero tiene que ser un *fa*.

a) Il revisore consiglia di adottare la divisione seguente:

a) *The editor recommends the following rhythmical distribution:*

a) Der Herausgeber empfiehlt folgende Einteilung:

presso a poco come una terzina di crome
somewhat like a quaver triplet
etwa wie eine Achtel-Triole

For French and Spanish notes see page 474

a) Corona della durata di due quarti circa, senza pausa.

b) Corona della durata di tre quarti circa, poi continuare senza pausa.

c) Corona della durata di tre quarti circa, facendo attenzione che si trova su di un ritardando che principia dalla battuta precedente e continua poi fino all'« a tempo ».

a) *Length of Fermata about 2 crotchets, continue without break.*

b) *Length of Fermata about 3 crotchets, then continue into the next bar without break.*

c) *Length of Fermata about 3 crotchets, but — note this carefully — within the ritardando, which began in the previous bar, and should be carried through up to the " a tempo ".*

a) Fermate etwa zwei Viertel; keine Luftpause danach.

b) Fermate etwa drei Viertel; ohne Pause zum folgenden Takt.

c) Fermate etwa drei Viertel, aber — wohlgemerkt — in einem ritardando, das schon im Takt davor begann und bis zum a tempo fortgesetzt wird.

a) *Point d'orgue d'environ deux temps; ne pas faire suivre d'arrêt respiratoire.*

b) *Point d'orgue d'environ trois temps; enchaîner sans faire d'arrêt.*

c) *Point d'orgue d'environ trois temps mais — bien entendu — en un ritardando commençant déjà à la mesure précédente, et se continuant jusqu'à l'a tempo.*

a) Calderón de la duración alrededor de dos cuartos, sin pausa.

b) Calderón de la duración alrededor de tres cuartos, después continuar sin pausa.

c) Calderón de la duración alrededor de tres cuartos, poniendo atención que se encuentra encima de un «ritardando» que empieza desde el compás precedente y continua después hasta al « a tempo ».

INTRODUZIONE

Adagio molto (♪=circa 44)

a) Riteniamo assolutamente scorretto ese-guire le note della mano sinistra un'ottava più bassa, come viene consigliato in molte edizioni.

a) To play the left hand here an octave lower, as indicated in many editions, is absolutely inadmissible.

a) Hier die linke Hand, wie viele Aus-gaben tun, eine Oktave tiefer spielen zu lassen, ist unbedingt unstatthaft.

a) Il est absolument incorrect de descen-dre d'une octave la main gauche ainsi que le conseillent beaucoup d'éditions.

a) Nos parece absolutamente incorrec-to ejecutar las notas de la mano izquier-da una octava mas baja, como aconsejan en muchas ediciones.

88

a) Questa esecuzione, un po' facilitata, è però buona e conforme allo stile:

b) Nell'Urtext e nella prima edizione, la legatura si trova soltanto sui *do* (settima e ottava semicroma) mentre il *si b,* che non è legato, dovrebbe essere ripetuto. Questa indicazione può sembrare apparentemente strana a molti, e molte edizioni, ritenendo sia un errore, propongono una delle esecuzioni seguenti:

(Legatura su ambedue le note). Ma ciò non sembra possibile, perchè non vi sarebbe il movimento indispensabile dalla settima all'ottava semicroma. Oppure:

(Legatura del *si b* inferiore). Questo secondo esempio può basarsi sulla progressione *fa diesis, sol, la, si b, do,* ed è certamente migliore: tuttavia, il revisore non l'accetta. Egli si conforma all'indicazione dell'originale e trova che il movimento contrario:

abbia una speciale attrattiva, un'espressione penetrante e sia un mezzo ammirevole per dare al passaggio il suo giusto valore e salvarlo dalla banalità di certe esecuzioni come la seguente:

a) The following, somewhat facilitated arrangement, sounds well and also makes sense:

b) The Urtext, following the First Edition, has (from the seventh to the eighth semiquaver) a tie only for c, consequently b-flat should be repeated. This indication seems apparently strange to many; for, most editions, considering it to be an error, substitute one of the two other possible solutions;
either:

(ties for both notes; but this is really impossible because the indispensable movement from the seventh to the eighth semiquaver would not take place);
or:

(tie for b-flat instead of c). This second example can be justified through the progression f-sharp-g-a b-flat-c and is certainly preferable to the previous example. But even this example is not acceptable to the editor. He plays this place according to the original notation and sees precisely in the contrary motion:

a special attraction, an emphatic expression and an admirable way of preventing this passage from becoming trivial, such as:

a) Folgende, etwas erleichternde Ausführung klingt auch sinngemäß und gut:

b) Der Urtext, der Originalausgabe folgend, hat vom siebenten zum achten Sechzehntel nur für «c» einen Haltebogen: also soll «B» *zweimal* angeschlagen werden. Diese Vorschrift ist offenbar für viele sehr befremdend, denn die meisten Ausgaben ersetzen sie, die als Irrtum angesehen wird, durch eine der beiden anderen hier möglichen Lösungen, entweder:

(Bögen für beide Töne, eigentlich aber doch unmöglich, weil die unerläßliche Bewegung vom siebenten zum achten Sechzehntel nicht stattfindet), oder:

(Bogen für «B» große Oktave, statt für «c» kleine Oktave); das zweite Beispiel kann mit der Stufenfolge «Fis G A B» große Oktave, «c» kleine Oktave begründet werden und ist gewiß das bessere; aber auch ihm kann sich der Herausgeber nicht anschließen. Er spielt jedenfalls nach der Originalnotation und sieht gerade in der Gegenbewegung:

einen besonderen Reiz, eindringlichen Ausdruck und ein bewundernswertes Mittel, die Stelle vor einer billigeren Gestalt zu bewahren, etwa der nachstehenden:

For French and Spanish notes see page 574

attacca subito il Rondo

a) Corona della durata di quattro semi-crome in tempo largo e ritenuto. Lo *sfz* deve conformarsi alle indicazioni dinamiche precedenti e seguenti, ed essere soltanto un accento chiaro e melodico. Il quarto dito non lascia il *sol* che all'attacco della prima croma del Rondò con l'abbassamento del pedale.

a) *Length of Fermata about 4 semiquavers - broadening semiquavers as required by the ritardando. The strength of the sf should be in proportion to the pp preceding and following it: just a bright, mellow accent. The fourth finger should not leave the g before the first quaver of the Rondo enters (and with it the pedal).*

a) Fermate etwa vier Sechzehntel — im rit. — lang. Das *sfz* den Tonstärken ange-paßt, die davor und danach angegeben sind; ein heller, weicher Akzent nur. Der vierte Finger verlasse das «g» erst, wenn das erste Achtel des Rondo, mit ihm das Pedal, eintritt.

a) *Point d'orgue d'une valeur de quatre double-croches en rit. large. Le sfz, se conformant aux indications dynamiques pré-cédentes et suivantes, ne doit être qu'un accent clair et mélodieux. Le quatrième doigt ne quitte le sol² qu'à l'attaque de la première croche du Rondo et avec l'abais-sement de la pédale.*

a) Calderón de la duración de cuatro semicorcheas en tiempo largo y retenido; el *sfz* tiene que conformarse a las indi-caciones dinamicas precedentes y siguien-tes; tiene que ser solamente un acento claro y melodico. El cuarto dedo no deja el *sol* que al principio de la primera cor-chea del Rondò y del pedal.

RONDO

Allegretto moderato (♩=circa 112)

leggierissimo, ma ben legato

a) Il pedale è autografo e *deve* essere rispettato. Un cambiamento di pedale alla terza e alla quarta battuta distruggerebbe l'effetto voluto, ossia la continuazione ininterrotta del suono della nota fondamentale fino all'attacco della nota fondamentale seguente.

a) *Pedal mark by Beethoven which must be carried out. To change the pedal in the third and fourth bar would defeat the very apparent intention of always letting the bass note sound until the next bass follows.*

a) Pedal autograph; *muss* befolgt werden! Pedalwechsel im dritten und vierten Takt würde die offenkundige Absicht, den Grundton immer so lange klingen zu lassen, bis der nächste Grundton folgt, zunichte machen.

a) *On doit ici se servir des pédales originales! Un changement de pédale aux troisième et quatrième mesures anéantirait l'effet voulu de laisser la note fondamentale résonner de façon ininterrompue jusqu'à l'attaque de la note fondamentale suivante.*

a) El pedal es autógrafo, y tiene que ser respectado. Un cambio de pedal al tercer y cuarto compás destruiría el efecto requerido, o sea la continuación ininterrumpida del sonido de la nota fundamental hasta el inicio de la nota fundamental siguiente.

a) Molte edizioni hanno qui e nella battuta seguente un *sol* alla settima semicroma,
invece di *fa*. Ma è senza dubbio un errore.
  b) Pedale autografo. Vedi pag. 90 a)

a) *Many editions have here and in the following bar as seventh semiquaver a g instead
of an f; g is certainly wrong.*
  b) Pedal mark by Beethoven, see page 90 a)

a) Viele Ausgaben haben hier und im folgenden Takt als siebentes Sechzehntel «g»
statt «f»; «g» ist gewiß falsch.
  b) Pedal autograph; siehe Seite 90 *a*).

a) *Beaucoup d'éditions ont ici et à la
mesure suivante un* sol — *erroné* — *à la
septième double-croche; c'est le* fa *qui est
juste!*
  b) Pedale originale; voir a la page 90 a)

a) Muchas ediciones tienen aqui y en
el compás siguiente un *sol* en la setima
semicorchea, en lugar de *fa*. Pero es sin
falta un error.
  b) Pedal autógrafo. Mirar pág. 238 *a*).

a) Il revisore raccomanda il trillo seguente:

a) *The editor recommends:*

a) Der Herausgeber empfiehlt:

L'esecutore che trovasse difficoltà nelle bis-crome può eseguire il trillo dal principio alla fine in sestine.
b) Pedale autografo.

Those who find difficulty in playing the de-misemiquavers, may play the trill in sextuplets from beginning to end.
b) Pedal mark by Beethoven.

Wem die Ausführung in Zweiunddreißig-steln zu schwer ist, der mag vom Beginn bis zum Ende der Stelle in Sextolen trillern.
b) Pedal autograph.

For French and Spanish notes see page 475

a) Pedale autografo.

a) Pédale originale.

a) *Pedal mark by Beethoven.*

a) Pedal autógrafo.

a) Pedal autograph.

a) Vedi pag. 91 a)
b) Pedale autografo.

a) See page 91 a)
b) *Pedal mark by Beethoven.*

a) Siehe Seite 91 a)
b) *Pedal autograph.*

a) *Voir à la page* 91 a).
b) *Pédale originale.*

a) Mirar pág. 91 a).
b) Pedal autógrato.

a) Pedale autografo
b) Vedi pag. 92 a)

a) Pedal mark by Beethoven
b) See page 92 a)

a) Pedal autograph
b) Siehe Seite 92 a)

VIII.

a) Non deve essere eseguito in ottave!

a) Must not be played in octaves!

a) Ne peut être exécuté en octaves!

a) Darf nicht in Oktaven gespielt werden!

a) ¡No tiene que ser ejecutado en octavas!

a) Pedale autografo.   a) *Pedal mark by Beethoven.*   a) Pedal autograph.

a) *Pédale originale.*   a) Pedal autógrafo.

a) Pedale autografo.

b) Da questo punto tutti i pedali sono di Beethoven.

c) Secondo il revisore, l'indicazione « espressivo » vale per sei battute che devono distinguersi dalle sei precedenti e dalle sei seguenti per una maggiore libertà nel movimento e una sonorità più intensa (quantunque sempre pianissimo).

a) *Pedal mark by Beethoven.*

b) *From here onwards all pedal marks are Beethoven's.*

c) *In the editor's opinion the " espressivo " is meant to last through 6 bars, which should be distinguished from the 6 preceding and subsequent bars by greater freedom and more intense sonority (yet always remaining pp).*

a) Pedal autograph.

b) Von hier ab alle Pedalzeichen von Beethoven.

c) Das « espressivo » gilt, nach des Herausgebers Meinung, sechs Takte lang, die sich durch größere Freiheit und eindringlicheren Klang (bei dennoch beibehaltenem pianissimo) von den vorausgegangenen und den folgenden sechs Takten deutlich unterscheiden müssen.

For French and Spanish notes see page 475

a) Pedale del revisore.
b) Pedale autografo.
c) In questa battuta e nelle cinque seguenti i pedali sono del revisore.
d) Vedi pag. 92 a)
e) Pedale autografo.

a) Pedal mark by the editor.
b) Pedal mark by Beethoven.
c) Pedal marks by the editor, also those in the 5 following bars.
d) See page 92 a)
e) Pedal mark by Beethoven.

a) Pedal vom Herausgeber.
b) Pedal autograph.
c) Pedal vom Herausgeber, auch in den fünf folgenden Takten.
d) Siehe Seite 92 a)
e) Pedal autograph.

a) Pédale du reviseur.
b) Pédale originale.
c) Ici et dans les cinq mesures suivantes, les pédales sont placées par le reviseur.
d) Voir à la page 92 a).
e) Pédale originale.

a) Pedal del revisor
b) Pedal autógrafo.
c) En este compás y en los cinco siguientes el pedal es del revisor.
d) Mirar pág. 92 a).
e) Pedal autógrafo.

For French and Spanish notes see page **475**

a) Pedale autografo.

b) Pedale del revisore.

c) Al passaggio corrispondente a pagina 93, primo rigo, seconda battuta, alla seconda croma della mano sinistra non troviamo che **un do**, quello inferiore. È difficile stabilire se si tratti di una svista o se sia stato fatto intenzionalmente.

a) *Pedal mark by Beethoven.*

b) *Pedal mark by the editor.*

c) *In the corresponding place, page 93, first line, second bar, second quaver left hand, there is only o n e c, namely the lower one. It is hardly possible to decide whether the first or the second version is a mistake or whether perhaps the diversity is intentional.*

a) Pedal autograph.

b) Pedal vom Herausgeber.

c) An der entsprechenden Stelle: Seite **93**, erstes System, zweiter Takt, zweites Achtel unten, ist nur *ein* «c», das untere, notiert. Ob dort oder hier ein Versehen vorliegt, ob die Verschiedenheit vielleicht gar beabsichtigt ist, läßt sich kaum entscheiden.

108

attacca subito il Prestissimo

a) Da questo punto tutti i pedali sono di nuovo di Beethoven.

b) Corona della durata di circa due quarti. Attaccare immediatamente il Prestissimo.

a) *From here onwards all pedal marks are again by Beethoven.*

b) *Length of Fermata about 2 crotchets. then proceed immediately with the Prestissimo.*

a) Von hier ab wiederum alle Pedalzeichen von Beethoven.

b) Fermate etwa zwei Viertel! Ohne Pause Prestissimo anschließen!

a) *A partir d'ici toutes les pédales sont à nouveau celles de Beethoven.*

b) *Point d'orgue d'environ deux temps! Enchaîner immédiatement le Prestissimo.*

a) Desde este momento todos los pedales son otra vez de Beethoven.

b) Calderón de la duración de alrededor 2 cuartos. Empezar enseguida el «Prestissimo».

a) L'indicazione *p* sul secondo quarto della mano sinistra e l'indicazione « sempre pianissimo » riferentesi alle due mani nella stessa battuta, sembrano incompatibili e prive di senso. Ma se l'indicazione « sempre pianissimo » si riferisse alla mano destra soltanto? In questo caso, la mano sinistra, leggermente più accentuata dominerebbe e prenderebbe la direttiva nelle dieci battute seguenti, fino al *ff*. Questa interpretazione non è anti-musicale e presenta una certa attrattiva.

a) *The p on the second crotchet left hand and the indication " sempre pianissimo " in the same bar between right and left hand seem incompatible and really senseless. But if the " sempre pianissimo " were to refer to the right hand alone? In that case the left, one degree stronger than the right, would assume greater significance and take the lead during the 10 bars up to the ff. Such gradation, at any rate, would not be unmusical and certainly not unattractive.*

a) Das *p*-Zeichen zum zweiten Viertel der linken Hand und die Vorschrift « sempre pianissimo » zwischen rechter und linker Hand im gleichen Takt scheinen unvereinbar und eigentlich sinnlos. Wie aber, wenn « sempre pianissimo » sich nur auf die rechte Hand bezöge? Dann hätte die linke, um einen Grad stärker als die andere, die grössere Bedeutung, die Führung in den zehn Takten bis zum *ff*; die in solcher Abstufung zu halten, wäre jedenfalls nicht unmusikalisch und gewiß nicht reizlos.

For French and Spanish notes see page 475

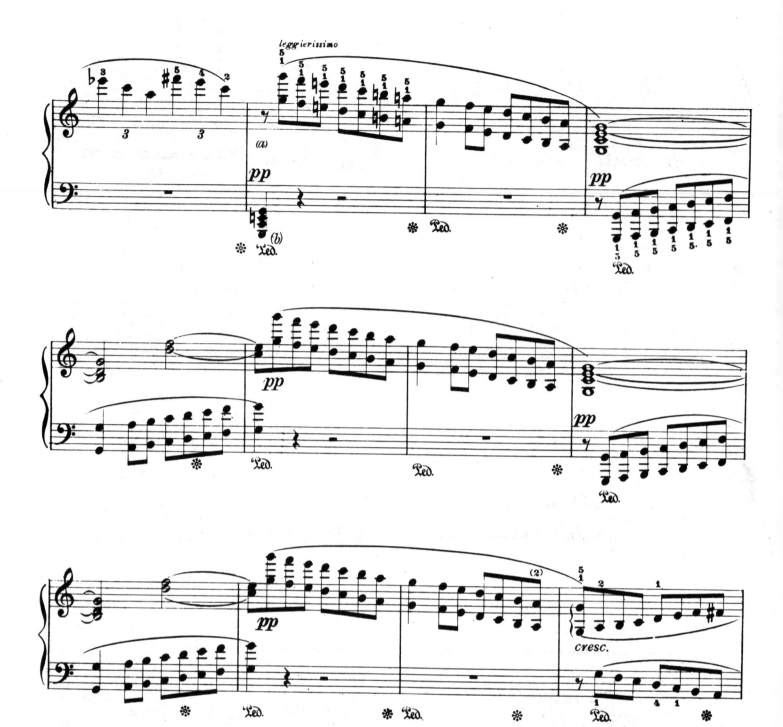

a) Il revisore consiglia di dividere nel modo seguente il passaggio di ottave. Così senza sacrificare nessuna nota di queste otto battute, si può ottenere l'esecuzione rapida, leggera e chiara che il passaggio richiede:

a) *The editor recommends the following distribution which, without sacrifice of even a single note, nevertheless makes it possible to play the 8 bars with the octave-scales as easily, rapidly and clearly as is required here:*

a) Der Herausgeber empfiehlt folgende Verteilung, die sich, ohne das Opfer auch nur eines einzigen Tones der acht Takte mit den Oktavenskalen, dennoch mühelos ausführen läßt, was hier an leichter Geschwindigkeit und Deutlichkeit gefordert ist:

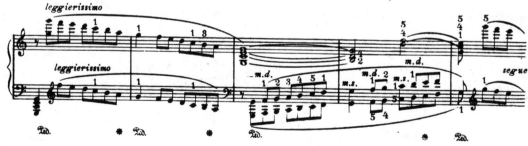

b) Da qui al *f* il pedale è del revisore.

b) *Pedal marks by the editor, up to the f.*

b) Pedale vom Herausgeber, bis zum *f.*

For French and Spanish notes see page 476

a) Secondo il revisore questi trilli ed i seguenti devono cominciare dalla nota superiore. Esecuzione a crome:

a) *Here again the editor is of the opinion that the trill and all following ones should start on the upper note. Played in quavers:*

a) Nach der Meinung des Herausgebers fängt auch hier der Triller, ebenso jeder, der ihm noch folgt, mit dem oberen Ton an. Ausführung in Achteln:

Coloro che sentono che il trillo deve iniziare dalla nota principale, possono suonarlo come segue:

Those who feel that the trill should start on the principal note, could play it thus:

Wer von der Richtigkeit des Beginns auf dem oberen Ton nicht überzeugt ist, spiele:

trillando uniformemente durante le sette battute fino al *pp* (otto crome in ogni battuta, cominciando dal *la*, diteggiatura 3-1); e a partire dal *pp*:

continuing the trill for 7 bars up to the pp in the same manner (8 quavers per bar, starting with a, with fingering 3-1), Then:

trillere die sieben Takte bis zum *pp* immer in der gleichen Weise weiter (acht Achtel im Takt, «a» als ersten Ton, Fingersatz 3-1), vom *pp* ab, wie folgt:

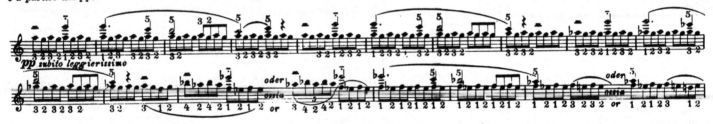

(Il revisore eseguisce i trilli senza risoluzione). | (*The editor plays without after-beat*). | (der Herausgeber spielt ohne Nachschlag)

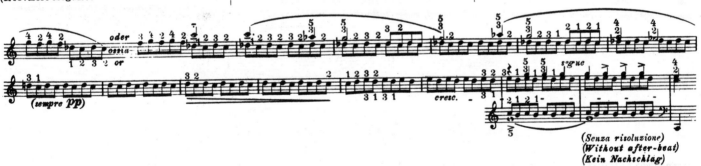

(Senza risoluzione)
(Without after-beat)
(Kein Nachschlag)

Le ultime battute possono anche essere eseguite nel modo seguente (che però il revisore non adotta mai). In questo caso bisogna usare la diteggiatura inferiore indicata due misure prima.

The last bars could possibly be played in the following distribution too (but the editor never plays it that way). If this distribution is chosen, the lower fingering applies 2 bars earlier.

Die letzten Takte können allenfalls auch in folgender (vom Herausgeber aber niemals angewendeter) Verteilung gespielt werden. Wenn diese Ausführung erfolgt, wird zwei Takte vorher der untere Fingersatz angewandt:

(Senza risoluzione). | (*No after-beat!*) | (Kein Nachschlag!)

For French and Spanish notes see page 476

<table>
<tr><td>

a) Per l'esecuzione del trillo (a partire dal *pp*) il manoscritto reca l'indicazione seguente di Beethoven (confrontare con Thayer Catalogo cronologico delle composizioni di Beethoven): « Gli esecutori per i quali il trillo concordante con la melodia fosse troppo difficile, possono servirsi della facilitazione seguente:

</td>
<td>

a) *Beethoven's manuscript contains the following instructions concerning the execution of the trill from pp onwards (see also Thayer: Chronological Catalogue of Beethoven's Works):* " *Those who find the trill too difficult where it is joined with the theme can use the following, easier method:*

</td>
<td>

a) Zur Ausführung des Trillers (vom *pp* ab) enthält das Manuskript folgende Anweisung Beethovens (vergleiche Thayer, Chronologisches Verzeichnis der Werke Beethovens): «Für diejenigen, denen der Triller da, wo das Thema mit demselben verbunden, zu schwer vorkommt, können sich denselben auf folgende Art erleichtern:

</td></tr>
</table>

<table>
<tr><td>

oppure, secondo i loro mezzi, raddoppiare:

</td>
<td>

or, depending upon their capabilities, can play it twice as fast:

</td>
<td>

oder nach Maßgabe ihrer Kräfte auch verdoppeln:

</td></tr>
</table>

<table>
<tr><td>

due crome delle sestine su ogni semiminima del basso. Non importa che il trillo perda un po' della sua rapidità abituale ». Queste annotazioni, e specialmente l'ultima frase, danno chiaramente facoltà all'esecutore di scegliere secondo il suo gusto e la sua abilità; il revisore adotta la via di mezzo, ossia la divisione in crome (invece che in terzine di semiminime o sestine di crome) ritenendo che questa sia l'esecuzione più adatta a dare l'espressione necessaria.

b) Da questo punto i pedali sono di Beethoven.

c) Vedi pag. 113 a)

</td>
<td>

Of these sextuplets, 2 notes are played to each crotchet of the bass. On the whole, it does not matter if this trill loses some of its customary speed ".

As these instructions, especially the last sentence, clearly enough leave the decision to the player, according to his judgment and capability, the editor feels justified in taking the liberty of choosing the middle course between Beethoven's two suggestions by recommending that the trill be played (instead of crotchet or quaver-triplets) in quavers, which really seem best suited to bring out the wanted expression.

b) *Pedal marks from here on by Beethoven.*

c) See page 113 a)

</td>
<td>

Von diesen Sextolen werden auf jedes Viertel im Baß zwei angeschlagen. Überhaupt kommt es nicht darauf an, ob dieser Triller auch etwas von seiner gewöhnlichen Geschwindigkeit verliert ».

Aus dieser Aufzeichnung, zumal deren letztem Satz, der deutlich genug dem Spieler die Entscheidung nach Gutdünken und Vermögen überläßt, leitet der Herausgeber für sich die Freiheit ab, zwischen beiden Vorschlägen Beethovens die Mitte zu halten, und die Ausführung des Trillers (statt in Viertel- oder Achteltriolen) in Achteln zu empfehlen, die wohl doch am besten geeignet sind, die Ausdrucksforderung der ganzen Stelle zu erfüllen ».

b) Pedale von hier ab von Beethoven.

c) Siehe Seite 113 a)

</td></tr>
</table>

For French and Spanish notes see page 477

116

a) Le due ultime battute *f* e non *ff*.
b) Attenzione alla corona.

a) *The 2 last bars f, not ff.*
b) *Observe the Fermata!*

a) Die beiden letzten Takte nur Forte.
b) Die Fermate beachten!

a) *Les deux dernières mesures seulement forte*
b) *Attention au point d'orgue!*

a) Los dos ultimos compases *f* y no *ff*
b) Atención al calderón.

SONATA N. 22

Composta nell'anno 1805
Pubblicata in aprile 1806
presso. il "Bureau des arts
et de l'industrie „ di Lipsia

Op. 54

In tempo di Minuetto (♩=circa 104)

a) Il revisore ritiene che la differenza degli abbellimenti, consistenti in un trillo qui e in un ☙ al passaggio corrispondente otto battute dopo, sia voluta: per conseguenza eseguisce il primo passaggio nel modo seguente:

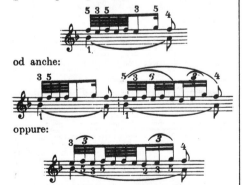

od anche:

oppure:

lasciando la scelta. Il modo in cui egli eseguisce il secondo abbellimento viene indicato nella nota a pag. 266 b). La maggior parte delle edizioni non fanno differenza tra il trillo ed il ☙. Comunque, le varie edizioni non concordano sulla interpretazione del ☙. Il più frequentemente si trova:

a) *The dissimilarity of embellishments, here a tr and at the corresponding place 8 bars later a ☙ ,is intentional, according to the editor's opinion. Thus he plays here:*

but suggests as possible alternatives:

or:

His way of playing the second embellishment is shown in footnote b) page 266.
Most editions make no distinction between tr and ☙.
However, the various editions do not agree upon the interpretation of the ☙. Most frequently one finds:

a) In der Verschiedenheit der Zeichensetzung, hier: *tr*, an der entsprechenden Stelle acht Takte später aber: ☙, sieht der Herausgeber eine Absicht. Demgemäß spielt er das erstemal:

Aber auch:

oder:

stellt er zur Wahl.
Wie er die zweite Verzierung ausführt, zeigt die Fußnote S. 266 b). Die meisten Ausgaben lassen *tr* und ☙ gleichbedeutend sein. Die Vorschrift ☙ erfährt aber durchaus keine einheitliche Auslegung. Am häufigsten erscheint:

For French and Spanish notes see page 477

L'esecuzione più usata è la seguente:

b) Confrontare con la nota a pagina 117 a)

a) The customary execution is:

b) Compare with footnote a), page 117

a) üblich ist:

b) Vergleiche mit Futnote a), S. 117

For French and Spanish notes see page 478

a) Le tre crome (con la legatura) possono, se occorre, essere eseguite con la mano sinistra con la diteggiatura 1, 3, 2.

b) In questo passaggio, al contrario di quello corrispondente (14 battute prima) non vi è nessun segno di *sf*. La teoria pedante stabilisce che, quando nel corso di un pezzo un passaggio si ripete, a volte in altro tono, si deve eseguire in modo identico alla prima volta anche se non vi sono le stesse indicazioni. Ma il revisore rifiuta questo principio. (Naturalmente a volte bisogna seguirlo).

a) *If need be, the 3 quavers with the slur can also be played with the left hand, fingering 1, 3, 2.*

b) *No sf signs here, in contrast to the corresponding place 14 bars earlier. The pedantic rule stipulating that a section appearing more than once in a work (sometimes in another key) be always played as marked at its first appearance, if there are no marks when it reappears — this rule is rejected by the editor, in principle. (Of course there are also occasional instances when it should be applied).*

a) Die drei Achtel (mit dem Legatobogen) können allenfalls auch von der linken Hand gespielt werden, mit dem Fingersatz 1, 3, 2.

b) Hier, im Gegensatz zu der entsprechenden Stelle (14 Takte früher), keine *sf*-Zeichen. Die Schulregel, Teile eines Stückes, die in dessen Verlaufe mehrmals vorkommen (nur auf anderer Stufe etwa), immer, wenn die Wiederholung sie *ohne* Zeichen bringt, so zu spielen, wie sie bei ihrer ersten Erscheinung angegeben sind, diese Regel lehnt der Herausgeber grundsätzlich ab. (Selbstverständlich soll sie gelegentlich auch befolgt werden).

For French and Spanish notes see page 478

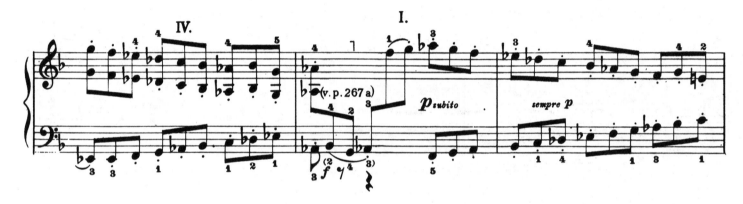

a) La maggior parte delle edizioni hanno la seconda terzina in seste *la b si b do / do re b mi b* invece che in ottave, considerate come un errore del manoscritto o dell'edizione originale. Perciò le ottave non sopraggiungono che al terzo quarto. Il revisore lascia libertà di scelta.

a) *Most editions have, on the second beat,*

3 *sixths* *a-flat b-flat c / c d-flat e-flat*

instead of the octaves which they regard as a slip of the pen in the manuscript or misprint in the First Edition.
Consequently, in these editions the octaves begin on the third beat. The editor considers it an open question as to what is right here.

a) Die meisten Ausgaben haben auf das zweite Viertel statt der Triole in Oktaven, die für einen Schreibfehler des Manuskripts oder einen Druckfehler der Originalausgabe gehalten wird, Sexten «as¹» «b¹» «c²» / «c¹» «des¹» «es¹» gesetzt. Die Oktaven treten also erst beim dritten Viertel ein. Der Herausgeber läßt die Frage, was hier richtig sei, offen.

a) *La plupart d'éditions remplacent, au triolet du deuxième temps, les octaves, considérées comme fautes du manuscript et de l'édition originale, par les sixtes* la b¹ / do¹ si b¹ do² / rè b¹ mi b¹. *Les octaves ne paraissent donc qu'au troisième temps. Le reviseur laisse la liberté du choix.*

a) La mayor parte de las ediciones tienen la segunda terzina en sestas *la b / do si b do / re b mib* en lugar que en octavas, consideradas como una falta del manuscrito y de la edición original. Por esto las octavas no empiezan que al tercer tiempo. El revisor deja la libertad de elección.

a) Suonare il basso (do) sotto la prima semicroma (fa) e non sotto l'appoggiatura.

a) *The bass (c) should be played together with the first semiquaver (f) and not with the grace note (g).*

a) Baß («c») mit dem ersten Sechzehntel («f»), nicht aber mit dem Vorschlag («g») zusammen!

a) *Frapper la basse (do) avec la première double-croche (fa) et non avec l'appogiature.*

a) Tocar el bajo (do) debajo la primera semicorchea (fa) y no debajo la apoyadura.

a) Vedi pag. 113 a)   a) See page 113 a)   a) Siehe Seite 113 a)

a) Corona della durata di cinque quarti circa. Senza pausa respiratoria.

b) Corona della durata di quattro quarti circa. Prosegue senza pausa.

c) Vedi pag. 121 a)

d) Vedi pag. 118 a)

a) *Fermata about 5 crotchets, not followed by a pause.*

b) *Fermata about 4 crotchets; continue without pause.*

c) See page 121 a)

d) See page 118 a)

a) Fermate etwa fünf Viertel; keine Luftpause danach.

b) Fermate etwa vier Viertel; ohne Pause fortsetzen.

c) Siehe Seite 121 a)

d) Siehe Seite 118 a)

a) *Point d'orgue d'une durée d'environ cinq temps; ne pas faire suivre d'arrêt respiratoire.*

b) *Point d'orgue d'une durée d'environ quatre temps; enchaîner.*

c) *Voir à la page* 121 a).

d) *Voir à la page* 118 a).

a) Calderón de la duración de alrededor cinco compáses. Sin pausa respiratoria.

b) Calderón de la duración de alrededor cuatro cuartos. Seguir sin pausa respiratoria.

c) Mirar pág. 121 a).

d) Mirar pág. 118 a).

a) La velocità del tempo permette di eseguire soltanto delle quintine:

a) *The tempo of this piece permits only quintuplets:*

a) Das Zeitmaß des Stückes gestattet nur Quintolen:

b) Il revisore eseguisce la cadenza nella maniera seguente:

b) *The editor plays in the following manner:*

b) Der Herausgeber spielt:

Generalmente la seconda battuta (fino all'Adagio) si eseguisce come segue:

The most widespread manner of playing the second bar (up to the Adagio) is:

Die meistverbreitete Ausführung des zweiten Taktes (bis zum Adagio) ist:

ma il revisore non lo trova convincente.

but the editor does not find it convincing at all.

aber der Herausgeber findet sie gar nicht überzeugend.

For French and Spanish notes see page **478**

a) Trillo senza risoluzione (secondo il revisore).

a) *Trill without after-beat (in the editor's opinion).*

a) Triller ohne Nachschlag (Meinung des Herausgebers).

a) *Trille sans notes de complément (à l'opinion du reviseur).*

a) Trino sin resolución (segun el revisor).

a) Molte edizioni hanno qui un *re b* (a partire dalla quinta semicroma). Il revisore ritiene che sia invece esatto il *re bequadro*

b) L'indicazione « espressivo » non *può* riferirsi che alla *sola* battuta in cui si trova scritta (la prima volta alla seconda battuta del periodo, la seconda volta alla prima battuta). Se dovesse riferirsi anche a quelle che seguono bisognerebbe stabilire a quante di esse. Non vi possono essere dubbi o obiezioni circa la restrizione dell'indicazione « espressivo » a queste due sole battute. « Espressivo » in questo caso, significa con maggiore sonorità, (ma non forte), più incalzante, più attivo delle battute vicine che devono scorrere tranquille, uguali, senza desideri, quasi impersonali.

a) *Many editions have d-flat already here, from the fifth semiquaver on. The editor thinks that d is correct.*

b) *It seems the indication " espressivo " (here and 3 bars later) can only be meant for the one bar in which it appears (the first time in the second and the second time in the first bar of the 4-bar period). Were this " espressivo " applicable also to the bars which follow, then it would still have to be decided to how many of the bars it should apply. It really would be hard to imagine valid objections and considerations against confining the " espressivo " to the 2 single bars.*
" Espressivo " should signify here: stronger (but certainly not loud), with more urgency and more active than the surrounding bars which should flow along quietly, evenly, without weight or want – almost impersonally.

a) Viele Ausgaben haben schon hier «des» (vom fünften Sechzehntel an). Der Herausgeber bekennt sich zu «d».

b) Die Angabe « espressivo » *kann* eigentlich *nur* dem *einen* Takt gelten, in dem sie je vorkommt. (Das erstemal im zweiten, das zweitemal im ersten Takt des Viertakters). Bezöge man sie auch auf die Takte, die ihr folgen, so müßte immer erst entschieden werden, auf wie viele davon. Gegen die Beschränkung des « espressivo » auf die beiden vereinzelten Stellen sind Einwendungen und Bedenken nicht recht vorstellbar. « Espressivo » sei hier: stärker (aber gewiß nicht laut), drängender, handelnder als die benachbarten Takte, die ruhig, gleichmäßig, leicht, wunschlos, fast unpersönlich dahinfließen sollen.

a) Vedi pag. 130 b)   a) See page 130 b)   a) Siehe Seite 130 b)

a) Anche qui il trillo senza risoluzione.

a) *Also this trill without after-beat.*

a) Triller auch hier ohne Nachschlag.

a) *Le trille ici également sans notes complémentaires.*

a) Tambien aqui el trino sin nota de complemento.

For French and Spanish notes see page 479

a) Riproduciamo qui e nella battuta seguente, per la mano destra la notazione dell'edizione Urtext, quantunque siano sorti dei dubbi circa la sua accuratezza. Il *do* inferiore dalla seconda alla terza croma deve esser privo di legatura e perciò ribattuto? Non è probabile (quantunque sia possibile ed abbia una certa originalità): nel caso si possono aggiungere le legature:

Inoltre, osservando la forma ritmica nella mano sinistra delle quattro battute prima dell'ultima, non vien fatto di domandarci se la prima delle battute di cui sopra non debba eseguirsi così?:

Il riferimento alla mano sinistra per giustificare il cambiamento da introdursi alla destra non è accettabile. Perchè la destra deve fare esattamente ciò che poi farà la sinistra? Non sarebbe accettabile neanche se dopo questo cambiamento i due passaggi risultassero completamente simili: infatti sussisterebbero sempre delle differenze sensibili (che non è difficile scoprire). Perciò il cambiamento non farebbe raggiungere lo scopo, che inoltre non è nè desiderabile nè giustificabile, giacchè tutta l'opera di Beethoven è piena di ineguaglianze di questo genere e noi le salutiamo e ne godiamo ogni volta come di felici creazioni di un genio. Dunque, per finire, è meglio eseguire questo passaggio nel modo indicato dall'edizione **Urtext**.

b) Rispettare la corona.

a) In this and the following bar the notation of the right hand follows the Urtext edition, though some doubts as to its correctness have arisen. Should perhaps the lower c (which has no tie from second to third quaver) be played twice? That seems improbable (though conceivable and attractive) and thus one might decide to insert the missing tie:

Furthermore: should perhaps (analogous with the rhythmic pattern of the left hand in the 4 bars before the last) the first of the 2 bars in question be played like this?:

Such conclusive reference to the left hand, as justification for a modification in the right hand, (to have the right hand play — who knows why — exactly the same which the left hand plays later!) would have to be rejected, even if by the rhythmic assimilation of the first 4 bars these would actually conform with the 4 following ones. But that is not so: other considerable differences remain (which are easy to detect). Thus the intervention could not even achieve its aim of total assimilation which, by the way, was never desirable or reasonable, because in Beethoven's works specifically, one finds innumerable instances of dissimilarities of the kind here discussed, and each time one welcomes and enjoys them as signs of particularly felicitous creativity.

Therefore, to conclude: it will, after all, be best to play these bars as the Urtext prescribes.

b) Observe the Fermata.

a) Die Notation, für die rechte Hand, folgt hier und im nächsten Takt der Urtextausgabe, obgleich manche Zweifel an der Richtigkeit dieser Notation entstanden sind. Soll etwa das untere «c», vom zweiten zum dritten Achtel, *ohne* Haltebogen, also zweimal anzuschlagen sein? Es ist nicht wahrscheinlich (obgleich durchaus denkbar und reizvoll); der Haltebogen mag hier allenfalls zugesetzt werden:

Weiter: soll entsprechend der rhythmischen Gestalt der linken Hand, in den vier vorletzten Takten, der erste der beiden angefochtenen Takte etwa:

heißen? Der rückschließende Hinweis auf die linke Hand, zur Rechtfertigung der Veränderung in der rechten, die, wer weiß nur warum, genau das gleiche vortun soll, was später die linke macht, dieser Hinweis wäre auch unbedingt abzulehnen, wenn die vier ersten Takte (mit den Achteln rechts) bei rhythmischer Angleichung an die vier nachfolgenden eben diesen nun tatsächlich ganz entsprechen würden; es bleibt aber nach der vollzogenen rhythmischen Angleichung der beiden Viertakter ihre sonstige erhebliche Verschiedenheit durchaus bestehen (was nicht schwer zu entdecken ist). Also erreicht der Eingriff gar nicht sein Ziel der Gleichmachung, das übrigens nie erstrebenswert noch begründbar war, denn just das Beethovensche Werk zeigt ungezählte Beispiele von Abweichungen der hier besprochenen Art, und jedesmal werden sie als besonders gelungene schöpferische Züge begrüßt und genossen.

Darum, zum Schluß: es wird das beste sein, die Stelle doch so zu spielen, wie der Urtext sie verlangt.

b) Fermate beachten!

SONATA N. 23

Dedicata al Conte Francesco von Brunswick

Composta nel 1803-04
Pubblicata in febbraio 1807
presso il "Bureau des arts
et de l'industrie" di Lipsia

Op. 57

a) Per l'esecuzione dei numerosi e vari abbellimenti nella musica classica, esistono delle regole tradizionali che hanno finito per imporsi come leggi quasi inviolabili. Probabilmente Beethoven si serviva anche lui della notazione che tutti usavano in quell'epoca ed esigeva un'interpretazione ben determinata. Ma a causa della sua abitudine di non conservare gli stessi abbellimenti e segni di interpretazione in passaggi perfettamente uguali sotto tutti gli altri aspetti, nasce una certa confusione.

Dove i segni sono più numerosi si può pensare che l'autore avesse il desiderio di ornare ancor più il passaggio. Ma che cosa si deve fare dove le indicazioni sono più scarse? Si deve considerare come una trascuratezza dell'autore che omise di ripetere quei segni che era ovvio dovessero esservi? Vista la quantità di differenze piccole, piccolissime o appena percettibili, tutte indubbiamente volute, che danno ancora più vita all'opera di Beethoven, sarebbe pericoloso o per lo meno imprudente e del tutto ingiustificato accusare Beethoven di trascuratezza, quando esiste la possibilità che queste differenze per quanto minime fossero nell'intenzione dell'autore.

Fra le prime 23 battute, le sei in cui troviamo un trillo offrono questa particolarità (pur essendo del tutto simili nel resto): quattro volte l'appoggiatura precede il trillo, due volte manca. Per i trilli con l'appoggiatura inferiore la regola richiede una doppia appoggiatura:

(Continuare alla nota a), pag. 138

a) *For the execution of the many different embellishment-signs, tradional usage led to rules which eventually acquired the power of well-nigh inviolable laws. It is probable that also Beethoven made use of the form of notation customary in his time, as means of communication, demanding thus a definite interpretation of his indications. But since it was his way to add interpretation-marks or embellishment-signs, which are by no means always the same, to otherwise identical measures, there is still a lack of clarity. If there are additional signs where a measure reappears, one can assume that the author intended a further enrichment. But what, if there are fewer signs? Should it be interpreted as carelessness or lack of concern if he does not repeat what should be regarded as a matter of course? Considering the abundance of small, smallest, often hardly perceptible variations of this type which are undoubtedly intentional and further enliven Beethoven's works, it would be precarious or at least imprudent and surely unjustified to presume that Beethoven was simply negligent, as long as there is still a chance of even the slightest, intentional differentiation.*

Among the first 23 bars here, there are 6 bars with trills. While otherwise almost identical in the right hand, four of them have a grace note before the trill, the two others not. The established rule stipulates that trills preceded by a grace note from below should start with a turn:

(Continued in footnote a), page 138

a) Für die Ausführung der vielen verschiedenen Verzierungszeichen in der klassischen Musik gibt es aus überlieferten Gepflogenheiten gewonnene Regeln, die schließlich gar die zwingende Kraft schier unantastbarer Gesetze zugesprochen erhielten. Wahrscheinlich bediente sich auch Beethoven des Verständigungsmittels der damals allgemein üblichen Aufzeichnungsweise, verlangte somit eine bestimmte Darstellung. Durch seine Art aber, in sonst einander vollkommen entsprechenden Takten *keineswegs* immer die gleichen Verzierungs- oder Vortragsangaben zu bringen, entsteht doch wiederum Unklarheit.

Eine Vermehrung der Zeichen darf man wohl als ausschmückende Absicht annehmen. Wie aber soll man Verminderung auffassen? Als Sorglosigkeit, die zu wiederholen unterließ, was an gewissen Stellen selbstverständlich sein müßte? Bei der Fülle unzweifelhaft gewollter kleiner, kleinster, fast kaum bemerkbarer Abweichungen der erwähnten Gattung, die das Beethovensche Werk immer noch lebendiger gestalten, ist es gefährlich, mindestens sehr unvorsichtig und gewiß unberechtigt, Nachlässigkeit zu unterstellen, wo noch Möglichkeit einer (sei es auch ganz winzigen) Würzung besteht.

Von den ersten 23 Takten hier haben die mit dem Trillerzeichen, bei sonst fast gleichem Inhalt, viermal je eine Vorschlagnote vor dem Triller, zweimal aber fehlt sie. Die Regel für Triller mit Vorschlag von unten fordert einen Doppelschlag:

(Fortgesetzt in Fussnote a), Seite

For French and Spanish notes see page 480

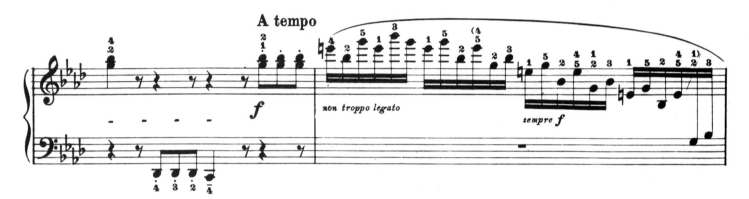

a) Per far risaltare meglio che le tre ultime note sono semicrome, la versione seguente sarebbe la migliore (tuttavia offre delle difficoltà in un tempo così veloce):

Il trillo *senza* appoggiatura comincia, secondo la regola, dalla nota superiore (battuta 11):

Il revisore questa volta non si attiene alla regola e consiglia di eseguire un'acciaccatura e di cominciare il trillo dalla nota principale marcando il tempo forte:

(Salvo indicazioni contrarie, questa deve essere l'esecuzione *ogni volta* che si trova la suddetta notazione).
Lo stesso alla battuta 11 (e battute corrispondenti) *senza* appoggiatura:

La ragione per la quale il revisore si allontana dalla regola è che l'esecuzione abituale che segue la regola produce facilmente l'effetto seguente:

È ciò che il revisore teme: secondo lui l'effetto deve essere questo:

---

a) *In order to bring out clearly that the last 3 notes are semiquavers, the following would be better (but rather exacting in the fast speed):*

The trill without preceding grace note (as in bar 11) begins, according to the rule, with the upper note:

The editor, however, does not follow the established rule for these trills. He recommends playing the grace note as short appoggiatura before the beat and starting the trill, on the beat, with the accented principal note:

He recommends this execution for all the corresponding bars. Also in bar 11, but there (as in the analogous places) of course without grace note:

The reason why the editor deviates from the rule is that the usual execution (according to rule) easily produces the following effect:

This he wants to avoid. In his opinion it should sound:

---

a) Damit die drei letzten Sechzehntel deutlich als solche wirken, wäre besser (im geschwinden Zeitmaß allerdings anspruchsvoll):

Der Triller *ohne* Vorschlag beginnt nach der Regel mit dem oberen Ton (Takt 11):

Der Herausgeber hält sich allerdings hinsichtlich der Ausführung dieser Triller *nicht* an die Regel. Er empfiehlt, den Vorschlag als kurzen Vorschlag zu spielen und den Triller mit der Hauptnote (auf dem guten Wert) zu beginnen:

Er empfiehlt diese Ausführung für *alle* entsprechenden Takte; auch für Takt 11 (und die ihm entsprechenden), aber dort natürlich *ohne* Vorschlag:

Die übliche, der Regel entsprechende Ausführung ergibt nämlich leicht:

Das befürchtet der Herausgeber; nach seiner Meinung soll es heißen:

For French and Spanish notes see page 481

a) Corona di nove crome circa. Senza pausa.
b) Si deve eseguire indiscutibilmente con la mano destra.
  c) Vedi pag. 137-138 a)

a) *Fermata about 9 quavers, not followed by a breathing pause.*
b) *Must be played with the right hand.*
  c) See page 137-138 a)

  a) Fermate etwa neun Achtel, keine Luftpause danach.
  b) Unbedingt mit der rechten Hand.
  c) Siehe Seite 137-138 a)

  c) *Point d'orgue d'environ neuf croches. Pas de pause respiratoire.*
  b) *On doit se servir ici indiscutablement de la main droite.*

  a) Calderón de alrededor nueve corcheas. Sin pausa.
  b) Se tiene que ejecutar sin duda con la mano derecha.

a) Qui, come doppia appoggiatura:

a) *Start this trill with a turn:*

a) Hier als Doppelschlag:

(Eseguendo il trillo con 24 note (semicrome) per tutta la battuta invece che con 36 note (terzine di semicrome) come è indicato qui, l'effetto sarebbe un po' misero). Nelle due battute seguenti cominciare il trillo dalla nota superiore sul 1º quarto:

If the trill in this bar were to consist of only 24 notes (semiquavers) instead of 36 notes as indicated (semiquaver-triplets), it would sound rather lame.
Begin the trills of the next two bars with the upper note, on the beat:

(Der Trillertakt, nur 24 Töne, also Sechzehntel, statt wie hier angegeben 36 Töne, also Triolen enthaltend, würde ein wenig lahm klingen).
Im nächsten und übernächsten Takt hier mit dem oberen Ton auf erstem Viertel beginnen:

b) Tenere l'accordo fino al momento in cui comincia il trillo della battuta seguente.
c) Nel manoscritto la seconda semicroma è un *mi*. Ma quattro battute dopo troviamo che è un *fa bemolle*.

b) *Hold the chord until the trill of the next bar begins.*
c) *In the manuscript the notation of the second semiquaver is e, but 4 bars later it is f-flat.*

b) Akkord erst aufheben, wenn der Triller des nächsten Taktes eintritt.
c) Im Manuskript ist das zweite Sechzehntel als «e» geschrieben. Vier Takte später jedoch als «fes».

For French and Spanish notes see page 481

a) Vedi pag. 137-138 a)   a) See page 137-138 a)   a) Siehe Seite 137-138 a)

a) Il pedale fino al prossimo asterisco è autografo.

a) *The pedal marks from here to the next release-sign are by Beethoven.*

a) Pedal bis zum nächsten Aufhebungszeichen autograph.

a) *La pédale jusqu'au prochain astérisque est autografique.*

a) El pedal hasta el proximo asterisco es autógrafo.

a) Vedi pag. 139 a)

b) Vedi pag. 138 b)

c) Vedi pag. 137-137 a)

a) See page 139 a)

b) See page 138 b)

c) See page 137-138 a)

a) Siehe Seite 139 a)

b) Siehe Seite 138 b)

c) Siehe Seite 137-138 a)

a) Nell'edizione originale in questo punto manca il trillo. È senza dubbio un errore. Nel manoscritto troviamo il trillo ma senza appoggiatura (al contrario del passaggio corrispondente a pag. 289). Il revisore aggiunge la doppia appoggiatura nel modo seguente:

a) In the First Edition the tr sign is missing in this bar. Undoubtedly an oversight. The manuscript has the tr but the preceding grace note is missing (in contrast to the parallel place on page 289). The editor adds the grace note here, thus:

a) In der Originalausgabe fehlt hier das Trillerzeichen. Unzweifelhaft ein Versehen. Das Manuskript hat wohl den Triller, aber keine Vorschlagnote dazu (im Gegensatz zu der entsprechenden Stelle, Seite 289). Der Herausgeber ergänzt auch die Vorschlagnote, also:

(Senza risoluzione!). La maggior parte delle edizioni hanno soltanto:

(no after-beat!). Most editions have only:

(Kein Nachschlag!). Die meisten Ausgaben haben nur:

Parecchie edizioni, non è chiaro per quale ragione, hanno la risoluzione del trillo, perfino col fa:

Inexplicably, some editions have an after-beat, and even with f:

Manche aber unerklärlicherweise einen Nachschlag, und gar mit «f»:

b) Vedi pag. 141 b)

c) Vedi pag. 141 a)

b) See page 141 b)

c) See page 141 a)

b) Siehe Seite 141 b)

c) Siehe Seite 141 a)

For French and Spanish notes see page 482

a) Nel manoscritto troviamo *due sf* in questa battuta. Il primo, come in tutte le battute corrispondenti, sulla quarta semiminima puntata, l'altro, che è certamente voluto e non si trova che qui, sulla ventiduesima semicroma.

b) In molte edizioni le note della mano destra non sono giuste tanto in questa battuta quanto nelle sei seguenti. La forma che è stata loro resa qui, e che è la sola giusta, si trova nel manoscritto *ed* in tutte le vecchie edizioni.

a) *In this bar the manuscript has t w o sf signs; one of them, like in all corresponding bars, on the fourth dotted crotchet. The other, on the 22nd semiquaver, appears o n l y here – and surely with intention.*

b) *Many editions give the figures of the right hand in wrong form, also in the following six bars. The only right one, reproduced here, is found in the manuscript a n d all old prints.*

a) In diesem Takt hat das Manuskript *zwei sf*-Zeichen. Das eine, wie in allen entsprechenden Takten, zum vierten punktierten Viertel; das andere zum 22ten Sechzehntel ist — gewiß absichtlich — *nur hier* vorgeschrieben.

b) Viele Ausgaben haben die Figuren der rechten Hand, auch in den folgenden sechs Takten, in falscher Gestalt. Die hier wiedergegebene, allein richtige, steht im Manuskript *und* in allen alten Drucken.

a) Da qui fino al « Più allegro » il pedale è autografo.

a) *From here on, up to the " Più allegro ", all pedal marks are by Beethoven.*

a) Pedal von hier ab bis zum « Più allegro » autograph.

a) *A partir d'ici jusqu'au « Più allegro », pédale autographique.*

a) Desde aqui hasta el « Più allegro » el pedal es autógrafo.

a) Le note della destra devono essere eseguite unicamente da questa mano e si deve evitare più che sia possibile di alternarle con la sinistra: del resto, la loro esecuzione non è difficile, tranne nel primo passaggio che potrà esser reso più facile nel modo seguente:

a) *The figures of the right hand should be played throughout by the right hand alone. Taking over of any notes by the left hand should be avoided, wherever feasible. That should be possible without particular effort, except in the first passage, which can be facilitated, if need be, in the following manner:*

a) Die Figuren der rechten Hand sollten durchwegs nur von ihr ausgeführt und die Abgabe an die linke tunlichst vermieden werden; sie sind ja auch, mit Ausnahme der ersten, ohne besonderen Aufwand zu bewältigen. Die erste mag man allenfalls erleichtern:

a) *Les passages de la droite doivent uniquement être exécutés de cette main et l'on évitera le plus possible d'alterner avec la gauche; leur exécution est d'ailleurs aisée à l'exeption de celle du premier passage, qu'au cas échéant on exécutera de la façon suivante, plus facile:*

a) Las notas de la derecha tienen que ser ejecutadas unicamente con esta mano, y se tiene que evitar los más posible de alternarlas con la izquierda. De todos modos, su ejecución no es dificil, salvo en el primer pasaje que podrá ser facilitado en la manera siguiente:

sempre pedale

sempre pedale

a) Corona della durata di cinque crome circa: attaccare immediatamente il « Più allegro ».

a) *Fermata about 5 quavers, then start the " Più allegro " without break.*

a) Fermate etwa fünf Achtel; « Più allegro » unmittelbar anschließen.

a) *Point d'orgue d'une durée d'environ cinq croches; attaquez immédiatement le « Più Allegro ».*

a) Calderón de la duración de cinco corcheas: empezar en seguida el « Più allegro ».

a) Quattro terzine di crome corrispondono ad una battuta di otto crome, perciò una battuta in 12/8 non può esser formata da quattro terzine di crome. Quindi l'indicazione data da Beethoven: 𝔖 non può avere altro scopo che quello di determinare in modo preciso la divisione della battuta in quattro e di evitare una divisione in sei. È tuttavia incomprensibile perchè l'autore non abbia raggruppato le crome per tre. Lo staccato richiesto dalle pause avrebbe potuto essere ottenuto con dei punti sulle note.

a) *Four quaver-triplets are equal to 8 quavers. Therefore, a 12/8 measure cannot consist of 4 quaver-triplets.*
Beethoven's triplet indications 𝔖 can thus only mean that he wants to stress emphatically and make sure that each bar will be divided into 4 beats and not into 6. It remains, however, incomprehensible why Beethoven, if this was his intention, did not set the quavers in groups of 3. The shortness of the quavers required by the rests could have been indicated by staccato dots as well.

a) Vier Achteltriolen ergeben acht Achtel Taktwert. Ein 12/8-Takt kann also nicht aus vier Achteltriolen bestehn. Die Triolenzeichen 𝔖 Beethovens können nichts anderes bedeuten als die nachdrückliche Forderung, die Sicherung vierteiliger, Vorbeugung gegen sechsteilige Ausführung. Es bleibt allerdings unerfindlich, warum Beethoven bei solcher Absicht nicht lieber Balken zur Verbindung der Achtel verwendete. Die durch Pausen verlangte Kürze der Achtel hätten Stakkatopunkte auch erreicht.

For French and Spanish notes see page 482

a) A partire dalla settima croma manca nel manoscritto il segno 𝄂. Ha forse l'autore voluto introdurre una nuova forma con la divisione della battuta in 6? Non è probabile. Conserviamo perciò la divisione precedente.

b) Pedale autografo.

c) Questo « più piano » che viene dopo il pianissimo vuol dire *ppp*.

d) Corona della durata di 18 crome circa. Pedale della stessa durata. Segue una pausa della durata di 4 battute circa del tempo « Più Allegro », quindi attacca l'Andante.

a) *From the seventh quaver of this bar onwards, the manuscript has no more 𝄂 signs. Could that perhaps indicate a new rhythmic division, 6 beats per bar? Hardly! Doubtlessly the rhythmic structure remains the same.*

b) *Pedal mark by Beethoven.*

c) *" Più piano " certainly means " softer than pp " here.*

d) *Fermata about 18 quavers, pedal of the same length. Then a pause of about four bars (in the tempo of the " Più Allegro ") before the " Andante " begins.*

a) Vom siebenten Achtel dieses Taktes an hat das Manuskript die 𝄂 Zeichen nicht mehr. Sollte eine neue Gestalt gemeint sein, diesmal etwa sechsteilig? Kaum! Die rhythmische Darstellung bleibt wohl die alte.

b) Pedal autograph.

c) Soll wohl « più pianissimo » heißen.

d) Fermate etwa achtzehn Achtel; Pedal ebenso lang, danach Luftpause: etwa vier ganze Takte des « Più Allegro », dann anschließend « Andante ».

For French and Spanish notes see page 482

a) Alzare la mano destra sempre solo dopo che la sinistra ha suonato la nota.

a) *Hold the right hand every time until the left has entered.*

a) Die rechte Hand immer erst aufheben, wenn die linke eingetreten ist.

a) *Ne levez la main droite qu'après que la gauche a attaqué la note.*

a) Levantar la mano derecha solo después que la izquierda ha tocado la nota.

a) *Nessuna* semicroma della mano destra deve essere accentata o tenuta in modo speciale. Se Beethoven avesse voluto delle semiminime o delle crome per dare rilievo al tema nella parte superiore lo avrebbe indicato. Per dare a questa variazione un'interpretazione armoniosa con bella sonorità è utile pensare la parte della mano destra come se fosse affidata ad un violino che disegnasse degli archi e delle volute sulle note lunghe del basso; con molta anima, possibilmente senza pedale, uguale e tranquillo, semplice e tenero. (Naturalmente senza impoverire il crescendo prima della fine).

b) La seconda volta, alla ripresa dopo il ritornello, il *terzo* dito sul *re* b (prima semiminima della sinistra).

a) *None of the semiquavers in the right hand should be especially stressed or held. If Beethoven had wanted crotchets and quavers, to bring out the theme in the treble, he certainly would have indicated it. To achieve a beautiful and well-rounded interpretation of this variation, it may be helpful to imagine the part of the right hand as played by a violin: tracing lines and arcs above the long notes of the bass; soulful, inspired, not holding any notes with the pedal, even and quiet, simple and tender (and of course without curtailment of the crescendo before the end).*

b) *The second time (when repeating), t h i r d finger on d-flat left hand.*

a) Von den Sechzehnteln in der rechten Hand soll kein einziges besonders betont oder gehalten werden. Wenn Beethoven Viertel und Achtel und eine ausdrücklich hervorgehobene Oberstimme gewünscht hätte, stünde es gewiß auch da. Zur schönen und runden Wiedergabe dieser Variation mag es helfen, sich den Teil, den die rechte Hand auszuführen hat, von einer Geige gestrichen vorzustellen: Über den langen Werten des Basses Bögen und Bänder ziehend, sehr beseelt, tunlichst pedallos, gleichmäßig und ruhig, einfach und zart. (Selbstverständlich ohne Verkümmerung der Steigerung vor dem Schluß).

b) Das zweite Mal, beim Eintritt *nach dem* Wiederholungszeichen, der *dritte* Finger auf «des». (1. Viertel l. H.).

For French and Spanish notes see page **483**

a) La seconda volta la diteggiatura è $\frac{1}{2}$.   a) *The second time fingering* $\frac{1}{2}$.   a) Das zweite Mal Fingersatz $\frac{1}{2}$.

a) *La deuxième fois doigté* $\frac{I}{2}$.   .a) La segunda vez la digitación es $\frac{I}{2}$.

a) È strano che nell'Urtext e nell'Edizione Critica Generale manchi il segno sf.

a) Strangely enough the sf on the fourth quaver is missing in the Urtext edition as well as the Kritische Gesamtausgabe (Br. & H.).

a) Das sf-Zeichen zum vierten Achtel fehlt merkwürdigerweise sowohl im Urtext wie in der kritischen Gesamtausgabe.

a) Il est étonnant de constater que dans le texte original et l'Edition Critique Générale le signe de sf fait défaut.

a) Es raro que en el texto original y en la Edición Critica General falte la marca sf.

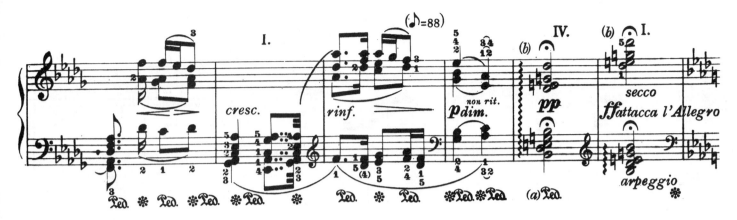

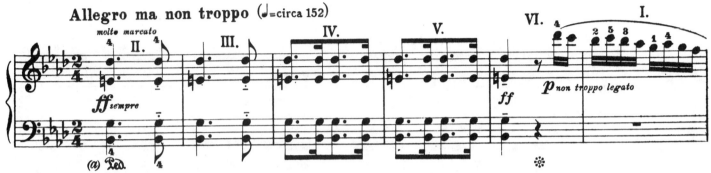

a) Pedale autografo.

b) Questa battuta e quella seguente sono l'esatta riproduzione del manoscritto. Nella prima battuta, come lo indica la linea di arpeggio ininterrotta, le nove note dell'accordo divise fra le due mani devono essere suonate una dopo l'altra. Il revisore ritiene che l'esecuzione di questo arpeggio non debba essere troppo rapida, ma molto dolce e regolare: presso a poco così:

le otto biscrome eseguite in un movimento di ♪ = 132. Naturalmente dal *re b* si torna al movimento ♪ = 88).
Nella seconda battuta l'accordo non è arpeggiato che nella parte inferiore, mentre la parte superiore ha l'indicazione « secco ». Dunque le cinque note della mano sinistra devono di nuovo essere eseguite arpeggiate (questa volta in modo rapido e impetuoso) mentre le quattro note della mano destra saranno eseguite simultaneamente (preferibilmente insieme al *si b* superiore della mano sinistra). Malgrado la linea ondulata che indica indiscutibilmente l'arpeggio, Beethoven ha aggiunto anche l'indicazione « arpeggio » per la mano sinistra nella seconda battuta. Non è perciò possibile eseguirlo in altro modo, giacchè la parola « arpeggio » non può riferirsi alla destra, ne la parola « secco » alla sinistra. Riguardo a queste due battute quasi tutte le edizioni non si uniformano al manoscritto. Sempre riguardo a queste due battute, molte edizioni hanno due linee ondulate interrotte:

e molte una sola linea ininterrotta:

In nessuna edizione ho trovato la parola « secco ».
Due corona ciascuna del valore di sei crome circa (♪ = 88). Senza pause.

a) *Pedal marks by Beethoven.*

b) *This and the following bar are an exact reproduction of the manuscript. In the first bar, as demanded by the one, uninterrupted waved line (arpeggio), all the nine notes of the chord (even as it is divided between the two hands) must be played successively. In the editor's opinion not too quickly, very softly and evenly, about like this:*

the 8 demisemiquavers about ♪ = 132. From d-flat on, of course the preceding tempo again (♪ = 88).
The second bar has a waved line only in the lower stave; the upper stave has the indication "secco" (the term used to indicate that the notes of a chord should be struck simultaneously). Thus the five notes of the left hand must be played in succession again (but this time rapidly, impetuously), the four notes of the right hand however simultaneously (preferably together with the upper b-flat of the left hand). Although the waved line stipulates unmistakeably that the chord must be broken, Beethoven still added the word "arpeggio" in the bass of the second bar. That should preclude any possibility of misunderstanding: the "secco" cannot possibly refer to the left hand, nor the "arpeggio" to the right. Yet the text of nearly all editions deviates from the manuscript in these two bars. Many of them have in both bars:

(separate waved lines for left and right hand);

many others, again in both bars, the uninterrupted arpeggio:

The "secco" I found in none of the editions. Each of the two Fermatas about 6 quavers length (♪ = 88); neither of them followed by a pause.

a) Pedal autograph.

b) Dieser und der folgende Takt sind hier genau nach dem Manuskript wiedergegeben. Im ersten der beiden Takte müssen, so bestimmt es die *eine* ununterbrochene Schlangenlinie, alle neun Töne des an beide Hände verteilten Akkords nacheinander erklingen. Wie der Herausgeber meint, nicht zu rasch nacheinander, sehr leise und gleichmäßig, etwa:

die acht 32stel ungefähr im Zeitmaß: ♪ = 132; von «des» ab selbstverständlich wieder das frühere Zeitmaß (♪ = 88).
Der zweite Takt hat eine Schlangenlinie nur unten, oben die Anweisung: secco. Also müssen die fünf der linken Hand zugewiesenen Akkordtöne wiederum nacheinander erklingen (diesmal in raschem, reissendem Nacheinander), die vier der rechten Hand verbleibenden Töne aber gleichzeitig (und am besten mit dem oberen «b» der linken zusammen angeschlagen).
Obzwar schon die Schlangenlinie die Akkordbrechung unmißverständlich anordnet, schrieb Beethoven zur linken Hand im zweiten Takt auch noch: « arpeggio » in Buchstaben. Damit ist wohl jeder Verfälschung vorgebeugt; das « secco » *kann* nicht auf die linke, das « arpeggio » *kann* nicht auf die rechte Hand bezogen werden. Der Text fast aller Ausgaben weicht in diesen zwei Takten vom Manuskript ab. Viele haben (immer in beiden Takten):   also zwei Schlangenlinien,

viele das durchlaufende Zeichen: das

« secco » fand ich bei keinem.
Fermate jedesmal etwa sechs Achtel (♪ = = 88); keine Luftpausen danach.

For French and Spanish notes see page 483

a) Pedale autografo.

a) Pedal mark by Beethoven.

a) Pedal autograph.

a) Pédale autographique.

2) Pedal autógrafo.

174

a) Da qui alla ripresa del primo tema il pedale è autografo.

a) Pedal marks from here until the return of the first theme by Beethoven.

a) Pedal von hier bis zur Wiederkehr des ersten Themas autograph.

a) A partir d'ici jusqu'à la reprise du premier thème, la pédale est autographique.

a) Desde aqui hasta la repetición del primer tema el pedal es autógrafo.

a) Nel manoscritto troviamo qui indicato un rinforzando con una chiarezza che non ammette dubbi. Tutte le edizioni conosciute dal revisore hanno un ritardando invece di un rinforzando. Probabilmente questo errore è dovuto alla trascuratezza di un incisore di una delle prime edizioni (ciò che è strano data la chiarezza del testo), errore che è stato ripetuto in tutte le edizioni seguenti. Se questo errore fosse stato commesso da Beethoven (come evidentemente gli editori in seguito hanno supposto), e che egli invece del ritardando che era nelle sue intenzioni avesse scritto un rinforzando, a questa distrazione andrebbe aggiunta una dimenticanza, due battute più tardi, perchè dopo un ritardando è necessaria l'indicazione « a tempo » che manca nel manoscritto. (Beethoven ha sempre indicato scrupolosamente tutti i cambiamenti di tempo e le riprese del tempo: non vi è quasi esempio che ne abbia omessa alcuna).

Naturalmente la maggior parte delle edizioni hanno qui l'indicazione « a tempo ». Le prime edizioni rivedute e corrette da Beethoven decidono quasi sempre della giustezza del testo. Il revisore non sa se esse abbiano qui un « rinforzando » o un « ritardando ». Se esse hanno un ritardando, che non si trova nel manoscritto, ci domandiamo se la distrazione di Beethoven consista nel non averlo indicato nel manoscritto o nel non averlo cancellato nel testo stampato. Il revisore ritiene che il manoscritto sia giusto e non capisce come vi possano essere dei dubbi di natura musicale circa questo rinforzando che egli trova assolutamente convincente, giustificato ed anche necessario. Lo sf della quattordicesima battuta del tema principale è posticipato di mezza battuta, il punto culminante non si raggiunge questa volta che al « rinforzando », il quale è preceduto da un crescendo e seguito da una forcella che indica il diminuendo: insomma vi sono tutte le garanzie per la giustezza del rinforzando. Al contrario, per quanto riguarda il ritardando, il revisore, prima di aver preso visione del manoscritto, si conformava, per quanto malvolentieri, a questa indicazione per quanto non fosse di suo gusto; egli, specialmente, si sentiva a disagio nell'eseguire con la mano sinistra la scala in ritardando e fu lieto quando il « rinforzando » trovato nel manoscritto gli dette la giustificazione di questa sua avversione.

a) The manuscript has here, written so clearly as to exclude any doubts, the indication rinforzando. All editions known to the editor have " ritardando " instead of " rinforzando ". Presumably, an engraver of an early edition was careless in reading the manuscript, and all later editions where then based upon his astounding (considering the clarity of script in this case) error. Had Beethoven made the mistake (as later. editors evidently presumed), had he intended " ritardando ", but written "rinforzando", he would not only have been negligent here, but also forgetful two bars later, because the " ritardando " would have had to be followed by an " a tempo " there, of which the manuscript does not show a trace. Actually, Beethoven always marked changes and modifications of tempo scrupulously; an example for omissions in this respect is hardly known.

The printed editions have the " a tempo " here, of course. Generally, but not always, the first prints, examined and corrected by Beethoven, are considered conclusive in regard to accuracy of text. The editor does not know whether such revised first prints show " rinforzando " or " ritardando ". In case it is " ritardando " and Beethoven did not correct it, there still remains the question: was Beethoven less attentive when he was writing the manuscript, or when he was reading the print?

The editor believes absolutely in the manuscript's version. He cannot conceive of any musical objections to the " rinforzando ". For him it is entirely convincing, justified, even necessary. The d-flat, which has the sf in the fourteenth bar of the main theme, is this time reached half a bar later, the climax comes only at the " rinforzando ", is preceded by a " crescendo " and followed by a diminuendo-sign; in short: there is a good deal of evidence in favour of the " rinforzando ". On the other hand, the " ritardando " — which the editor played obediently for years until he saw the manuscript — never satisfied him; he always felt uneasy about slowing down the scales in the left hand and finally, when the discovery of the " rinforzando " proved to him that his uneasiness had been justified, he felt relieved and happy.

a) Im Manuskript steht hier mit einer Deutlichkeit, die jeden Zweifel verbietet: rinforzando. Alle dem Herausgeber bekannten Drucke haben ritardando statt rinforzando. Vermutlich hat ein Stecher einer frühen Ausgabe nachlässig gelesen, und sein (bei der — nochmals betonten — Klarheit der Schrift erstaunlicher) Irrtum wurde gründend. Läge der Irrtum, das Versehen, wie die Leiter späterer Drucke offenbar annahmen, bei Beethoven, hätte er ritardando gemeint und rinforzando geschrieben, so wäre zur Flüchtigkeit hier zwei Takte später seine Vergeßlichkeit gesellt. Dem ritardando müßte dort die Angabe a tempo folgen, aber von ihr ist im Manuskript nichts zu sehn. (Zeitmaßwechsel und -rückungen hat Beethoven immer besonders aufmerksam bezeichnet; ein Beispiel für Unterlassungen auf diesem Gebiet ist kaum bekannt).

Selbstverständlich wird a tempo in den gedruckten Ausgaben gebracht. Meistens, aber doch nicht immer, sind die von Beethoven durchgesehenen und verbesserten Erstdrucke entscheidend für die Textrichtigkeit. Der Herausgeber weiß nicht, ob solche überprüfte Erstdrucke rinforzando oder ritardando haben. Haben sie ritardando, und ließ Beethoven es stehn, so bleibt die Frage, wann er in diesem Fall sorgloser war, beim Schreiben oder beim Lesen?

Der Herausgeber glaubt unbedingt der Handschrift. Musikalische Bedenken gegen das rinforzando könnte er nicht begreifen; es ist für ihn durchaus überzeugend, berechtigt, ja notwendig. Das sf «des» des vierzehnten Taktes des Hauptthemas ist um einen halben Takt vorwärts getrieben, der Höhepunkt wird diesmal erst beim rinforzando erreicht, ein cresc. geht voraus, eine Abschwellgabel folgt, kurz: es gibt eine Schar von Bürgen für rinforzando. Bei dem ritardando hingegen, dem er jahrelang gehorsam war, bis er eben die Handschrift zu Gesicht bekam, fühlte der Herausgeber sich nie recht wohl, die Verlangsamung der Tonleitern unten widerstrebte ihm stets, und er war wie ein Befreiter froh, mit dem schliesslich entdeckten rinforzando eine gültige Rechtfertigung seines Unbehagens zu erhalten.

*For French and Spanish notes see page **484***

a) Alcune edizioni, fra cui l'Urtext hanno, tanto qui quanto altre due volte, un testo sbagliato. La prima semicroma della mano sinistra non deve essere *la b* ma $\frac{do}{mi\,b}$. Lo stesso errore si ripete due battute dopo. Quattro battute dopo, la prima semicroma deve essere non *re b* ma $\frac{la\,b}{la\,b}$. Qui come in tutti i passaggi analoghi (con due sole eccezioni rese necessarie del punto di vista musicale) Beethoven si è servito nelle seconde battute dei segni seguenti:

invece delle note. È inutile dire che ognuno di questi segni impone la ripetizione della *mezza* battuta precedente. La forma errata delle tre battute suddette deriva certamente dalla distrazione di un tipografo (o di un revisore?) che ha ripetuto *per intero* la battuta precedente, come se nelle tre battute suddette si trovasse il segno:

a) *Several editions, among them the Urtext, print a wrong text here, namely the lower a-flat (the same as in the preceding bar) instead of* $\frac{c}{e\text{-}flat}$ *on the first semiquaver, left hand. Two bars later this mistake is repeated, and another two bars later one finds, again on the first beat, d-flat instead of* $\frac{a\text{-}flat}{a\text{-}flat}$. *Beethoven used here and in all analogous places (with two exceptions for musical reasons) for every second measure, instead of writing out the notes, the following signs (two per bar):*

There is no need to explain that each of these signs asks for exact repetition of the immediately preceding half bar. The above-mentioned mistakes were indubitably caused by an absent-minded engraver (or editor?) who from here on, suddenly repeated the w h o l e preceding bar, as if Beethoven had indicated only o n e sign per bar, namely:

a) Einige, darunter die Urtextausgabe, haben hier, und gleich danach noch zweimal, einen falschen Text. Hier zum ersten Sechzehntel «As» (große Oktave) statt $\frac{«c^1»}{«es»}$, zwei Takte später den gleichen Fehler, und vier Takte später, wieder beim ersten Sechzehntel, «des» (kleine Oktave) statt $\frac{«as^1»}{«as»}$. Beethoven hat hier und an allen entsprechenden Stellen (mit zwei musikalisch bedingten Ausnahmen) in jeden zweiten Takt dieser zweitaktigen Figuren statt der Noten die zwei Wiederholungszeichen

geschrieben. Jedes dieser Zeichen fordert, wie nicht gesagt zu werden braucht, die Wiederholung des unmittelbar vorangegangenen Halbtakts.
Die fehlerhafte Gestalt der drei oben genannten Takte hat ihren Ursprung gewiß in der Zerstreutheit eines Stechers (oder Herausgebers?), der von hier ab plötzlich jedesmal den *ganzen* Vortakt wiederholte, als hätte nur *ein* in dem Takt gestanden, der zu behandeln war.

a) Le diteggiature poste *sopra* la mano sinistra si possono usare soltanto se si fa il ritornello.
b) Pedale autografo.

a) *The fingerings above the left hand are to be used if one makes the repeat* (*proceeding to the First Ending*).
b) *Pedal mark by Beethoven.*

a) Die Fingersätze *über* der linken **Hand** für den Fall der Fortsetzung bei **1**.
b) Pedal autograph.

a) *Les doigtés placés au-dessus de la main gauche se rapportent seulement à la exe-cution de la reprise.*
b) *Pédale autographique.*

a) La digitación puesta encima de la mano izquierda se puede emplear solo si se hace la repetición
b) Pedal autógrafo.

a) Pedale autografo.   a) *Pedal mark by Beethoven.*   a) Pedal autograph.

a) *Pédale autographique.*   a) Pedal autógrafo.

This page left blank to
avoid any unnecessary
page turns

SONATA N. 24
(Dedicata alla Contessa Teresa von Brunswick)

Composta nell'anno 1809
Pubblic. in dicembre 1810
presso Breitkopf, a Lipsia

L. v. BEETHOVEN
Op. 78

a) Esecuzione:

b) La pausa è stata aggiunta dal revisore.

c) Corona della durata di nove semicrome circa: la decima semicroma forma, per così dire, l'anacrusi dell'Allegro.

d) Non si sa per qual ragione alcune edizioni (e le più note!) segnino qui il tempo « alla breve » invece di 4/4. Nel manoscritto manca la doppia sbarra prima del 4/4. È scritto così:

Allegro

In questo modo l'anacrusi dell'Allegro è ben chiaramente il secondo quarto della quarta battuta. Sarebbe stato più esatto mettere l'indicazione del tempo seguente dopo l'anacrusi e indicare su di essa soltanto il nuovo movimento. Non abbiamo eliminato la doppia sbarra perchè l'uso la richiede prima dell'indicazione di un nuovo **tempo**.

a) Execution:

b) *The quaver-rest was added by the editor.*

c) *Length of Fermata about 9 semiquavers, followed by the upbeat to the Allegro as though the crotchet were the tenth semiquaver.*

d) *Inexplicably, certain editions (the most widely circulated ones!) have « alla breve » instead of 4/4. The double bar line before the 4/4 time-signature is missing in the manuscript. There one finds:*

Allegro

Thus the upbeat to the Allegro clearly appears as the second beat of the fourth bar. More exactly still, the new time-signature could have been placed after the upbeat and only the new tempo indication above the upbeat. The editor did not eliminate the double bar line as it is the general custom in present-day printing to put one before every new time-signature.

a) Ausführung:

b) Die Achtelpause ist vom Herausgeber ergänzt.

c) Fermate etwa neun Sechzehntel; zehntes Sechzehntel gleichsam das Viertel des Allegro-Auftaktes.

d) Unbegreiflicherweise haben manche Ausgaben (die meistverbreiteten!) alla breve statt 4/4-Takt. Im Manuskript ist der Doppelstrich vor dem 4/4-Takt nicht vorhanden. Dort heißt es:

Allegro

So ist das Auftaktviertel sehr deutlich zweites Viertel des vierten Taktes. Genauer noch hätte eigentlich die Angabe der neuen Taktart nach dem Auftakt stehen können, über ihm nur das neue Tempo. Der Herausgeber entfernte den Doppelstrich nicht, weil es allgemein Druckgepflogenheit ist, ihn vor einer neuen Taktangabe anzuwenden.

For French and Spanish notes see page 485

186

a) Nel manoscritto, nell'edizione originale e in varie antiche stampe troviamo il quarto tempo (mano sinistra) indicato così:

Tutte le nuove edizioni (come l'Urtext e l'Edizione Critica Completa) lo considerano un errore di scrittura: la notazione seguente sarebbe giusta:

Anche in questo caso il *re diesis* è stato rimpiazzato dal *la diesis*; può darsi invece che la notazione voluta sia $\frac{fa\ diesis}{re\ diesis}$.
Tuttavia al passaggio corrispondente troviamo:

e non:

Per questa ragione potrebbe per l'appunto essere stato dapprima:

b) Esecuzione:

a) *In the manuscript, the original edition and several old prints, the fourth crotchet (left hand) is:*

According to all newer editions, including the Urtext and Kritische Gesamtausgabe, this is supposed to be a mistake and the following is doubtlessly correct:

Here, too, d♯ is replaced by a♯. It is by no means impossible that $\frac{f\sharp}{d\sharp}$ was meant.

In the corresponding passage (page 13, line 2) the notes are, however:

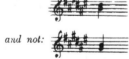

and not:

Yet, it could have been specifically intended to be different the first time, namely:

b) *Execution:*

a) Im Manuskript, in der Originalausgabe und in einigen alten Drucken heißt das vierte Viertel (linke Hand):

Nach Vermutung aller neueren Ausgaben (auch Urtext und kritische Gesamtausgabe) ein Schreibfehler; richtig sei zweifellos:

Auch hier ist «dis¹» durch «ais¹» ersetzt. Ausgeschlossen ist es durchaus nicht, daß «$\frac{fis^1}{dis^1}$» gemeint war. An der entsprechenden Stelle bei der Wiederkehr heißt es allerdings:

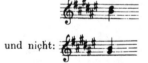

und nicht:

darum könnte es aber just zuerst:

gewesen sein.

b) Ausführung:

For French and Spanish notes see page 485

a) Nel manoscritto, nel testo originale e nelle vecchie stampe troviamo in questa battuta (e in quella seguente) un *sol* alla mano sinistra e un *fa doppio diesis* nella mano destra. Tutte le edizioni più recenti eliminano questa differenza mettendo *fa doppio diesis* tanto alla mano sinistra quanto alla destra, e togliendo così alla forma primitiva il suo aspetto caratteristico.

b) Nel manoscritto e nell'edizione originale il trillo termina senza risoluzione.

a) *The manuscript, original edition and old prints have (in this and the following bar) g in the left hand and f-double-sharp in the right hand. All newer editions eliminate this distinction by printing f-double-sharp also in the left hand and thus weakening the original, very characteristic notation.*

b) *In the manuscript and original edition the trill has no after-beat.*

a) Manuskript, Originalausgabe und alte Drucke haben in der linken Hand (in diesem und dem folgenden Takt) «g» und in der rechten «fisis». Alle neueren Ausgaben beseitigen diese Verschiedenheit, setzen auch in die linke Hand «fisis», und verweichlichen damit die ursprüngliche, sehr bezeichnende Gestalt.

b) In Manuskript und Originalausgabe kein Nachschlag.

For French and Spanish notes see page 486

a) Vedi pag. 186 b) | a) See page 186 b) | a) Siehe Seite 186 b)

a) Alcune edizioni recenti hanno anche alla sinistra *si diesis*, ma secondo i testi originali deve esser *do*. (Vedi pag. *187 a*)
  b) Vedi pag. 187 b)

a) *Newer editions have* b♯ *also in the left hand. However, according to the original texts it* must *be* c (*compare page 187 a*)
  b) See page 187 b)

a) Neuere Ausgaben haben auch in der linken Hand «his». Nach den Originalvorlagen muß aber links «c» sein (Vergl. S *187 a*)
  b) Siehe Seite 187 b)

a) *Les éditions plus récentes ont également* si dièse à la gauche. D'après les textes originaux, il faut un *do à la gauche.* (Comp. page *187* a)
  b) *Voir page 187* b)

a) Tambien las ediciones más recientes tienen a la izquierda *si sostenido*, pero segun el texto original tiene que ser *do*. (Mirar pág. *187 a*)
  b) Mirar pàg *187* b).

a) Non riteniamo giusto il *fa diesis* che in alcune edizioni è stato aggiunto al quarto tempo della destra, cioè: $\frac{mi}{do\ diesis}$ invece di $\frac{mi}{do\ diesis}$.

b) La diteggiatura delle ultime quattro semicrome è di Beethoven.

a) *The f♯, which in some editions has been added to the fourth crotchet in the right hand, namely:* e *instead of* $\frac{e}{c♯}$, *is definitely wrong.*

b) *The fingering for the last four semiquavers is by Beethoven.*

a) Ein in manchen Ausgaben dem vierten Viertel der rechten Hand zugefügtes «fis[1]», also: « e » statt: « $\frac{e}{cis}$ », ist unbedingt falsch.

b) Fingersatz zu den letzten vier Sechzehnteln von Beethoven.

For French and Spanish notes see page 486

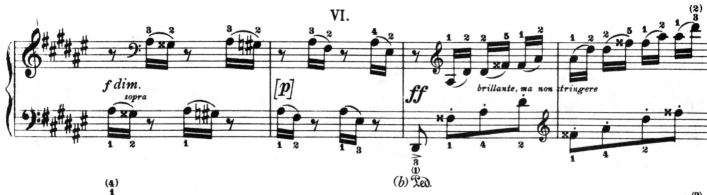

a) Nel manoscritto e nell'edizione originale le quattro prime semicrome sono le seguenti:

In tutte le edizioni più recenti esse sono trasformate come segue, in conformità ai passaggi corrispondenti:

Questo cambiamento sarebbe proibito anche se producesse un effetto migliore (ciò che non è).

b) Pedale autografo.

a) *In the manuscript and the original edition the first four semiquavers are:*

In all newer editions they are (conforming to corresponding passages) changed to:

Such alteration would not be permissible even if it resulted in an «improvement» (which is certainly not the case here).

b) *Pedal mark and subsequent release-sign by Beethoven.*

a) In Manuskript und Originalausgabe heißen die vier ersten Sechzehntel:

Alle neueren Ausgaben verändern sie, entsprechenden Stellen gemäß, in:

Der Eingriff wäre auch unerlaubt, wenn er eine « Verbesserung » brächte (was hier gewiß nicht geschah).

b) Pedal autograph.

For French and Spanish notes see page 486

a) Il *re diesis* sotto le righe nella prima croma della mano sinistra, come lo si trova in alcune edizioni, è un errore. Tutti i testi originali hanno qui il *re diesis* sul terzo rigo.
b) Pedale autografo.

a) *The lower d♯ on the first beat, found in many editions, is incorrect. The original texts clearly show the d♯ as printed here.*
b) *Pedal mark and subsequent release-sign by Beethoven.*

a) «Dis» (große Oktave) zum ersten Achtel links, wie manche Ausgaben es haben, ist falsch. Die Originalvorlagen haben deutlich «dis» (kleine Oktave).
b) Pedal autograph.

a) *Le ré dièse (grande octave) pour la première croche à la gauche, comme on le trouve dans certaines éditions, est faux. Les textes originaux montrent nettement ré dièse (petite octave).*
b) *Pédale originale.*

a) El *re sostenido* bajo las líneas de la primera corchea de la mano izquierda es una equivocación. Todos los textos originales tienen aqui el *re sost.* en la tercera línea.
b) Pedal autógrafo.

a) Pedale autografo.

b) Le diteggiature di questa battuta e della seguente sono di Beethoven.

a) *Pedal mark and subsequent release-sign by Beethoven.*

b) *The fingering in this and the following bar is by Beethoven.*

a) Pedal autograph.

b) Fingersatz in diesem und dem nächsten Takte von Beethoven.

a) *Pédale originale.*

b) *Le doigté de cette mesure ainsi que de la suivante est de Beethoven lui-même.*

a) Pedal autógrafo.

b) La digitación de este compás y del siguiente es de Beethoven.

a) Pedale autografo.

a) *Pedal mark and subsequent release-sign by Beethoven.*

a) *Pedal autograph.*

a) *Pédale originale.*

a) Pedal autógrafo

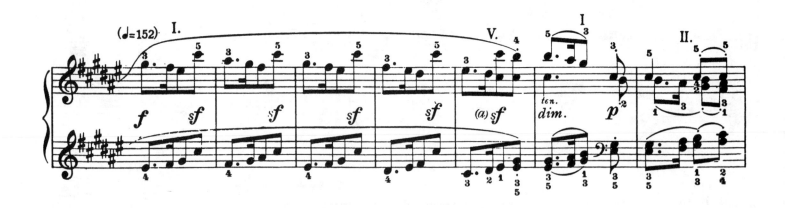

a) Qui lo *sf* sulla terza croma!

b) Corona della durata di sei crome circa, poi pausa di una croma.

c) Pedale autografo.

d) In semicrome e non in biscrome! Immaginare una corona sulla dominante considerevolmente più lunga delle precedenti, ossia del valore di sei semiminime (preferibilmente 2 × 3). (Gli arpeggi sono indispensabili — sul pianoforte — per il crescendo). Corona sulla pausa della durata di tre crome circa. Ma questa volta bisogna tenere abbassato il pedale sino al principio della battuta seguente. Ecco l'interpretazione del revisore:

a) *sf here on the 3rd quaver!!*

b) *Fermata about 6 quavers long, then one quaver breathing-pause.*

c) *Pedal marks by Beethoven.*

d) *In semiquavers; certainly not in demisemiquavers!! Imagine a Fermata on the dominant, a substantially longer one than the two preceding Fermatas, as though consisting of six crotchets (preferably 2 × 3). (The arpeggios are — on the pianoforte — indispensable for achieving the « crescendo »). The Fermata on the following quaver rest (breathing-pause) about three quavers long. This time the pedal should be held down until the beginning of the next bar. The editor thus plays:*

a) *sf* hier auf drittem Achtel!!

b) Fermate etwa 6 Achtel, danach 1 Achtel Luftpause.

c) Pedal autograph.

d) In Sechzehnteln, nicht etwa in Zweiunddreißigsteln!! Man stelle sich auf der Dominante eine Fermate vor, die wesentlich länger zu halten ist, als die beiden vorangegangenen Fermaten; sie hat gleichsam sechs Viertel (am besten 2 × 3) Wert. (Die Brechungen sind — auf dem Klavier — für das „ crescendo " unerläßlich). Fermate auf der Achtelpause (Luftpause) etwa 3 Achtel Wert. Diesmal aber Pedal dazu, bis zum Eintritt des folgenden Taktes. Also spielt der Herausgeber:

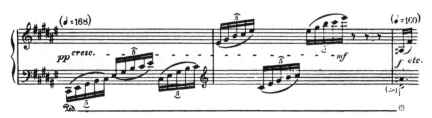

For French and Spanish notes see page 487

SONATINA N. 25

Composta nell'anno 1809
Pubblic. in dicembre 1810
presso Breitkopf, a Lipsia

Op. 79

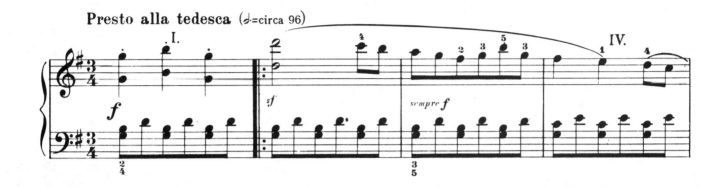

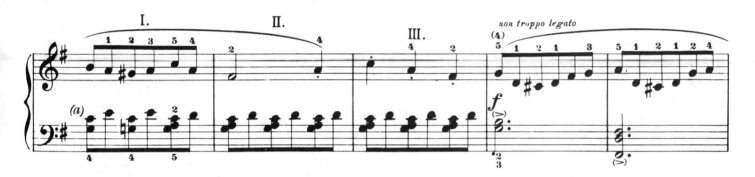

a) Il primo tema si presenta tre volte tutto intero (sette battute); nell'edizione originale la quinta battuta della mano sinistra risulta ogni volta in forma diversa. La prima volta:

(Due quarti sulla sotto-dominante, il terzo quarto sulla dominante conservando la nota fondamentale). La seconda volta:

(Tutti e tre i quarti sulla dominante), e la terza volta:

(Il primo quarto sulla sotto-dominante, gli altri due sulla dominante). È incomprensibile la ragione per cui le edizioni più recenti mettano in dubbio l'autenticità di queste varianti. Sembra che non possano sopportare tanta ricchezza di ispirazione, giacchè quando questa battuta si ripete la seconda e la terza volta le tolgono la sua nota di originalità ripetendola ogni volta nella sua prima forma, ogni edizione a suo modo (senza inoltre dare una spiegazione di questo cambiamento). Secondo il revisore non vi possono esser dubbi su questo punto, e togliere queste incantevoli diversità abbasserebbe la genialità al livello delle cose comuni.

a) *The first theme (consisting of seven bars) appears three times; in the original edition the fifth bar (left hand) has a new form each time. The first time:*

(two crotchets on subdominant, the third crotchet on dominant, always with g as fundamental note). The second time:

(all crotchets on dominant); and the third time:

(first crotchet on subdominant, the two others on dominant). Why all later editions suspect that this variety must be the consequence of an error, is incomprehensible. Evidently they resent such richness because, when this « irksome » bar reappears in a transformed shape, they all divest it of its new, individual attire, each editor in his own fashion, but most of them reshaping it in conformity with its first appearance (in nearly all cases, to make it worse, without wasting a word concerning these modifications). To the editor this case is clear beyond question; he regards the elimination of such delightful variety as degradation, downfall from the heights of the uncommon.

a) Das erste Thema erscheint (mit seinen sieben Takten) dreimal; in der Originalausgabe hat der fünfte Takt in der linken Hand jedesmal eine neue Gestalt. Das erstemal:

(Zwei Viertel Unter-, drittes Viertel Oberdominante, zum beibehaltenen Grundton). Das zweitemal:

(Alle Viertel Oberdominante), und das drittemal:

(Erstes Viertel Unter-, die anderen beiden Oberdominante). Weshalb alle späteren Ausgaben in dieser Mannigfaltigkeit einen Fehler wittern, ist durchaus unergründlich. Offenbar aber leiden sie solchen Reichtum nicht, denn sie alle ziehen dem « unheimlichen » Takt, wenn er das zweite- und drittemal verwandelt auftritt, das persönliche Kleid wieder aus, jeder nach seinem Zuschnitt, die meisten, indem sie ihn in sein Erstlingsgewand zurückstecken. (In fast allen Fällen obendrein, ohne ein erklärendes Wort zu dieser Uniformierung zu verschwenden). Für den Herausgeber gibt es hier überhaupt keine Frage, und die Beseitigung so beglückender Abwechslungsreize gilt ihm als Abstieg von den Höhen des Ungewöhnlichen.

a) Nell'edizione originale il trillo non ha risoluzione e anche il revisore ritiene che non debba esservi:

a) In the original edition (and according to the editor's opinion) trill without after-beat:

a) In der Originalausgabe **Triller** ohne Nachschlag; nach Ansicht des **Herausgebers** gehört auch keiner hin:

a) Dans l'édition original, trille sans note complémentaire; à l'avis du reviseur cette note complémentaire n'a pas raison d'être ici:

a) En la edición original el trino no tiene resolución y tambien el revisor opina que no tiene que haber:

a) Vedi pag. 203 a)
b) Pedale autografo.

b) *Pédale originale.*

a) See page 203 a)
b) *Pedal marks by Beethoven.*

b) Pedal autógrafo.

a) Siehe Seite 203 a)
b) Pedal autograph.

a) Pedale autografo.
a) Pédale originale.
a) Pedal marks by Beethoven.
a) Pedal autógrafo.
a) Pedal autograph.

a) Pedale autografo.
b) Vedi pag. 203 a)

a) Pedal marks by Beethoven.
b) See page 203 a)

a) Pedal autograph.
b) Siehe Seite 203 a)

a) Pédale originale.

a) Pedal autógrafo.

a) Vedi pag. 205 a)   a) See page 205 a)   a) Siehe Seite 205 a)

a) Attenzione alla corona.

a) *Observe the Fermata!*

a) Fermate beachten!

a) *Attention au point d'orgue.*

a) Atención al calderón.

a) Il revisore si conforma all'edizione originale ed eseguisce il trillo senza risoluzione:

a) The editor plays these trills without afterbeat, in agreement with the original edition:

a) Der Herausgeber spielt ohne Nachschlag, der Originalausgabe gemäß:

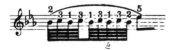

a) Le reviseur, se conformant à l'édition originale, exécute le trille sans note complémentaire:

a) El revisor se conforma a la edición original y ejecuta el trino sin resolución:

a) Alcune edizioni mettono:

al posto dell'ottava, ma l'ottava è giusta senza alcun dubbio.

a) *Some editions have:*

instead of the octave, but the octave is surely correct.

a) Manche Ausgaben haben:

statt der Oktave, aber die Oktave ist sicherlich richtig.

a) *Certaines éditions mettent:*

en place de l'octave, mais c'est certainement l'octave qui est juste.

a) Algunas ediciones ponen:

en lugar del octava, pero la octava es justa sin alguna duda.

a) Esecuzione: a) *Execution:*   a) Ausführung:

a) Vedi pag. 213 a)   a) See page 213 a)   a) Siehe Seite 213 a)

SONATA N. 26

(Dedicata all'Arciduca Rodolfo)
DAS LEBEWOHL (LES ADIEUX) (a)

Composta nel 1809-10
Pubblicata in luglio 1811
presso Breitkopf, a Lipsia

Op. 81 a

a) Beethoven ha dato alla *prima* parte di questa sonata il titolo: « L'addio. Vienna 4 maggio 1890, in occasione della partenza di Sua Altezza Imperiale il riverito Arciduca Rodolfo »; la *seconda* parte ha il titolo « L'Assenza » e la *terza* « Il ritorno di Sua Altezza Imperiale il riverito Arciduca Rodolfo, il 30 gennaio 1810 ». L'editore di Beethoven cambiò queste indicazioni a modo suo: tradusse in francese il testo tedesco, non nominò l'arciduca e non menzionò neanche che la sonata gli era dedicata. Beethoven furioso per questa maniera di agire, impose l'esecuzione precisa dei suoi ordini. (Inoltre in una lettera al suo editore dice approssimativamente che l'espressione banale: « Les adieux » non corrisponde affatto alla parola tedesca molto più intima e personale « Lebewohl »).

b) Tutto questo primo movimento è determinato in certo modo dalle prime tre semiminime: soltanto ad esse si riferisce l'indicazione «espressivo» (tanto al principio quanto le quattro volte seguenti), e ciò tanto chiaramente da dimostrare che queste indicazioni si riferiscono solo alle tre sillabe «Lebewohl». Ma siccome l'interpretazione dell'intero movimento deve indubbiamente essere pervasa di calore, di vita e di passione, tutti i punti in cui appare l'indicazione «espressivo» devono avere naturalmente uno specifico significato: un'espressione elevata, nobile, che determina il carattere di tutto il pezzo.

c) Esecuzione:

d) La diteggiatura 5, 5, 5 è di Beethoven.

a) *Beethoven gave the following titles to this Sonata; to the first movement: «The Farewell. Vienna, the 4th May, 1809 — on the departure of His Imperial Highness, the revered Archduke Rudolf »;*
to the second movement: «The Absence»; and to the third: «The arrival of His Imperial Highness, the revered Archduke Rudolf, on the 30th January, 1810».
Beethoven's publisher, however, dealt most arbitrarily with these indications. He substituted French words for the German, did not mention the Archduke at all, not even that the work was dedicated to him. Beethoven, infuriated, demanded exact adherence to his indications. (Moreover, as he points out in a letter to the publisher, the commonplace expression « Les Adieux » corresponds in no way to the much more intimate, personal « Lebewohl »).

b) *The entire movement is, somehow, determined by the first three crotchets; the indication « espressivo » is assigned to them, and o n l y to them (here and four times later on), suggesting clearly that the « espressivo » should not extend beyond the three syllables « Le-be-wohl » (« Fare thee well »). But as, doubtlessly, the interpretation of the entire movement should be imbued with warmth, pulsating life and passionate emotion, those places which are specifically marked « espressivo » must, of course, be given s p e c i f i c significance: elevated, emphatic expression — that expression which determines the character of the piece.*

c) *Execution:*

d) *The fingering 5, 5, 5, is by Beethoven.*

a) Beethoven gab dem *ersten* Satz der Sonate die Ueberschrift:
« Das Lebewohl. Wien, am 4. May 1809 — bei der Abreise Seiner Kaiserl. Hoheit des verehrten Erzherzogs Rudolf »,
dem *zweiten*:
« Die Abwesenheit »
und dem *letzten*:
« Die Ankunft der Kaisel. Hoh. u.s.f., den 30. Jänner 1810 ».
Sein Verleger aber sprang mit diesen Angaben sehr eigenmächtig um; er ersetzte die deutschen Worte durch französische, den Erzherzog erwähnte er überhaupt nicht, nicht einmal als Empfänger der Widmung. Beethoven war wütend über solche Behandlung und forderte unbedingte Befolgung seiner Anordnung. (Ueberdies entspräche, wie er — ungefähr — in einem Briefe an den Verleger sagt, der Allerweltsausdruck: « Les adieux » ganz und gar nicht dem viel vertrauteren, persönlichen: « Lebewohl »).

b) Der ganze Satz wird gewissermaßen von den ersten drei Werten bestimmt; ihnen, und zwar *nur* ihnen (am Anfang und noch viermal nachher) ist die Anweisung: *espressivo* zugesetzt, deutlich genug, um die Geltung des *espressivo* nicht über die drei Silben des « Lebe wohl! » auszudehnen. Da aber sicherlich die Wiedergabe des ganzen Stückes von Wärme, Leben, Leidenschaftlichkeit durchströmt sein soll, müssen selbstverständlich die mit besonderen Ansprüchen bedachten Teile auch noch *besondere* Bedeutung erhalten, gehobenen, einprägsamen, eben den bestimmenden Ausdruck.

c) Ausführung:

d) Der Fingersatz 5, 5, 5 ist von Beethoven.

For French and Spanish notes see page 488

218

attacca subito l'Allegro

a) Vedi pag. 217 b)   a) See page 217 b)   a) Siehe Seite 217 b)

a) Attenzione a non fare pausa fra l'ultima croma di questa battuta e la semibreve della battuta seguente!

a) No pause between this and the following bar! Continue without any interruption.

a) Keine Luftpause vor dem folgenden Takt!

a) Ne pas faire d'arrêt respiratoire avant le temps suivant!

a) Atención a no hacer pausa entre la ultima corchea de este compás y la redonda del compás siguiente.

a) Il respiro (col pedale) deve avere modestissimo rilievo, perciò non prolungarlo oltre un quarto!

a) *The breathing-pause (with pedal!) must, of course, be quite unobtrusive; at the most* **one crotchet long.**

a) Die Atmungspause (mit Pedal!) selbstverständlich ganz unauffällig, also höchstens etwa *ein* Viertel lang!

a) *L'arrêt respiratoire (avec pédale!) doit être peu marqué, donc ne doit avoir une durée de plus d'un temps!*

a) La pausa respiratoria (con el pedal) no tiene que tener mucha importancia, por consiguiente no prolongarla más de un cuarto.

a) Tanto qui quanto altre tre volte Beethoven inizia la legatura sul primo quarto mentre in altri passaggi corrispondenti essa non ha inizio che al quarto quarto.

b) Molte edizioni, con una pedanteria da maestri di scuola, assimilano questo passaggio a quelli corrispondenti che lo precedono e lo trasformano così:

mentre *tutti* i testi originali, compreso il manoscritto richiedono senza alcun dubbio la versione seguente:

Questo « adattamento » vien fatto quasi segretamente, senza dire nemmeno una parola sulla "colpa,, di Beethoven. La regola ha il massimo diritto. (Tali revisori danno meno importanza all'espressione nuova, sempre più pressante data da questa diversità. Ed è appunto per conformarsi a questa espressione che nel periodo seguente manca una battuta intera in confronto al periodo corrispondente che si trova nella prima parte).

a) *Here as well as three times further on, Beethoven starts the slur already on the first beat, otherwise, in all corresponding passages, only on the fourth.*

b) *Just to satisfy schoolmasterly pedantry and preserve by all means conformity with the earlier corresponding places, many editions have here:*

in spite of the fact that all original texts (including the manuscript) unmistakably demand:

Furthermore, in most cases this « adjustment » is made quite secretively, without even mentioning Beethoven's « offence ». Uniformity comes first. Less importance is given by these guardians of rules to the new, still more urgent expression which is created by just this variation and which leads to the omission of an entire bar a few bars later (as compared with the corresponding section on page 40).

a) Hier, und noch dreimal nachher, führt Beethoven den Bogen schon vom ersten Viertel an, sonst, an den entsprechenden Stellen, immer erst vom vierten.

b) Damit, um Schulmeisters willen, nur ja die Gleichheit mit den entsprechenden vorangegangenen Takten gerettet wird, bringen viele Ausgaben hier:

anstatt, wie *alle* Originalvorlagen, darunter das Manuskript, unzweideutig verlangen:

Die « Anpassung » geschieht überdies meistens ganz stillschweigend, Beethovens «Sünde » wird nicht einmal genannt. Die Regel hat das höhere Recht. (Minder wichtig scheint den Ordnern der neue, immer noch drängendere Ausdruck zu sein, der just hier durch die Verschiedenheit bewirkt wird, dem zuliebe in der nächsten Periode, weun man sie an der parallelen im ersten Teil mißt, sogar ein ganzer Takt zum Opfer fällt).

For French and Spanish notes see page 488

a) Vedi pag. 217 b)   a) See page 217 b)   a) Siehe Seite 217 b)

a) Vedi pag. 222 a)   a) See page 222 a)   a) Siehe Seite 222 a)

a) Vedi pag. 222 a)
b) Senza pausa fra questa battuta e quella seguente.
c) Il revisore ritiene che l'espressione caratteristica di queste 8 battute (10 la prossima volta) posi sulla parte inferiore. La voce di mezzo deve essere meno sentita.

a) See page 222 a)
b) *No breathing-pause before the following bar. Continue without interruption!*
c) *The editor feels that the significant character of the eight (the next time ten) bars which begin here is expressed in the l o w e s t of the three voices; the middle voice should be the softest.*

a) Siehe Seite 222 a)
b) Keine Luftpause vor dem folgenden Takt!
c) Den bezeichnenden Ausdruck der acht (das nächstemal zehn) Takte, die hier beginnen, fühlt der Herausgeber in der tiefsten Stimme; die mittlere der drei Stimmen tritt zurück.

For French and Spanish notes see page 489

226

a) Nel manoscritto troviamo:

nelle stampe originali manca la terza.

b) Confrontare con pag. 43 a). Tutti i « ritardando », « accelerando » e le « riprese » del tempo devono collegarsi con naturalezza e morbidezza senza causare arresti nella pulsazione.

a) *The manuscript has here:*

in the original prints the third is missing.

b) *Compare with page 43 a). Also the fluctuations of tempo (whether it is calming down, quickening or returning to its original speed) always in flexible, supple continuity, without breaks which stop the pulsation.*

a) Im Manuskript steht hier:

in den Originaldrucken fehlt die Terz.

b) Vergleiche Seite 43 a). Auch die Rückungen des Zeitmaßes, dessen Beruhigung, Beschleunigung, Wiederaufnahme, immer in geschmeidiger Verbindung; keine Einschnitte, die den Pulsschlag beenden.

For French and Spanish notes see page 489

(a)

a) Alcune edizioni fra le più antiche (che sembra abbiano paura delle dissonanze) riducono in questo modo il passaggio seguente che riportiamo come uno scherzo:

a) *In certain older editions one finds the following text (evidently the outcome of superstitious aversion to «dissonances»), shown here merely for the sake of fun:*

a) In manchen älteren Ausgaben steht (offenbar aus abergläubischer Scheu vor «Dissonanzen») eine Lesart, die zum Spaß hier folge:

a) *Nous reproduisons ici, en manière de plaisanterie, la façon d'écrire de certaines éditions plus anciennes (qui paraissent nourrir une crainte superstitieuse à l'égard des dissonances):*

a) Muchas ediciones entres las más antiguas (que parecen tengan miedo de las disonancias) reducen en este modo el pasaje siguiente que reproducimos como una majaderia:

228

DIE ABWESENHEIT (L'ABSENCE)

a) Vedi pag. 50 b).

a) See page 50 b).

a) Siehe Seite 50 b).

c) Il respiro non deve superare la durata di una semicroma.

c) The breathing-pause about a semiquaver long, in no case longer!

c) Die Luftpause etwa ein Sechzehntel lang, keinesfalls mehr!

For French and Spanish notes see page 489

For French and Spanish notes see page 489

a) Vedi pag. 228 b)

b) Qui la pausa deve essere un po' più lunga, ma senza superare la durata di due semicrome.

c) Pedale originale.

d) L'acciaccatura deve trovarsi esattamente sul primo quarto, insieme alla mano destra, ed avere presso a poco il valore di una biscroma. Il *re* deve essere meno forte del *si b.* In alcune edizioni la quarta croma nella parte inferiore (in questa battuta) è un *la b;* deve essere un *fa.*

e) Sull'ultima croma di questa battuta breve corona che prolunga il suo valore di una semicroma circa: attaccare il Finale senza pausa.

a) See page 228 b)

b) *Here the breathing-pause a little longer, but at the most two semiquavers.*

c) *Pedal mark and release-sign by Beethoven.*

d) *The grace-note exactly on the first beat, together with the right hand; the d which follows to be played about one demisemiquaver later and slightly softer than the bb. On the fourth quaver of this bar (left hand) some editors have, by mistake, an ab instead of the f.*

e) *Imagine a short Fermata on the last quaver, prolonging it by about one semiquaver; then proceed to the Finale without any interruption.*

a) Siehe Seite 228 b)

b) Hier die Luftpause etwas länger, aber höchstens *zwei* Sechzehntel!

c) Pedal autograph.

d) Den Vorschlag genau zum ersten Viertel, mit der rechten Hand zusammen; das folgende «d¹» etwa *ein* Zweiunddreißigstel danach, und etwas leiser als das «b». Das vierte Achtel links (im gleichen Takt) heißt in manchen Ausgaben irrtümlich «as» statt «f».

e) Auf dem letzten Achtel gleichsam eine kurze Fermate, die es etwa um ein Sechzehntel verlängert, dann ohne Luftpause Finale anschließen.

DAS WIEDERSEHN (LE RETOUR)

Vivacissimamente. *Im lebhaftesten Zeitmasse* (♩. = circa 120)

a) In tutte le vecchie edizioni si trova qui un *la* b invece di *do* (seconda croma nella destra): deve essere certamente *do*.

a) *All old editions have here (second quaver right hand)* a♭ *instead of* c; *but* c *is undoubtedly right.*

a) In allen alten Ausgaben steht hier (zweites Achtel rechte Hand) «as²» statt «c³»; «c³» ist aber gewiß richtig.

a) *Dans toutes les anciennes éditions, nous voyons (à la deuxième croche de la droite) un la* b² *au lieu du do³; c'est le do³ qui est absolument juste.*

a) En todas las viejas ediciones se encuentra aqui un *la* b en lugar de un *do* (segunda corchea en la derecha): tiene que ser seguramente *do*.

a) Pedale autografo. | a) *Pedal marks by Beethoven.* | a) Pedal autograph.

a) *Pédale originale.* | a) Pedal autógrafo.

a) Pedale autografo.
b) La diteggiatura 1, 1 è di Beethoven.

a) Pedal marks by Beethoven.
b) The fingering 1, 1 is Beethoven's.

a) Pedal autograph.
b) Der Fingersatz 1, 1 ist von Beethoven.

a) Pédale originale.
b) Le doigté 1, 1 est de Beethoven.

a) Pedal autógrafo.
b) La digitación 1, 1, es de Beethoven.

a) Il revisore eseguisce questo trillo senza risoluzione:

b) Vedi pag. 233 b)

c) Il revisore eseguisce questo trillo senza risoluzione. Il trillo, naturalmente, termina col *do*.

a) *The editor plays the trill without after-beat:*

b) See page 233 b)

c) *The editor plays the trill without after-beat; its last note must be c, of course.*

a) Der Herausgeber spielt ohne Nach-schlag:

b) Siehe Seite 233 b)

c) Der Herausgeber spielt ohne Nach-schlag; letzter Ton des Trillers selbstver-ständlich «c».

For French and Spanish notes see page 490

I.

a) Molte edizioni, anzi, la maggior parte di esse, scrivono nel modo seguente la prima mezza battuta della mano sinistra, senza far cenno che essa è diversa nel testo originale:

(Nel testo originale essa non si trova all'ottava superiore ed è ben differente: si compone di quattro semicrome ed una croma). All'epoca in cui questa sonata fu composta il pianoforte non si estendeva al basso che fino al *fa*, e perciò tutti i compositori che scrivevano per questo istrumento dovevano tenersi dentro tale limite. Un genio come Beethoven, di fronte a tale limitazione diveniva ancora più inventivo e rendeva più ricche le sue composizioni. Non si possono « aggiornare » continuamente le sue opere secondo le costruzioni più recenti dello strumento. (Non si può immaginare dove tali scherzi pericolosi ci condurrebbero).

b) Alcune edizioni mettono questo accordo all'ottava superiore: si capisce che tali consigli non vanno presi in considerazione.

a) *Without even mentioning that it differs from the original text, many editions (as a matter of fact, most of them) have here (first half of the bar, left hand):*

(*In the original it is not simply an octave higher, but different: four semiquavers and one quaver). At the time this sonata was composed, the piano did not extend below f in the bass. That imposed the same limitation upon all composers who wrote for piano. A creative genius like Beethoven, confronted with such a limitation, became doubly inventive and often found solutions which further enrich his compositions. Certainly one cannot go on continually « revising » his works in order to keep them up-to-date with the latest developments in the design of musical instruments (unthinkable, where such a dangerous pastime might ultimately lead!).*

b) *Some editions place this chord an octave higher; of course one must not follow such advice.*

a) Ohne überhaupt zu erwähnen, daß es im Original anders steht, haben viele, ja die meisten Ausgaben den ersten Halbtakt im Baß folgenderweise:

(Im Original ist es nicht eine Oktave höher, sondern eben anders: vier Sechzehntel und ein Achtel). Zur Entstehungszeit dieser Sonate hatte das Klavier im Baß beim Kontra-F seine Grenze; daran war jeder gebunden, der für Klavier schrieb. Empfand ein Schöpfergeist wie Beethoven die Grenze als Not, so wurde er dadurch oft doppelt erfinderisch, und bereicherte uns nur. Man kann seine Werke nicht immerzu nach dem jüngsten Entwicklungsstand im Instrumentenbau « umarbeiten ». (Unausdenkbar, wohin so gefährliche Spielereien schließlich führen würden).

b) Manche Ausgabe setzt diesen Akkord eine Oktave hinauf; selbstverständlich darf man derartigen Ratschlägen nicht Folge leisten.

For French and Spanish notes see page 490

a) Pedale autografo.　　　a) Pedal marks by Beethoven.　　　a) Pedal autograph.

a) Pédale originale.　　　a) Pedal autógrafo.

a) Pedale autografo.
b) La diteggiatura 1, 1 è di Beethoven.

a) *Pedal marks by Beethoven.*
b) *The fingering 1,1 is by Beethoven.*

a) Pedal autograph.
b) Fingersatz 1, 1 von Beethoven.

a) *Pédale originale.*
b) *Le doigté 1, 1 est de Beethoven.*

a) Pedal autógrafo.
b) La digitación 1, 1, es de Beethoven.

a) Pedale autografo.

b) Attaccare immediatamente il « Poco andante », perciò la prima mezza battuta deve essere rigorosamente in tempo.

a) *Pedal mark and release-sign by Beethoven.*

b) *The « Poco andante » must follow immediately, without any interruption; thus the first half of the bar strictly in time ($\dot{\ }$ = 120).*

a) Pedal autograph.

b) *Poco Andante* unmittelbar anschließen. Erster Halbtakt also streng im Hauptzeitmaß.

a) *Pédale originale.*

b) *Enchaîner immédiatement au « poco Andante », la première demi-mesure strictement au mouvement.*

a) Pedal autógrafo.

b) Empezar enseguida el « Poco andante », por esto el primer medio compás tiene que ser rigorosamente a tiempo.

a) Corona della durata di tre crome circa, senza pausa.
b) Pedale autografo.

a) *Length of Fermata about three quavers; then continue without breathing-pause.*
b) *Pedal mark and release-sign by Beethoven.*

a) Fermate etwa drei Achtel; keine Luftpause danach.
b) Pedal autograph.

a) *Point d'orgue d'environ trois croches ne pas faire suivre d'un arrêt respiratoire.*
b) *Pédale originale.*

a) Calderón de la duración de alrededor tres corcheas, sin pausa.
b) Pedal autógrafo.

SONATA N. 27

(Dedicata al Conte Maurizio Lichnowsky)

Composta nell'anno 1814
Pubblicata in gennaio 1815
presso S. A. Steiner, a Vienna

Op. 90

Mit Lebhaftigkeit und durchaus mit Empfindung und Ausdruck (♩= circa 144–152)

Con vivacità ma sempre con sentimento ed espressione

---

a) Corona della durata di sette crome circa (su di un ritardando graduato), poi, dopo una pausa di *una* croma circa, attaccare in tempo.
b) Corona (sulla pausa) di due quarti circa, ritardando.

a) Length of Fermata about seven quavers (in continuous ritardando); then, after about one quaver breathing-pause: in tempo.
b) Fermata (pause) of about two crotchets, in ritardando.

a) Fermate etwa sieben Achtel (im fortgesetzten ritardando), dann nach etwa *einem* Achtel Luftpause: in Tempo.
b) Fermate (Luftpause) etwa zwei Viertel, im ritardando.

a) Point d'orgue d'environ sept demi-temps (en un ritardando continu), après un repos d'environ un demi temps: a tempo.
b) Point d'orgue (repos) d'environ deux temps ritardando.

a) Calderón de la duración de alrededor 7 corcheas (con un retardando gradual) luego, después de una pausa de alrededor una corchea, empezar en tiempo.
b) Calderón (en el silencio) de alrededor dos compases, retardando.

a) Alcune edizioni hanno qui una croma.

a) *Some editions print a quaver here.*

a) Manche Ausgaben haben hier ein Achtel.

a) *Certaines éditions donnent ici une croche.*

a) Algunas ediciones tienen aqui una corchea.

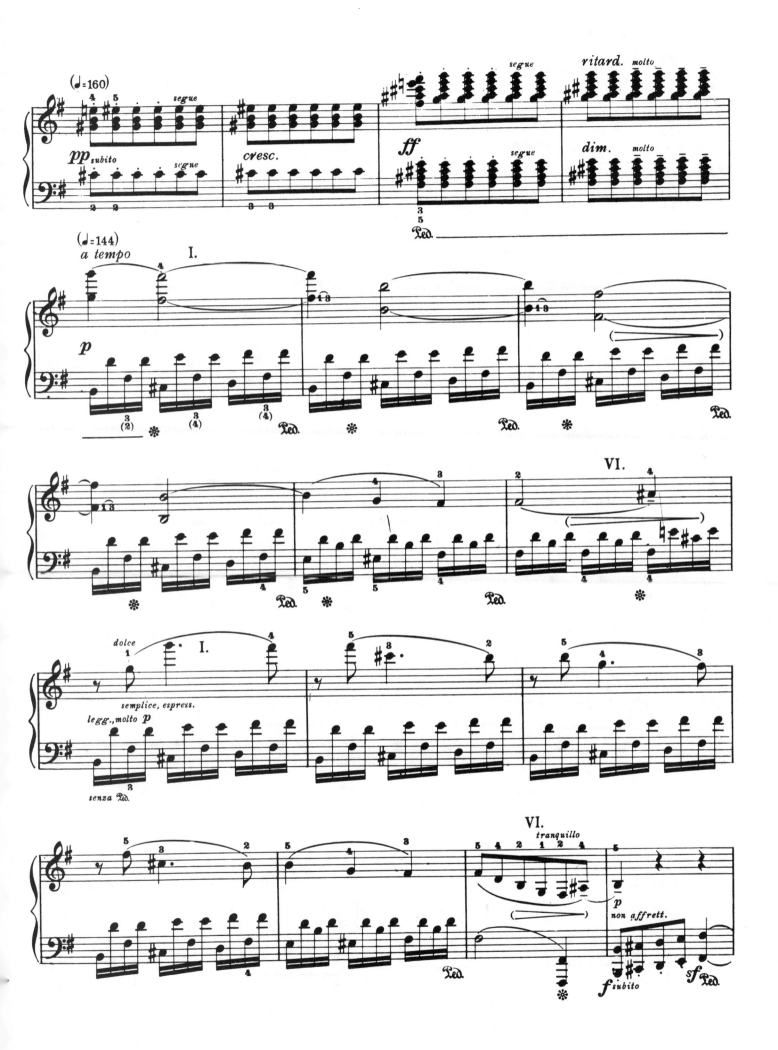

a) Vedi pag. 243 a)

b) Vedi pag. 243 b)

a) See page 243 a)

b) See page 243 b)

a) Siehe Seite 243 a)

c) Siehe Seite 243 a)

a) Vedi pag. 244 a).   a) *See page* 244 a).   a) Siehe Seite 244 a).

a) *Voir à la page* 244 a).   a) Mirar pág. 244 a).

a) Non aggiungere l'ottava (*mi*) al basso.
b) Corona (pausa senza pedale) della durata di quattro quarti circa su di un ritardando graduato. (I quarti, naturalmente, molto lenti poichè siamo alla fine di un ritardando molto allargato).
c) Rispettare la corona!

a) *The octave (e) in the bass must not be added!*
b) *Length of Fermata (pause, without pedal) about four crotchets in continuous ritardando (very slow crotchets, of course, as they come at the end of a long ritardando).*
c) *Observe the Fermata!*

a) Nicht die Oktave (Kontra-E) hinzufügen!
b) Fermate (Luftpause ohne Pedal) etwa 4 Viertel im fortgesetzten ritardando (sehr langsame selbstverständlich, da sie ja am Ende des ausgedehnten ritardando stehen).
c) Fermate beachten!

For French and Spanish notes see page 490

For French and Spanish notes see page 491

a) La prima semicroma è qui un *la*, ma otto battute dopo troviamo invece un *sol diesis*. È strano che alla prima ripetizione del tema si trovi, nell'Urtext, *sol diesis* in ambedue i passaggi; probabilmente è un errore e la prima volta dovrebbe essere certamente *la*. Nell'Urtext la seconda ripetizione è come al principio. (Naturalmente potrebbe essere due volte *la* e *sol diesis*, e, una volta, nel mezzo, *sol diesis* e *sol diesis*, ma non è probabile poichè il tema si ripete tre volte in forma identica, tranne questa unica nota). Molte edizioni hanno tutte e sei le volte *sol diesis* senza dare all'edizione originale, che è differente, nemmeno il beneficio del dubbio. Perciò chi si serve di edizioni simili non ha la scelta fra il testo e le sue «rettifiche».

a) *Here the first semiquaver is an a, eight bars later however it is a g♯. In the first repetition of the principal theme the Urtext edition has, strangely enough, in both corresponding passages, g♯ — presumably an error; most probably it should be a again in the first passage. In the second repetition, also the Urtext edition has a and g♯ again. (Of course it could be twice a and g♯ and the one time in the middle g♯ and g♯; this dissimilarity, however, seems unlikely, as the principal theme appears three times in perfectly identical form, except for this one note). Many editions print g♯ all six times, without giving the original edition, which is different, even the benefit of a doubt. Those who use such editions are thus not even in a position to choose between the original text and its «rectification».*

a) Das erste 16tel heißt hier «A», acht Takte später aber «Gis». Bei der ersten Wiederholung des Hauptthemas hat der Urtext merkwürdigerweise an beiden entsprechenden Stellen «Gis»; vermutlich ein Fehler, es soll gewiß das erstemal wiederum «A» sein. Bei der zweiten Wiederholung ist es auch im Urtext wie zu Beginn. (Selbstverständlich könnte es zweimal «A» und «Gis», und das eine Mal in der Mitte «Gis» und «Gis» sein; die Abweichung hat jedoch wenig Wahrscheinlichkeit für sich, denn das Hauptthema tritt, den einen Ton ausgenommen, dreimal in durchaus gleicher Gestalt auf). Viele Ausgaben haben in allen sechs besprochenen Takten «Gis», ohne dem Text der Originalausgabe, der es anders verlangt, auch nur die Beachtung eines Zweifels zu schenken. So bleibt dem Benützer solcher Ausgaben nicht einmal die Wahl zwischen dem Originaltext und seiner «Richtigstellung».

For French and Spanish notes see page 491

a) Vedi pag. 253a).

b) Qui « teneramente »; al principio di questo tempo: «dolce». Ambedue i passaggi devono essere eseguiti con dolcezza, ma la prima volta amabilmente, scorrevolmente, con grazia, mentre la seconda volta sognante, con abbandono e più enfasi. Naturalmente, non bisogna esagerare troppo queste sfumature, che devono essere più intuite che udite.

a) See page 253 a).

b) Here: « teneramente »; the first time (at the beginning): « dolce ». Thus in both places the expression should be delicate and tender, in the first rather amiable, flowing, graceful, in the second with more poetic fancy and abandon, and more emphatic. Of course, the difference should not be brought out conspicuously; it should be divined rather than heard, should be merely a subtle shade.

a) Siehe Seite 253 a).

b) Hier: teneramente, am Anfang des Satzes: dolce. Also beide Stellen zart, aber die erste lieblich, fließend, anmutig, die zweite schwärmerischer, hingebender, nachdrücklicher; der Unterschied darf selbstverständlich nicht dick aufgetragen werden; man sollte ihn mehr ahnen als hören lassen, es sind nur Schwebungen.

a) Continuare senza fermarsi.

a) *Continue without interruption.*

a) Unmittelbar weiter.

a) *Continuer sans faire aucun arrêt.*

a) Continuar sin pararse.

a) Vedi pag. 254 b).

a) See page 254 b).

a) Siehe Seite 254 b).

a) Voir à la page 254 b).

a) Mirar pág. 254 b).

a) Nell'edizione Urtext vi è qui un sol diesis. Confrontare con pag. 253 a).
b) Vedi pag. 253 a).
c) Vedi pag. 254

a) The Urtext edition has g♯ here. Compare page 253 a).
b) See page 253 a).
c) See page 254 b).

a) Hier hat die Urtextausgabe «Gis». Vergl. Seite 253 a).
b) Siehe Seite 253 a).
c) Siehe Seite 254

a) Dans l'édition originale nous avons ici un sol dièse. Comparer avec la page 253 a).

a) La edición original tiene aqui un sol sost. Comparar pág. 253 a).

a) Senza pausa!

a) No breathing-pause!

a) Keine Luftpause!

a) Ne pas faire de repos!

a) ¡Sin pausa!

a) Vedi pag. 254 b).
b) Vedi pag. 253 z).

a) *See page* 254 b).
b) *See page* 253 a).

a) Siehe Seite 254 b).
b) Siehe Seite 253 a).

  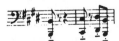

a) Vedi pag. 253 a).
b) Vedi pag. 254 b).
c) Nell'edizione Urtext il passaggio tanto qui quanto nella battuta seguente è in ottave:

L'Edizione Critica Completa non ha ottave, e il revisore ritiene che questa sia la versione giusta.

a) *See page* 253 a).
b) *See page* 254 b).
c) *The Urtext edition has, here and in the next bar, octaves:*

The « Kritische Gesamtausgabe » does not have them. In the editor's opinion the octaves are incorrect.

a) Siehe Seite 253 a).
b) Siehe Seite 254 b).
c) Die Urtextausgabe hat hier und im folgenden Takt Oktaven:

Die Kritische Gesamtausgabe hat sie nicht. Dem Herausgeber scheinen die Oktaven unrichtig.

For French and Spanish notes see page 491

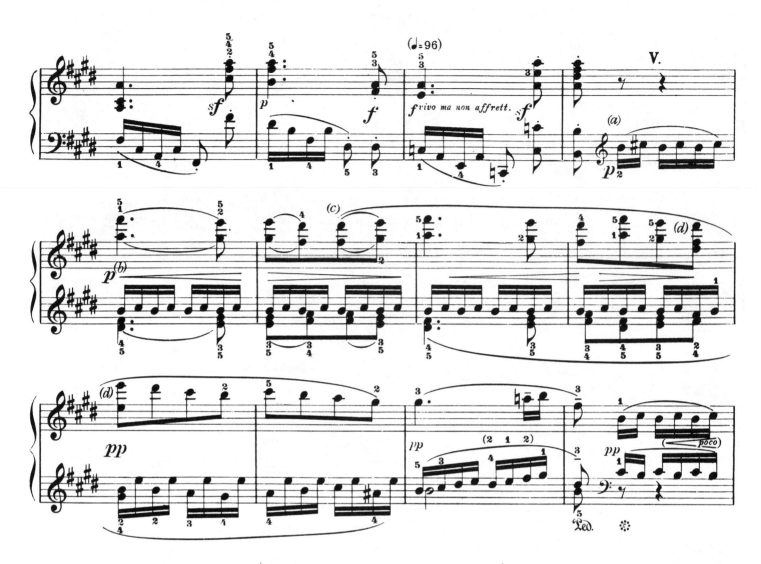

a) Continuare immediatamente.

b) La forcella che indica il crescendo si apre qui alla fine della battuta, mentre al passaggio corrispondente a pag. 77 si prolunga fino alla terza croma della battuta seguente. È impossibile decidere se ciò fosse nelle intenzioni dell'autore, ma se egli desiderava un'esecuzione uniforme bisognerebbe scegliere una di queste due versioni. Quale? Il revisore trova che la diversità fra questi due passaggi è attraente, sia essa voluta o accidentale.

c) Tanto nell'edizione Urtext quanto nell'Edizione Critica Completa troviamo qui una lunga legatura che parte dalla terza croma: il revisore ritiene che anche questa volta essa dovrebbe partire dalla prima croma della battuta seguente, così la quarta croma della battuta in questione non sarebbe legata. (Tanto più che le legature restano identiche nella mano sinistra).

d) Molte edizioni, conformandosi al passaggio analogo a pag. 77, battute 8 e 9, hanno qui:

Ancora una volta, alcune di esse passano sotto silenzio questa alterazione portata al testo originale, forse perchè dal loro punto di vista si tratta di un errore che non vale la pena di rilevare. Il revisore ritiene che la forma originale sia giusta e vi si attiene non vedendo ragione di dubitarne.

a) *Continue without interruption.*

b) *Here the crescendo sign ends before the next bar line, while at the corresponding place (page 77) it extends to the third quaver of the following bar. Whether the dissimilarity is intentional cannot be determined. If it was caused merely by inaccuracy, and conformity of the two places was desired, one of the two versions would have to be chosen as a model. But which one? The editor finds the diversity between the two places attractive, regardless of whether it was intentional or accidental.*

c) *In the Urtext and Kritische Gesamtausgabe the long legato-slur begins here already on the third quaver; in the editor's opinion, however, it should also this time begin on the first beat of the following bar, so that the fourth quaver is not slurred to that first beat (the more since in the left hand the slurs remain as they were before).*

d) *Many editions have here, in conformity with the corresponding place on page 77, bars 8 and 9:*

Once again some of them withhold the fact that they made an alteration in the text of the original edition, apparently because for them there seems to be no doubt that the original edition must be wrong. The editor regards the original version as the right one and therefore adheres to it; he sees no motive for incredulity.

a) Unmittelbar weiter.

b) Hier geht die Anschwellgabel nur bis zum Taktstrich, an der entsprechenden Stelle (Seite 77) bis zum dritten Achtel des folgenden Taktes. Ob die Verschiedenheit beabsichtigt ist, läßt sich nicht feststellen; wenn sie nur durch Ungenauigkeit entstanden und Uebereinstimmung beider Stellen gewünscht wäre, müßte eine davon zum Vorbild gewählt werden. Welche? Der Herausgeber findet die Abwechslung jedenfalls reizvoll, sei sie nun geplant oder zufällig.

c) Urtext und Kritische Gesamtausgabe beginnen den langen Legatobogen hier schon auf dem drittem Achtel; wie der Herausgeber meint, sollte er aber auch diesesmal erst vom ersten Viertel des folgenden Taktes gezogen, das vierte Achtel also nicht hinübergebunden sein. (Zumal in der linken Hand die alte Bogenführung beibehalten ist).

d) Viele Ausgaben haben hier, der entsprechenden Stelle Seite 77, Takt 8 und 9, gemäß:

Einige davon verschweigen wieder einmal, eine Veränderung am Text der Originalausgabe vorgenommen zu haben, vermutlich doch, weil dessen Fehlerhaftigkeit für sie außer jedem Zweifel steht. Der Herausgeber hält die Originalfassung für die richtige, folgte ihr daher; er kann in ihr keinen Anlaß zu Bedenken entdecken.

For French and Spanish notes see page 492

a) Alcune edizioni legano il $\frac{mi}{re}$ del secondo quarto al primo quarto della battuta seguente. Questa legatura non è giusta: la legatura che si trova tra la seconda e la terza battuta del terzo rigo a pag. **256** non può esser presa ad esempio, poichè lo svolgimento è completamente diverso.

a) *Some editions have ties from $\frac{e}{d}$ to the first crotchet of the next bar. These ties are undoubtedly wrong; bars 2 and 3 of the third line on page* **256** *cannot be used as justification because they proceed quite differently.*

a) Manche Ausgaben fügen hier Bindebögen zu (von „$\frac{e^2}{d^2}$" zum ersten 4tel des folgenden Taktes). Die Bögen sind sicherlich falsch; die Takte 2 und 3, drittes System S. **256** können zur Begründung nicht dienen, denn sie verlaufen nicht so wie hier.

a) *Certaines éditions lient ici le $\frac{mi^2}{ré^2}$ du 2e temps au 1er temps suivant. Cela est certainement faux; les 2e et 3e mesures à la troisième ligne de la page 256 ne peuvent rien prouver ici, leur progression étant toute différente.*

a) Algunas ediciones ligan el $\frac{mi}{re}$ del segundo cuarto al primer cuarto del compás siguiente. Esta ligadura no es justa: la ligadura que se encuentra entre el segundo y el tercer compás del tercer ringlón a pág **256** no se puede tomar por ejemplo ya que el desarrollo es completamente diferente.

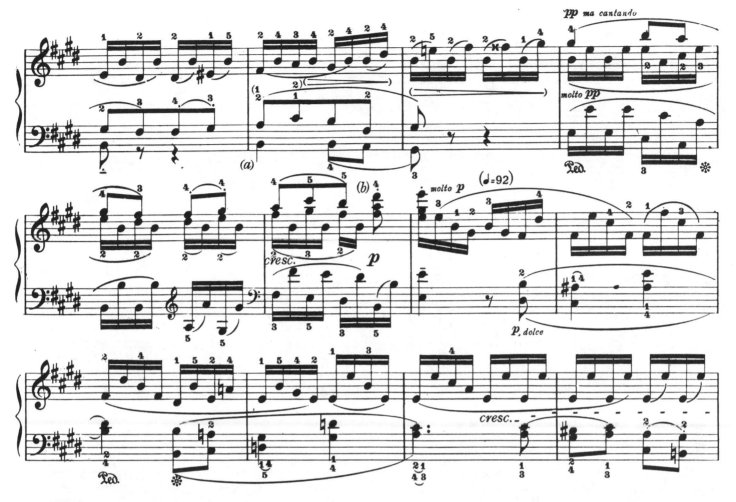

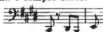 

a) Nell'edizione originale il *si* al basso è una semiminima: in quasi tutte le altre edizioni essa è stata rimpiazzata da una croma seguita da una pausa di un ottavo (senza alcuna spiegazione del cambiamento, come al solito). Questa semiminima è necessariamente un errore? Il revisore ritiene non soltanto che essa sia giusta, ma indispensabile per il legato del basso che deve cominciare sul secondo quarto. Fino qui non abbiamo trovato in questa frase nessuna legatura al basso, alla terza battuta del tema principale, ma le altre volte il basso si presenta in forma diversa da quella che essa ha qui (e soltanto qui), e ciò è della massima importanza:

mentre prima è sempre stato:

L'esattezza di questa semiminima è confermata dalla 20ª battuta a pag. 89 dove il basso deve certamente essere legato (non altrettanto due battute prima) e per questa ragione la battuta comincia con una semiminima. È incomprensibile la ragione per cui tutte le nuove edizioni la modifichino in un caso e la tollerino nell'altro.

b) Nell'edizione originale troviamo questo accordo:

La maggior parte delle altre edizioni (fra cui l'edizione Urtext e l'Edizione Critica Completa) hanno qui:

Anche qui non vi sono ragioni sufficienti per dubitare dell'esattezza dell'originale.

a) *In the original edition the b in the bass is a crotchet. Nearly all other editions substitute it with a quaver, followed by a quaver rest (without a word of explanation, as usual). Why must the crotchet be wrong? The editor is convinced that it is right: the slur starting on the second beat of the bass is proof. Never before in this movement was there a legato in the bass of the third bar of the principal theme. But what is most important: this bass never before appeared in the form it appears here (and only here):*

Before, it was always:

Further proof for the correctness of this crotchet is found on page 89, bar 20: here too, the bass undoubtedly is meant to be legato (but not so two bars earlier) and just therefore begins with a crotchet again. It remains then mysterious why all newer editions alter it once, but tolerate it the other time.

b) *The original edition has the chord thus:*

Most other editions (among them the Urtext and Kritische Gesamtausagbe) have, however:

Here too, there is no sufficient reason to doubt the original text.

a) Das «H» im Baß in der Originalausgabe ein Viertel; fast alle anderen Ausgaben haben es durch ein Achtel, dem eine Achtelpause folgt, ersetzt (wortlos, wie es eben üblich). Warum muß die Viertelnote durchaus falsch sein? Den Herausgeber überzeugt sie ganz; sie ist zwingend begründet durch das Legato des Basses, das von der zweiten Takthälfte an vorgeschrieben ist. Bisher gab es in diesem Satz zum dritten Takt des Hauptthemas noch kein Legato im Baß, aber es gab ja auch noch gar nicht den Baß, wie er hier (*nur* hier übrigens) ist (und das ist das wichtigste):

und vorher immer:

Die Richtigkeit der Viertelnote wird verstärkt bewiesen durch Seite 89, Takt 20; dort ist unzweifelhaft im Baß wiederum Legato gemeint (zwei Takte zuvor noch nicht) und darum gerade beginnt auch dort der Takt mit einer Viertelnote. Bleibt das Rätsel, weshalb alle neueren Ausgaben sie das eine Mal beseitigten, das andere Mal aber duldeten.

b) So steht der Akkord in der

Originalausgabe. Die meisten anderen Ausgaben (darunter auch Urtext und Kritische Gesamtausgabe) haben aber:

Auch hier liegt kein ausreichender Grund vor, den Originaltext anzuzweifeln.

For French and Spanish notes see page 492

a) La legatura che in alcune edizioni si trova fra l'ultima semicroma, *si*, e la prima semicroma (la volta successiva la prima semiminima) della battuta seguente è senza dubbio un errore.

a) Some editions put a tie here, from the last semiquaver b to the first semiquaver (the next time to the first crotchet) of the following bar, which is undoubtedly wrong.

a) Der Haltebogen vom letzten 16tel «h» zum ersten des folgenden Taktes (das nächstemal zum ersten Viertel), den manche Ausgaben zufügen, ist zweifellos falsch.

a) La liaison de la dernière double croche si, à la première de la mesure suivante (ensuite à la première noire) ajoutée par certaines éditions, est certainement fausse.

a) La ligadura que en muchas ediciones se encuentra entre la ultima semicorchea *si*, y la primera del compás siguiente es sin duda un error.

a) Il ritardando (di quattro battute) non è seguito, come quasi sempre, dall'indicazione « a tempo », ma da un accelerando (tre battute e mezza), e soltanto più tardi, al secondo quarto della penultima battuta, troviamo indicato « a tempo ». Dato che qui, eccezionalmente, il ritardando non è seguito dall'«a tempo», alcune edizioni non vedono nell'accelerando che un ritorno al primo movimento: in tal caso le ultime semicrome dell'accelerando raggiungerebbero appena la velocità del tempo originale. Il revisore trova che questa interpretazione è manierata, pesante e monotona. Abbiamo come tempo principale un « Non troppo presto »: un ritardando di quattro battute termina molto lento. È contrario al senso musicale del revisore attaccare le semicrome seguenti in un tempo Andante, intuendo che questa *non poteva* essere l'intenzione dell'autore. Senza dubbio, Beethoven riteneva che la ripresa del primo tempo si imponeva in modo così categorico dopo il ritardando da rendere inutile un'indicazione che il senso musicale dell'interprete (e la sua conoscenza delle tradizioni) devono fargli intuire. Perciò l'accelerando parte dal tempo principale, aumenta quindi bramoso di afferrare ciò che gli sfugge, si arresta improvvisamente nello sforzo vano, e accenna un dolce, raccolto addio.

b) Senza pausa.

a) A « ritardando » is nearly always followed by the indication « a tempo ». This « ritardando » of 4 bars, however, is followed by an « accelerando » of 3½ bars and only after that, on the second half of the penultimate bar, comes the indication « a tempo ». As it is, in this exceptional case, missing after the ritardando, certain editions interpret the « accelerando » as a gradual return from the tempo at the end of the ritardando to the previous tempo; so that only the last semiquavers of the « accelerando » would just about arrive at the principal tempo. To the editor this interpretation appears mannered, stiff, dull. The principal tempo of this movement is « Not too fast »; at the end of four bars of progressive ritardando the tempo has become very slow. To begin the now following semiquavers in something like an « Andante » virtually hurts the editor's musical sense. He feels, decidedly, that it *cannot* be meant this way. Beethoven apparently considered the « a tempo » after the ritardando as self-evident, so much so that it seemed superfluous to mark it specifically, where musical feeling as well as familiarity with the traditions of performing seem to exclude the possibility of misunderstanding. Thus the accelerando begins « a tempo », presses forward longingly to capture once more what is slipping away, halts suddenly, as it is gone, then just waves farewell, gently, pensively.

b) No breathing-pause.

a) Dem *ritardando* (vier Takte) folgt hier nicht wie sonst fast immer, die Angabe *a tempo*, sondern *accelerando* (3½ Takte) und erst *danach*, zur zweiten Hälfte des vorletzten Taktes, ist *a tempo* eingesetzt. Weil es also hier ausnahmsweise nach dem ritardando fehlt, deuten manche Ausgaben das accelerando als Zurückbewegung vom Endzum Ausgangszeitmaß des ritardando; demgemäß wären die letzten 16tel im accelerando erst annähernd so schnell wie die des Hauptzeitmaßes. Dem Herausgeber scheint diese Auffassung gekünstelt, steif, unlebendig. Das Hauptzeitmaß heißt: nicht zu geschwind; am Ende eines über vier Takte ausgedehnten *ritardando* ist es: sehr langsam. Die nun folgenden 16tel etwa im Andantetempo zu beginnen, ist für das musikalische Gefühl des Herausgebers geradezu eine Verletzung. Er spürt zwingend: es *kann* nicht so gemeint sein. Offenbar hielt Beethoven die Wiederaufnahme des alten Zeitmaßes nach dem ritardando für all zu selbstverständlich, um noch besonders vorzuschreiben, was musikalische Empfindung (und dazu Kenntnis der Vortragsgepflogenheiten) ja doch nicht verfehlen konnten. Das accelerando fängt also im Hauptzeitmaß an, eilt sehnsuchtsvoll, noch einmal zu ergreifen, was entweicht, hält plötzlich inne, denn das ist fort, und winkt nur noch einen leisen, in sich gekehrten Abschiedsgruß.

b) Keine Luftpause.

For French and Spanish notes see page 493

SONATA N. 28

(a)

(Dedicata alla Baronessa Dorothea Ertmann)

Composta nel 1815-16
Pubblicata in febbraio 1817
presso S. A. Steiner, a Vienna

Op. 101

a) Il titolo « Für das Hammerklavier » è stato usato per la prima volta da Beethoven per indicare questa sonata. « Hammerklavier » non è che la traduzione di Pianoforte. Non si tratta dunque di un istrumento speciale per cui Beethoven avrebbe scritto questa sonata. Beethoven aveva cominciato a servirsi della lingua tedesca per le indicazioni musicali, e per maggiore uniformità adottò questa traduzione della parola pianoforte.

b) Le opinioni differiscono per ciò che riguarda alcune legature in questo primo movimento. Le copie originali non dicono molto su questo punto e non possono darci chiare indicazioni. Per esempio: vi è una legatura su *mi* e *mi* (terza e quarta croma del soprano): il tenore sul *do diesis, do diesis* (primo quarto e quarto ottavo) non ha la legatura. Dal punto di vista musicale la differenza fra una nota tenuta e una nota ripetuta è di grande importanza, e la maggior parte dei revisori sono contrari a trattare in modo diverso le due voci. Perciò qualche edizione toglie la legatura del soprano o l'aggiunge al tenore, secondo il modo di vedere del revisore. Se il revisore di questa edizione fosse costretto a scegliere fra i due procedimenti, preferirebbe il secondo. Ma poichè ciò non è necessario è meglio rispettare questa differenza, che può avere dell'attrattiva, ossia la legatura ai soprano e la nota ripetuta al tenore.

c) In alcune edizioni, in questa battuta tra *mi* e *mi* manca la legatura, ma dovrebbe probabilmente esserci.

d) Corona della durata di cinque crome circa, un poco ritardando: poi continuare senza pausa.

a) *Beethoven used the indication « für das Hammerklavier » for the first time in this Sonata. In Beethoven's time « Hammerklavier » was simply the German translation for « Pianoforte »; certainly it did not mean that Beethoven was now writing for a different or modified instrument. He had begun to use the German language for his indications and, to be consistent, he translated also the foreign term « Pianoforte ».*

b) *There are differences of opinion concerning some of the ties in this movement. The original texts are unclear in these instances; conclusive solutions cannot be obtained from them. For instance: there is a tie from e to e (third to fourth quaver) in the top voice, while the tenor voice (c♯ to c♯, first crotchet to fourth quaver) has no tie. Musically, it is of very considerable importance whether a tone is held or repeated. It apparently goes against the feelings of the majority not to treat the two voices in question alike. Consequently, some editions remove the tie in the top voice, others add a tie in the tenor, depending on the editor's interpretation. If it were necessary to choose between these two versions, this editor would prefer the second. But as there is no such need, he recommends keeping the dissimilarity (which is after all rather attractive): holding the note in the top voice, and repeating it in the tenor.*

c) *In some editions the tie from this e to that of the following bar is missing, but most probably it ought to be there.*

d) *Length of Fermata about 5 quavers, in continued « poco ritardando ». Then proceed without pause.*

a) Die Bezeichnung « für das Hammerklavier » wurde von Beethoven zum erstenmal bei dieser Sonate verwendet. « Hammerklavier » ist die gerade damals entstandene deutsche Uebersetzung für « Pianoforte » (also nicht etwa ein verändertes Instrument, für das Beethoven nun schrieb); er hatte begonnen, seine Vortragsanweisungen in deutscher Sprache zu geben, und entfernte, um einheitlich zu sein, auch das fremdsprachige « Pianoforte ».

b) Ueber einige Haltebögen in diesem Satze gibt es Meinungsverschiedenheiten. Die Originalvorlagen sind in dieser Hinsicht gelegentlich undeutlich, zwingende Lösungen kann man also auch durch sie nicht erhalten. Zum Beispiel: von «e²» zu «e²» (3tes und 4tes Achtel im Sopran) ist ein Haltebogen geführt, der Tenor, von «cis¹» zu «cis¹» (1tes 4tel und 4tes Achtel), hat keinen Haltebogen. Es ist musikalisch von sehr erheblicher Bedeutung, ob ein Ton gehalten oder wiederholt wird; die beiden fraglichen Stimmen hier nicht gleichartig zu behandeln, widerstrebt offenbar den Meisten. So nimmt denn, je nach Auffassung des Bearbeiters, eine Ausgabe dem Sopran den Bogen fort, die andere fügt dem Tenor einen zu. Wäre der Herausgeber zu einer Entscheidung über die beiden Verfahren gezwungen, er zöge das zweite vor. Da die Wahl aber nicht notwendig, empfiehlt er, es bei der schließlich nur reizvollen Ungleichheit zu lassen, also: oben zu halten, unten zweimal anzuschlagen.

c) Von «E» zu «E» im folgenden Takt fehlt in mancher Ausgabe der Haltebogen, er gehört aber wohl hin.

d) Fermate etwa 5 Achtel, im fortgesetzten *poco ritardando*; dann ohne Luftpause weiter.

For French and Spanish notes see page 493

For French and Spanish notes see page 494

a) Alcune edizioni *non* hanno la legatura tra $\frac{la}{re\ diesis}$ e $\frac{la}{re\ diesis}$ primo e quarto ottavo.

b)

c) Molte edizioni hanno le seguenti legature: sull'ultimo ottavo di questa battuta $\frac{si}{sol\ diesis}$, tre battute dopo $\frac{si}{sol\ diesis}$; e altre tre battute dopo $\frac{do\ diesis}{la}$, legando questi accordi a quelli seguenti. Queste legature sono certamente un errore.

a) *Some editions have no ties from $\frac{a}{d\sharp}$ (first quaver) to $\frac{a}{d\sharp}$ (fourth quaver).*

b)

c) *Many editions have ties from the last quaver $\frac{b}{g\sharp}$ to the following first beat; similarly 3 bars later from $\frac{c\sharp}{b}$ and again 3 bars later from $\frac{c\sharp}{a}$. All these ties are definitely wrong.*

a) Von «$\frac{a^1}{dis^1}$» (1tes) zu «$\frac{a^1}{dis^1}$» (4tem Achtel) sind manche Ausgaben *ohne* Haltebögen.

b)

c) Vom letzten Achtel «$\frac{h^1}{gis^1}$», drei Takte cis^2 danach «h^1» und noch drei Takte später «$\frac{cis^2}{a^1}$» gis^1 zu den folgenden Noten führen viele Ausgaben Haltebögen; sie sind unbedingt falsch.

a) Alcune edizioni scrivono questo passaggio come quello che troviamo tre battute dopo:

invece di:

Il revisore ritiene che sia giusto scriverle in modo diverso poichè la prima volta sono crome melodiche.

b) Vedi pag. 270 *c).*

c) Corona del valore di 9 crome circa. Continuare senza pausa.

d) Molte edizioni hanno al basso una legatura fra *mi do diesis* (prima semiminima) e *mi do diesis* (terza croma). Probabilmente è un errore.

a) In order to conform with the analogous passage three bars later, some editions have

already here: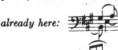

instead of:

The editor thinks the two passages s h o u l d be different; in the first one the t h r e e quavers form the melody.

b) See page 270 c).

c) Length of Fermata about 9 quavers; continue without breathing-pause.

d) Many editions have ties from $\frac{e}{c\sharp}$ *(first crotchet) to* $\frac{e}{c\sharp}$ *(third quaver) in the bass, which are probably wrong.*

a) Manche Ausgabe hat auch hier schon, entsprechend der Stelle drei Takte später:

statt:

Wie der Herausgeber meint, ist die Verschiedenheit richtig, es sind also das erste Mal *melodische* Achtel.

b) Siehe Seite 270 *c).*

c) Fermate etwa 9 Achtel lang; ohne Luftpause weiter.

d) Viele Ausgaben haben im Baß von « $\frac{e}{cis}$ » (1tem 4tel) zu « $\frac{e}{cis}$ » (3tem Achtel) Haltebögen; sie sind wahrscheinlich falsch.

For French and Spanish notes see page 494

a) L'edizione originale e il manoscritto hanno qui, all'ultima croma della mano sinistra, $\frac{sol\ diesis}{mi}$. In molte nuove edizioni si trova unicamente il *mi:* evidentemente il *sol diesis* è giudicato superfluo visto che si trova nell'accordo della mano destra. Mı non è così e si raccomanda di prenderlo col pollice di ambedue le mani.

b) Alla seconda croma della mano sinistra alcune edizioni aggiungono un *sol diesis* che probahilmente non dovrebbe esserci.

c) La pausa (con pedale) deve aver la durata di *una* semicroma soltanto.

d) La legatura tra il *re* (semiminima) e *re* (quarta croma) è stata aggiunta dal revisore.

e) L'edizione originale e il manoscritto hanno *entrambi*, inequivocabilmente:

Il cambiamento: (conformemente al punto corrispondente a pag. 270) oppure questo accordo:

sono ingiustificati e inammissibili.

a) Original edition and manuscript have $\frac{g\sharp}{e}$ *on the last quaver, left hand. Many new prints have only e: evidently the g$\sharp$ is considered superfluous, as the same note appears also in the right hand. But it is by no means « superfluous »; it should be played with the thumbs of both hands.*

b) In some editions a g$\sharp$ is added (second quaver, left hand). It probably does not belong there.

c) The break (with pedal) should not be longer than about o n e semiquaver!

d) The tie from d *(first crotchet) to* d *(fourth quaver) has been added by the editor.*

e) Original edition and manuscript have

b o t h — and unmistakably —:

To change it into:

(in conformity with the corresponding place on page 270) or even into:

is unwarranted and inadmissible.

a) Originalausgabe und Manuskript haben in der linken Hand zum letzten Achtel «$\frac{gis^1}{e^1}$». In vielen neuen Drucken steht nur «e^1», das «gis» wird offenbar für überflüssig gehalten, da es schon in der rechten Hand vorgeschrieben ist. Fs ist aber gewiß nicht « unnötig »; man schlage es mit den Daumen beider Hände an.

b) Manche Ausgabe fügt in der linken Hand dem zweiten Achtel «gis» zu; es gehört aber wohl nicht hin.

c) Die «Atempause» (mit Pedal) nur etwa ein 16tel lang!

d) Der Haltebogen von «d^1» (erstem Viertel) zu «d^1» (4tem Achtel) ist vom Herausgeber zugefügt.

e) Originalausgabe und Manuskript haben so übereinstimmend wie eindeutig:

Veränderungen in:

(der entsprechenden Stelle Seite 270 gemäß),

oder gar in: sind ungerechtfertigt und unzulässig.

For French and Spanish notes see page 495

a) Nell'edizione Cotta questa ottava $\frac{mi}{mi}$ è posta un'ottava più in basso.

b) Pedale autografo.

c) Corona (con pedale) molto lunga, ma al massimo della durata di tre battute (su di un ritardando): poi una lunga pausa — senza pedale — della durata di circa otto battute dell'Allegretto, e non più. Quindi attaccare la Marcia.

a) In the Cotta edition the octave $\frac{e}{e}$ is set an octave lower.

b) Pedal mark and following release-sign by Beethoven.

c) Fermata (with pedal) very long, but not exceeding 3 bars (in continued ritardando); then a very long pause (without pedal), about 8 bars (at the most) of the Allegretto tempo. Then the « Vivace alla Marcia ».

a) In der Cotta'schen Ausgabe sind {« e » kleine Oktave {« E » große Oktave} um eine Oktave hinuntergesetzt.

b) Pedal autograph.

c) Fermate (mit Pedal) sehr lang, aber höchstens 3 Takte (im ritardando); danach sehr lange Pause — ohne Pedal — etwa acht Takte des Allegrettozeitmaßes, keinesfalls mehr. Dann der Marsch.

a) Nell'edizione originale il *la* più basso è la quarta croma, mentre nel manoscritto è l'ottavo sedicesimo preceduto da una pausa. Il manoscritto è certamente giusto.

a) *In the original edition the lower a appears on the fourth quaver; in the manuscript however on the eighth semiquaver (preceded by a semiquaver-rest). Surely the manuscript is right here.*

a) In der Originalausgabe ist «a¹» 4tes Achtel, im Manuskript hingegen 8tes 16tel (davor eine 16tel-Pause). Sicherlich hat hier das Manuskript recht.

a) *Dans l'édition originale, nous trouvons la¹ 4ᵉ croche du temps. Par contre dans le manuscript 8ᵉ double croche (précédée d'un demi soupir). Il faut nous conformer ici au manuscript.*

a) En la edición original este *la* es la cuarta corchea, mientras que en el manuscrito es la octava semicorchea, precedida de una pausa. El manuscrito es seguramente justo.

a) Trillo senza risoluzione,. cominciando dalla nota principale.

b) Nella maggior parte delle edizioni si trova alla mano destra una legatura tra *fa* e *fa* (secondo e terzo tempo).

c) Pedale di Beethoven.

a) *Trill without after-beat, beginning with the principal note.*

b) *Most editions have a tie from f to f (second to third crotchet).*

c) *Pedal marks by Beethoven.*

a) Triller ohne Nachschlag; mit der Hauptnote beginnen.

b) Die meisten Ausgaben haben in der rechten Hand von «f²» zu «f²» (2tes und 3tes 4tel) einen Haltebogen.

c) Pedal von Beethoven.

a) *Trille sans note complémentaire, commençant par la note principale.*

b) *Dans les principales éditions, nous trouvons à la main droite une liaison de fa² à fa² (2ᵉ et 3ᵉ temps).*

c) *Pédale de Beethoven.*

a) Trino sin resolución, empezando desde la nota principal.

b) En la mayor parte de las ediciones se encuentra en la mano derecha una ligadura entre *fa* y *fa* (segundo y tercero compás).

c) Pedal de Beethoven.

a) In alcune edizioni l'accordo sul primo
si b
quarto è soltanto *sol*. Ma questo accordo
mi
di quattro note è probabilmente esatto.

a) *Some editions have on the first beat only* g,
e
but the four-part chord is probably right.

a) Manche Ausgaben haben nur «g2» zum
ersten 4tel, vierstimmig dürfte der Akkord
aber wohl richtig sein.

a) *Certaines éditions n'ont que* sol2 *au*
mi2
premier temps; une quatrième voix s'im-
pose ici.

a) En algunas ediciones el acorde en
si b
el primer cuarto es solo *sol*   Pero
mi
este acorde para ser justo tiene que
tener cuatro voces.

(♩=160)

molto semplice e sempre ben fluente

dolce

a) Nella maggior parte delle edizioni troviamo delle legature tra *fa* e *fa* (quarta-quinta semicroma e ottava-nona della mano destra) che probabilmente non dovrebbero esistere.

b) In alcune edizioni il primo quarto nel basso consiste, tanto qui quanto nella battuta seguente, in una croma puntata e una semicroma. Riteniamo che debba essere una semiminima.

c) Molte edizioni non vogliono la corona che quando l'accordo sul terzo quarto della battuta ha risuonato per l'ultima volta. Perciò essa non dovrebbe servire a prolungare il valore della pausa tra la terza semiminima e l'anacrusi della parte in *si b* maggiore. Il revisore, al contrario, dà alla corona il significato di una pausa fra le due parti, attribuendole la durata di 5 crome circa (senza pedale). In molte edizioni troviamo la pausa della croma sul 4° quarto trasformata nella pausa di una croma puntata (con la corona) e il *fa* seguente trasformato in una semicroma. Questa forma è certamente sbagliata mentre è giusta la forma: pausa di una croma, croma.

a) *Most editions have ties from f to f (fourth to fifth and then eighth to ninth semiquaver). They probably should not be there.*

b) *Some editions have also in the bass voice (here and in the next bar) a dotted quaver followed by a semiquaver; but the crotchets are surely correct, in both bars.*

c) *According to many editions the Fermata should be applicable only after the third crotchet of this last bar has been played for the very last time; according to them the Fermata should not serve as prolongation of the quaver-rest preceding the upbeat to the B flat major section. The editor believes the opposite: he sees the significance of the Fermata as a pause between the two sections and gives it a length of about 5 quavers (without pedal). In many editions the last beat of this bar is divided into a dotted quaver-rest (with the Fermata) and a semiquaver-note (f). Undoubtedly this is wrong; the quaver-rest and quaver-upbeat are right.*

a) Die meisten Ausgaben haben von «f¹» zu «f¹» (4tes und 5tes, dann 8tes und 9tes 16tel r.H.) Haltebögen, die gehören aber wohl nicht hin.

b) In mancher Ausgabe besteht das erste 4tel im Baß - hier und im nächsten Takt - aus einer punktierten Achtel- und einer 16tel-Note. Die *Viertelnoten* «c¹» und «c» sind aber sicherlich richtig.

c) Nach vielen Ausgaben soll die Fermate erst Geltung haben, wenn das dritte Viertel des letzten Marschtaktes zum allerletztenmal erklungen war; sie soll also nicht der Verlängerung der Pause, zwischen diesem 3ten 4tel und dem Auftaktachtel zum B-durteil, dienen. Der Herausgeber glaubt gerade das Gegenteil; er gibt der Fermate die Bedeutung der Zwischenpause, von etwa 5 Achteln Dauer (ohne Pedal). Das vierte 4tel des letzten Taktes ist in vielen Drucken in eine punktierte Achtelpause (darüber die Fermate) und das 16tel «f¹» eingeteilt. Diese Gestalt ist zweifellos falsch; richtig hingegen die Achtelpause und der Achtelauftakt.

For French and Spanish notes see page 495

a) Nell'edizione originale l'ultima croma è un *fa*: il revisore ritiene che sia un errore di stampa e che debba essere invece un *mi*. (Naturalmente chi non divide la sua opinione può continuare a suonare *fa*). La sola Universal Edition fra tutte quelle note al revisore, ha alla fine di questa battuta il segno del ritornello che esige la ripetizione delle dieci battute precedenti. Questo ritornello non si trova nè nell'edizione originale nè nel manoscritto. Nel manoscritto sulla sbarra di divisione della prima battuta della parte in *si b* si trovano dei punti che potrebbero indicare un ritornello se nel corso del pezzo si trovassero altri punti che limitassero il periodo da ripetere. Ma siccome essi non vi sono si deve concludere che i primi punti siano semplicemente delle macchie. Secondo il revisore questa ripetizione non è ammissibile poichè avrebbe l'effetto di distruggere la forma.

a) *In the original edition the last quaver is an f; the editor is convinced that it is a misprint: it must be e (whoever does not share his opinion, should play f, of course). Only one among the many editions known to the editor, the «Universal-Edition» has a repeat-sign at the end of this bar, meaning that the preceding ten bars should be played once more. Neither the original edition nor the manuscript have this indication. At the beginning of the first bar of the B flat major section there are dots next to the double-bar-line, which could be interpreted as an indication to repeat from here on, but only if anywhere in the further course of the piece there were another indication marking the place from which to return to this first bar. However, as already mentioned, there is no such indication, The dots at the beginning are probably accidental smudges or impurities in the paper. The editor absolutely excludes the possibility that a repetition of these first ten bars was intended: it would, in effect, virtually destroy the form.*

a) In der Originalausgabe ist das letzte Achtel «f¹»; wie der Herausgeber meint, liegt hier ein Stichfehler vor, es muß «e¹» sein. (Wer diese Ansicht nicht teilt, spiele selbstverständlich «f¹»). Die eine Ausgabe der Universal-Edition, als einzige unter allen dem Herausgeber bekannten Drucken, hat hier am Taktende ein Wiederholungszeichen, die ersten zehn Takte sollen also noch einmal ausgeführt werden; Original *und* Manuskript haben diese Angabe *nicht*. Im Manuskript stehen beim ersten Takt des B-dur-Teils neben dem Anfangstaktstrich Punkte, die als Wiederholungszeichen nur gedeutet werden könnten, wenn im weiteren Verlauf des Stückes eine Stelle bezeichnet wäre, von der aus das Ganze ein zweitesmal verlangt wird. Eine solche Stelle ist aber, wie gesagt, nicht vorhanden; die Punkte am Anfang sind wahrscheinlich Unsauberkeit. Der Herausgeber schließt die Absicht einer Wiederholung der ersten zehn Takte überhaupt vollkommen aus; sie hätte eine geradezu formzerstörende Wirkung.

Marcia da capo al fine senza ripetizione

Adagio, ma non troppo, con affetto (♪=46)
Langsam und sehnsuchtsvoll

For French and Spanish notes see page 496

a) L'indicazione «Su una corda» si riferisce senza dubbio a tutta questa parte della sonata fino alle terzine di semicrome che precedono il movimento 6/8. Malgrado l'intensità, la libertà, la varietà e la profondità dell'espressione, il suono deve essere sempre quasi impalpabile, leggermente velato. Il crescendo finale raggiunge il punto culminante al « p dolce » dell'Allegretto. Qui il suono perde il suo carattere velato e pur restando « p dolce » diviene più chiaro che durante l'Adagio.

b) In molte edizioni troviamo fra queste due crome (mi terza croma e mi quarta croma) una legatura che è certamente uno sbaglio.

c) Pedale di Beethoven.

a) *The indication « Mit einer Saite » (« on one string », meaning: with left pedal) applies, without doubt, to the whole movement, up to the semiquaver-triplets before the 6/8 time. Despite all intensity, freedom, wealth and depth of expression, the sound should always remain somehow intangible, slightly veiled. The «crescendo» at the end of the movement reaches its climax at the « p dolce » after the double-bar. Here the sound is open again and, although only « p dolce », yet brighter than it ever was during the Adagio.*

b) *Many editions have a tie from e (third quaver) to e (fourth quaver), which is surely incorrect.*

c) *Pedal mark and release-sign by Beethoven.*

a) Die Vorschrift «mit einer Saite» gilt zweifellos für den ganzen Satz, bis zu den 16tel-Triolen vor dem 6/8 Takt. Bei aller Eindringlichkeit, Freiheit, Vielfalt und Tiefe des Ausdrucks soll der Klang doch durchweg gleichsam ungreifbar, zart verschleiert bleiben. Das «crescendo» am Schluß des Satzes erreicht seinen Höhepunkt bei dem p dolce des Allegretto. Hier ist der Klang wieder offen, und obgleich nur p dolce, doch heller, als er je während des «Adagio» gewesen.

b) In vielen Ausgaben ein Haltebogen von «e¹» (3tem) zu «e¹» (4tem Achtel); er ist sicherlich falsch.

c) Pedal von Beethoven.

a) Pedale di Beethoven.

b) Molte edizioni hanno una legatura tra il *sol diesis* dell'accordo e la croma seguente, *sol diesis*. È certamente più bello (e più logico) ripetere il *sol diesis* e marcare il principio delle quintine della cadenza. Corona della durata di 10 semicrome circa. Togliere il pedale dopo la prima quintina della cadenza.

c) Vedi pag. 102 a). "Gradualmente sempre più corde,, ossia alzare gradualmente il pedale sinistro. Con questa indicazione e con le susseguenti "Alle Saiten,, (tutte le corde) e "tutto il cembalo ma piano,,, Beethoven conferma che un altro suono è qui richiesto: piano ma senza l'uso del pedale sinistro.

d) Le semicrome forse un pochino più rapidamente (ma appena percettibilmente) delle crome dell'Allegretto.

e) Vedi pag. 280 a) e 281 c).

f) Corona (sulla pausa) della durata di quattro crome circa.

g) Vedi pag. 269 b).

h) Corona (sulla pausa) della durata di sette crome circa. Le due pause di 1/8 ognuna, nella battuta seguente, rigorosamente a tempo.

i) Le biscrome più rapidamente possibile e il trillo presso a poco nel modo seguente:

a) *Pedal mark and release-sign by Beethoven.*

b) *Many editions have a tie from g♯ on the first beat to the following quaver. It is, in any case, more beautiful (and also makes more sense) to play the g♯ again, as it marks the beginning of the quintuplet motion. Length of Fermata about ten semiquavers; release the pedal only after the first quintuplet-quaver.*

c) *« Gradually on more and more strings », indicating the release of the left pedal. See page 102 a). With this indication, as well as the subsequent « Alle Saiten » (all strings) and « tutto il cembalo ma piano », Beethoven confirms that another sound is wanted now: soft, but without use of the left pedal.*

d) *The semiquavers perhaps slightly (but almost imperceptibly) quicker than the following quavers of the Allegretto.*

e) *See page 280 a) and 281 c).*

f) *Length of Fermata (here as a rest) about four quavers.*

g) *See page 269 b).*

h) *Length of Fermata (rest) about seven quavers. The two quaver-rests in the next bar strictly in time!*

i) *The demisemiquavers as quickly as possible and the trill about like this:*

a) Pedal von Beethoven.

b) Viele Ausgaben haben von «gis[1]», dem ersten 4tel, zu «gis[1]», dem folgenden Achtel, einen Haltebogen. Schöner (und auch sinnvoller) ist es jedenfalls, das «gis[1]» als Anfang der Quintolenbewegung hören zu lassen, also ein zweitesmal anzuschlagen. Fermate etwa zehn 16tel; Pedal erst nach dem ersten Quintolenachtel aufheben.

c) Siehe Seite 102 a). Diese sowohl wie Beethovens nachfolgende Vorschriften « Alle Saiten » und « tutto il cembalo ma piano » bestätigen, dass er nun einen anderen Klang wünscht: leise, doch ohne linkes Pedal.

d) Die 16tel vielleicht etwas (aber fast unbemerkbar) schneller, als die folgenden Achtel des Allegretto.

e) Siehe Seite 280 a) und 281 c).

f) Fermate (hier Luftpause) etwa vier Achtel lang!

g) Siehe Seite 269 b).

h) Fermate (Pause) etwa sieben Achtel! Die beiden Achtelpausen im nächsten Takt streng im Zeitmaß.

i) Die 32stel so schnell wie möglich. Der Triller danach etwa wie folgt:

For French and Spanish notes see page 496

a) Nelle edizioni più antiche si trova sul trillo un bequadro che *non* esiste nell'originale. Inutile discutere in merito.

b) Approssimativamente così:

c) Corone della durata di tre crome circa. Dopo la seconda corona continuare immediatamente.

a) *Older editions, but not the original print, have the sign ♮ above the trill. It hardly deserves consideration.*

b) *To be played like this (approximately):*

c) *Length of each Fermata about three quavers; after the second, continue without break.*

a) In älteren Ausgaben, aber *nicht* im Originaldruck steht über dem Triller hier ein ♮. Das Auflösungszeichen ist hier wohl unerörterbar.

b) Ausführung etwa:

c) Fermaten etwa je drei Achtel; nach der zweiten sofort weiter.

a) Qui, come a pag. 293 quarto rigo, prima battuta, sulla seconda e sulla terza croma, tutte le voci sono scritte nel rigo superiore, mentre invece a pag. 293 nella prima battuta del quinto rigo le note del basso, nel passaggio identico, sono scritte sul rigo inferiore. Il revisore ritiene che ciò sia fatto intenzionalmente ed esegue il passaggio come è scritto (la sua diteggiatura lo dimostra). Tutte le edizioni note al revisore indicano per tutte e tre le battute la stessa esecuzione: la parte inferiore sempre con la sinistra. Chi preferisce questo modo, può usare la destra: $\frac{3}{2}\frac{2}{1}$ e con la sinistra 1, 2.

b) In molte edizioni si trova una legatura tra il *sol diesis* sul secondo quarto di questa battuta e il *sol diesis* sul primo quarto della battuta seguente. Il revisore ripete questa nota.

a) *On the second and third quavers of this bar, all three voices appear in the upper stave; likewise in bar 1, line 4 of page 293 while in the otherwise identical bar 1, line 5 of page 293 the lowest voice appears in the lower stave. The editor thinks this diversity is intentional and plays accordingly (as indicated by the fingerings). All editions known to him prescribe the same execution for all three bars: the lowest voice always in the left hand. Those who prefer this should use: right hand $\frac{3}{2}\frac{2}{1}$, left 1,2.*

b) *Many editions have a tie from g♯ on the second crotchet to g♯ on the first beat of the following bar. The editor plays the g♯ twice.*

a) Hier und Seite 293 System 4, Takt 1 stehen alle Stimmen zu 2tem und 3tem Achtel im oberen System, hingegen hat Takt 1, System 5, Seite 293 die unterste Stimme zu den genannten Werten im unteren System. Der Herausgeber hält die Verschiedenheit für Absicht und spielt demgemäß (wie seine Fingersätze angeben). Alle ihm bekannten Ausgaben lassen die beiden Achtel an allen drei Stellen einheitlich ausführen. Unterste Stimme immer mit der linken Hand.

Wer es so vorzieht, nehme rechts: $\frac{3}{2}\frac{2}{1}$ links 1, 2.

b) Vom 2ten Viertel «gis¹» zum ersten Achtel «gis¹» des folgenden Taktes haben viele Ausgaben einen Haltebogen. Der Herausgeber schlägt den Ton zweimal an.

a) Alcune edizioni aggiungono una terza voce alla mano destra, un'ottava sotto la voce superiore, (forse per analogia al passaggio simile a pag. 291 quinto rigo, terza battuta) senza tener conto della differenza della battuta precedente. Questa aggiunta è inammissibile.

b) Pedale autografo.

c) In alcune edizioni mancano qui, e ai passaggi corrispondenti, le legature alla mano destra tra l'ultima croma della battuta e la prima della battuta seguente. Queste legature sono certamente esatte.

a) *Certain editions add a third voice in the right hand (an octave below the top voice), evidently in analogy with bar 3, line 5, page 291 where the preceding bar is different, however. Without doubt, this addition is inadmissible.*

b) *Pedal mark by Beethoven.*

c) *In some editions the ties between the last quaver and the first of the following bar are missing here and in the corresponding places, but they are certainly correct.*

a) Manche Ausgabe fügt in der rechten Hand (offenbar angeregt durch die Stelle Seite 291 Syst. 5, Takt 3, die aber im Vortakt anders gesetzt ist) eine dritte Stimme, Oktaven zur oberen, zu; die Ergänzung ist zweifellos unzulässig.

b) Pedal autograph.

c) In manchen Ausgaben fehlen hier und an den entsprechenden Stellen vom letzten Achtel rechts zum folgenden die Haltebögen, die aber ganz gewiß richtig sind.

For French and Spanish notes see page 497

a) La prima corona ha la durata di cinque crome circa, la seconda una durata simile. Ambedue si trovano sopra un poco ritardando graduale. Dopo la seconda, pausa (senza pedale) della durata di tre crome circa, sempre sul ritardando.

b) Molte edizioni hanno già qui il *pp* invece del *p*, e nessuna indicazione nella battuta seguente. Il revisore comincia col *p*, pur senza essere molto convinto della sua giustezza.

a) *Length of the first Fermata about five quavers; likewise the second Fermata five quavers long, both in continuous, progressive «poco ritard.». After the second, a breathing-pause (without pedal) of about three quavers in continued ritard.*

b) *Many editions have pp already here, instead of the p and no indication at all in the following bar. The editor maintains the p, although he is not entirely convinced that it is right.*

a) Erste Fermate etwa fünf, zweite ebenfalls fünf Achtel lang, beide im fortgesetzten *poco ritard*. Nach der zweiten: Luftpause ohne Pedal (stets noch rit.) von etwa drei Achteln.

b) Viele Ausgaben haben das *p* nicht, sondern hier schon *pp*, im nächsten Takt gar keine Angabe mehr. Der Herausgeber ließ das *p* stehn, obwohl er von dessen Richtigkeit nicht durchaus überzeugt ist.

For French and Spanish notes see page 497

a) Nell'edizione originale e nel manoscritto troviamo qui alla mano sinistra *re, re, re*. Alcune edizioni vi sostituiscono invece *mi mi, re*, senza nessun diritto e nessuna ragione.

a) *Original edition and manuscript have clearly d, d, d in the left hand. Yet certain editions change it to e, e, d, without any right or reason.*

a) Originalausgabe und Manuskript haben deutlich dreimal «d¹» in der linken Hand. Manche Ausgaben verändern die Stimme trotzdem in «e¹, e¹, d¹»; zu diesem Eingriff liegt weder ein Anlaß noch ein Recht vor.

a) *Dans l'édition originale et le manuscript, nous voyons distinctement à la main gauche trois ré¹. Sans droit ni raison, certaines éditions en font mi, mi, et ré.*

a) En la edición original y en el manuscrito encontramos aqui a la mano izquierda *re, re, re*. Algunas ediciones substituyen en lugar *mi, mi, re*. Sin ningun derecho y ninguna razon.

a) È certamente sbagliato sostituire questo *sol* del basso con un *fa* come si trova in alcune edizioni.

b) La legatura che unisce l'ultima croma, *la*, alle semicrome seguenti, che si trova in molte edizioni, è probabilmente un errore.

c) In alcune edizioni la quarta croma è *sol* invece di *si*. *Si* è giusto.

a) f *instead of g on the second quaver, as found in some editions, is definitely wrong.*

b) *The tie from the last quaver a to the following semiquaver a, found in many editions, is probably wrong.*

c) *Some editions have g instead of b on the fourth quaver; b is correct.*

a) «F» statt «G» zum 2ten Achtel im Baß, wie es manche Ausgaben haben, ist gewiß falsch.

b) Der Haltebogen vom letzten Achtel «a¹» zum folgenden 16tel «a¹», den viele Ausgaben führen, ist wohl falsch.

c) Manche Ausgaben haben «g» statt «h» zum 4ten Achtel; «h» ist richtig.

IX.

a) Il *fa* che troviamo al posto del *sol* in alcune edizioni è un errore.

b) La seconda croma è certamente un *re* e non un *mi* come troviamo in alcune edizioni.

c) Qui il *mi* alla seconda croma e il *la* nella battuta seguente sono giusti. Il *fa* e il *sol* di talune edizioni sono sbagliati.

d) In molte edizioni manca qui il *p* che tuttavia dovrebbe esserci.

a) *The f one finds in some editions, instead of g, is wrong.*

b) *The second quaver is definitely d, and not e, as certain editions have it.*

c) *Second quaver surely e, and in the next bar a; f and g instead, as found in some editions, are wrong.*

d) *The p is missing in many editions, but is certainly right.*

a) «f¹» statt «g¹», wie es in manchen Ausgaben steht, ist falsch.

b) Das 2te Achtel ist bestimmt «d» und nicht «e», wie mancher Druck es hat.

c) 2tes Achtel sicherlich «e», kleine Oktave; im nächsten Takt «A»; «f» und «G» an ihrer Stelle, wie manche Ausgabe hat, sind falsch.

d) In vielen Ausgaben fehlt das *p*; es ist aber sicher richtig.

For French and Spanish notes see page 498

a) In alcune edizioni troviamo una legatura fra l'ultima semicroma *la* e la croma seguente. È uno sbaglio. L'edizione Cotta aggiunge alle due ultime crome un *fa diesis* e un *mi* (evidentemente perchè le due battute dopo le due crome alla sinistra hanno la terza). Questa aggiunta è inammissibile.

b) La quarta croma nella parte superiore non è *mi* come troviamo in alcune edizioni, ma *re*. Il *p* sul quarto ottavo, che è certamente giusto, manca in molte edizioni.

a) *The tie from the fourth semiquaver a to the following quaver, found in several prints, is probably wrong. The Cotta edition adds f♯ and e to the third and fourth quavers in the right hand (apparently because two bars later the third and fourth quavers in the left hand have thirds). The addition is not justifiable.*

b) *The fourth quaver right hand is not e, as some editions have it, but surely d. The p on the fourth quaver, which is certainly correct, is missing in many prints.*

a) Der Haltebogen vom 4ten 16tel «a²» zum folgenden Achtel, den man in einigen Drucken findet, ist wohl falsch. Die Cotta'sche Ausgabe fügt dem 3ten und 4ten Achtel rechts noch «fis²» und «e²» zu (offenbar, weil zwei Takte später links die beiden letzten Achtel Terzen haben). Die Ergänzung ist abzulehnen.

b) Das 4te Achtel rechts heißt nicht «e²», wie einige Ausgaben haben, sondern gewiß «d²». Das p zum 4ten Achtel, das ebenso gewiß richtig ist, fehlt in vielen Drucken.

For French and Spanish notes see page 498

a) Nell'edizione originale non troviamo il diesis al *fa*. Deve trattarsi di una dimenticanza. Il *fa diesis* ci sembra giusto, e la maggior parte delle edizioni lo ritengono tale. Soltanto Nottebohm opta per il *fa naturale*.

b) Pedale autografo.

c) Vedi pag. 282 *c*).

a) *The original edition has no ♯ for the f. Most likely the ♯ was just forgotten; f♯ should be correct. That is the opinion in nearly all editions too; only Nottebohm recommends f.*

b) *Pedal mark (and release-sign) by Beethoven.*

c) *See page* 282 *c*).

a) In der Originalausgabe steht vor «f», erstem Achtel links, kein ♯. Das Versetzungszeichen ist wohl nur vergessen; «fis» dürfte richtig sein. So denken auch fast alle Ausgaben, nur Nottebohm tritt für das «f» ein.

b) Pedal autograph.

c) Siehe Seite 282 *c*).

a) *Dans l'édition originale nous ne trouvons pas de signe d'altération au* fa; *il doit avoir été oublié.* Fa dièse *nous paraît juste et c'est également l'avis de la plupart d'éditeurs. Nottebohm seul plaide pour le* fa *naturel.*

b) *Pédale originale.*

c) *Voir page* 282 *c*).

a) En la edición original no encontramos el sostenido en el *fa*. Tiene que ser un olvido. El *fa sost.*, nos parece justo y la mayor parte de las ediciones creen que sí. Sólamente Nottebohm opta por el *fa* natural.

b) Pedal autógrafo.

c) Mirar pág. 282 *c*).

a) La diteggiatura nella mano destra, in questa battuta e nelle due seguenti, è di Beethoven.

b) La seconda semicroma *re* è probabilmente giusta. Molte edizioni vi sostituiscono un *mi*, che è nondimeno concepibile.

a) In this and the two following bars the right hand fingerings are by Beethoven.

b) d as second semiquaver is probably correct. Many editions have e instead, which is nevertheless conceivable.

a) Fingersatz für die rechte Hand hier und in den beiden folgenden Takten von Beethoven.

b) «d¹» als zweites 16tel ist wohl richtig; viele Ausgaben haben stattdessen das hier immerhin denkbare «e¹».

a) A la main droite ici et pour les deux mesures suivantes doigté original de Beethoven.

b) La deuxième double croche le ré¹ est juste, beaucoup d'éditeurs lui substituent un mi¹ qui cependant est discutable.

a) La digitación en este compás y en los dos siguientes es de Beethoven.

b) La segunda semicorchea es *re*. Algunas ediciones substituyen un *mi*, que es muy discutible.

For French and Spanish notes see page 498

a) Pedale autografo.

b) Il *la* al basso è una semiminima. Molte edizioni ne fanno una croma, ciò che è sbagliato.

c) L'accordo sulla prima semicroma è a quattro voci. Alcune edizioni omettono il *mi* basso.

d) Vedi pag. 284 c).

e) La prima semicroma è un *mi* soltanto. Quasi per compensare la nota tolta quattro battute prima, alcune edizioni aggiungono, sotto il *mi*, *si sol diesis* evidentemente perchè i passaggi non siano diversi da quelli corrispondenti a pag. 285.

a) *Pedal mark by Beethoven.*

b) *The a in the bass is a crotchet. Certain editions have a quaver, which is wrong.*

c) *The chord on the first semiquaver right hand consists of four voices. Some editions omit the lower e.*

d) *See page 284 c).*

e) *Here the first semiquaver right hand consists of e alone. As if to compensate for the e they removed four bars earlier, some editions now add $\flat$ g♯ to this e.*

Omission as well as addition apparently serve the purpose of avoiding by all means that there is a difference between these and the corresponding passages on page 285.

a) Pedal autograph.

b) «A» im Baß ein 4tel. Manche Ausgabe hat ein Achtel; es ist falsch.

c) Der Akkord auf dem ersten 16tel ist vierstimmig. Manche Ausgabe läßt das untere «e¹» fort.

d) Siehe Seite 284 c).

e) Hier besteht das erste 16tel nur aus «e²». Zum Ausgleich für die vier Takte vorher erfolgte Beraubung machen manche Ausgaben jetzt ein Geschenk, indem sie dem «e²», h¹ «gis¹» zufügen; beides geschieht offenbar, um nur ja keinen Unterschied zwischen diesen und den entsprechenden Stellen (S. 285) bestehen zu lassen.

a) Corona della durata di 4 quarti circa, poi una pausa di sette ottavi circa (senza pedale).

b) In molte edizioni manca il *pp*.

c) Vedi pag. 283 *a*).

d) Più facile:

a) *Length of Fermata about four crotchets; then a pause (without pedal) of approximately seven quavers.*

b) *The « pp » is missing in many editions.*

c) *See page 283 a).*

d) *Easier:*

a) Fermate etwa vier Viertel, danach noch etwa sieben Achtel Luftpause (ohne Pedal).

b) Das *pp* fehlt in vielen Ausgaben.

c) Siehe Seite 283 *a*).

d) Erleichterung:

For French and Spanish notes see page 499

For French and Spanish notes see page 499

a) La diteggiatura sulla terza e la quarta semicroma, mano destra, è di Beethoven: essa dimostra in modo inequivocabile che anche le due crome devono essere suonate con la mano destra. Altre versioni proposte da varie edizioni non fanno che rendere più difficile il passaggio. Due battute dopo è inevitabile l'esecuzione delle terze con la mano destra.

b) Alcune edizioni, senza diritto nè ragione, aggiungono una quarta voce (*mi* basso) al terzo accordo della mano destra.

c) Attenzione alla corona.

a) *The fingerings on the third and fourth semiquavers right hand are by Beethoven, indicating unmistakably that also the two quavers should be played with the right hand. Suggestions for a different distribution, as offered in many editions, make this bar only more difficult. Two bars later it is simply unavoidable to play the thirds with one hand.*

b) *Without right or reason certain editions add a fourth voice, lower e, to the chord on the third quaver, right hand.*

c) *Observe the Fermata!*

a) Fingersatz zu 3tem und 4tem 16tel in der rechten Hand von Beethoven, gibt unmißverständlich die Anweisung, 2tes und 3tes Achtel auch mit der rechten Hand zu nehmen. Vorschläge zu einer anderen Ausführung des Taktes, wie sie viele Ausgaben bringen, erschweren nur. Zwei Takte später war eben die Uebernahme der Terzen in eine Hand nicht mehr zu vermeiden.

b) Manche Ausgabe fügt dem 3ten Achtel rechts noch eine vierte Stimme, «e¹» zu. Ohne Grund und Recht.

c) Fermate beachten!

SONATA N. 29
(Dedicata all'Arciduca Rodolfo)
FÜR DAS HAMMERKLAVIER (a)

Composta nel 1818-19
Pubblic. in settembre 1819
presso Artaria, a Vienna

Op. 106

a) « Grosse Sonate für das Hammerklavier » è il titolo di questa sonata nella seconda edizione (1823). Nella prima edizione (1819) essa era intitolata « Grande Sonate pour le Pianoforte ». (Confrontare col primo tempo dell'op. 101). Le indicazioni per il metronomo che si trovano al principio di ognuno dei quattro tempi e al principio dell'introduzione del finale sono di Beethoven. Questa è la sola sonata in cui Beethoven si serve del metronomo, invenzione nuova a quell'epoca. (Nell'edizione inglese (1820) essa è dedicata — cosa strana — a Maximiliane Brentano).

b) È inspiegabile come alcune edizioni abbiano qui C invece di ¢.

c) Pedale autografo.

d) Corona sulla pausa (senza pedale) della durata di tre quarti circa o al massimo quattro.

e) Corona della durata di tre quarti — ritardando — poi continuare senza pausa.

a) « Grosse Sonate für das Hammerklavier » is the title of this sonata in the second edition (1823); in the first edition (1819) it was « Grande Sonate pour le Pianoforte ». (See page 269a), referring to the title of opus 101). The metronome marks at the beginning of each of the four movements and the introduction to the Finale are by Beethoven. This is the only sonata in which Beethoven made use of this at that time entirely new means of tempo-indication. Strangely enough, in the English edition (1820) the Sonata is dedicated to Maximiliane Brentano.

b) Some editions have, quite inexplicably, C instead of ¢.

c) Pedal mark (and release-sign) by Beethoven.

d) Length of Fermata (pause, without pedal) about three, at the most four crotchets.

e) Length of Fermata about three crotchets (in progressive ritard.); then continue without pause.

a) « Große Sonate für das Hammerklavier » ist der Titel für die zweite Ausgabe (1823); für die erste (1819) lautete er: « Grande Sonate pour le Pianoforte ». Vergleiche op. 101, erster Satz. Die Metronombezeichnungen zu Beginn der vier Sätze und zu Beginn der Einleitung zum Finale sind von Beethoven. Diese Sonate ist die einzige, bei der er sich des damals ganz neuen Mittels zur Tempoangabe bediente. — (In der englischen Ausgabe — 1820 — ist das Werk seltsamerweise Maximiliane Brentano zugeeignet).

b) Einige haben unerklärlicherweise C statt ¢ .

c) Pedal autograph.

d) Fermate (Pause ohne Pedal) etwa drei, höchstens vier Viertel lang.

e) Fermate etwa drei Viertel (im ritard.) lang; dann ohne Pause weiter.

For French and Spanish notes see page 499

a) Pedale autografo.

a) *All pedal indications by Beethoven.*

a) Pedal autograph.

a) *Pédale originale.*

a) Pedal autógrafo.

a) Pedale autografo.

b) Il ritardando si prolunga fino alla pausa della settima croma inclusa, ma il pedale va tolto sulla sesta croma!

c) Corona (sulla pausa, senza pedale) della durata di sei quarti e mezzo, al massimo!

a) *All pedal indications by Beethoven.*

b) *The rest on the seventh quaver still ritardando; but the pedal should be released on the sixth quaver.*

c) *Length of the Fermata (pause, without pedal) 6½ crotchets at the most!*

a) Pedal autograph.

b) Die Pause zum siebenten Achtel gehört noch zum ritardando; Pedal aber mit dem sechsten Achtel fort!

c) Fermate (Pause ohne Pedal) höchstens 6½ Viertel lang!

a) *Pédale originale.*

b) *Le silence au septième demi-temps fait encore partie du ritardando; lever la pédale au sixième demi-temps!*

c) *Point d'orgue (arrêt respiratoire sans pédale) de 6½ temps au maximum!*

a) Pedal autógrafo.

b) El retardando se prolunga hasta el silencio de la setima corchea. Quitar el pedal en la sexta corchea.

c) Calderón, (en la pausa, sin pedal) de la duración maxima de seis cuartos y medio.

For French and Spanish notes see page 500

a) Nella prima edizione mancano le due ultime crome della battuta, nella voce media.

b) La versione data in questa battuta e in quella seguente per il settimo ottavo della mano sinistra, è quella della prima edizione. L'edizione di Londra (come anche un'edizione stampata a Francoforte nel 1820) differisce da questo testo, e in conformità al passaggio analogo a pag. 310 ha qui: re e do / si e la. Molte nuove edizioni, le più note, si conformano a questo testo: esse respingono la prima versione ritenendo che « la disposizione impossibile e inesplicabile delle varie voci non possa resistere a un esame serio, e la cacofonia che ne risulta sia dovuta probabilmente a un errore nel manoscritto ». Malgrado ciò il revisore dà qui la dimostrazione (molto semplice) della giustezza delle note in discussione $re\ diesis$ e $do\ diesis$. Il $re\ diesis$ si ripete alla quarta croma, mano destra, della battuta seguente e il $do\ diesis$ al secondo quarto. La progressione dal mi al re e dal re al do è cromatica. A pag. 310 invece mancano gl'intervalli cromatici, e fa segue il sol. Questo dimostra perchè in un passaggio troviamo alla mano sinistra delle terze maggiori, e nell'altro delle terze minori. (Nelle edizioni Breitkopf il testo è giusto).

a) The two last quavers of the middle voice are missing in the First Edition.

b) The text shown here corresponds to the one in the First Edition, as regards the seventh quaver left hand of this and the next bar. The London edition as well as an edition printed 1820 in Frankfurt differ from this text, having $\frac{d}{b}$ in the first and $\frac{c}{a}$ in the second bar, in conformity with the corresponding place on page 310. Many editions, including those most frequently used, follow their version, rejecting the earlier text as « impossible voice-progression », as « totally unmotivated cacophony, obviously due to an error in the manuscript », in short: as untenable and unworthy of serious consideration. Nevertheless, the editor ventures to furnish conclusive, yet simple proof that d♯ and c♯, though widely rejected, must be correct. Each appears again in the next bar, right hand: the d♯ on the fourth quaver, the c♯ on the second crotchet, by chromatic progression from e to d and d to c. On page 132, however, there is no corresponding chromatic progression in the right hand; f follows g (and e♭ follows f) directly. This should prove, beyond doubt, why major thirds are used in the left hand here and minor thirds on page 132. (The Breitkopf editions have the correct text).

a) In der ersten Ausgabe fehlen die beiden letzten Achtel der Mittelstimme.

b) Der hier wiedergegebene Text für das siebente Achtel links, auch im nächsten Takt, ist der ersten Ausgabe entnommen. Abweichend davon, aber in Uebereinstimmung mit der entsprechenden Stelle auf Seite 310 hat der Londoner Druck (ebenso ein Frankfurter Druck von 1820): « $\frac{d^1}{h}$ » und « $\frac{c^1}{a}$ ». Ihmfolgen viele, darunter die meist verbreiteten neuen Ausgaben; sie verwerfen die erste Lesart, die « aus Stimmführungsgründen unmöglich », « eine gänzlich unmotivierte, offenbar auf einem Versehen im Originalmanuskript beruhende Kakophonie », kurzum: unhaltbar sei vor ernsthafter Betrachtung. Der Herausgeber wagt trotzdem den (hier recht einfachen) Beweis für die Richtigkeit der verbannten Töne « dis¹ » und « cis¹ »; « dis » wird auf dem vierten Achtel, « cis » auf dem zweiten Viertel der folgenden Takte noch einmal gebracht; der Weg von « e² » zu « d² » und « d² » zu « c² » wird chromatisch zurückgelegt. Auf Seite 310 hingegen unterbleibt der Halbtonschritt, « f² » folgt dem « g² » unmittelbar. Damit ist wohl zwingend begründet, weshalb in der linken Hand an der einen Stelle die großen, an der anderen die kleinen Terzen verwendet sind. (Die Breitkopfausgaben haben den richtigen Text).

a) In alcune edizioni la settima croma, *re*, viene trasformata in una semiminima della voce superiore — perciò a due voci — e ciò è falso.

b) Pedale autografo.

c) Da alcuni viene consigliato di rinforzare con ottave la voce superiore delle terze, ma questo è inammissibile.

a) *In several editions the seventh quiver has been changed to a crotchet, thus becoming part of the upper voice and creating a two-part setting, which is definitely wrong.*

b) *Pedal mark by Beethoven.*

c) *A few editions recommend reinforcing the upper voice of the thirds with octaves, which is certainly inadmissible.*

a) Das siebente Achtel wird von einigen zu einem Viertel der Oberstimme verlängert, also zweistimmig — und damit unbedingt falsch — dargestellt.

b) Pedal autograph.

c) Die Oberstimme der Terzen durch Oktaven zu verstärken, wird gelegentlich angeraten, ist aber gewiß unzulässig.

a) *Certains éditeurs font de l'avant-dernière croche* ré, *une noire à la voix supérieure, la plaçant par conséquent à deux voix, cela est absolument faux.*

b) *Pédale originale.*

c) *On conseille parfois de renforcer par des octaves la voix supérieure des tierces, cela n'est certainement pas à admettre.*

a) En algunas ediciones la setima corchea, *re*, es transformada en una negra de la voz superior — por estos a dos voces — y esto es falso.

b) Pedal autógrafo.

c) Algunos aconsejan de renforzar con octavas la voz superior de las terceras, pero esto es inadmisible.

a) Pedale autografo.

b) L'edizione inglese ha qui *fp*. Altre edizioni hanno *sf*, ma il crescendo che comincia nella battuta seguente dimostra che *fp* è giusto.

c) La diteggiatura del basso (fino alla metà della battuta seguente) è di Beethoven.

d) Le due prime battute a pag. 313 decidono l'esecuzione dei trilli in questa parte: essi cominciano dalla nota superiore e conservano un movimento ininterrotto:

Data la velocità del tempo in cui il pezzo va eseguito è impossibile che il trillo sia in semicrome.

a) *Pedal mark by Beethoven.*

b) *fp according to the English edition. Others have sf, but the crescendo beginning in the next bar establishes convincingly that the fp must be right.*

c) *The fingering for the left hand, in this and the first half of the next bar, is by Beethoven.*

d) *The first two bars on page 313 determine the way of playing the trills in this movement:*

starting with the auxiliary note and continuing in an even, uninterrupted motion.
In the correct, prescribed tempo it is not possible to execute the trill in semiquavers.

a) Pedal autograph.

b) *fp* nach dem englischen Druck. Andere haben *sf*, aber das im folgenden Takt beginnende crescendo spricht überzeugend für *fp*.

c) Fingersatz unten (auch im nächsten Halbtakt) von Beethoven.

d) Die beiden ersten Takte auf Seite 313 bestimmen die Ausführung der Triller in diesem Satz; sie beginnen mit dem Nebenton und bleiben in ununterbrochener Bewegung:

In Sechzehnteln ist der Triller, sofern man sich an das vorgeschriebene Zeitmaß hält, nicht spielbar.

For French and Spanish notes see page 500

a) Pedale autografo.
b) Corona della durata di quattro minime circa. Poi attaccare subito!

a) *Pedal indications by Beethoven.*
b) *Length of Fermata about four minims, then continue without pause!*

a) Pedal autograph.
b) Fermate etwa vier Halbe, sofort danach weiter!

a) *Pédale originale.*
b) *Point d'orgue d'une valeur d'environ quatre blanches, enchaîner!*

a) Pedal autógrafo.
b) Calderón de la duración aproximadamente de cuatro blancas. Después empezar enseguida.

a) Di nuovo, corona della durata di quattro minime circa!

b) Corona della durata di cinque quarti e mezzo circa, poi continuare immediatamente!

c) Pedale autografo.

d) Si trova spesso una legatura tra il secondo e il terzo quarto del basso. Probabilmente non è giusta.

e) In alcune edizioni il *si b* si trova sull'ultima croma invece che sul quarto quarto.

f) Spesso si trova su questo primo quarto del basso un *sol*: ma *mi b* è giusto.

a) Fermata again about four minims.

b) Fermata about 5½ crotchets, then continue immediately!

c) Pedal indications by Beethoven.

d) Many editions have a slur from the second to the third crotchet left hand, which is most likely incorrect.

e) In some editions the b♭ of the middle voice comes on the last quaver, not on the fourth crotchet.

f) A few editions have g on the first beat left hand; but e♭ is surely right.

a) Fermate wiederum vier Halbe etwa!

b) Fermate etwa 5½ Viertel, sofort danach weiter!

c) Pedal autograph.

d) Viele haben einen Legatobogen vom zweiten zum dritten Viertel unten; er gehört wohl nicht hin.

e) Von einigen wird «b» statt zum vierten Viertel erst zum letzten Achtel gebracht.

f) Man findet als erstes Viertel unten auch «g»; «es» ist aber gewiß richtig.

For French and Spanish notes see page 500

a) Pedale autografo.

a) *Pedal mark by Beethoven.*

a) Pedal autograph.

a) *Pédale originale.*

a) Pedal autógrafo.

a) Pedale autografo.

b) Molte edizioni (incluso l' Urtext) non hanno al primo quarto che il *do* centrale e alla quinta battuta seguente il *si b* sotto il rigo.

a) *All pedal marks (and release-signs) by Beethoven.*

b) *Many editions (including the Urtext) have on the first beat in the left hand only* o n e c *(the lower one) and five bars later only the lower* bb.

a) Pedal autograph.

b) Viele (auch der Urtext) haben zum ersten Viertel nur «c¹» und im fünften Takt danach nur «b».

a) *Pédale originale.*

b) *Beaucoup d'éditions (le texte original aussi) n'ont au premier temps qu'un* do¹ *et à la cinquième mesure suivante seulement un* si b *à la petite octve.*

a) Pedal autógrafo.

b) Muchas ediciones (comprendido el texto original) no tienen que un *do* central y al quinto compàs siguiente un *si b* bajo el pentágrama.

a) Alcune edizioni hanno al primo quarto un altro *re diesis* sul quarto rigo, una minima unita alla croma precedente da una legatura: ma ciò è fuori posto e distrugge il senso di questo passaggio determinato dal movimento ascendente e discendente delle ottave della melodia.

b) Il revisore ritiene che qui e nelle misure seguenti, il modo di scrivere di Beethoven ci indichi chiaramente la ripartizione delle tre voci fra le due mani. Molte edizioni non ne tengono conto e propongono, senza ragione, altre distribuzioni.

a) *Some editions have the lower d♯ in the right hand also on the first beat: a minim, tied to the preceding quaver. It is, however, totally out of place here, upsetting the sense of this passage, which is characterized by the melodic, ascending and descending octave interval.*

b) *It seems to the editor that here and in the following bars Beethoven's way of writing clearly indicates how the three voices should be apportioned between the two hands. Many editions disregard this and suggest, without any need, other distributions.*

a) Einige haben am Taktbeginn auch «dis²» als halbe Note, zu der ein Haltebogen vom vorangehenden Achtel geführt ist; sie ist aber durchaus fehl am Ort und stört den Sinn dieser Stelle, die durch das melodische Oktavenintervall, hinauf und hinunter, bestimmt wird.

b) Wie der Herausgeber meint, zeigt hier und in den folgenden Takten Beethovens Schreibweise genau an, wie die drei Stimmen auf die beiden Hände verteilt werden sollen. Viele setzen sich aber darüber hinweg und schlagen, ohne jede Not, andere Ausführungen vor.

For French and Spanish notes see page 501

a) Si è molto discusso se l'ultima croma di questa battuta e delle due battute seguenti debba essere *la* o *la diesis*. Nelle edizioni originali essa risulta *la diesis*, poichè non troviamo mai un bequadro. Coloro che parteggiano per il *la* dicono che Beethoven aveva l'abitudine di non segnare le alterazioni là dove esse venivano imposte dal senso musicale. (Allora perchè mettere il bequadro al *fa* dell'ultima battuta? Indipendentemente dal fatto che *la* sia diesis o bequadro è impossibile che il *fa* possa essere diesis). Inoltre, essi sostengono che esiste un abbozzo di questo passaggio da cui risulta chiaramente che deve essere *la*. Il revisore ritiene che tutti gli argomenti a favore del *la* siano troppo deboli (pur chiamando in aiuto le regole teoriche dell'armonia) per potersi sostenere di fronte alla genialità del *la diesis*.

b) Pedale autografo.

c) Alcuni consigliano, anzi ritengono necessario, suonare in ottave questo passaggio della mano sinistra fino al « *p* ». È un consiglio da non seguire. Beethoven non teneva mai conto delle possibilità tecniche dell'esecutore, e se ha scritto questo passaggio per la sinistra ad una sola voce non è stato certo per renderlo più facile. Egli conosceva certo l'effetto di un rinforzamento di ottave.

a) *The question whether* a♯ *or* a *is correct as the last quaver of this bar (and during the next two bars) has been the cause of violent controversy. According to the original editions it must be* a♯, *for none of them shows a natural-sign. Those who advocate* a, *claim that it was Beethoven's habit to omit accidentals whenever musical commonsense excluded the possibility of ambiguity. (But why then the* ♮ *before* f *in the last bar where* f♯ *instead of* f *is certainly unthinkable, regardless of whether* a♯ *or* a *is correct?) Furthermore, they maintain that a sketch exists which clearly substantiates* a. *In the editor's opinion all available arguments in favour of* a *(even the references to the rules of harmony) are too weak, in view of the superior manifestation of genius inherent in the* a♯.

b) *Pedal marks by Beethoven.*

c) *In some editions it is recommended, or even considered* necessary, *to play the left hand (up to the* p) *in octaves. One should not follow this advice. Regarding technical demands, Beethoven never felt restrained by considerations for the player's capabilities. Thus when he chose a single voice for the left hand, it was certainly not for the performer's comfort. It may be presumed that Beethoven knew about the effect of octave-reinforcement too.*

a) Eine heiß umstrittene Frage, ob für das letzte Achtel dieses Taktes und für die beiden folgenden Takte « ais » oder « a » der richtige Ton sei. Nach den Originalausgaben muß es « ais » sein, denn keine von ihnen hat ein Auflösungszeichen. Es sei eine Gepflogenheit Beethovens gewesen, Versetzungszeichen zu unterlassen, wo der musikalische Sinn Zweideutigkeit ausschließe, sagen die Befürworter von « a ». (Weshalb dann die Auflöser vor « f » im letzten Takt? Denn, ob «ais» oder «a», «fis» statt «f» im letzten Takt ist wohl undenkbar.) Auch gäbe es einen Entwurf zu dieser Stelle, der deutlich « a » vorsah. Wie der Herausgeber meint, sind jedoch alle verfügbaren Hilfskräfte zur Verteidigung von « a » (sogar die aufgebotenen « Harmonielehrsätze ») zu schwach, um sich vor der größeren Genialität von « ais » behaupten zu können.

b) Pedal autograph.

c) Manche empfehlen, ja nennen es *notwendig*, die linke Hand bis zum *p* in Oktaven zu spielen. Dieser Rat darf nicht befolgt werden. Beethovens Ansprüche an die Spieler waren von Rücksichten niemals gehemmt, und wenn er die linke Hand einstimmig setzte, geschah es gewiß nicht zur Schonung der Ausführenden. Daß Oktaven verstärken, dürfte er auch gewußt haben.

For French and Spanish notes see page 501

Cantabile e legato (♩=116)

a) La legatura dal *si b* (secondo quarto) al *si b* (terzo quarto) che si trova in certe edizioni, non ha senso, poichè il *si b* deve certamente essere udito nella parte del tenore.

b) In molte edizioni (compreso l'Urtext e l'Edizione Critica Completa) troviamo un *la b* alla seconda croma. Il revisore ritiene che *la* naturale sia giusto e *la b* una svista.

a) *The tie from* bb (*second crotchet*) *to* bb (*third crotchet*) *found in certain editions, does not make much sense, as the* bb *of the tenor voice must be played in any case.*

b) *Many editions (including Urtext and Kritische Gesamtausgabe) have* ab *on the second quaver. The editor thinks that a is correct and* ab *is a mistake.*

a) Der Haltebogen von « b » (zweitem) zu « b » (drittem) Viertel, den manche führen, hat keinen rechten Sinn, denn « b » zum dritten Viertel muß im Tenor ja jedenfalls erklingen.

b) Bei vielen (auch in Urtext- und Kritischer Gesamtausgabe) heißt das zweite Achtel «as¹». Der Herausgeber hält «a¹» für den richtigen Ton, « as¹ » für ein Versehen.

a) *La liaison du* si b *deuxième au* si b *troisième temps, que nous voyons parfois, n'a pas beaucoup de sens, car le* si *doit certainement se répéter au ténor.*

b) *Dans beaucoup d'éditions (dont l'édition primitive et l'édition complète analysée) nous voyons un* la b *à la deuxième croche; l'éditeur croit à une erreur et opte pour un* la naturel.

a) La ligadura desde *si b* (segundo cuarto) al *si b* (tercer cuarto) no tiene sentido, puesto que el *si* tiene que ser oido en la parte del tenor.

b) En muchas ediciones (comprendida la edición original y la edición crítica general) encontramos un *la b* a la segunda corchea. El revisor opina que *la* natural sea justo y *la b* una equivocación.

a) Pedale autografo.

b) Corona, su di un ritardando graduale, della durata di sei quarti e mezzo circa (al massimo), col pedale!

c) Vedi pag. 297 c).

d) La sostituzione di un *do* al posto del *si* sul primo quarto è tanto poco ammissibile quanto l'omissione del *do* nell'accordo sul secondo quarto (per evitare durezza di suono). È deplorevole che una delle edizioni più diffuse propaghi questo errore.

a) *Pedal marks by Beethoven.*

b) *Length of Fermata 6½ crotchets (at the most), in progressive ritardando. With pedal!*

c) *See page 297 c).*

d) *The substitution of c for b on the first crotchet, which one finds occasionally, is just as nonsensical as the elimination of the c from the chord on the second crotchet (to avoid the «offensive» succession) which, unfortunately, is suggested in one of the best-known editions.*

a) Pedal autograph.

b) Fermate im fortgesetzten «ritardando» etwa (höchstens) 6½ Viertel lang, Pedal dazu!

c) Siehe Seite 297 c).

d) «c¹» statt «h» zum ersten Viertel, wie es gelegentlich vorkommt, ist eben so wenig erörterbar, wie (zur Vermeidung von «Härten») die Entfernung des «c³» aus dem Akkord zum zweiten Viertel, die leider in einer der meistverbreiteten Ausgaben vorgeschlagen wird.

For French and Spanish notes see page 501

For French and Spanish notes see page 502

a) In alcune edizioni troviamo sul primo quarto un *mi b* invece di *fa*. Anche questa volta si ricorre per giustificare questo errore (poichè il *mi b* è un errore) al passaggio analogo a pag. 297, il quale invece non fa che confermare la necessità della differenza. In questo caso sul primo quarto della battuta precedente abbiamo un accordo di settima di dominante, nel passaggio analogo vi è invece una sola nota (la fondamentale) dell'accordo di settima di dominante!

a) *Some editions have e♭ instead of f on the first beat, left hand. Once again a wrong note (because e♭ is wrong) is supposed to be justified because of conformity with a corresponding passage (page 297); and once again it is just that corresponding passage which proves why the note must be different this time. Here the first beat of the preceding bar consists of a seventh chord; on page 119 it is a single note (the root of the seventh chord)!*

a) Das erste Viertel heißt bei manchen «es¹» statt «f¹». Wieder einmal soll der falsche Ton, denn «es¹» ist falsch, gerechtfertigt sein durch die entsprechende Stelle (Seite 297), aber wieder einmal ist die entsprechende Stelle die Bestätigung gerade für die Abweichung. Hier besteht das erste Viertel des Vortaktes aus einem Septimakkord, dort nur aus *einem* Ton (dem Grundton des Septimakkords)!

a) Vedi pag. 298 b).
b) In alcune edizioni la sesta croma è un *fa*: probabilmente si tratta di una svista e deve essere *mi*.
c) Vedi pag. 299 a).

a) *See page* 298 b).
b) *In some editions the sixth quaver is f; presumably a mistake, as e is most likely correct.*
c) *See page* 299 a).

a) Siehe Seite 298 b).
b) Bei manchen heißt das sechste Achtel «f²». Vermutlich ein Versehen; «e²» ist wohl richtig.
c) Siehe Seite 299 b).

a) *Voir à la page* 298 b).
b) *Certains reviseurs mettent un fa² à la sixième croche. Nous présumons que c'est un mi² qu'il faut voir ici.*
c) *Voir à la page* 299 a)

a) Mirar pág. 298 b).
b) En algunas ediciones la sesta corchea es un *fa*: probablemente se trata de una equivocación y tiene que ser *mi*.
c) Mirar pág. 299 a).

a) È strano che molte edizioni (fra cui l'Urtext e l'Edizione Critica Completa tra-sportino l'ottava $\begin{smallmatrix} mi\ b \\ mi\ b \end{smallmatrix}$ del primo quarto due ottave più in basso. Senza alcun dubbio i due *mi b* devono essere rispettivamente sul primo rigo e sul quarto spazio, ma non si ripetono perchè sono legati alla minima della battuta precedente.

b) Pedale autografo.

c) Vedi pag. **299** c).

d) Vedi pag. **300** b).

e) Vedi pag. **300** c).

a) *Strangely enough, many editions (among them the Urtext and Kritische Gesamtausgabe) have the same low octave on the first crotchet left hand, as is shown here on the second crotchet. It is surely a mistake. The notes on the first crotchet should be two octaves higher and should not be played, but tied to the preceding octave.*

b) *Pedal marks by Beethoven.*

c) *See page* **299** c).

d) *See page* **300** b).

e) *See page* **300** c).

a) Befremdlicherweise haben viele (auch Urtext und Kritische Gesamtausgabe) zum ersten Viertel unten:

« $\begin{smallmatrix} es\ (kleine\ Oktave) \\ Es\ (große\ Oktave) \end{smallmatrix}$ ». Gewiß ein Irrtum; rich-

tig sind zweifellos: « $\begin{smallmatrix} es^2 \\ es^1 \end{smallmatrix}$ », die aber nicht an-geschlagen, sondern vom dritten Viertel des Vortaktes gehalten werden.

b) Pedal autograph.

c) Siehe Seite **299** c).

d) Siehe Seite **300** b).

e) Siehe Seite **300** c).

b) Corona della durata di quattro minime, o al massimo cinquè!

b) *Length of Fermata about four, or at the most five minims.*

b) Fermate etwa vier, höchstens **fünf** Halbe lang!

b) *Point d'orgue d'environ quatre, au maximum cinq blanches!*

b) Calderón de la duración de cuatro blancas, o al maximo cinco.

a) Pedale autografo.

b) Una edizione, per voler essere troppo abile, trasforma come segue l'aspetto (e per conseguenza l'essenza) di questa battuta: la pausa di due quarti viene ridotta a pausa di un quarto, il *si b* della settima croma, trasformato in una semiminima, è affidato alla mano destra e deve essere considerato come una continuazione dell'accordo precedente. Inoltre questa settima croma *si b* manca in alcune edizioni.

c) Corona della durata di sole cinque minime circa. Poi una pausa molto lunga prima di attaccare il tempo seguente.

a) *Pedal marks by Beethoven.*

b) *One edition, attempting to be overly clever, changes the appearance (and with it the substance) of this bar by shortening the second rest in the right hand to a crotchet, then transferring the b♮ of the seventh quaver from the left to the right hand and transforming it into a crotchet, which thus seems to proceed from the chord on the second crotchet. In other editions the b♮ on the seventh quaver is missing altogether.*

c) *Fermata only about five minims. Then a very long pause before the next movement.*

a) Pedal autograph.

b) Eine Ausgabe verändert klüglerisch das Bild (und damit das Wesen) dieses Taktes, indem sie aus der halben eine Viertelpause, aus dem siebenten Achtel « B » ein der rechten Hand zugewiesenes Viertel werden läßt, das als Fortsetzung des Akkords zum zweiten Viertel zu denken sei. (Dieses siebente Achtel « B » fehlt übrigens bei einigen).

c) Fermate nur etwa fünf Halbe lang. Dann sehr große Pause vor dem nächsten Satz!

For French and Spanish notes see page 502

SCHERZO (a)
Assai vivace (♩.=80) (b)

a) È strano che nell'edizione originale di Londra si trovi l'Adagio prima dello Scherzo.

b) Vedi pag. 295 a).

c) Nell'edizione originale manca il *si b* sulla quinta croma: deve trattarsi di un'omissione involontaria.

d) In molte edizioni sui due *fa* (primo e secondo quarto) manca la legatura.

e) Molte edizioni non hanno che *la* all'ultima semicroma del rigo inferiore. Tuttavia la terza $\frac{do}{la}$ è probabilmente giusta.

a) *Strangely enough, the Adagio precedes the Scherzo in the London original edition.*

b) *See page 295 a).*

c) *In the original edition b♭ is missing on the fifth quaver; probably an oversight.*

d) *Many editions have no tie for f between first and second crotchet.*

e) *Many editions have only a on the last semiquaver left hand, but the third $\frac{c}{a}$ is probably correct.*

a) Im Londoner Originaldruck steht seltsamerweise das Adagio vor dem Scherzo.

b) Siehe Seite 295 a).

c) Im Originaldruck fehlt « b » zum fünften Achtel; vermutlich ein Versehen.

d) Bei vielen fehlt der Haltebogen vom ersten zum zweiten Viertel (f[1]).

e) Viele haben zum letzten Sechzehntel unten nur « a[1] ». Richtig ist aber wohl die Terz: « $\frac{c^2}{a^1}$ ».

a) Pedale autografo.

b) Sul terzo quarto in molte edizioni troviamo un *p* che però non esiste nell'edizione originale. Il revisore ritiene che il segno *f* precedente debba restare in vigore in questa battuta e nelle seguenti fino al *p* seguente.

c) Tutti i pedali fino al Presto sono di Beethoven.

a) *Pedal marks by Beethoven.*

b) *Many editions have p on the third beat, but not the original edition. The editor thinks that the preceding f indication is still valid here, up to the next p sign.*

c) *All pedal indications from here to the « Presto » are by Beethoven.*

a) Pedal autograph.

b) Viele haben *p* zum dritten Viertel. In der Originalausgabe steht es nicht. Wie der Herausgeber meint, gilt hier und in den folgenden Takten bis zum nächsten *p*-Zeichen noch der Stärkegrad *f*.

c) Alle Pedalzeichen bis zum « Presto » von Beethoven.

a) *Pédale originale.*

b) *Beaucoup d'éditions ont au troisième temps un p. Il ne se trouve cependant pas dans l'édition originale. Le reviseur croit que pour cette mesure et les suivantes, le* forte *reste en vigueur jusqu'au signe de* p *suivant.*

c) *Toutes les pédales jusqu'au « Presto » sont de Beethoven.*

a) Pedal autograro.

b) En el tercer cuarto en muchas ediciones encontramos un *p* que sin embargo no existe en la edición original. El revisor opina que la marca *f* precedente tiene que quedar en vigor en este compás y en los siguientes hasta el *p* siguiente.

c) Todos los pedales hasta el « Presto » son de Beethoven.

a) Avviene spesso di trovare qui un errore: *la b* invece di *si b.*

a) *Many editions have, by mistake, a♭
instead of b♭.*

a) Viele haben irrtümlich « as » statt
« b ».

a) *On trouve souvent ici un* la b *erroné; c'est un* si b *qu'il faut lire.*

a) Sucede con facilidad de encontrar
aqui un error: *la b* en lugar de *si b.*

a) Le semiminime con il gambo in alto sono autografe: si incontrano *solo* qui.

a) *The crotchets (with upward stems) are by Beethoven, but o n l y here.*

a) Die hinaufgestrichenen Viertel autograph; *nur* an dieser Stelle.

a) *La disposition des noires à la voix supérieure est celle de l'éditior originale; nous ne rencontrons cependant cette manière d'écrire qu'ici.*

a) Las negras con el mango en alto son autografas: se encuentran solo aqui.

319

a) Corona di quattro quarti circa: continuare immediatamente!

b) Questo passaggio va eseguito dal principio alla fine così come è stato disposto da Beethoven.

c) Corona della durata di tre quarti circa sul tempo ♩. = 80, senza pedale!

d) Pedale autografo.

a) *Length of Fermata about four crotchets, then continue without break!*

b) *Naturally this passage must be played in the distribution shown here, as prescribed by Beethoven!*

c) *Length of Fermata about three crotchets, in the tempo ♩. = 80. Without pedal!*

d) *Pedal mark (including the release-sign, of course) by Beethoven.*

a) Fermate etwa vier Viertel lang, dann sofort weiter!

b) Der Lauf muß selbstverständlich bis zum Schluß in der Verteilung ausgeführt werden, die Beethoven gefordert hat.

c) Fermate etwa drei Viertel von ♩. = 80! Ohne Pedal!

d) Pedal autograph.

For French and Spanish notes see page 503

a) Pedale autografo.   a) *Pedal mark by Beethoven.*   a) Pedal autograph.

a) *Pédale originale.*   a) Pedal autógrafo.

a) Pedale autografo.

b) Secondo l'edizione originale questo *ff* deve trovarsi sul primo quarto di questa battuta. Alcune edizioni lo mettono sull'ultimo quarto della battuta seguente o pertino sul primo quarto dell'altra ancora.

c) Prima dell'Adagio, pausa da otto a dodici battute sul tempo ♩.= 80, senza pedale.

a) *Pedal marks by Beethoven.*

b) *ff on the first beat, as in the original edition. In many editions it appears only on the last crotchet of the following bar or, still later, at the Tempo I.*

c) *Pause of eight to twelve bars length (♩.= 80) before starting the Adagio. Without pedal!*

a) Pedal autograph.

b) *ff* zum ersten Viertel nach der Originalausgabe. Viele setzen es erst zum letzten Viertel des nächsten oder gar zum ersten des übernächsten Taktes.

c) Vor dem « Adagio » etwa acht bis zwölf Takte (♩.= 80) Pause, ohne Pedal!

a) *Pédale originale.*

b) *L'édition originale place ici le ff au premier temps de cette mesure. Certains le placent au dernier temps de la mesure suivante, où même au premier temps de la deuxième mesure.*

c) *Avant l'« Adagio » faire un repos sans pédale, de huit à douze mesures (♩.= 80)!*

a) Pedal autógrafo.

b) Segun la edición original este *ff* tiene que encontrarse en el primer cuarto de este compás. Algunas ediciones lo ponen en el ultimo cuarto del compás siguiente y muchas veces tambien en el primer cuarto de la otra.

c) Antes del Adagio pausa de ocho a doce compases en el tiempo ♩.= 80, sin pedal.

Adagio sostenuto (♪=92) (a)
appassionato e con molto sentimento

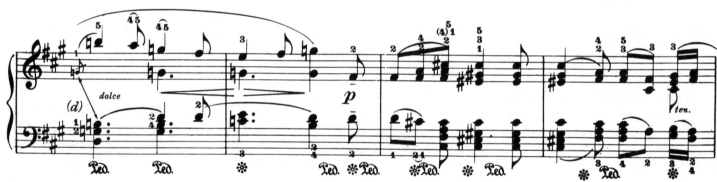

a) Vedi pag. **295** a).
b) È noto che la prima battuta fu aggiunta da Beethoven più tardi.
c) Pedale autografo.
d) Questa versione è conforme ai testi originali. Molte edizioni (comprese l'Urtext e l'Edizione Critica Completa) hanno la versione seguente:

a) See page **295** a).
b) As is known, the first bar was added by Beethoven at a later time.
c) Pedal mark and following release-sign by Beethoven.
d) The version shown here is that of the original texts. Many editions (including Urtext and Kritische Gesamtausgabe) have instead:

a) Siehe Seite **295** a).
b) Wie bekannt, wurde der erste Takt von Beethoven nachträglich zugesetzt.
c) Pedal autograph.
d) So wie hier in den Originalvorlagen. Viele (auch Urtext und Kritische Gesamtausgabe) haben statt dessen:

a) Voir à la page **295** a).
b) Comme nous le savons dejà, la première mesure a été ajoutée postérieurement à cette partie, par Beethoven.
c) Pédale originale.
d) Ecriture conforme à celle des copies de l'original. Beaucoup (dont le texte primitiv et l'édition complète analysée) donnent:

a) Mirar pág. **295** a).
b) Es conocido que el primer compás fué añadido de Beethoven, después.
c) Pedal autógrafo.
d) Esta versión es conforme a las copias originales. Muchas ediciones (comprendido el texto original y la edición critica general) tienen la versión siguiente:

For French and Spanish notes see page 503

a) In alcune edizioni il *do diesis* (quinto tempo) sul secondo spazio non ha che il valore di una croma e manca il gambo verso il basso. Tuttavia è più probabile debba essere una semiminima.

b) Spesso si trovano qui — soltanto qui e non nella battuta corrispondente a pag. 333 — dei punti di staccato sulle semicrome: essi sono superflui poichè la separazione delle note è già data dalle pause. I punti esigerebbero un suono duro che non poteva essere nelle intenzioni dell'autore.

a) *In some editions the upper c♯ on the fifth beat (left hand) is given the value of only a quaver; the downward stem is missing. Most probably, however, the length of a crotchet is correct.*

b) *Many editions have staccato dots over the semiquavers (but only here, not in the corresponding bar on page 333). They are really superfluous, as the rests already indicate that the notes must be separated from each other. Thus, adding staccato dots in this instance would call for sharp, clipped sounds, which can hardly be intended here.*

a) Bei manchen hat « cis » zum fünften Achtel nur den Achtelwert, der Hinunterstrich fehlt. Der Viertelwert ist aber wohl richtig.

b) Viele haben über den Sechzehnteln Stakkatopunkte, *nur* hier, nicht im entsprechenden Takt, Seite **333**; sie sind aber eigentlich überflüssig, denn die Trennung der Töne voneinander ist ja schon durch die Pausen gefordert. Durch Stakkatopunkte über den Sechzehnteln wären abgerissene Klänge verlangt, die hier kaum beabsichtigt sein können.

a) Troviamo a volte $\frac{sol\ diesis}{mi}$ alla terza semicroma e *la* alla sesta: ma certamente $\frac{sol}{mi}$ e *fa diesis* sono le note giuste.

b) Molte edizioni hanno al basso, in questa battuta e nella battuta seguente, una legatura tra un *la* e l'altro. Il revisore ritiene che sia erroneo.

a) Several editions have $\frac{g\#}{e}$ on the third semiquaver and a on the sixth semiquaver; but surely $\frac{g}{e}$ and f# are the correct notes.

b) Many editions have a tie from a to a in the bass voice, here as well as in the next bar. To the editor it seems wrong.

a) Einige haben zum dritten Sechzehntel «$\frac{gis^1}{e^1}$», zum sechsten Sechzehntel «a»; aber «$\frac{g^1}{e^1}$» und «fis» sind sicherlich richtig.

b) Viele haben im Baß, auch im nächsten Takt, von «a» zu «a» Haltebogen. Dem Herausgeber erscheinen sie falsch.

For French and Spanish notes see page 503

a) Spesso troviamo un *la diesis* sulla quarta croma del basso. Il revisore crede debba essere *la* naturale.

b) Molte edizioni mettono la legatura anche all'ottava inferiore della mano destra: fra i *si*, sesta croma e la croma seguente e fra i *re*, terza e quarta croma della battuta successiva. Il revisore ha dei dubbi su di esse.

c) Pedale autografo.

a) *One often finds a♯ on the fourth quaver in the bass. The editor believes it should be a.*

b) *Many editions have ties also in the lower octave of the right hand: from b on the sixth quaver to the following first beat, and from d on the third quaver to the fourth quaver in the next bar. The editor doubts their correctness.*

c) *Pedal mark (and release-sign) by Beethoven.*

a) Bei vielen heißt das vierte Achtel im Baß « Ais ». Der Herausgeber glaubt an « A ».

b) Viele haben vom sechsten Achtel « h¹ » zum ersten des folgenden Taktes, in diesem vom dritten Achtel « d¹ » zum vierten Haltebogen, an deren Richtigkeit der Herausgeber zweifelt.

c) Pedal autograph.

a) A volte troviamo che questa quarta se-microma è soltanto un *si*, mentre deve essere certamente $\frac{si}{sol}$. In altri casi questo *sol* è legato al *sol* seguente; ciò è probabilmente erroneo.

b) Pedale autografo.

a) *On the fourth semiquaver, left-hand, some editions have only b; but $\frac{b}{g}$ is surely correct. Others have a tie from the fourth semiquaver g to the following quaver, which is probably wrong.*

b) *Pedal indications by Beethoven.*

a) Manche haben zum vierten Sechzehntel unten nur «h»; «$\frac{h}{g}$» ist aber sicherlich richtig. Andere führen vom vierten Sechzehntel «g» zum folgenden Achtel einen Haltebogen, der wohl falsch ist.

b) Pedal autograph.

For French and Spanish notes see page 504

a) In molte edizioni troviamo sull'ultima
fa diesis
croma l'accordo la   (che probabil-
fa diesis
mente è erroneo) invece di *fa diesis fa diesis*.
b) Pedale autografo.
c) Diamo qui la versione dell'edizione originale. Quasi tutte le edizioni successive tra-
sportano la quinta e la sesta semicroma della
mano destra due ottave più in basso. Sono
inesplicabili le ragioni di questo cambiamento.

a) *Instead of* $\begin{smallmatrix}f\sharp\\f\sharp\end{smallmatrix}$, *many editions have (last
quaver, left hand)* a $\begin{smallmatrix}f\sharp\\f\sharp\\f\sharp\end{smallmatrix}$,*which is presumably
incorrect.*
b) *Pedal indications by Beethoven.*
c) *This is the text of the original edition.
Nearly all later editions have put the fifth
and sixth semiquaver of the right hand two
octaves lower. No reasons can be found for
this alteration.*

a) Bei vielen heißt das letzte Achtel unten
fis
(vermutlich unrichtig) « A » statt « Fis ».
Fis
b) Pedal autograph.
c) So wie hier im Originaldruck. Fast alle
späteren Ausgeben haben das fünfte und
sechste Sechzehntel der rechten Hand um
zwei Oktaven hinuntergesetzt. Gründe für
diese Veränderung sind unentdeckbar.

For French and Spanish notes see page 504

a) In talune edizioni la decima semicroma è *mi b*, ma deve essere certamente *re b*. Altre trasformano le ultime due semicrome nel seguente modo, certamente erroneo:

invece di:

b) Alcune edizioni hanno alla 1ª semiminima e alla 2ª semicroma un *mi* e il *mi diesis* non si trova che alla quinta semicroma: senza dubbio deve essere *mi diesis* fin dalla prima semicroma.

c) Pedale autografo.

d) Viene spesso consigliato di aggiungere l'ottava bassa ai *do diesis*, da qui fino alla seconda croma della battuta seguente. Ciò non è ammissibile.

a) *The tenth semiquaver left hand is in some editions e♮; but d♮ is certinly right. Others have, erroneously, for the two last semiquavers right hand:*

instead of:

b) *Some editions have e on the first crotchet (right hand) and second semiquaver (left hand), and e♯ only on the fifth semiquaver. Indubitably it must be e♯ already at the beginning of the bar.*

c) *Pedal mark by Beethoven.*

d) *It is often recommended to add the lower octave to each c♯, from here to the third quaver of the following bar. This is, however, not admissible.*

a) Bei manchen heißt das zehnte Sechzehntel « es[1] »; aber « des[1] » ist gewiß richtig. Andere haben zu den beiden letzten Sechzehnteln oben fälschlich:

statt:

b) Manche haben zum ersten Viertel und zum zweiten Sechzehntel « e », und erst vom fünften Sechzehntel an « eis ». Es muß zweifellos schon vom ersten Viertel an « eis » sein.

c) Pedal autograph.

d) Die Zufügung der unteren Oktave im Baß, bis zum dritten Achtel des folgenden Taktes, wird oft empfohlen, ist aber gewiß unzulässig.

For French and Spanish notes see page 504

a) In alcune edizioni la decima biscroma è erroneamente un *si*.

a) *Some editions have b on the tenth demisemiquaver, which is wrong.*

a) Bei manchen heißt das zehnte Zweiunddreißigstel fälschlich «h¹».

a) *De manière erronée, certains font de la dixième triple-croche un* si¹.

a) En algunas ediciones la decima fusa es erroneamente un *si*.

a) In alcuni casi troviamo che la forcella del diminuendo parte già dal primo ottavo: molto probabilmente deve invece partire dal secondo.

a) *In some editions the decrescendo-sign begins already on the first beat: most likely it should begin at the second quaver.*

a) Bei manchen beginnt die Abschwellgabel schon beim ersten Achtel; vom zweiten ab ist sie wohl richtig.

a) *Certains font déjà partir le soufflet en decrescendo de la première croche; il ne doit sans doute partir que de la deuxième.*

a) En algun caso encontramos que la marca del diminuendo empieza desde el primer octavo: tiene que empezar desde el segundo.

a) Ci conformiamo alla versione del testo originale. Alcune edizioni hanno introdotto qui dei cambiamenti, senza nessuna ragione.

a) *This is the text of the original edition. Without reason, several editions made changes here.*

a) So in der Originalausgabe. Einige haben grundlos Veränderungen vorgenommen.

a) *Nous nous conformons à l'édition originale: sans raisons apparentes, certains ont procédé ici à des transformations.*

a) Nos conformamos a la versión del texto original. Algunas ediciones han introducido aqui unos cambios, sin alguna razón.

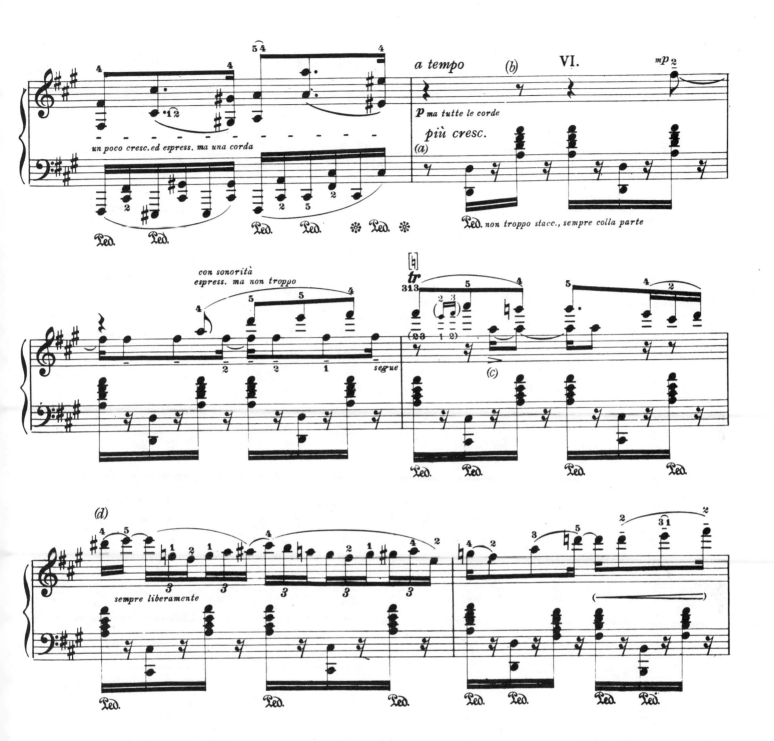

a) Il « più crescendo » che troviamo dappertutto non ha ragione di essere se non è preceduto da un « poco crescendo ». Al passaggio corrispondente, pag. 323, troviamo un « espressivo » nella battuta precedente. Il revisore si permette di proporre un rapporto simile in queste due battute.

b) Vedi pag. 323 *b).*

c) La maggior parte delle edizioni mettono la piccola forcella che vediamo qui come accento sulla quarta semicroma, e il revisore condivide questo parere. Altre edizioni la considerano come una forcella di diminuendo dalla seconda alla terza croma. A volte sull'ottava semicroma (*la*) si trova una legatura che è certamente erronea.

d) Alcune edizioni, seguendo l'edizione inglese, hanno alla prima semicroma un *fa diesis,* mentre *re diesis* è certamente giusto.

a) *The indication « più crescendo », which is found in all texts, makes sense only when preceded by a « poco crescendo ». In the corresponding place on page 323, there is an indication « espressivo » in the preceding bar. The editor takes the liberty of proposing a similar presentation of the two bars here.*

b) *See page 323 b).*

c) *Most editions interpret the small* $\smile$ *as an accent on the fourth semiquaver; the editor shares their opinion. Others interpret it as a diminuendo from the second to the third quaver. A tie from the seventh to the eighth semiquaver, as found in some editions, is undoubtedly wrong.*

d) *A few editions, following the London Edition, have f♯ on the first semiquaver; but d♯ is unquestionably correct.*

a) « Più crescendo », das sich überall findet, kann nur Sinn haben, wenn ein « poco crescendo » vorausging. An der entsprechenden Stelle Seite **323** enthält der Vortakt die Angabe « espressivo ». Der Herausgeber gestattete sich, hier eine ähnliche Beziehung der Takte vorzuschlagen.

b) Siehe Seite **323** *b).*

c) Die meisten setzen die kleine Gabel, die hier erscheint, als Akzentzeichen zum vierten Sechzehntel, und ihnen schließt sich der Herausgeber an. Andere fassen sie als Abschwellzeichen vom zweiten zum dritten Achtel auf. Ein Haltebogen zum achten Sechzehntel « a² », den einige führen, ist jedenfalls falsch.

d) Einige haben, der englischen Ausgabe folgend, « fis³ » zum ersten Sechzehntel; « dis³ » ist aber unbedingt richtig.

For French and Spanish notes see page 505

a) Non è accettabile il suggerimento di eseguire, conformemente al passaggio corrispondente, *sol naturale* soltanto alla decima semicroma lasciando *sol diesis* l'ottava semicroma.

b) La legatura che spesso troviamo sul *fa diesis*, undicesima semicroma, probabilmente è erronea.

a) The suggestion that in view of the corresponding passage (page 324, line 3) the eighth semiquaver should be g♯ and only the tenth semiquaver g♮, must be rejected.

b) The tie between f♯ on the tenth and eleventh semiquaver, found in many edition, is probably wrong.

a) Die Anregung, der entsprechenden Stelle gemäß, « g² » erst beim zehnten Sechzehntel, zum achten aber « gis² » zu nehmen, muß abgelehnt werden.

b) Der häufig zum elften Sechzehntel « fis² » geführte Haltebogen ist wahrscheinlich falsch.

a) L'edizione inglese, ed altre che seguono il suo esempio, hanno alla sesta semicroma un *do*, mentre il *do diesis* che si trova nella prima edizione è certamente giusto. In questa stessa battuta, alcune edizioni hanno un *la* alla quinta croma (mano destra), mentre deve essere indubbiamente *la diesis*.

b) La legatura che spesso si trova sul *fa diesis* del primo tempo è probabilmente erronea. Invece manca a volte la legatura del *re diesis* che è indubbiamente giusta.

c) Pedale autografo.

a) *The English print and several others following its example have* c *on the sixth semiquaver, but the* c♯ *of the First Edition is surely correct. In the same measure several editions have the wrong note* a *on the fifth quaver right hand. It must be* a♯, *of course.*

b) *A tie to* f♯ *on the first beat, found in many editions, is most likely wrong. The indubitably correct tie to the upper* d♯ *is however missing in some editions.*

c) *Pedal mark by Beethoven,*

a) Zum sechsten Sechzehntel hat der englische Druck, dem einige folgen, « c¹ »; das « cis¹ » der ersten Ausgabe ist aber gewiß richtig. Im gleichen Takt bringen manche zum fünften Achtel oben die falsche Note « a² ». Es muß selbstverständlich « ais² » sein.

b) Ein bei vielen geführter Haltebogen zum ersten Achtel « fis² » ist wohl falsch. Der zweifellos richtige zu « dis³ » fehlt hingegen bei einigen.

c) Pedal autograph.

For French and Spanish notes see page 505

a) In alcune edizioni mancano le legature sulla prima semicroma *do diesis*, sulla decima semicroma *fa diesis* e sulla decima semicroma (mano sinistra) *re diesis* che tuttavia risultano chiaramente nelle copie originali.

a) *The ties to c♯ on the first beat and to f♯ (right hand) and d♯ (left hand) on the tenth semiquaver, which are marked most clearly in the original texts, are missing in some editions.*

a) Bei einigen fehlen die Haltebogen zum ersten Sechzehntel « cis³ », zum zehnten Sechzehntel « fis² » und zum zehnten Sechzehntel « dis¹ », die in den Originalvorlagen deutlichst vorgeschrieben sind.

a) *Dans certaines éditions, les liaisons suivantes, cependant très distinctes dans les copies de l'original, manquent; au do dièse, première double-croche à la deuxième voix, à la dixième double-croche fa dièse² de cette même voix, et à la dixième double-croche ré dièse¹ de la troisième voix.*

a) En algunas ediciones faltan las ligaduras sobre la primera semicorchea *do sost.*, en la decima semicorchea *fa sost.*, y en la decima semicorchea (mano izquierda) *re sost.*, que sin embargo resultan muy claramente en las copias originales.

a) Pedale autografo.

b) Le legature dal *do diesis* alla nona bis-croma, e, nella battuta seguente, sul *la die-sis* che troviamo in alcune edizioni sono cer-tamente erronee. Manca invece talvolta la legatura dal *mi* alla quinta semicroma.

c) Nella maggior parte delle edizioni la sesta croma è *do diesis;* in alcune, tuttavia (comprese l'Urtext e l'Edizione Critica Com-pleta) è *la diesis.* Il revisore preferisce il *la diesis.*

a) *Pedal indications by Beethoven.*

b) *Some editions have a tie from* c♯ *first beat to* c♯ *ninth demisemiquaver and similarly from* a♯ *to* a♯ *in the next bar. Both are undoubt-edly wrong. Others omit the tie from* e *to* e.

c) *In most editions the sixth quaver is* c♯; *in some, however (including the Urtext and Kritische Gesamtausgabe)* a♯. *The editor pre-fers* a♯.

a) Pedal autograph.

b) Haltebogen zum neunten Zweiund-dreißigstel «cis²», im nächsten Takt «ais¹», finden sich bei einigen, sind aber gewiß falsch. Bei anderen fehlt der Haltebogen zu «e²», dem fünften Sechzehntel.

c) Das sechste Achtel heißt bei den mei-sten «cis³», bei einigen, so in Urtext und Kritischer Gesamtausgabe aber «ais²». Der Herausgeber zieht «ais» vor.

For French and Spanish notes see page 505

For French and Spanish notes see page 506

a) L'edizione Cotta, la cui opinione è condivisa da altri, ritiene che nel testo delle edizioni originali (che noi seguiamo) vi sia un errore e alla terza $\frac{si}{sol}$, sulla quinta croma del basso, sostituisce $\frac{re}{si}$.

Il revisore non vede la ragione di dubitare della forma originale e trova la modifica inutile e svantaggiosa.

b) Pedale autografo.

a) The Cotta edition, followed by several others, suspects a mistake in the original texts and substitutes the disputed third $\frac{b}{g}$ (fifth quaver left hand) with $\frac{d}{b}$.

The editor cannot find the slightest reason for doubting the original version, which is shown here. The substitution, however, seems inferior as well as unnecessary to him.

b) Pedal mark (and release-sign) by Beethoven.

a) Die Cottasche Ausgabe, der manche folgen, vermutet im (auch hier wiedergegebenen) Text der Originalvorlagen, zum fünften Achtel in der linken Hand, einen Schreibfehler und ersetzt die angefochtene Terz «$\frac{h}{g}$» durch «$\frac{d^1}{h}$».

Der Herausgeber kann in der ursprünglichen Fassung nicht den geringsten Anlaß zu Bedenken finden, die neue hingegen erscheint ihm so unnötig wie nachteilig.

b) Pedal autograph.

a) In alcune edizioni mancano i punti dello staccato al basso (molto importanti). La diteggiatura 4–3 alla mano destra è di Beethoven. Confrontare con l'op. 110, pag. 412, nota b) (pag. 413).

b) Il revisore ritiene necessaria qui una pausa della durata di 4 semicrome circa, prima di attaccare la battuta seguente. Alzare il pedale soltanto sul primo quarto della battuta seguente, *do diesis*.

c) Nell'edizione originale l'acciaccatura è qui, eccezionalmente un *si*. Può darsi che sia un errore, può darsi che qui come in tutti i passaggi analoghi debba essere *sol*. In ogni caso non vi sono obiezioni se si suona *sol* invece di *si*.

a) *In some editions the (very important) staccato dots in the bass are missing. The fingering 4–3 (right hand) is by Beethoven. Compare with opus 110, page 412, footnote b) (page 413).*

b) *The editor thinks that a pause (of approximately four semiquavers length) is necessary here, before the next bar. Do not release the pedal before playing the c♯ on the first beat.*

c) *According to the original edition the grace-note is b this time, as an exception. Perhaps it is a mistake and, like in all the corresponding passages, it should be g here too. At any rate it would not be objectionable if g were played instead of b.*

a) Bei einigen fehlen die (sehr wichtigen) Stakkatopunkte unten. Fingersatz 4 - 3 in der rechten Hand von Beethoven. Vergleiche op. 110, Seite 412, Fussnote b) (Seite 413).

b) Eine Pause — von etwa vier Sechzehnteln — vor dem nächsten Takt scheint dem Herausgeber hier notwendig. Pedal erst bei dem ersten Viertel « cis » aufheben.

c) Nach der Originalausgabe heißt die Vorschlagsnote hier ausnahmsweise « h¹ ». Vielleicht ein Versehen, vielleicht ist auch hier, wie an allen entsprechenden Stellen, « g¹ » gemeint. Ein Verstoß wäre es jedenfalls nicht, wenn statt « h¹ » « g¹ » genommen würde.

For French and Spanish notes see page 506

a) Pedale autografo.

b) La diteggiatura 1 sulla terza semicroma è di Beethoven.

c) Le legature sul primo quarto sono del revisore. Esse mancano nell'edizione originale, presumibilmente per una svista.

d) L'indicazione « tutte le corde » si riferisce evidentemente alla battuta seguente, la prima del Largo: la sua comparsa anticipata vuole probabilmente che si attacchi subito il tempo seguente ed ha perciò lo stesso significato di « attacca ». Il revisore ritiene che la pausa tra i due tempi non debba oltrepassare la durata prescritta: tutt'al più si potranno contare più lentamente le crome dell'ultima battuta (come suggerito dall'indicazione metronomica del revisisore). L'accordo deve essere arpeggiato lentamente e con uguaglianza (naturalmente le sei note devono seguirsi una dopo l'altra).

a) *Pedal indications by Beethoven.*

b) *The fingering 1 on the third semiquaver is by Beethoven.*

c) *The ties to the first crotchet were added by the editor. They are missing in the original print, presumably due to an oversight.*

d) *Evidently, Beethoven's indication « tutte le corde » can only refer to the following bar, the first bar of the « Largo ». Its anticipated appearance probably implies that Beethoven wanted the next movement to start without interruption, and thus it would have the same meaning here as the indication « attacca ». The editor believes that the pause between the two movements should really not exceed the length prescribed by the rests; at the most one may count somewhat slower quavers in the last bar (as suggested by the editor's metronome mark). The arpeggio should be performed slowly and evenly (all six notes to be played successively, of course).*

a) Pedal autograph.

b) Fingersatz 1 zum dritten Sechzehntel von Beethoven.

c) Die Haltebogen zum ersten Viertel sind vom Herausgeber zugesetzt; sie fehlen im Originaldruck vermutlich nur aus Versehen.

d) Die Angabe « tutte le corde » kann sich wohl nur auf den folgenden, den ersten Takt im « Largo » beziehen; vermutlich fordert ihr vorzeitiges Erscheinen den unmittelbaren Anschluß des nächsten Teiles, bedeutet also eigentlich das gleiche wie « attacca ». Wie der Herausgeber meint, darf die Pause zwischen den beiden Sätzen auch nicht länger sein, als sie vorgeschrieben ist; allenfalls mag man im letzten Takt (wie hier angeregt) etwas langsamere Achtel zählen. Der Akkord muß langsam und gleichmäßig gebrochen werden (seine sechs Töne selbstverständlich nacheinander).

Per la misura si conta nel Largo sempre quattro semicrome, cioè:

a) Vedi pag. 295 *a*).

b) In questa pagina tutti i pedali sono di Beethoven.

c) Corona della durata di cinque biscrome circa.

d) Corona della durata di quattro biscrome circa.

e) Corona della durata di quattro semicrome circa (♪ = 126).

a) *See page* 295 *a*).

b) *All pedal marks on this page are by Beethoven.*

c) *Length of Fermata about five demisemiquavers.*

d) *Length of Fermata about four demisemiquavers.*

e) *Length of Fermata about four semiquavers (♪ = 126).*

a) Siehe Seite 295 *a*).

b) Alle Pedalzeichen auf dieser Seite sind von Beethoven.

c) Fermate etwa fünf Zweiunddreißigstel!

d) Fermate etwa vier Zweiunddreißigstel!

e) Fermate etwa vier Sechzehntel (♪ = 126)!

For French and Spanish notes see page 507

a) Corona della durata di quattro semiminime circa ($\quarternote = 126$).

b) Pedale autografo.

c) Corona della durata di 5 crome circa
($\eighthnote = 76$).

a) *Length of Fermata about four crotchets*
($\quarternote = 126$).

b) *Pedal marks by Beethoven.*

c) *Length of Fermata about five quavers*
($\eighthnote = 76$).

a) Fermate etwa vier Viertel ($\quarternote = 126$)!

b) Pedal autograph.

c) Fermate etwa fünf Achtel ($\eighthnote = 76$)!

a) *Point d'orgue d'une valeur d'environ*
quatre noires ($\quarternote = 126$).

b) *Pédale originale.*

c) *Point d'orgue d'une valeur d'environ*
cinq croches ($\eighthnote = 76$).

a) Calderón de la duración aproximadamente de cuatro negras ($\quarternote = 126$).

b) Pedal autógrafo.

c) Calderón de la duración aproximadamente de 5 corcheas ($\eighthnote = 76$).

For French and Spanish notes see page 507

a) Pedale autografo.

b) Secondo il revisore questo « ritardando » non ha altro scopo che quello di condurre dal « Prestissimo » all'« Allegro risoluto » e non è in nessun caso un ritorno al tempo: Largo. I quattro ottavi a cui il ritardando si riferisce devono andare gradualmente da ♪ = = 184 a ♪ = 144.

c) Questo trillo e i due seguenti devono cominciare sulla nota principale e terminare senza risoluzione.

d) Vedi pag. 295 a).

e) Nell'edizione originale all'ultimo pedale di Beethoven (primo fa del basso) manca l'asterisco. Il punto, ove è messo qui, è stato scelto dal revisore.

a) Pedal marks by Beethoven.

b) The editor is of the opinion that this « ritardando » merely signifies a transition from « Prestissimo » to « Allegro risoluto », certainly not a return to the « Largo ». Thus the four quavers to which the « ritardando » applies should gradually lead from ♪ = 184 to ♪ = 144.

c) This and the two subsequent trills should begin with the principal note and should be played without after-beats.

d) See page 295 a).

e) In the original print Beethoven's last pedal indication (on the first f in the bass) is not followed by a release-sign. The place, where it is set here, was chosen by the editor.

a) Pedal autograph.

b) Wie der Herausgeber meint, fordert dieses «ritardando» nur eine Ueberleitung von « Prestissimo » zu « Allegro risoluto », keineswegs aber die Rückkehr zum Largozeitmaß. Die vier Achtel, für die das « ritardando » gilt, sind also Stufen von etwa: « ♪ = 184 » bis « ♪ = 144 ».

c) Dieser und die beiden folgenden Triller beginnen mit dem Hauptton und sind ohne Nachschläge auszuführen.

d) Siehe Seite 295 a).

e) Der letzten Pedalangabe Beethovens (zum ersten « F » im Baß) folgt im Originaldruck kein Pedalaufhebungszeichen. Die Stelle, an die es hier gesetzt ist, hat der Herausgeber gewählt.

Fuga a tre voci, con alcune licenze.

a) Le risoluzioni sono indicate soltanto in una *parte* dei numerosi trilli di questo tempo: spesso la loro mancanza è chiaramente intenzionale ma a volte esse mancano anche dove sono indispensabili. In tali casi il revisore le ha aggiunte mettendole fra parentesi per indicare che sono sue. Tutti i trilli *senza* risoluzione devono allacciarsi *immediatamente* dalla loro nota principale alla seguente. È consigliabile cominciare tutti i trilli in questo tempo dalla nota principale. È vero che nei due casi in cui i trilli sono scritti in semicrome (pag. 365, 3º rigo, 1ª battuta, e pag. 367, 3º rigo, 1ª battuta), Beethoven richiede che il trillo cominci dalla nota complementare, ma secondo il revisore, questa eccezione alla regola è proprio voluta.

a) Beethoven marked after-beats only for *s o m e* of the many trills in this movement. Very often their absence is clearly intentional, but occasionally the after-beats are missing also in such places where they undoubtedly belong. In such instances the editor included them in the text, indicating however, by parentheses, that they were added by him. All the trills *w i t h o u t* after-beat should terminate with the principal note, proceeding from there *d i r e c t l y* (without any break) to the next note in the text. It is advisable to start all trills in this movement with the principal note, though in the two instances where trills are written out in semiquavers (page 365, line 3, bar 1 and page 367, line 3, bar 1), Beethoven starts them with the auxiliary note. The editor thinks that just in these two instances Beethoven wanted the trills to be played differently from all the others in this movement and therefore wrote them out in semiquavers.

a) Nur für einen *Teil* der vielen Triller in diesem Satz sind Nachschläge angegeben; die Abwesenheit der Nachschläge ist sehr oft ganz deutliche Absicht, mitunter aber fehlen sie auch dort, wo sie unzweifelhaft hingehören. An solchen Stellen sind sie vom Herausgeber zugesetzt worden und durch Klammern als *seine* Zeichen kenntlich gemacht. Alle Triller *ohne* Nachschläge sollen *unmittelbar* von ihrem Hauptton zum folgenden leiten. Es ist ratsam, alle Triller in diesem Satz mit dem Hauptton zu beginnen. Zwar verlangt Beethoven in den zwei Fällen, in welchen der Triller in Sechzehnteln ausgeschrieben ist (Seite 365, System 3, Takt 1 und Seite 367, System 3, Takt 1), den Nebenton zuerst, aber, wie der Herausgeber meint, gerade mit gewollter Abweichung von der Regel, die hier sonst herrscht.

a) Alcune edizioni trasformano questa forcella del diminuendo e quelle delle due battute seguenti in accenti che si riferiscono unicamente al secondo quarto (basso). Evidentemente delle forcelle di diminuendo in un passaggio in cui si effettua un crescendo sono contraddittorie, mentre gli accenti sottolineano un crescendo. Tuttavia il revisore ritiene che si tratti qui di un contrasto voluto. Le forcelle non si riferiscono che al basso: ognuna di queste tre battute ha una sonorità più robusta della precedente, ma l'ultima croma al basso deve essere più debole della semiminima che la precede. Le semicrome della mano destra continuano ininterrottamente il crescendo (Confrontare pag. **364** *b*).

a) *In some editions the diminuendo-signs here and in the two following bars are shortened and thus transformed into accents on the second beat left hand. Undeniably, diminuendo-indications within a crescendo are contradictory, whereas accents in fact support the crescendo. However, in the opinion of the editor a combination of opposites was intended here. The diminuendo-signs apply to the bass only, where each of the three bars should sound stronger than the preceding, while* **within** *each bar the last quaver should be weaker than the second beat. Meanwhile the semiquavers of the right hand should continue the crescendo uninterruptedly. (Compare with page* **364** b).

a) Die Abschwellgabel hier und in den beiden folgenden Takten wird von einigen zum Akzent verkleinert, der sich allein auf das zweite Viertel (unten) bezieht. Nun sind gewiß Abschwächungszeichen in Takten, die ein « crescendo » auszuführen haben, ein Widerspruch, Akzente hingegen noch eine Unterstützung für das « crescendo ». Nach Ansicht des Herausgebers ist hier aber gerade eine Vereinigung von Gegensätzen beabsichtigt. Die Gabeln gelten nur für den Baß; dort erklingt jeder der drei Takte stärker als sein Vorgänger, in jedem aber das letzte Achtel schwächer als das zweite Viertel. Die Sechzehntel der rechten Hand setzen ununterbrochen das « crescendo » fort. (Vergleiche Seite **364** b).

For French and Spanish notes see page 507

For French and Spanish notes see page 508

a) Contrariamente alla prima edizione, l'edizione inglese ha qui un bequadro alla seconda croma. Tuttavia il revisore crede che *mi b* sia giusto.

b) In alcune edizioni troviamo qui *mi b* alla decima semicroma, ma *mi naturale* è molto probabilmente corretto.

c) Molti affidano alla mano sinistra le ultime quattro semicrome di questa battuta, la prima semiminima e le ultime semicrome della battuta seguente.

a) *Contrary to the First Edition, theEnglish Edition has e♮ on the second quaver. The editor believes that e♭ is correct.*

b) *In some editions the tenth semiquaver is e♭, but e is most likely right.*

c) *Many editions assign the last four semiquavers of this bar to the left hand, as well as the first crotchet and last four semiquavers of the next bar.*

a) In der englischen Ausgabe, im Gegensatz zur *ersten*, steht vor dem zweiten Achtel ein Auflösungszeichen. Wie der Herausgeber meint, ist jedoch « es² » der richtige Ton.

b) Bei einigen ist das zehnte Sechzehntel « es »; « e » ist wohl richtig.

c) Viele weisen die letzten vier Sechzehntel der linken Hand zu, ebenso im nächsten Takt das erste Viertel und die letzten vier Sechzehntel.

a) Troviamo questo bequadro sulla quarta croma nei testi originali. È strano che esso manchi in molte edizioni posteriori, comprese le edizioni Breitkopf.

b) Nell'edizione originale manca il bemolle all'ottava semicroma, perciò dovrebbe essere *sol naturale*. Ma forse si tratta di un errore e probabilmente deve essere *sol b*.

c) In alcune edizioni l'ottava semicroma è *do*. È un errore.

d) La diteggiatura delle ultime quattro semicrome è di Beethoven.

a) *The original texts have the natural-sign for the fourth quaver. Strangely enough it is missing in many later editions, including the Breitkopf.*

b) *There is no ♭ in the original print for the eighth semiquaver and thus it would have to be g♮. This could be a mistake, however; g♭ does seem more probable.*

c) *Some editions have c as the eighth semiquaver, which is incorrect.*

d) *The fingering for the last four semiquavers is by Beethoven.*

a) Das Auflösungszeichen vor dem vierten Achtel steht in den Originalvorlagen. Merkwürdigerweise fehlt es bei vielen späteren, auch bei den Breitkopf-Ausgaben.

b) Im Originaldruck ist vor das achte Sechzehntel kein ♭-Zeichen gesetzt; demnach soll es also « g » sein. Es mag hier aber ein Versehen vorliegen; wahrscheinlich ist doch « ges » gemeint.

c) Bei einigen heißt das achte Sechzehntel fälschlich « c² ».

d) Fingersatz für die letzten vier Sechzehntel von Beethoven.

For French and Spanish notes see page 508

For French and Spanish notes see page 508

a) Qui e due battute dopo, una delle edizioni più note trasforma così l'ottava:

senza far parola che il testo originale è differente. In *nessun* caso si deve arpeggiare l'ottava.

a) Here and two bars later one of the best-known editions has

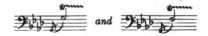

instead of the octave, without even mentioning that the original text is different. Of course, the two notes of the octave m u s t be played simultaneously.

a) Statt der Oktave zum ersten Viertel, auch im übernächsten Takt, hat eine der meistverbreiteten Ausgaben

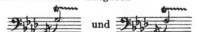

gesetzt; ohne dr̄auf hinzuweisen, daß der Originaltext anders heißt. Die Oktave darf *keinesfalls* gebrochen werden!

tranquillo ma in tempo

a) Vedi pag. **348** a).

b) Troviamo spesso una legatura dall'ultima croma *re b* alla prima semicroma della battuta seguente. Probabilmente questa legatura è erronea.

c) L'edizione Cotta ritiene che qui la seconda, la terza e la quarta semicroma, e tre battute dopo la seconda e la terza semicroma non siano al posto giusto: esse dovrebbero trovarsi all'ottava inferiore, e il segno *8ª* è stato dimenticato. Cotta dice almeno che questa modifica « corrisponde in modo evidente al pensiero del compositore », ma altri adottano tacitamente questa versione senza menzionare l'« errore » delle edizioni originali. Tanto il revisore quanto molti altri ritengono che il testo originale sia giusto. Mai Beethoven (e mai alcun altro compositore) ha usato il segno *8ª* per note scritte a quest'altezza nel rigo, giacchè anche trasportandole all'ottava bassa la maggior parte di esse sarebbe sempre scritta sul rigo. Un'altra cosa ci dimostra che la posizione originale è giusta e cioè il movimento discendente dalla terza alla quarta semicroma nel secondo passaggio in questione, il quale ci dà chiara prova che Beethoven voleva allontanarsi dalla « formola ».

d) Spesso si trova una legatura sul *si b* prima semicroma di questa battuta e su *si b* prima croma della battuta seguente. Probabilmente è erronea.

a) *See page* **348** a).

b) *Many editions have a tie from the last quaver d♮ to the first semiquaver of the following bar, which is probably incorrect.*

c) *According to the Cotta edition the second, third and fourth semiquaver of this bar and the second and third semiquaver three bars later should be an octave lower, as « the missing '8va' sign below these notes had been omitted only by mistake ». At least, Cotta explains the correction as being « in conformity with the composer's unmistakable intention », while other editions adopting Cotta's correction do so without even mentioning the « inferior » version of the original texts. The editor shares the conviction with the majority that the old texts must be right. Never has Beethoven (and never another composer) used the « 8va » sign to indicate notes situated within the stave (and not requiring ledger lines). Anyone wanting still further proof in favour of the original version, can find it easily in the descending interval from the third to the fourth semiquaver of the second passage here discussed, which clearly shows Beethoven's intention to deviate from the « pattern ».*

d) *Many editions have — probably incorrectly — ties from b♭ last quaver to b♮ first semiquaver and a bar later from b♮ last crotchet to b♭ first quaver.*

a) Siehe Seite **348** a).

b) Viele führen vom letzten Achtel « des² » einen Haltebogen zum folgenden ersten Sechzehntel. Er ist vermutlich falsch.

c) Wie die Cottasche Ausgabe meint, befinden sich hier: zweites, drittes und viertes Sechzehntel, drei Takte später: das zweite und dritte Sechzehntel in falscher Lage; eine Oktave tiefer sei der richtige Platz, das 8va-Zeichen nur vergessen. Immerhin wird bei Cotta die « der unverkennbaren Absicht des Autors entsprechende Verbesserung » wenigstens erläutert; andere aber übernehmen sie später, ohne die « schlechtere » Fassung der Originalvorlagen überhaupt zu nennen. Der alte Text ist sicher richtig, diese Ueberzeugung teilen die Meisten mit dem Herausgeber. Niemals hat Beethoven (und niemals ein Anderer) für Töne innerhalb der großen Oktave das Zeichen « 8va » verwendet; sie liegen ja zur Hälfte im Liniensystem. Wer noch einen Zeugen für die Originallage haben will, findet ihn leicht in dem Abwärtsschritt vom dritten zum vierten Sechzehntel an der zweiten der besprochenen Stellen; er zeigt deutlich die Beethovensche Absicht, vom « Muster » abzuweichen.

d) Viele haben einen — vermutlich unrichtigen — Haltebogen zum ersten Sechzehntel « b¹ », ebenso zum ersten Achtel « b¹ » des folgenden Taktes.

For French and Spanish notes see page 508

a) Vedi pag. 349 c).

b) Alcune edizioni hanno alla prima croma della mano sinistra una sesta: $\frac{mi\ b}{sol\ b}$, altre hanno alla seconda croma la settima: $\frac{re\ b}{mi\ b}$. Il testo che riproduciamo è probabilmente giusto.

a) *See page 349 c).*

b) *A few editions have a sixth,* $\frac{e\flat}{g\flat}$, *on the first quaver left hand. Others have a seventh,* $\frac{d\flat}{e\flat}$, *on the second quaver. The text as shown here is probably the correct one.*

a) Siehe Seite 349 c).

b) Einige haben zum ersten Achtel unten die Sexte «$\frac{es^2}{ges^1}$», andere zum zweiten Achtel die Septime «$\frac{des^2}{es^1}$». Der hier mitgeteilte Text ist wohl der richtige.

For French and Spanish notes see page 509

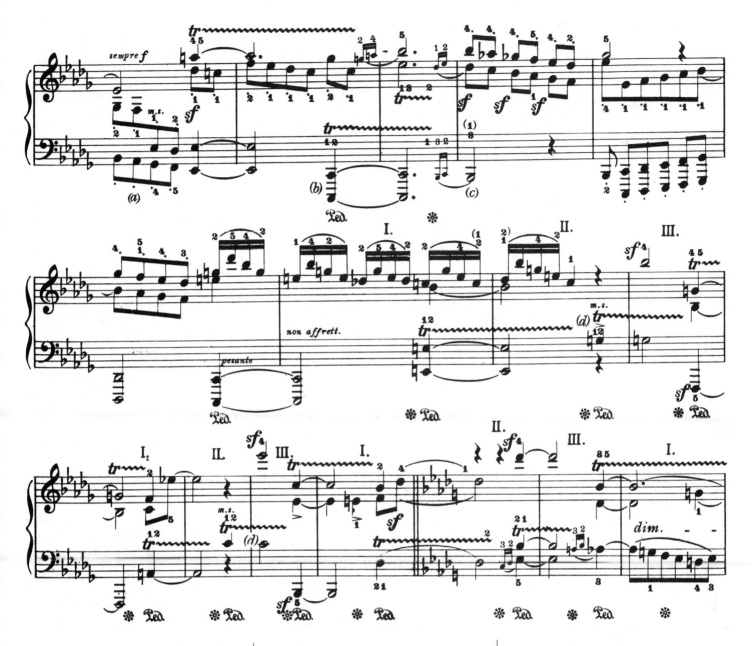

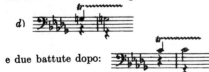

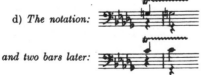

a) Spesso si trova un bequadro alla seconda croma del basso, bequadro che non esiste nelle copie originali. *La b è probabilmente giusto.*

b) Il trillo del basso comincia, naturalmente, nel posto in cui è indicato. È incomprensibile la ragione per cui taluni asseriscono che esso «non deve» cominciare prima del primo quarto della battuta seguente.

c) Il revisore sconsiglia assolutamente di raddoppiare il basso qui e alla prima croma del basso nella battuta seguente.

d)

e due battute dopo:

secondo l'edizione originale. Da ciò risulta che l'esecuzione del trillo è probabilmente affidata da principio alla mano destra, ma la sua continuazione, dal primo quarto seguente, alla mano sinistra. Tuttavia il revisore consiglia di eseguirlo tutto con la mano sinistra. Chi vuole adottare la versione dell'edizione originale deve usare per la destra la diteggiatura 1, 2.

a) *Many editions put a natural-sign before the second quaver in the bass; it is not found in the original texts. Most likely a♭ is correct.*

b) *The trill in the bass must, of course, begin there where it is indicated: on the third beat. Why a certain editor prescribes that it «must not» begin before the first beat of the next bar, is inexplicable.*

c) *The editor most decidedly advises against adding the lower octave to the bass, here as well as on the first quaver of the next bar.*

d) *The notation:*

and two bars later:

is that of the original edition. Evidently, its purpose is to indicate that the trill should be started with the right hand and, from the first beat on, continued with the left hand. Nevertheless the editor recommends playing the trill throughout with the left hand. Whoever wants to play it according to the original text, should take the fingering 1,2 in the right hand.

a) Viele setzen vor das zweite Achtel im Baß ein Auflösungszeichen; die Originalvorlagen haben es nicht. « As » ist wohl richtig.

b) Der Triller im Baß muß selbstverständlich dort beginnen, wo sein Beginn vorgeschrieben ist. Warum einmal verfügt wird, er « dürfe » erst beim ersten Viertel des nächsten Taktes anfangen, ist unerklälich.

c) Der Herausgeber rät unbedingt ab, dem Baß hier und zum ersten Achtel des nächsten Taktes die tiefe Oktave zuzusetzen.

d)

und zwei Takte später:

nach dem Originaldruck. Damit ist wohl der Beginn des Trillers der rechten, die Fortsetzung vom ersten Viertel ab der linken Hand zugewiesen. Der Herausgeber schlägt trotzdem vor, den Triller während seiner ganzen Dauer mit der linken Hand auszuführen. Wer nach der Originalausgabe spielen will, nehme rechts den Fingersatz 1, 2.

For French and Spanish notes see page 509

a) Naturalmente, la seconda croma può esser presa anche con la mano sinistra.

b) La legatura sulla prima croma *mi b* che è certamente giusta, manca in molte edizioni.

c) Si trova spesso *do naturale* all'undice-sima semicroma del basso ma probabilmente è giusto il *do b*.

a) *Already the second quaver may be taken over by the left hand, of course.*

b) *The tie to the first semiquaver eb, which is certainly correct here, is missing in many editions.*

c) *In many editions the eleventh semiquaver in the left hand is c♮; but c♭ is probably right.*

a) Selbstverständlich mag auch das zweite Achtel schon von der linken Hand genommen werden.

b) Der hier gewiß richtige Haltebogen zum ersten Achtel «es²» fehlt bei vielen.

c) Das elfte Sechzehntel unten heißt bei vielen «c»; «ces» ist wahrscheinlich richtig.

For French and Spanish notes see page 509

a) Spesso (anche nell'Urtext e nella Edizione Critica Completa) manca la legatura sul *si* del primo quarto, tanto qui quanto in seguito ai due passaggi analoghi. Tuttavia non possiamo dubitare dell'esattezza di queste legature.

a) In many editions (including the Urtext and Kritische Gesamtausgabe) the tie from the third beat to the first of the following bar is missing here as well as in the two corresponding passages, later on. The correctness of these ties seems indisputable.

a) Bei vielen (auch im Urtext und Kritischer Gesamtausgabe) fehlt der Haltebogen zum ersten Viertel « h¹ », ebenso zweimal später, an den entsprechenden Stellen. Die Richtigkeit der Haltebogen ist wohl nicht anzuzweifeln.

a) Souvent (même dans l'édition primitive et dans l'édition compléte analysée), la liaison au si¹ du premier temps manque, de même, plus tard aux deux passages correspondants. Nous ne pouvons cependant douter de l'exactitude de ces liaisons.

a) Muchas veces (tambien en el texto original y en la edición critica general) falta la ligadura en el *si* del primer cuarto tanto aqui como luego en los dos pasajes analogos. Sin embargo no podemos dudar de la exactitud de estas ligaduras.

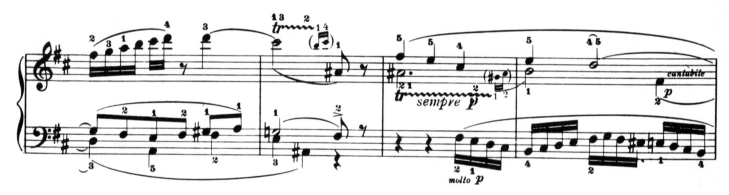

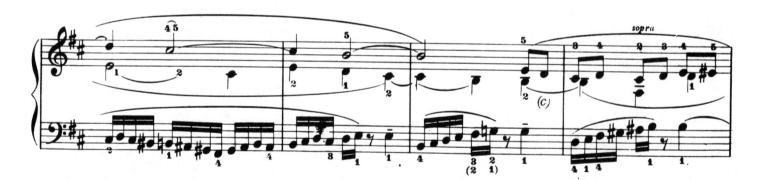

a) Naturalmente la sesta croma e la prima della battuta seguente possono essere suonate anche con la mano sinistra. Consigliamo la seguente diteggiatura:

etc.

b) Manca spesso la legatura sul primo quarto, *mi* (che è certamente giusta).

c) Vedi pag. 353 a).

a) *The sixth quaver as well as the first of the following bar can also be played with the left hand, of course. The fingering then would be:*

etc.

b) *The tie from e on the third beat to the following first beat, which is surely correct, is missing in many editions.*

c) *See page 353 a).*

a) Das sechste und das folgende erste Achtel können selbstverständlich auch von der linken Hand genommen werden. Fingersatz dafür:

etc.

b) Der (gewiß richtige) Haltebogen zum ersten Viertel « e » fehlt bei vielen.

c) Siehe Seite 353 a).

For French and Spanish notes see page 509

a) La lunghezza ed il posto delle sei forcelle, fino al *p*, varia di molto da edizione a edizione. Talune cominciano sempre le forcelle del diminuendo sul primo quarto, altre mettono i tre gruppi di forcelle sulla voce che ha il trillo, altre ancora seguono l'Urtext, che anche noi abbiamo adottato. (Le prime due forcelle e le ultime due sulle scale — disposte in modo diverso —, quelle centrali sul trillo.)

b) Talune edizioni, compreso l'Urtext, hanno, tanto qui, sulla terza semiminima, quanto nella battuta seguente, un punto di staccato che è probabilmente erroneo.

c) In alcune edizioni troviamo « ben legato », ciò che è erroneo. In tutte le copie originali troviamo « non legato » e non può essere altrimenti.

a) *Length as well as position (in relation to the three voices) of the three sets of crescendo-decrescendo marks in this and the following three bars differ greatly in the various editions. In some, the decrescendo always begins on the first beat, in others the marks refer each time to that voice which has the trill, others again (including this edition) follow the version of the Urtext, in which the first and last sets apply to the scales (but are placed differently) and the middle one to the trill.*

b) *Several editions — also the Urtext — have a staccato-dot on the third crotchet right hand, here as well as one bar later, which is most probably incorrect.*

c) *Some editions have erroneously: « b e n legato ». In all original texts it is clearly marked «non ligato», and it really c a n n o t be anything else.*

a) Sowohl Ausdehnung wie Zugehörigkeit der sechs Gabeln von hier ab bis zum nächsten *p*-Zeichen werden sehr verschieden angegeben. Einige lassen die Abschwellgabeln stets beim ersten Viertel beginnen, andere setzen die Gabeln stets zu der Stimme, die den Triller hat, wieder andere haben sie in der Gestalt der Urtextausgabe, die auch hier gewählt wurde. (Erstes und letztes Gabelpaar für die Tonleiter — verschieden angeordnet —, mittleres für den Triller).

b) Einige — auch der Urtext — haben über dem dritten Viertel hier und im nächsten Takt einen Stakkatopunkt; er gehört wohl nicht hin.

c) Einige haben irrtümlich: « **ben** legato ». In allen Originalvorlagen heißt es deutlich: « non ligato », und und es kann auch gar nicht anders heißen.

For French and Spanish notes see page 510

a) In alcune edizioni l'ultima croma della battuta è *si b*, ma deve essere assolutamente *si naturale*.

b) L'esecuzione seguente è la più consigliabile:

oppure:

od anche (meno buona):

Anche i trilli seguenti non hanno risoluzione: per la mano sinistra eseguire il trillo nel modo indicato nella prima versione.

a) *In some editions the sixth quaver is bb, but b♮ is unquestionably right.*

b) *Best:*

or:

or (but not so good):

Also the next five trills all without after-beat; those in the left hand to be played as shown in the first example.

a) Manche haben zum sechsten **Achtel** « b[1] »; « h[1] » ist aber unbedingt richtig.

b) Am besten:

oder:

oder auch (schlechter):

Auch die folgenden Triller stets ohne Nachschlag; in der linken Hand, wie die **erste** Figur zeigt.

a) Esecuzione:

ma il modo seguente è sufficiente:

a) The editor suggests:

but also the following would be sufficient:

a) Ausführung:

aber es genügt auch:

a) L'edizione originale non ha bequadri in questa battuta, perciò il secondo e il terzo quarto restano *do diesis*. I revisori, in maggioranza, lo considerano un errore e lo sostituiscono con un *do bequadro* ritenendo che sia la sola soluzione possibile in queste tre battute in sol maggiore, durante le quali questa tonalità ben chiara renderebbe inutile segnare il bequadro. Il revisore non dubita dell'esattezza del *do diesis*. Il cammino — prolungato da sequenze — verso la tonalità di *la* maggiore non consente alla tonalità di *sol* maggiore che una fugace apparizione. Inoltre il *do diesis* del basso corrisponde a quello della seconda voce alla sua prima entrata (2° rigo, 2ª misura). Confrontare con pagina **306** *a*).

a) *The original edition has no natural-signs in this bar; according to its text the second crotchet in the bass, and the third crotchet in the treble, is therefore a c♯. This is considered wrong by most editors. They change c♯ to c♮, maintaining that here are three bars in g major: so definitely in g major that c♯ would be an impossibility and thus natural-signs were quite superfluous. This editor does not doubt the correctness of c♯: the modulation to a major — prolonged by sequences — permits only a very brief appearance of the g major key. Furthermore, the c♯ in the bass voice corresponds to that of the second voice at its first entrance (line 2, second bar). Compare with page **306** a).*

a) Der Originaldruck hat in diesem Takt keine Auflösungszeichen; dort heißt es also zu zweitem und drittem Viertel « cis ». Dieser Ton gilt den meisten als Fehler, sie ersetzen ihn durch « c », das im drei Takte lang vorwaltenden G-Dur allein möglich sei. Eben diese klare Herrschaft der G-Durtonart habe Auflösungszeichen überflüssig gemacht. Der Herausgeber zweifelt nicht an der Richtigkeit des « cis ». Der — durch Sequenzen verlängerte — Weg nach A-Dur gestattet dem G-Dur nur ganz vorübergehend zu erscheinen. Ueberdies entspricht der Gang über « cis » auch der Führung der zweiten Stimme bei ihrem ersten Eintritt (System 2, Takt 2). Vergleiche Seite **306** a).

For French and Spanish notes see page 511

a) Alcuni considerano erronea questa distribuzione delle figure nel primo quarto e danno la croma alla voce media e la semiminima alla voce più acuta. Il revisore respinge questa modifica non vedendone la ragione.

b) La croma *si* appartiene alla voce media e la semiminima *re* alla voce acuta. Alcuni invertono quest'ordine, che tuttavia è giusto.

c) Il bequadro che si trova nell'edizione inglese davanti all'ottava semicroma manca nella prima edizione, ma probabilmente il *mi naturale* è giusto.

a) *A few editors regard the distribution of note values on the first beat as erroneous. They put the quaver in the middle voice and the crotchet in the treble. This editor sees no reason for agreeing to such an alteration.*

b) *The quaver b belongs to the middle voice, the crotchet d to the upper voice: there cannot be any doubt about this. Yet, in some editions the voices are inverted.*

c) *The natural-sign for the eighth semiquaver is found in the English Edition, but is missing in the First Edition. Most likely, however, e♮ is correct.*

a) Einige sehen in der Verteilung der Werte zum ersten Viertel einen Irrtum; sie setzen das Achtel zur Mittel-, das Viertel zur Oberstimme. Der Herausgeber findet keinen Anlaß, dieser Aenderung zuzustimmen.

b) Das Achtel « h¹ » setzt die Mittel-, das Viertel « d¹ » die Oberstimme fort. Dieses unanzweifelbar richtige Verhältnis wird bei einigen umgekehrt.

c) Das im englischen Druck vorhandene Auflösungszeichen zum achten Sechzehntel fehlt in der Erstausgabe; « e » ist aber wohl richtig.

For French and Spanish notes see page 511

a) La prima edizione ha un *do* al terzo quarto. Con ogni probabilità deve essere un *re*.

b) La legatura sul *mi b* del primo quarto (che è certamente giusta) viene spesso omessa.

c) Anche qui manca spesso la legatura (sul *fa*).

d) Vedi pag. 358 *b*).

a) *In the First Edition the third crotchet is* c; *in all probability though,* d *is correct.*

b) *The tie to* e♮ *on the first beat is surely correct but is missing in many editions.*

c) *Here too the tie is often omitted.*

d) *See page* 358 b).

a) Der Erstdruck hat zum dritten Viertel « c¹ ». Aller Wahrscheinlichkeit nach ist aber « d¹ » richtig.

b) Der zum ersten Viertel « es » führende (gewiß richtige) Haltebogen fehlt bei vielen.

c) Auch hier fehlt häufig der Haltebogen (zu « f »).

d) Siehe Seite 358 *b*).

For French and Spanish notes see page 511

a) Vedi pag. **358** b).
b) La diteggiatura delle ultime quattro
semicrome alla mano sinistra è di Beethoven.

a) *See page* **358** b).
b) *The fingering for the last four semiquavers in the left hand is by Beethoven.*

a) Siehe Seite **358** b).
b) Fingersatz für die letzten vier Sechzehntel unten von Beethoven.

a) *Voir à la page* **358** b).
b) *Le doigté aux quatre dernières doubles-croches est de Beethoven.*

a) Mirar pág. **358** b).
b) La digitación de las ultimas cuatro
semicorcheas es de Beethoven.

a) Nella prima edizione manca il bequadro all'ottava semicroma, ma lo troviamo nell'edizione inglese. Evidentemente non può essere che *mi naturale* per quanto molte edizioni abbiano il *mi b*.

b) In talune edizioni l'accento in questa battuta e nelle cinque battute seguenti viene trasformato in una forcella di diminuendo, in analogia al passaggio a pag. 345 (vedi nota a). Tuttavia questi passaggi sono abbastanza diversi per giustificare la diversità dei segni. Il revisore ritiene che la prima volta si debbano adottare le forcelle e la seconda gli accenti.

a) *The natural-sign for the eighth semiquaver is missing in the First Edition; the English Edition has it. Quite obviously only e could have been intended. Yet many editions have e♭.*

b) *In some editions the accent symbols of this and the following five bars are lengthened and thus transformed into diminuendo-signs, in conformity with those on page 345 (see footnote a) there). The two passages, however, differ sufficiently from each other to justify the diversity of signs. The editor believes that on page 345 the diminuendo-signs are correct, while here the accents are right.*

a) Im Erstdruck fehlt das Auflösungszeichen vor dem achten Sechzehntel; der englische hat es. Es kann wohl nur « e² » gemeint sein. Viele aber bringen « es² ».

b) Der Akzent hier und in den nächsten fünf Takten wird bei einigen zur Abschwellgabel vergrößert, entsprechend der Stelle auf Seite 345 (vergleiche dort Anmerkung a). Die beiden Stellen weichen genügend voneinander ab, um die Verschiedenheit der Zeichen zu erklären. Wie der Herausgeber meint, sind das erstemal die Gabeln, das zweitemal die Akzente richtig.

For French and Spanish notes see page 511

a) Alcune edizioni hanno erroneamente un *re* alla quarta croma.
b) Vedi pag. **359** *a*).

a) *In a few editions the fourth quaver is (incorrectly)* d.
b) *See* **page 359** *a*).

a) Einige haben zum vierten Achtel fälschlich « d ».
b) Siehe Seite **359** *a*).

a) *Certains éditeurs mettent au quatrième demi-temps un* ré *erroné.*
b) *Voir à la page* **359** *a*).

a) Algunas ediciones tienen equivocadamente un *re* a la cuarta corchea.
b) Mirar pág. **359** *a*).

a) In alcune edizioni troviamo un *si b* alla seconda croma, ma probabilmente è giusto il *re*.

b) Un'edizione (molto nota) propone di trasformare la quinta e la sesta semicroma, *fa* e *sol*, in *fa diesis* e *sol diesis* allo scopo « di attenuare l'intollerabile effetto acustico prodotto sul pianoforte ». Che idea singolare!

a) *In some editions the second quaver is a* b♭; *but d* is probably correct.

b) *In one (widely circulated) edition it is suggested to change f, g (fifth and sixth semiquavers) to f♯, g♯, « to lessen the atrocious acoustical effect on the piano ». What a strange idea!*

a) Bei einigen heißt das zweite Achtel « b² ». Aber « d³ » ist wohl richtig.

b) In einer (sehr verbreiteten) Ausgabe wird angeregt, zur « Milderung des abscheulichen akustischen Effekts auf dem Klaviere » statt: « f², g² » zum fünften und sechsten Sechzehntel: « fis², gis² » zu nehmen. Seltsamer Einfall!

a) *Certains éditeurs mettent un si b² au deuxième demi-temps, mais c'est sans doute un ré².*

b) *Il est proposé dans une édition (très répandue) de transformer les cinquième et sixième double-croche* fa² *et* sol² *en* fa dièse² *et* sol dièse² *afin « d'atténuer l'effet acoustique intolérable produit au piano ». Singulière idée!*

a) En algunas ediciones encontramos un *si b* en la segunda corchea, pero tiene que ser *re*.

b) Una edición (muy conocida) propone de transformar la quinta y la sexta semicorchea, *fa* y *sol*, en *fa sost.*, y *sol sost.*, « para atenuar el intolerable efecto acustico producido en el pianoforte». ¡Es una idea singular!

a) Il trillo che qui comincia sul *si b* « dovrebbe avere come nota ausiliare a volte *do b* a volte *do naturale* secondo le armonie della parte superiore. Trillar sempre col *do* (che tutte le altre edizioni trovano giusto) è erroneo ». Troviamo questa indicazione nella stessa edizione di cui abbiamo parlato nella nota precedente ed è per lo meno tanto strana quanto quella citata precedentemente.

a) *The auxiliary note of the trill on* bb *which begins here « should be at one time* cb, *at another time* c, *according to the respective harmonies of the upper voices; to trill with* c *all the time (which all other editions consider a matter of course) would be wrong ». This instruction is given in the same edition which we quoted in the preceding footnote and it is at least as odd as the previous example.*

a) Der hier beginnende Triller auf « B₁ » habe, « je nach der Harmonie der bewegten Oberstimmen, bald den Halbton « Ces », bald den Ganzton « C » anzuwenden »; die Ausführung *nur* mit « C », die alle anderen ganz selbstverständlich finden, sei falsch. Diese Anweisung steht in der gleichen Ausgabe, die in der vorigen Fußnote genannt wurde und ist mindestens ebenso befremdlich wie das dort angeführte Beispiel.

For French and Spanish notes see page 512

a) Pedale autografo.

b) La seguente esecuzione, spesso consigliata:

è assolutamente inammissibile.

c) Il revisore ritiene che nei due primi trilli la risoluzione sia stata omessa volontariamente: anche nelle quattro battute seguenti soltanto il terzo trillo deve avere la risoluzione. Le quattro battute non devono in nessun caso dare l'impressione di un tempo 3 × 4 quarti ma di un tempo 4 × 3 quarti, facendo così risaltare il fascino dello spostamento ritmico. Le ottave della mano destra non devono essere arpeggiate. (Confrontare con pag. 170 a).

d) Corona della durata massima di tre battute (col pedale).

a) *Pedal indications by Beethoven.*

b) *The following execution, recommended in several editions:*

is absolutely inadmissible.

c) *The editor is of the opinion that in the first two trills the after-beat is omitted intentionally: o n l y the third trill should have an after-beat, here as well as in the next four-bar period. Furthermore, the four bars should n o t sound like 3 × 4 crotchets, but most distinctly like 4 × 3 crotchets, thus bringing out the fascinating rhythmic displacements. The octaves in the right hand must not be played arpeggio (compare with footnote a), page 170).*

d) *Fermata (with pedal) not longer than three bars!*

a) Pedal autograph.

b) Die mehrfach empfohlene Ausführung:

ist unbedingt abzulehnen.

c) Wie der Herausgeber meint, fehlt der Nachschlag für die beiden ersten Triller diesmal absichtlich; der Nachschlag soll, ebenso im nächsten Viertakter, erst beim dritten Triller auftreten. Die vier Takte sollen auch keinesfalls wie 3 × 4 Viertel klingen, sondern ganz deutlich 4 × 3 Viertel und dadurch den großen Reiz der rhythmischen Verschiebungen hören lassen. Die Oktave in der rechten Hand darf nicht gebrochen werden. (Vergleiche Seite 170 a).

d) Fermate (mit Pedal) nicht länger als drei Takte!

For French and Spanish notes see page 512

SONATA N. 30

(Dedicata alla Signorina Massimiliana Brentano)

Composta nell'anno 1820
Pubblic. in novembre 1821
presso Schlesinger, a Berlino

Op. 109

a) Tanto nel manoscritto quanto in una copia riveduta da Beethoven, la sola indicazione relativa al movimento è: Vivace. L'indicazione «ma non troppo» non fu aggiunta che nell'edizione originale.

a) The manuscript as well as a copy revised by Beethoven himself have as tempo indication merely «Vivace». The addition «ma non troppo» appears first in the Original Edition.

a) Das Autograph und eine von Beethoven durchgesehene Abschrift haben als Tempoangabe nur «Vivace». «Ma non troppo» kam erst in der Originalausgabe dazu.

a) Dans l'autogramme ainsi que dans une copie que Beethoven à revu lui-même, la seule indication relative au mouvement est: Vivace. «Ma non troppo» ne fut ajouté que dans l'édition originale.

a) Tanto el manoscrito como en una copia reexaminada por Beethoven, la sola indicación relativa al movimiento es: «Vivace». La indicación «ma non troppo» no fué añadida que en la edición original.

a) Pedale autografo.

b) La versione qui indicata è quella di tutti i testi originali: sei quarti (2 × 3); prima del sesto quarto l'indicazione 2/4. Qualsiasi altra divisione è erronea. Il revisore non vede che cosa vi possa essere di oscuro o di dubbio nella versione di Beethoven e perciò non capisce perchè questa battuta venga spesso alterata da «correzioni».

a) *Pedal indications by Beethoven.*

b) *The version shown here is that of **all** original texts: the bar consists of six crotchets (2×3), the indication 2/4 appearing before the sixth crotchet. Any other division is wrong. The editor cannot perceive anything obscure or doubtful in Beethoven's text, and thus he cannot comprehend why this bar has been distorted so often by «corrections».*

a) Pedal autograph.

b) So, wie er hier wiedergegeben ist: sechs Viertel (2 × 3), vor dem sechsten Viertel die Angabe: 2/4, so steht der Text in allen Originalvorlagen. Jede andere Einteilung ist falsch. Was an der Beethovenschen Darstellung dunkel oder zweifelhaft sein könnte, ist für den Herausgeber nicht erkennbar; also begreift er auch nicht, warum der Takt so häufig durch eine Entstellung «berichtigt» wurde.

For French and Spanish notes see page 512

a) Questo *p* e il crescendo che viene due battute dopo si trovano spesso sul secondo quarto, ma nel manoscritto essi sono sul primo.

a) *Many editions place this p, as well as the « cresc. » two bars later, on the second beat. In the manuscript they appear on the first beat.*

a) Häufig findet man *p*, und zwei Takte danach *cresc.* erst zum zweiten Viertel gesetzt; das Autograph hat sie jedenfalls schon zum ersten.

a) *Souvent on trouve ici le p, et deux mesures plus loin le* cresc. *placé seulement au deuxième temps; dans l'autogramme, en tout cas, il se trouve déjà au premier.*

a) Este *p* y el crescendo que hay dos compases después se encuentran muchas veces en el segundo cuarto, pero en el manuscrito se encuentran en el primero.

a) Questa battuta e la seguente mancano in alcune edizioni. Esse sono vittime di un penoso malinteso.

b) Nel manoscritto si trova:

c) Il *mi diesis* nel secondo quarto e il *do doppio diesis* nelle due ultime semicrome, che disgraziatamente si incontrano ancora in molte edizioni, sono erronei, ma non sono uno sbaglio di stampa, giacchè esse sono state poste *espressamente* nel testo, quasi sempre senza alcuna spiegazione. Generazioni intere di pianisti eseguono simili errori senza aver coscienza del loro peccato. Nessuno insegna loro a dubitare, in questo campo, e a diffidare di una realtà che può non essere la verità. È peccato e vergogna che a volte i revisori introducano nel testo originale dei cambiamenti senza far rimarcare che sono tali.

d) Il respiro tra il primo e il secondo quarto non deve superare la durata di una croma al massimo!

e) Diverse edizioni hanno un *si* al basso, sia come appoggiatura davanti alla prima semicroma, sia come un ottavo sul primo movimento, insieme al *re diesis*. Naturalmente si deve risparmiare a Beethoven questa nota aggiunta.

a) *This and the next bar are missing in several editions; they fell victim to a pitiful misunderstanding.*

b) *According to the manuscript:*

c) *e♯ on the second beat and c-double-sharp on the two last semiquavers are wrong notes, but unfortunately they can still be found in many editions. They are n o t misprints, as they are added to the text d e l i b e r a-t e l y , and generally without any reference as to their origin. Whole generations of pianists follow such false advice without the slightest knowledge of their wrongdoing. Nobody teaches them to be suspicious of this kind of evidence which may be far from the truth. It is harmful and, moreover, a disgrace, when editors make alterations in the original texts without identifying them in any way as such.*

d) *Length of breathing-pause between first and second beat one quaver at the most!*

e) *Several editions have a b in the bass, either as a grace-note before the first semiquaver, or as a quaver on the first beat, together with the d♯. Of course, Beethoven should be spared such attempts to improve his compositions!*

a) Dieser und der nächste Takt fehlen in manchen Ausgaben; sie sind einem peinlichen Mißverständnis zum Opfer gefallen.

b) Im Autograph steht:

c) «Eis» zum zweiten Viertel, «cisis» zu den beiden letzten Sechzehnteln, wie man sie leider noch oft antreffen kann, sind falsche Noten, aber doch keine Druckfehler, denn sie sind *absichtlich* hingesetzt; meistens ohne Angabe ihrer Herkunft. Geschlechter von Klavierspielenden führen solche Fehler ohne Ahnung ihrer Sünde aus. Niemand erzieht sie auf diesem Gebiet zu Mißtrauen und gegen die Wirklichkeit, die noch lange nicht die Wahrheit zu sein braucht. Ein Schaden und eine Schande dazu, wenn von Bearbeitern an den usprünglichen Texten Veränderungen vorgenommen werden, die gar nicht als Veränderungen gekennzeichnet sind.

d) Atempause zwischen erstem und zweitem Viertel höchstens ein Achtel lang!

e) Man findet mehrfach vor dem ersten Sechzehntel die Vorschlagnote «h» als Baß, gelegentlich «h» auch als erstes Achtel mit «dis[1]» zusammen. Selbstverständlich muß dieser zukomponierte Ton Beethoven erspart bleiben.

For French and Spanish notes see page 513

a) Pedale autografo.
b) Le legature del basso mancano nel manoscritto.
c) In talune edizioni troviamo alla dodicesima biscroma un *fa diesis* che è erroneo.

a) *Pedal indications by Beethoven.*
b) *In the manuscript the ties in the left hand are missing.*
c) *Some editions have (incorrectly) f♯ as the twelfth demisemiquaver.*

a) Pedal autograph.
b) Im Autograph fehlen die Haltebogen im Baß.
c) Einige haben zum zwölften Zweiunddreißigstel fälschlich « fis³ ».

a) *Pédale originale.*
b) *Dans l'autogramme, les liaisons manquent à la basse.*
c) *Plusieurs éditions ont à la douzième triple-croche un* fa dièse² *erroné.*

a) *Pedal autógrafo.*
b) Las ligaduras del bajo faltan en el manuscrito.
c) En algunas ediciones encontramos a la duodecima fusa un *fa sost.,* que es erroneo.

a) La ripartizione delle ultime sei biscrome in tre duine si trova in tutti i testi originali: quasi tutte le edizioni seguenti scrivono questa ultima sestina come le precedenti, in un unico gruppo.

b) Spesso questa battuta viene ancora più manomessa di quella che precede il primo « Tempo primo »: essa subisce le trasformazioni più strane. È vero che l'aggiunta della quintina di biscrome, sovrabbondanti nella battuta di sei quarti, è relativamente difficile a capire, ma la spiegazione viene data dalla corona posta sul terzo quarto (pausa) del basso. Questo terzo quarto è prolungato dalla quintina di biscrome.

a) The division of the last six demisemiquavers into three groups of two is found in all original texts; nearly all later editions show this sextuplet in one group of six notes, like the preceding ones.

b) Often this bar is given an even more ruthless treatment than the bar before the first « Tempo I. »: it appears in the strangest transformations. Indeed, Beethoven's extension of the six crotchets by a quintuplet of demisemiquavers makes this bar comparatively perplexing. But the Fermata over the rest in the lower stave provides the solution: the third crotchet is prolonged by just that quintuplet.

a) Die Teilung der letzten sechs in dreimal zwei Zweiunddreißigstel steht in allen Originalvorlagen; fast alle späteren Ausgaben bringen die Sextole wie die vorangehenden unter nur einem Balken.

b) Noch gewaltsamer als der Takt vor dem ersten « tempo primo » wird dieser hier oft behandelt; man findet ihn in den seltsamsten Verwandlungen. Durch die Vermehrung der sechs Viertel um eine Zweiunddreißigstel-Quintole ist er allerdings vergleichsweise unklar. Die Fermate über der Pause im unteren System gibt den Aufschluß: das dritte Viertel ist eben um jene Quintole verlängert.

For French and Spanish notes see page 513

a) La nota *la* che alcune edizioni aggiungono all'accordo al primo quarto della mano destra non ha qui ragione di essere.

b) Pedale autografo.

c) Sul manoscritto si trovava, dopo la doppia sbarra, l'indicazione « Attacca il prestissimo »: tanto l'indicazione quanto la doppia sbarra furono poi cancellate da Beethoven. La soppressione della sbarra, l'asterisco del pedale, che si trova soltanto sul primo quarto del « Prestissimo » e finalmente i tre bequadri davanti all'unico diesis che resta in chiave esigono chiaramente il collegamento ininterrotto di queste due parti della sonata. Dunque l'indicazione « attacca » è del tutto superflua. Corona della durata di otto quarti circa (non meno!). Continuare senza pausa.

a) *The a which is added in some editions to the chord on the first beat in the right hand does not belong there.*

b) *Pedal mark by Beethoven.*

c) *In the manuscript (after a double-bar-line marking the end of the movement) there was an indication « attacca il prestissimo »; but then Beethoven crossed it out, as well as the double-bar. The elimination of the double-bar, the pedal release-sign at the beginning of the second movement (and not earlier), finally the three natural-signs in front of the single sharp determining the key of the « Prestissimo »: all make it sufficiently clear that an uninterrupted connection of the two movements is wanted. Thus the indication « attacca » became really superfluous. Length of Fermata about eight crotchets (certainly not less !); then continue without any breathing-pause.*

a) Der Ton « a », den manche Ausgabe dem Akkord auf dem ersten Viertel (rechte Hand) zufügt, gehört nicht dazu.

b) Pedal autograph.

c) Das Autograph hatte nach dem Doppelstrich: « attacca il prestissimo »; die Angabe wurde von Beethoven wieder durchgestrichen, aber auch der Doppelstrich in gleicher Weise aufgehoben. Die Beseitigung des Doppelstriches, das Pedalaufhebungszeichen erst bei Beginn des zweiten Satzes, endlich drei Auflösungs- vor dem einen Versetzungszeichen des « Prestissimo » fordern klar genug die ununterbrochene Verbindung der beiden Sätze; es war also überflüssig, auch noch das « attacca » stehen zu lassen. Fermate etwa acht Viertel (keinesfalls weniger)! Ohne Luftpause weiter!

For French and Spanish notes see page 514

a) Molte edizioni hanno qui — e nella battuta seguente — una legatura, nella parte superiore, fra la semiminima puntata e la quarta croma. È certamente un errore.

b) Questo « rinfz. » si trova nel manoscritto.

a) Here and in the next bar many editions have a tie in the upper voice from the first beat to the fourth quaver, which is surely wrong.

b) The « rinfz. » is in the manuscript.

a) In der Oberstimme — hier und im nächsten Takt — führen sehr viele Ausgaben Haltebogen zum vierten Achtel; sie sind sicherlich falsch.

b) Das rinfz. steht im Autograph.

For French and Spanish notes see page 514

a) In questa battuta e nella seguente non si deve aggiungere l'ottava! (È deplorevole che in molte edizioni queste ottave siano aggiunte senza parentesi, in grandezza normale, senza commento, come se esse fossero state volute da Beethoven).

a) *Do not add octaves here and in the next bar! (It is deplorable that such octaves are found in many editions, often printed in large type, not in parentheses and without comment, just as if they were by Beethoven).*

a) Hier und im nächsten Takt keine Oktaven zufügen! (Leider stehen sie in vielen Ausgaben, oft uneingeklammert, *gross gedruckt*, ohne Anmerkung, ganz als **wären** sie von Beethoven hingesetzt).

a) *Ne pas ajouter d'octaves ici et à la mesure suivante! (Il est regrettable que dans beaucoup d'éditions elles figurent sans parenthèses, en gros caractères et sans aucune remarque, ce qui pourrait facilement porter à croire qu'elles ont été placées là par Beethoven).*

a) En este compás y en el siguiente no se tiene que añadir la octava. (Es deplorable que en muchas ediciones estas octavas sean añadidas sin parentesis, en grandeza normal, sin comento, como si ellos hubiesen sido querido de Beethoven).

a) Spesso non si trova qui che l'indicazione « sempre piano ». Il revisore ritiene debba essere « sempre più piano ».
b) Corona di due battute e mezza, circa. Continuare senza pausa!

a) *Many editions have only « sempre piano ». The editor believes that « sempre più piano » is right.*
b) *Length of Fermata about 2½ bars; then continue without pause.*

a) Oft findet man nur: *sempre piano*. Der Herausgeber glaubt an: *sempre più piano*.
b) Fermate etwa zweieinhalb Takte; ohne Pause weiter!

a) *Souvent on ne trouve ici que l'indication: « sempre piano ». Le reviseur est d'avis que ce doit être un « sempre più piano ».*
b) *Point d'orgue d'environ deux mesures et demie; continuer sans faire de repos!*

a) Muchas veces no se encuentra aquí que la indicación «sempre piano». El revisor opina tenga que ser «sempre più piano».
b) Calderón aproximadamente de dos compases y medio. Continuar sin pausa.

a) Vedi pag. 377 a). a) *See page* 377 a). a) Siehe Seite 377 a).

a) *Voir à la page* 377 a). a) Mirar pág. 377 a).

a) Dobbiamo deplorare che anche qui vengano a volte aggiunte delle ottave.
b) Di frequente si trova su questo primo tempo della battuta un *si* semplice, senza ottava (che invece si impone qui).

a) *Unfortunately, here too, octaves are frequently added.*
b) *Many editions have a single b on the first beat left hand, without the lower octave. But the octave is undoubtedly correct.*

a) Auch hier werden bedauerlicherweise oft Oktaven zugefügt.
b) Häufig findet man als erstes Viertel « h » allein, ohne die (zweifellos richtige) Oktave dazu.

a) *Il est regrettable, qu'ici on ajoute souvent aussi des octaves.*
b) *On voit fréquemment ici au premier temps un simple si sans l'octave (sans contredit l'octave s'impose ici).*

a) Tenemos que deplorar que aquí también hayan a veces añadidas unas octavas.
b) Con frecuencia se encuentra en este primer compás un *si* sensillo, sin octava (que sin embargo se impone aquí).

Andante molto cantabile ed espressivo (♩=58)
Gesangvoll, mit innigster Empfindung

VAR. I **Molto espressivo** (♩=54)

a) L'abbellimento è riprodotto qui come nelle copie originali: pertanto si deve eseguire *fra* il secondo e il terzo quarto. In molte edizioni esso è stampato in caratteri ordinari come un gruppo di quattro biscrome che formano la quinta croma (omettendo anche qui di citare che si tratta di un'interpretazione del tutto personale).

b) In tutte le copie originali la forcella del crescendo va fino al secondo quarto, da dove parte la forcella del diminuendo. Purtroppo troviamo spesso la fine del crescendo e il principio del diminuendo già sul primo quarto, il che è certamente erroneo.

c) Nel manoscritto il terzo quarto nella mano destra è formato da una croma col doppio punto e da una biscroma.

a) The embellishment is shown here as it appears in the original texts. Thus it must be played b e t w e e n the second and third beat. Many editions print, instead of the embellishment, a group of four demisemiquavers, in ordinary, large type, occupying the fifth quaver (as usual without any indication identifying it as an editor's adaptation).

b) In all original texts the crescendo-sign extends to the second beat and the diminuendo-sign begins there. Unfortunately one often finds the end of the one and beginning of the other sign already at the first beat, which is certainly incorrect.

c) In the manuscript the third beat of the right hand consists of a double-dotted quaver and a demisemiquaver.

a) Die Verzierung ist hier wiedergegeben, wie sie in den Originalvorlagen steht; sie muß also *zwischen* zweitem und drittem Viertel ausgeführt werden. In vielen Ausgaben wird sie, in *grossen Noten*, als Gruppe von vier Zweiunddreißigsteln dargestellt, die das fünfte Achtel bilden (wie üblich, ohne diese Darstellung als Lesart der Bearbeiter anzuzeigen).

b) In allen Originalvorlagen geht die Crescendo-Gabel bis zum zweiten Viertel, die Diminuendo-Gabel vom zweiten Viertel ab. Leider findet man sehr oft Ende des einen, Beginn des anderen Zeichens schon beim ersten Viertel; dort sind sie aber bestimmt am falschen Platz.

c) Im Autograph wird das dritte Viertel rechts von einer doppelt punktierten Achtel- und einer Zweiunddreißigstelnote gebildet.

For French and Spanish notes see page 514

For French and Spanish notes see page 515

a) Un'edizione, non si sa per quale ragione, mette una pausa, sul 2° quarto, al posto del *si* (nella mano sinistra). In un'altra edizione troviamo — errore non meno grave — sulle due ultime crome della voce di basso una pausa di semiminima. È evidente che il *do diesis* sul terzo quarto appartiene a *due* voci.

b) Il segno: $<\,>$ va senza dubbio sulle ultime due crome: il crescendo perciò non può cominciare sulla quarta croma. Questa interpretazione (che purtroppo si trova spesso) è erronea.

c) La legatura fra l'ultima semicroma di questa battuta e la prima croma della battuta seguente (che si trova di frequente) è probabilmente erronea.

a) Inexplicably, one edition has a crotchet rest instead of the second crotchet b (left hand). In another edition the third beat of the left hand consists only of the two quavers in the lowest voice and a crotchet-rest above them; this is just as wrong. The c♯ on the third beat belongs, of course, to t w o voices.

b) The signs $<\,>$ apply exclusively to the third beat; the crescendo thus must n o t begin earlier. Whoever starts the crescendo already on the fourth quaver (and the diminuendo on the fifth), misplaces the signs. Unfortunately this is done frequently.

c) The tie from the last semiquaver to the following quaver, found in many editions, is presumably incorrect.

a) In einer Ausgabe steht unerklärlicherweise an Stelle des zweiten Viertels «H» (links) eine Viertelpause; in einer anderen wiederum wird — ebenso falsch — das dritte Viertel nur aus den zwei Achteln der tiefsten Stimme gebildet, darüber eine Viertelpause gesetzt. Das «Cis» im dritten Viertel gehört selbstverständlich *zwei* Stimmen.

b) Die Zeichen: $<\,>$ gehören nur zu den beiden letzten Achteln; die Anschwellgabel darf also keineswegs schon beim vierten Achtel beginnen. Wer sie dort ansetzt (und bedauerlicherweise geschieht das oft), bringt sie falsch.

c) Der Haltebogen zwischen letztem Sechzehntel und folgendem Achtel, dem man oft begegnet, ist wohl unrichtig.

VAR. II

For French and Spanish notes see page 515

a) In questa variazione, in alcune edizioni, gli errori abbondano. Ne citeremo alcuni (contando successivamente le battute). Seconda battuta: la settima semicroma, *la* invece di un *si*. Quarta battuta: quarta semicroma, *sol diesis* invece di *fa diesis*. Quinta battuta: l'ultima semicroma deve essere un *la diesis* invece di *la*. Alla ottava battuta, settima semicroma, troviamo $\frac{mi}{sol}$ invece di $\frac{mi}{si\,b}$ (Nell'ottava battuta si trova a volte alla nona semicroma un *f*). Alla ventitreesima battuta troviamo che l'ottava semicroma è *si diesis* invece di *do diesis* e la nona semicroma è *do diesis* invece di *do doppio diesis*. Non è sorta discussione che su quest'ultimo *do*. Molti ritengono che il *do doppio diesis* sia erroneo e *do diesis* sia giusto. Nel manoscritto si legge molto chiaramente *do doppio diesis* ed effettivamente il *do diesis* non può esser preso in considerazione.

b) Il revisore comincia questo trillo e quelli delle battute seguenti dalla nota principale.

a) *In several editions this variation is virtually teeming with wrong notes.*
Some of them are:
2nd bar, 7th semiquaver: a *instead of* b
4th bar, 4th semiquaver: g♯ *instead of* f♯
5th bar, last semiquaver: a *instead of* a♯
8th bar, 7th semiquaver: $\frac{e}{g}$ *instead of* $\frac{e}{b\,\flat}$ *(some editions also have a f indication on the 9th semiquaver of this bar).*
23rd bar, 8th semiquaver: b♯ *instead of* c♯; *9th semiquaver:* c♯ *instead of* c-double-sharp. O n l y this last note is disputed; many consider c-double-sharp the wrong and c♯ the right note. The manuscript, at any rate, clearly shows c-double-sharp and, in fact, c♯ can really not be taken into consideration at all.*

b) *The editor begins the trills in this and the following bars on the principal note.*

a) Diese Variation ist für manche Ausgabe geradezu Tummelplatz falscher Noten. Einige seien hier genannt (die Takte werden dabei ausnahmsweise fortlaufend statt systemweise gezählt):
Takt 2, siebentes Sechzehntel «a» statt «h». Takt 4, viertes Sechzehntel «gis¹» statt «fis¹». Takt 5, letztes Sechzehntel «a¹» statt «ais¹». Takt 8, siebentes Sechzehntel «$\frac{e}{g^2}$» statt «$\frac{e}{b^2}$».
(In Takt 8 findet man zum neunten Sechzehntel gelegentlich auch ein *f*-Zeichen). Takt 23, achtes Sechzehntel «his¹» statt «cis²», neuntes Sechzehntel «cis²» statt «cisis²».
Nur der letzte dieser Fälle ist Streitgegenstand. Viele halten gerade «cisis» für die falsche, «cis» für die richtige Note. Das Autograph hat jedenfalls deutlich «cisis», und eigentlich kann «cis» gar nicht in Betracht kommen.

b) Der Herausgeber beginnt, selbstverständlich auch in den folgenden Takten, den Triller mit der Hauptnote.

a) I pianisti le cui mani non sono abbastanza estese dovranno prendere le quattro crome *do diesis* con la mano destra. L'accordo non deve mai essere arpeggiato.

b) Vedi pag. 384 *a)*.

a) Pianists with smaller hands will have to play the four quavers c ♯ with the right hand. Under no circumstances should the chords be played arpeggio.

b) See page 384 a).

a) Ein Spieler, der nicht ungewöhnlich große Hände hat, wird die vier Achtel «cis[1]» mit der rechten Hand ausführen müssen; der Akkord sollte keinesfalls gebrochen werden.

b) Siehe Seite 384 *a)*.

a) L'exécutant dont la main n'a pas suffisamment d'extension devra prendre les quatre croches do dièse[1] *de la droite; l'accord ne peut en aucun cas être brisé.*

b) Voir à la page 384 a).

a) Los pianistas que tienen las manos no bastante extensas tendran que coger las cuatros corcheas *do sost.* con la mano derecha. El acorde no tiene que ser nunca arpegiado.

b) Mirar pág. 384 *a)*.

VAR. III
Allegro vivace (♩=76)

a) Nel manoscritto non troviamo il *la* dell'accordo sulla nona semicroma: la progressione delle voci è così più pura. Purtroppo questo *la* si trova in quasi tutte le edizioni.

a) *The chord on the ninth semiquaver is printed here as it is found in the manuscript: without a. Purity of voice progression requires the omission. Unfortunately, nearly all editions add the a.*

a) So, ohne « a », steht der Akkord (zum neunten Sechzehntel) im Autograph; begründet durch Reinlichkeit der Stimmführung. Leider findet man ihn fast überall mit dem « a ».

a) *Dans le manuscript l'accord (à la neuvième double-croche) s'écrit sans la; cela pour obtenir une progression plus correcte des voix. Il est regrettable que dans la plupart d'éditions, nous trouvions à cet accord le la en question.*

a) En el manuscrito no encontramos el *la* en el acorde en la nona semicorchea: la progresión de las voces es así más pura. Desgraciadamente este *la* se encuentra en casi todas las ediciones.

a) La forcella che si trova nel manoscritto, manca in molte edizioni.

a) *The manuscript has this diminuendo-sign, but in many editions it is omitted.*

a) Die Gabel, die im *Autograph* steht, fehlt sonst oft.

a) *Les soufflets qui se trouvent dans le manuscript original manquent à beaucoup d'éditions.*

a) Las horquillas, que se encuentran en el manuscrito, faltan en muchas ediciones.

VAR. IV

Un poco meno andante,cioè un poco più adagio del Tema (♩.= 48)
Etwas langsamer, als das Thema

a) Vedi pag. 387 *a*).

b) Nell'edizione originale manca la legatura da questa ultima croma alla prima semicroma della battuta seguente. Tuttavia questa legatura deve sicuramente esserci.

c) La legatura sul *sol diesis*, settimo tempo della battuta, che si trova a volte, è inammissibile: il *sol diesis* deve essere ripetuto.

d) Molte edizioni sostituiscono al *re diesis* quarta croma, che è *assolutamente* giusto, un *si*: altre edizioni hanno il *re diesis* ma vi mettono una legatura che è erronea. Il *re diesis* deve essere ripetuto.

a) See page 387 a).

b) The tie from b, last quaver, to the following semiquaver is missing in the original edition, but it is indubitably correct.

c) Some editions have a tie from g♯ twelfth semiquaver, to g♯ seventh quaver, which is unacceptable; g♯ must be played twice.

d) Many editions replace the fourth quaver d♯, which is i n d i s p u t a b l y right, with b. Others have a tie from d♯, third quaver, to d♯, fourth quaver, which is incorrect: d♯ m u s t be repeated.

a) Siehe Seite 387 *a*).

b) In der Originalausgabe fehlt zwischen «h¹», letztem Achtel und dem folgenden Sechzehntel der Haltebogen; er gehört aber zweifellos dazu.

c) Der Haltebogen zu «gis», siebentem Achtel, den man gelegentlich antrifft, ist abzulehnen, «gis» zweimal anzuschlagen.

d) In vielen Ausgaben ist das vierte Achtel «Dis», das *unabweisbar* ricntig, ist, durch «H» ersetzt; andere haben zwar das «Dis», führen zu ihm aber einen Haltebogen, der falsch ist. «Dis» muß beim vierten Achtel angeschlagen werden.

a) Nell'edizione originale vi è il segno 8········: che parte dalle ultime sei semicrome della battuta precedente (naturalmente scritte, con le prime sei di questa battuta, un'ottava più bassa di quanto lo siano qui) e arriva fino alla dodicesima semicroma (inclusa). Nel manoscritto e nella copia riveduta, al contrario, le semicrome, a partire dalla settima, ritornano all'ottava inferiore, come qui indicato. Il revisore ritiene che in questo caso i dubbi siano superflui: il testo dell'edizione originale è certamente erroneo, e distrugge il senso e la bellezza di questo passaggio la cui peculiarità si basa proprio sul movimento contrario delle parti. Confrontare con l'op. 110, 1° movimento. (Pag. 405 a).

b) La prima semicroma, si b, deve rimanere una semicroma e non deve essere trasformata in una semiminima puntata (come purtroppo talvolta è avvenuto).

c) Pedale autografo.

a) *In the original edition the last six semiquavers of the preceding bar and the first six semiquavers of this bar are printed an octave lower and above them is an 8········: sign which extends, however, to the twelfth semiquaver (inclusive). In the manuscript and the copy which Beethoven revised, the semiquavers return, already from the seventh note of this bar on, to the lower octave (as shown here). As it appears to the editor, doubts are entirely superfluous in this case: the text of the original edition is unquestionably incorrect; it destroys sense and beauty of this place, whose peculiarity lies j u s t in the contrary motion of treble and bass. Compare with opus 110, first movement (page 405 a).*

b) *The first semiquaver, b ♮, must be just that: a semiquaver. It must not be «transfigured» into a dotted crotchet (which has happened now and then, unfortunately).*

c) *Pedal marks by Beethoven.*

a) Die Originalausgabe hat von den letzten sechs Sechzehnteln des Vortaktes an (die selbstverständlich ebenso wie die ersten sechs in diesem Takt dort eine Oktave tiefer gesetzt sind als hier) bis zum zwölften Sechzehntel (einschließlich) ein 8········: Zeichen. Autograph und revidierte Abschrift hingegen lassen die Sechzehntel schon vom siebenten ab in die zweigestrichene Oktave zurückkehren. Dem Herausgeber scheinen Bedenken hier ganz überflüssig; der Text der Originalausgabe ist zweifellos fehlerhaft, zerstört Sinn und Schönheit dieser Stelle, an der die Gegenbewegung der Stimmen just das eigentümliche ist. Vergleiche opus 110, erster Satz (Seite 405 a).

b) «b²», das erste Sechzehntel, darf nur ein Sechzehntel sein und nicht in ein punktiertes Viertel verzaubert werden (was leider mitunter geschah).

c) Pedal autograph.

For French and Spanish notes see page 516

a) Pedale autografo.

b) È compito serio decidere il posto dei due accenti e dei tre *sf*. È di decisiva importanza, per l'interpretazione di questa battuta, determinare se essi debbano cadere sui tempi forti o su quelli deboli. Il manoscritto li indica sui tempi forti (accenti sulla quinta semicroma, *sf* sulla prima, terza e quinta) ma l'edizione originale li mette sui tempi deboli (accenti sulla sesta semicroma, *sf* sulla seconda, quarta, sesta). Perciò nell'eseguire questo passaggio, l'esecutore dovrà seguire il suo impulso, giacchè non si può raggiungere una decisione a mezzo del ragionamento. Il revisore ritiene che l'accentuazione sui tempi deboli risponda maggiormente allo spirito della musica di Beethoven: il nostro testo segue questo concetto che sorge dal senso musicale e dall'esame delle probabilità.

c) La legatura tra l'ultima semicroma, *mi*, e quella seguente, che si trova nella maggior parte delle edizioni, manca nell'edizione originale. Il revisore preferisce ripetere il *mi*.

d) Respiro della durata di una semicroma (al massimo!). La volta seguente, prima dell'Allegro, il respiro deve avere la durata di una croma circa (che unita alla pausa di croma forma *due* ottavi).

a) *Pedal mark (and release-sign) by Beethoven.*

b) *It is a matter of serious concern attempting to decide where the two accents and the three sf signs should be placed. It is of decisive significance for the expression of this bar whether the special stresses occur on the strong or weak beats. The manuscript shows them on the strong beats (accents on the fifth semiquavers, sf on the first, third and fifth), but the original edition on the weak beats (accents on sixth semiquavers, sf on second, fourth and sixth). To interpret this bar one will have to rely upon feeling, for which a conclusive confirmation by deliberation can hardly be attained. The editor feels that the accented strokes on the second, fourth and sixth semiquavers suit the spirit of Beethoven's music best. The text shown here is in accordance with this conception, based on musical feeling and an examination of the probable.*

c) *The tie from e (last semiquaver right hand) to the following e, which is found in nearly all other texts, is n o t in the original edition. The editor prefers playing the e twice.*

d) *Length of the breathing-pause — at the most — o n e semiquaver! The next time (page 391, bar 2) about one quaver, that is: together with the quaver-rest t w o quavers!*

a) Pedal autograph.

b) Eine Entscheidung über den Platz, an den die beiden Akzent- und die drei *sf*-Zeichen gehören, macht ernste Sorgen. Ob die Sonderbetonung jeweils auf den ersten oder zweiten, den starken oder schwachen Teil der Sechzehntelpaare fällt, ist für den Ausdruck dieses Taktes von bestimmender Bedeutung. Gibt das Autograph den Befürwortern der Ausnahmestellung der *ersten* Sechzehntel recht, so unterstützen die ersten Drucke die andere Möglichkeit. Man wird bei Ausführung der Stelle seinem Gefühl folgen müssen, für das eine zwingende Bestätigung durch Ueberlegung hier kaum erreicht werden kann. Wie der Herausgeber meint, entspricht dem Geist Beethovenscher Musik die stoßartige Behandlung der zweiten Sechzehntel am besten; darum der Text hier dieser Auffassung gemäß, die aus musikalischem Empfinden und der Untersuchung des Wahrscheinlichen entstand.

c) In der Originalausgabe fehlt der Haltebogen von « e³ », dem letzten Sechzehntel, zum folgenden: sonst ist er fast immer zu finden. Der Herausgeber zieht den zweimaligen Anschlag des « e³ » vor.

d) Atempause etwa (höchstens) *ein* Sechzehntel lang! Das nächstemal, vor dem Allegro, etwa ein Achtel (also mit der Achtelpause *zwei* Achtel)!

For French and Spanish notes see page 516

VAR. V

(c) **Allegro ma non troppo** (♩=92)

a) Pedale autografo.

b) Vedi pag. 212 *d*).

c) Nel manoscritto, sulle prime quattro parti che seguono l'«Andante molto cantabile ed espressivo» (il tema, che però non è indicato come tale) Beethoven scrisse l'indicazione: «Variazione» dando ad ognuna delle parti un numero progressivo. Però su questo «Allegro ma non troppo» e sul «Tempo primo del tema» (e qui appare la parola "tema„) la denominazione e i relativi numeri V e VI mancano.

d) Il segno *sf* qui e nelle due battute seguenti non si trova nel manoscritto.

e) In tutte le copie originali la seconda croma è *si*: il *do diesis* che si trova a volte è erroneo.

a) *All pedal marks by Beethoven.*

b) *See page 212 d).*

c) *In his manuscript, Beethoven marked each of the first four pieces following the «Andante molto cantabile ed espressivo» (for which the designation «Theme» is missing) with the heading «Variation» and its respective number I, II, III, IV. However, for this piece («Allegro ma non troppo») and the subsequent «Tempo primo del Tema» (here the designation «theme» appears!) the heading «Variation» as well as the numbers V and VI are omitted.*

d) *the sf signs, here and in the next two bars, are missing in the manuscript.*

e) *In all original texts the second quaver is b. Any edition which replaces it by a c♯ is simply printing a wrong note.*

a) Pedal autograph.

b) Siehe Seite 212 *d*).

c) Ueber jedes der vier ersten Stücke, die dem «Andante molto cantabile ed espressivo» (dem Thema, das als solches nicht besonders genannt ist) folgen, hat Beethoven im Autograph ausdrücklich die Bezeichnung: Variation und die dazugehörigen Zahlen I, II, III, IV geschrieben; über diesem: «Allegro ma non troppo», und dem nachkommenden: «Tempo primo del Tema» (hier: Thema) fehlen hingegen sowohl Name wie Zahl.

d) Das *sf*-Zeichen, hier und in den beiden nächsten Takten, fehlt im Autograph.

e) In allen Originalvorlagen ist das zweite Achtel «h¹»; wo statt dessen «cis²» gesetzt ist, befindet sich eben eine falsche Note.

a) Queste due note *do diesis* e *mi* si trovano ben chiare nel manoscritto: inoltre troviamo in margine (forse a titolo di rettifica) un'annotazione di Beethoven: « Devono essere *do* e *mi* ». La ragione per cui l'edizione originale dia soltanto il *do diesis* facendone una semiminima, è incomprensibile. Purtroppo questo grave errore è stato adottato dalla maggior parte delle edizioni.

a) *The manuscript shows these two quavers,* c ♯ e, *very clearly. Furthermore, they are verified by an emphatic reference on its margin in which Beethoven (presumably to indicate a correction) writes: « must be c e! ». Why, in spite of this, the original edition has only* c ♯ (as a crotchet) *is an enigma. Unfortunately, this grave error was reproduced in most editions.*

a) So ganz deutlich im Autograph; zum Ueberfluß findet sich auch noch am Rande (vermutlich zum Berichtigungszweck) ein nachdrücklicher Hinweis in Worten. Beethoven schreibt: «muß c e seyn!» Rätselhafterweise hat die Originalausgabe trotzdem nur «cis¹» als Viertelnote; dieser schwerwiegende Fehler ist leider von den meisten Ausgaben übernommen worden.

For French and Spanish notes see page 517

VAR. VI
Tempo primo del Tema ($\quarternote$=60)
Cantabile

a) Una norma molto diffusa vuole che quando un tempo 9/8 segue un tempo 3/4, tre crome del movimento 9/8 abbiano la stessa durata di due crome del 3/4. Il cambiamento della durata della misura, sia per contrazione che per estensione non è mai permesso. Questa norma è troppo rigida. Qui, per esempio, il revisore ritiene che conformandosi a questa regola si otterrebbe un'esecuzione poco convincente, e che sarebbe più aderente alle intenzioni del compositore e più espressivo lasciare che tutte le crome dei due tempi avessero la stessa durata. Affrettare non significherebbe intensificare in questo caso. È vero che anche il tempo 9/8 si divide in tre tempi, tuttavia ognuno dei suoi tempi, in confronto a quelli del tempo 3/4, è aumentato di una metà. Troviamo per la prima volta le terzine alla prima battuta del terzo rigo a pag. 216. Con l'aumento dei tempi, la prima battuta del primo rigo a pag. 216 si trasforma in una battuta in 8/8 divisa inegualmente, poichè, se si segue l'opinione del revisore, anche qui la durata di tutte le crome è uguale. (Questa battuta dovrebbe dividersi così 3 + 3 + 2: variazione piena di fascino). Confrontare con l'op. 111, secondo movimento

a) *A widespread precept demands, when a bar in 3/4 time is followed by one in 9/8 time, that under all circumstances t h r e e quavers in the 9/8 time must have the same duration as t w o quavers in the preceding 3/4 time: a change in the l e n g t h o f b a r s, be it by extension or contraction, is never permissible. Obeying its rule here, for instance, would result in an interpretation which cannot be convincing — that is the editor's opinion. To him it seems logical and more expressive if the length of the q u a v e r s remains the same here; a sudden increase in their speed would not bring intensification in this case. It is true that also the 9/8 time consists of three beats, but its beats should be one and one-half times as long as the beats in the 3/4 time. « Triplets » do not appear before the first bar on line 3 of page 216. The lengthening of the beats in the 9/8-bars causes uneven beats in the first bar on page 216 (which consists of 8 quavers); because (once the editor's interpretation has been accepted) also in that bar the speed of all quavers will naturally be the same. That bar will then be divided into 3+3+2 quavers: an unusually attractive variation. Compare with op. 111, second movement*

a) Die verbreitete Lehre, die verlangt, in einem 9/8, der einem 3/4-Takt folgt, drei Achtel unter allen Umständen in derselben Zeit auszuführen, die von zwei Achteln des vorangegangenen 3/4-Taktes beansprucht wurde, eine Verschiedenheit der *Taktdauer*, sei es durch Verlängerung oder Verkürzung, also niemals gestattet, diese Lehre ist wohl allzu starr. Hier zum Beispiel würde die Befolgung dieser Regel, wie der Herausgeber meint, eine Darstellung bewirken, die nicht überzeugen kann. Es scheint ihm sinngemäß und ausdrucksvoller, wenn der Abstand der Achtelwerte zueinander *hier* keine Aenderung erfährt; Beschleunigung wäre an dieser Stelle keine Steigerung. Gewiß ist auch der 9/8-Takt dreiteilig, aber ein Taktdrittel in ihm sollte einem um seine Hälfte vermehrten Taktdrittel im 3/4-Takt entsprechen. « Triolen » erscheinen erst in Takt 1 des dritten Systems auf Seite 216. Durch die Dehnung entstehen in Takt 1 des ersten Systems auf Seite 216, einem 8/8-Takt, drei ungleiche Teile, denn selbstverständlich geben, wenn einmal die Auffassung des Herausgebers angenommen ist, auch hier die Achtel das Maß. (Der Takt hat dann die Ordnung: 3 + 3 + 2; ein ungemein reizvoller Wechsel). Vergleiche op. 111, zweiter Satz

For French and Spanish notes see page 517

a) Vedi pag 393 a).

b) Spesso il *fa diesis*, sesta croma del basso, viene ritenuto un errore e sostituito col *re diesis*. Il revisore ritiene che il *fa diesis* (che è conforme alla terza semiminima nella prima battuta di questa variazione) sia giusto.

c) Qui, naturalmente deve essere *re diesis*.

d) Il trillo deve cominciare con la nota reale, essere eseguito il più rapidamente possibile e *senza interruzioni;* la nota reale deve possibilmente esser suonata contemporaneamente alla croma superiore e a quella inferiore.

a) *See page* 393 a).

b) *Many consider f♯ on the sixth quaver in the bass a wrong note and replace it by d♯. To the editor f♯ (which corresponds to the third crotchet in the first bar of this variation) seems right.*

c) *Here it must be d♯, of course.*

d) *The trill should start with the principal note, should be played as fast as possible and without any interruption. One should attempt to play all the quavers of the treble and bass simultaneously with the principal note of the trill.*

a) Siehe Seite 393 a).

b) «Fis» zum sechsten Achtel im Baß wird von vielen für eine falsche Note gehalten und durch «Dis» ersetzt. Dem Herausgeber scheint «Fis» (das dem dritten Viertel im ersten Takt dieser Variation entspricht) richtig.

c) *Hier* selbstverständlich «Dis».

d) *Der Triller soll mit der Hauptnote beginnen, so rasch wie möglich sein und in ununterbrochener Bewegung bleiben; mit seiner Hauptnote soll tunlichst auch jedes der über und unter ihm geführten Achtel zusammenfallen.*

For French and Spanish notes see page 517

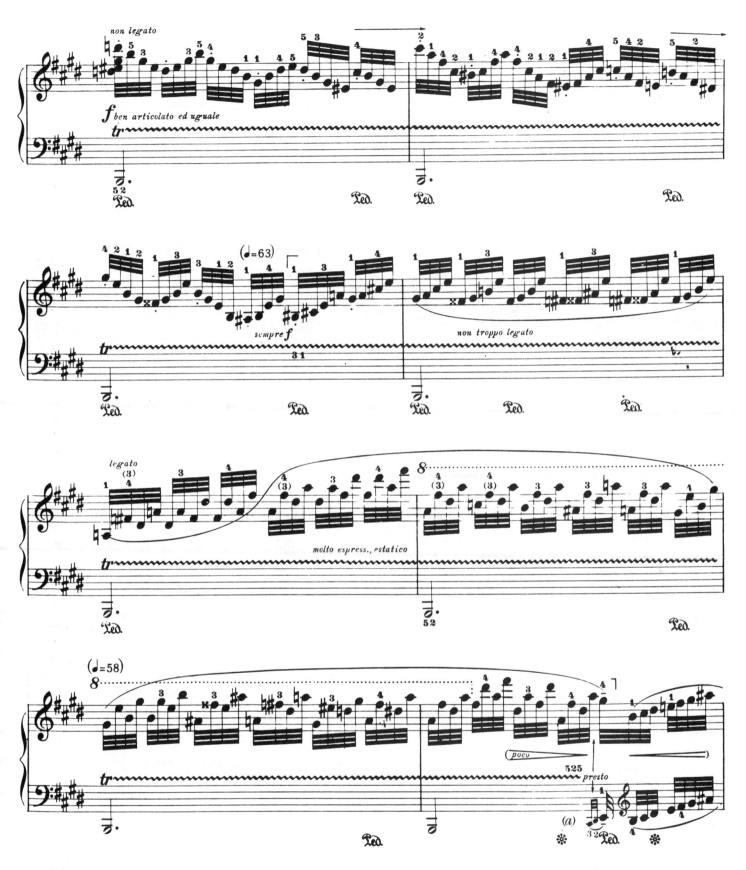

a) Alcune edizioni consigliano di eseguire la risoluzione del trillo nella forma seguente:

Questo «abbellimento» non è opportuno.

a) *Some editions recommend playing the after-beat as a turn:*

But such «embellishment» certainly does not fit here.

a) Mitunter wird empfohlen, den Nachschlag in Gestalt eines Doppelschlages, also:

zu spielen. Aber dieser Schnörkel paßt hier gewiß nicht her.

For French and Spanish notes see page 518

a) Pedale autografo. | a) *Pedal mark by Beethoven.* | a) Pedal autograph.

a) *Pédale originale* | a) Pedal autógrafo

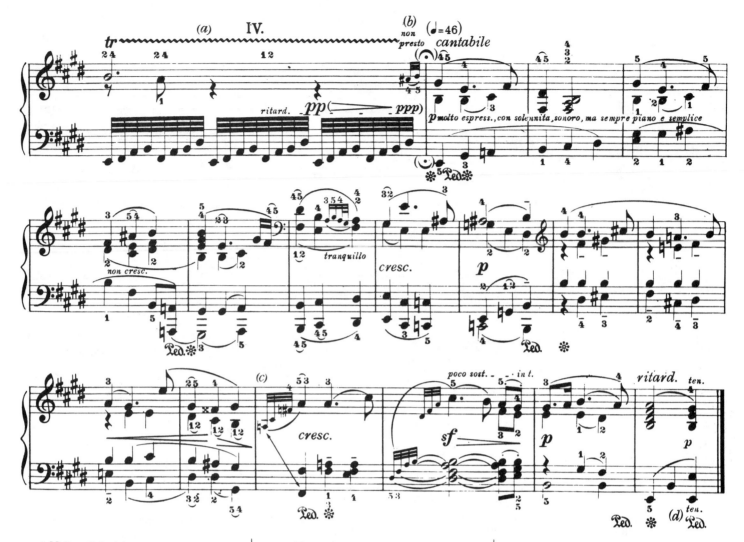

a) Molte edizioni hanno arricchito di due note questa battuta: un *fa diesis* alla quarta croma e un *re diesis* alla sesta croma, mano destra. Nessuna traccia di queste note si trova nel manoscritto, nella sua edizione riveduta e nell'edizione originale. Esse non devono essere ammesse perchè altererebbero il senso di questa battuta e inoltre toglierebbero al *la*, secondo ottavo, la sua funzione di nota tendente a risolvere naturalmente sul *sol diesis* al primo quarto della battuta successiva. È offensivo ma anche divertente leggere in una delle edizioni ornate di tale «novità», vicino alla riproduzione in calce al testo originale (il solo ammissibile) la nota seguente: «Nelle edizioni antiche troviamo il seguente errore».

b) Il senso musicale impone qui all'esecutore una pausa prima dell'ultima ripetizione del tema. La pausa deve aver la durata di tre quarti circa ($\bullet$ = 46) ed il pedale deve essere alzato soltanto all'attacco del primo tempo seguente.

c) A volte, queste notine arpeggiate figurano riunite in un accordo, analogamente a quanto accade a quelle del primo quarto della quinta battuta del tema quando esso riappare qui, alla fine di questo movimento (però in certo modo diverso dal suo primo apparire). Il revisore ritiene che la quinta e la tredicesima battuta non rappresentino casi analoghi, e l'una non può esser presa di esempio per l'altra. Probabilmente l'arpeggio nella tredicesima battuta è giusto.

d) Pedale autografo.

a) *Many editions have contributed two notes in an attempt to improve this bar:* f ♯ *on the fourth and* d ♯ *on the sixth quaver (as continuation of the lower voice, right hand). Not the slightest trace of these notes can be found in Beethoven's manuscript, his revised transcript, or the Original Edition. Indeed, they are not worth debating and must be definitely rejected. They distort the meaning of this bar, and more: the intrusion of these «new neighbours» robs the second quaver* a *of its function as the note which leads to the following first crotchet g ♯. It is revolting and at the same time amusing to find the following footnote in one of the editions endorsing these added notes, as «justification» for that «innovation»: next to a reproduction of the original text (which is the o n l y justifiable one) appears the comment: «this error is found in the old prints».*

b) *According to the editor's musical feeling a breathing-pause before the last entrance of the theme is a necessity. The length of the pause should be about three crotchets* $\bullet$ = 46) *and the pedal should only be released the moment the following first crotchet is played.*

c) *In some editions the four notes which form an arpeggio here (indicated by small notes) are shown as a chord in which the same notes are played simultaneously, like those of the chord on the first beat in the fifth bar of the theme as it appears here at the end of the movement. This version differs in various details from the one at the beginning. In the editor's opinion bars 5 and 13 represent by no means equal cases and neither of them can serve as model for the other. The arpeggio in bar 13 is probably correct.*

d) *Pedal mark by Beethoven.*

a) In vielen Ausgaben wird dieser Takt um zwei Töne bereichert: «fis[1]» zum vierten, «dis[1]» zum sechsten Achtel in der rechten Hand. Eine sinnentstellende, unerörterbare, unbedingt abzulehnende Zugabe. In Autograph, revidierter Abschrift und Originalausgabe ist selbstverständlich von diesen Taktbestandteilen nicht die leiseste Spur zu entdecken; mit diesen zugesiedelten Nachbarn würde ja auch das zweite Achtel «a[1]» seine Eigenschaft als Vorhalt- und Leitton zum folgenden ersten Viertel « gis[1]» verlieren. Es ist beleidigend und belustigend zugleich, wenn man zur Rettung der « Neuschöpfung » in einer der mit ihr ausgestatteten Ausgaben neben der Notenwiedergabe des (allein möglichen) Textes der Originalvorlagen die Bemerkung: «die alten Drucke haben folgenden *Fehler*» vorfindet.

b) Für das musikalische Gefühl des Herausgebers ist eine Atempause vor dem letzten Eintritt des Themas eine Notwendigkeit. Die Pause sei etwa drei Viertel ($\bullet$ = 46) lang, und das Pedal erst mit dem Anschlag des folgenden Viertels aufgehoben.

c) Man findet den Akkord auch ohne die in kleinen Noten ausgeschriebene Brechung; seine vier Töne wären also gleichzeitig anzuschlagen, wie die des Akkords zum ersten Viertel in Takt 5 des Themas, wie es hier am Schluß (in manchem von der Gestalt seines ersten Auftrittes verschieden) erscheint. Wie der Herausgeber meint, stellen Takt 5 und Takt 13 durchaus nicht gleiche Fälle vor, es kann also keiner davon als Vorbild dienen. Die Brechung in Takt 13 ist wahrscheinlich richtig.

d) Pedal autograph.

For French and Spanish notes see page 518

SONATA N. 31

Composta nel 1820-21
Pubblicata in agosto 1822
presso Schlesinger, a Parigi

Op. 110

a) Nel manoscritto le indicazioni in tedesco che si riferiscono all'interpretazione non sono scritte da Beethoven.
b) Il trillo sulla corona deve essere di due ottavi almeno, ma non superare tre ottavi.

a) *The interpretation marks in German language in the manuscript are not in Beethoven's handwriting.*
b) *The trill on the Fermata should be at least two, at the most three quavers long.*

a) Die deutschen Vortragsangaben im Manuskript sind nicht von Beethovens Hand geschrieben.
b) Triller auf der Fermate mindestens zwei, höchstens drei Achtel lang.

a) *Dans le manuscript original, les indications allemandes se rapportant à l'interprétation ne sont pas de la main de Beethoven.*
b) *Le trille sur le point d'orgue doit être d'une durée d'au moins deux demi-temps, mais n'en pas dépasser trois.*

a) En el manuscrito las indicaciones en alemán que se refieren a la interpretación no estan escrita por Beethoven.
b) El trino en el calderón tiene que ser de dos corcheas por lo menos, pero no tiene que superar las tres corcheas.

a) Contrariamente alle copie originali talune edizioni anticipano il *p* e il *cresc.* rispettivamente al primo e al secondo quarto.

b) Naturalmente questi suoni devono essere eseguiti con uno staccato corto. La legatura che talune edizioni mettono sopra i punti è assolutamente fuori posto.

a) *Contrary to the original texts, some editions have the* p *already on the first and the* «cresc.» *already on the second crotchet.*

b) *«Staccato», of course: short and pointed. The slurs, found in several editions above the dots, are entirely out of place.*

a) Manche Ausgaben haben, im Gegensatz zu den Originalvorlagen, das Zeichen *p* schon zum ersten, *cresc.* schon zum zweiten Viertel.

b) Selbstverständlich kurz gestoßene Töne; die Bogen, die manche Ausgabe über die Punkte setzt, sind durchaus unangebracht.

For French and Spanish notes see page 518

a) Il modo di dividere questo passaggio fra le due mani è indicato da Beethoven e basterebbe questo per non dividerlo in altro modo. Ma anche se l'esecutore non fosse un fedele osservante di tutte le indicazioni di Beethoven e non si sentisse vincolato ad esse, non vi sarebbe nessuna ragione per non conformarvisi in questo caso, dato che questa divisione è la migliore che si possa trovare. Alcune edizioni (molto diffuse) hanno tuttavia voluto sostituirvi una « nuova » forma, ed è solo per questo che il revisore ritiene utile fare questa osservazione.

a) *The manner in which these figures are apportioned to both hands is prescribed by Beethoven and for that reason alone it should not be substituted by another one. But even if one were not fond of every one of Beethoven's indications and were not considering them as binding, it would be difficult to find a motive for rejecting the authentic version just here, for this distribution is the best imaginable. Nevertheless, widely circulated editions « had » to replace it by something « new » — and only because of that the editor wanted to say a few words about this perspicuous case.*

a) Die Art der Verteilung dieser Figuren an beide Hände ist von Beethoven vorgeschrieben; schon darum dürfte man sie eigentlich durch eine andere nicht ersetzen. Aber auch, wenn man nicht jedes Zeichen Beethovens als bindendes Gebot liebte, müßte gerade hier eine Begründung für die Beseitigung der Originalfassung schwer fallen, denn diese Fassung ist gewiß die denkbar beste. Und nur, weil sie mitunter (in sehr verbreiteten Ausgaben) dennoch von einer « neuen » sich verdrängen lassen mußte, sagte der Herausgeber einige Worte zu dieser ganz eindeutigen Stelle.

For French and Spanish notes see page 518

a) In tutti i testi originali le biscrome dei due ultimi ottavi si trovano alla seconda ottava: alcune edizioni (a volte *senza* citare la modifica) le portano all'ottava superiore, che non è il loro posto. Esse hanno un movimento contrario a quello del basso e inoltre conducono al registro della battuta seguente, ciò che diviene impossibile se sono poste all'ottava superiore. La disposizione delle battute corrispondenti a pag. 222, terzo e quarto rigo, quantunque la loro origine e la loro destinazione siano le stesse, non si ripete qui, e perciò non è possibile riferirsi ad essa per giustificare questa « trasformazione ». Essa non è giustificata neanche dall'estensione limitata del pianoforte all'epoca in cui questa sonata fu composta, perchè Beethoven già da anni prima conosceva pianoforti che si estendevano fino al *fa* della quarta ottava ed aveva tenuto conto di questa estensione in alcune sue composizioni (Vedi op. 109, terzo movimento, Variazione IV; pag. 211 *a*).
b) Vedi pag. 389 *a*).
c) Vedi pag. 401 *b*).

a) *All original texts have the last eight demisemiquavers in the lower octave, as shown here. Several editions put them an octave higher (w i t h o u t announcing the displacement), where they certainly should not be. They have two functions: progressing in contrary motion to the bass and leading the way to the register of the following bar; neither can be combined with their being transposed to the higher octave. In the corresponding bars on page 222, lines 3 and 4, though outset and destination are the same, the r o u t e is a different one; they cannot be cited as a precedent in order to justify the transposition. And even less can the limited range of the keyboard be quoted as justification, because already years before he composed this sonata, Beethoven knew pianos which extended to the f above the c♯ here in question and in many earlier works he already used these highest notes. (Compare with op. 109, 3rd movement, Variation IV; page 211 a).*
b) *See page 389 a).*
c) *See page 401 b).*

a) In allen Originalvorlagen stehen fünftes und sechstes Achtel in der zweigestrichenen Oktave; in der dreigestrichenen, in die einige Ausgaben sie verlegen (mitunter *ohne* Anmeldung des Ortwechsels), haben sie auch nichts zu suchen; sie haben eine Gegenbewegung zum Baß auszuführen und überdies in den Klangbezirk des folgenden Taktes zu leiten; beide Aufgaben wären eine Oktave höher unerfüllbar. Die Weganlage der musikalisch entsprechenden Takte, Seite 222, System 3 und 4, ist hier, obzwar Herkunft und Ziel die gleichen wie dort, nicht wiederholt; auf sie kann man sich also nicht berufen, um die « Umgruppierung » zu rechtfertigen. Und auf den geringen Umfang der Klaviere zur Entstehungszeit dieser Sonate erst recht nicht, denn Beethoven hatte schon Jahre vorher Flügel gekannt, die bis zum dreigestrichenen *f* reichten, und diese Kenntnis in vielen seiner Stücke nutzbar gemacht. (Vergl. op. 109, III. Satz, Var. IV; Seite 211 *a*).
b) Siehe Seite 389 *a*).
c) Siehe Seite 401 *b*).

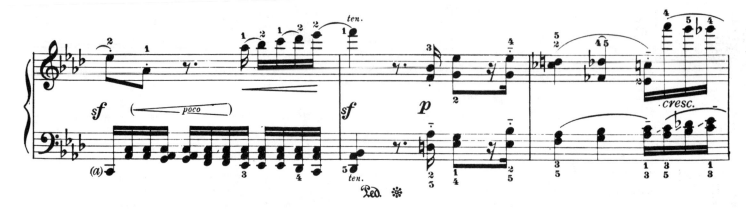

I.

a) Nel manoscritto e nell'edizione originale la prima semicroma alla mano sinistra è:

a) *Manuscript and Original Edition have, on the first semiquaver left hand:*

a) Im Autograph und in der Originalausgabe heißt das erste Sechzehntel im Baß:

In una seconda vecchia copia riveduta da Beethoven troviamo soltanto un *do* basso che probabilmente è giusto.

A second old print, which was revised by Beethoven, has only the lower c, which is presumably right.

In einem zweiten alten, von Beethoven überprüften Druck aber nur «C» allein, was wohl richtig sein dürfte.

a) *Dans le manuscript et dans l'édition originale la première double-croche à la basse est:*

a) En el manuscrito y en la edición original la primera semicorchea al bajo es:

Dans une seconde vieille copie, revue par Beethoven, nous ne trouvons qu'un do, qui probablement est juste.

En una segunda vieja copia revisada por Beethoven encontramos solamente un *do* que probablemente es justo.

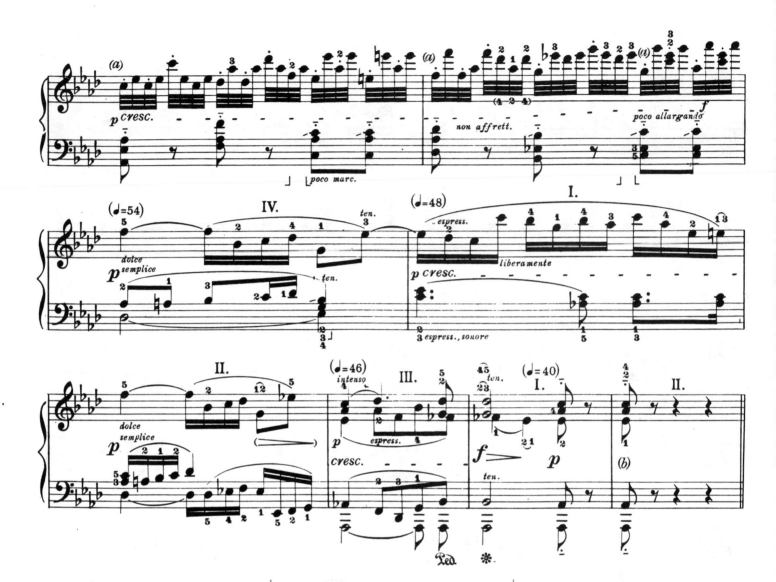

a) In talune edizioni il testo di questa battuta e della seguente è erroneo (quantunque esso sia uguale a quello di una vecchia stampa). Invece della forma che troviamo nei testi originali (a cui ci conformiamo) esse hanno al primo e secondo ottavo della battuta:

(a volte la penultima biscroma è un *re b* sulla quarta linea). Il primo ottavo della battuta seguente viene trasformato così:

e i due ultimi ottavi:

Alcuni revisori hanno trasformato in crome quelle biscrome che secondo loro andrebbero messe in rilievo. I suggerimenti sull'interpretazione non devono mai essere dati a mezzo di cambiamenti del valore originale delle note: vi sono molti altri mezzi a disposizione.

b) Fra questo movimento e il seguente fare soltanto una pausa di cinque ottavi (senza pedale) come è indicato nell'ultima battuta.

a) *Several editions present a wrong text here (which, however, is also found in o n e of the old prints). Instead of the notes shown in this edition (which are those of the original texts) they have on the first and second beat of this bar:*

(the penultimate demisemiquaver is sometimes a d♭ of the lower octave). In the next bar they have as first four notes:

and as last eight notes:

Occasionally an editor transforms demisemiquavers, which according to his opinion should be stressed, into quavers. But original note values should never be changed for the purpose of making suggestions regarding interpretation; many other means serving that purpose are available.

b) *The pause between this movement and the following should not be longer than the rests in this bar (five quavers — without pedal)!*

a) Dieser und der nächste Takt erscheinen in einigen Ausgaben mit einem falschen Text (der sich allerdings auch in *einem* der alten Drucke findet). Statt der hier wiedergegebenen, den Originalvorlagen entnommenen Gestalt heißen erstes und zweites Viertel des einen Taktes dort:

(das vorletzte Zweiunddreißigstel manchesmal auch «des²»). Das erste Achtel des nächsten Taktes:

und die beiden letzten Achtel im gleichen Takt:

Gelegentlich hat ein Bearbeiter auch aus Zweiunddreißigstelnoten, die nach seiner Auffassung hervorzuheben sind, Achtelnoten werden lassen. Anregungen für den Vortrag sollten aber niemals durch Veränderung der originalen Notenwerte gegeben werden; viele andere Mittel stehen dafür zur Verfügung.

b) Zwischen diesem und dem folgenden Satz nur die fünf Achtelpausen (ohne Pedal), die im letzten Takt stehen!

For French and Spanish notes see page 519

a) In *una* edizione (per lo meno, il revisore non sa di altre) questa prima battuta diviene l'anacrusi di un periodo di quattro battute in quattro quarti. Perciò gli accenti cadono, senza alcun dubbio, sulla seconda battuta, sulla quarta, ecc. Ma anche il revisore non ha il minimo dubbio a questo soggetto. Per lui la struttura di questo pezzo è estremamente semplice: otto battute in tempo 2/4 che cominciano con la prima battuta del periodo e finiscono con l'ottava, con gli accenti sulla prima, terza ecc. Perciò nella Coda, la prima battuta è il tempo forte, la seconda (la pausa) è il tempo debole. Per la Coda viene spesso raccomandato il contrario, e ciò dimostra che alcune persone condividono la strana opinione citata sopra. Chi ritiene che il tempo forte cada sulle battute di pausa dovrebbe *fin dal principio* del pezzo conformarsi a questa versione di cui abbiamo riferito la (presunta) singolarità.

b) Da qui fino all'Adagio tutti i pedali sono di Beethoven.

a) *One edition (at any rate this editor does not know about another one) decrees that the first bar of this movement should be considered as an upbeat followed by a 4-bar-period in 4/4 time; in this way it determines, beyond doubt, which bars of the 2/4 time should be emphasized (namely the second, fourth, etc.). Also the author of this footnote has no doubts; the structure of this piece seems thoroughly unproblematic to him: 8 bars in 2/4 time, the period beginning on the f i r s t   b a r (consequently first and third bar emphasized). Accordingly, also in the Coda the first bar should be considered as being o n the beat, the bars with rests on the offbeat. However, just for the Coda, s e v e r a l editions recommend the opposite (the chords as syncopations), thereby really subscribing to the peculiar pattern described above. If their editors advocate that the bars with r e s t s are on the beat, they should then, logically, have given an equivalent indication already at the b e g i n n i n g of the piece — an indication bringing them into agreement with the (supposedly) unique opinion of the o n e edition.*

b) *All pedal indications from here to the end of this movement are by Beethoven.*

a) In *einer* Ausgabe (jedenfalls ist dem Herausgeber eine zweite nicht bekannt) wird der erste Takt dieses Satzes zum Halbauftakt einer viertaktigen Periode in 4/4-Takten bestimmt. Bestimmt, die Verteilung der Schwerpunkte steht also gar nicht zur Frage. Auch der Verfasser dieser Fußnote sieht keine Frage; ihm scheint der Bau dieses Stückes durchaus unverwickelt: Acht Takte im 2/4-Takt, die mit dem ersten Periodentakt beginnen, mit einem achten schließen. Demgemäß ist der erste Takt der Coda ein starker, der folgende Pausentakt ein schwacher Periodenteil. Für die Coda wird just das umgekehrte Verhältnis *mehrfach* empfohlen, also doch wohl ein Bekenntnis zu der oben mitgeteilten absonderlichen Ordnung abgelegt. Wer in den *Pausentakten* der Coda die schweren Werte fühlt, hätte dann aber doch folgerichtig am *Anfang* jenen Wegweiser aufstellen sollen, von dessen (vermuteter) Einzigartigkeit hier berichtet wurde.

b) Von hier bis zum Adagio alle Pedalzeichen von Beethoven.

For French and Spanish notes see page 520

a) La diteggiatura del quarto dito sulla croma *re* è di Beethoven. Le diteggiature di Beethoven sono quasi sempre esemplari: qui, eccezionalmente, esiste un'altra possibilità ed è per questo che il revisore si permette di consigliarla (cosa che altre volte evita volutamente).

a) *The fingering « 4 » on the first quaver* d *is by Beethoven. His fingerings are almost always absolutely exemplary. Here, for once, his suggestion may not be the only suitable solution and therefore the editor took the liberty of recommending still another fingering, which he otherwise avoids deliberately.*

a) Das erste Achtel « d² » mit dem vierten Finger anzuschlagen, ist Beethovens Vorschrift. Fast immer ist sein Fingersatz durchaus vorbildlich; *hier*, ausnahmsweise, stellt er wohl nicht die einzige geeignete Lösung dar, und darum hat der Herausgeber (was er sonst geflissentlich vermeidet) sich gestattet, noch einen anderen zu empfehlen.

a) *Beethoven nous prescrit de doigter du quatrième la croche ré². Le doigté de Beethoven est presque toujours exemplaire; ici exceptionnellement, nous voyons aussi d'autres possibilités, et c'est pourquoi le reviseur (chose qu'en d'autres cas il évite de faire) se permet d'en recommander un autre.*

a) La digitación del cuarto dedo **en la** corchea *re* es de Beethoven. Las digitaciones de Beethoven son casi siempre ejemplares: aqui, excepcionalmente, vemos otras posibilidades y es por esto que el revisor se permite de aconsejar otras. (Cosas que otra veces evita expresamente).

a) Deve essere assolutamente suonata con la mano sinistra. La piccolissima pausa causata da questo movimento verso il basso è certamente voluta.

b) Tenere la croma *re b* due battute circa più del suo valore, e continuare senza pausa!

c) Vedi pag. 409 *a*).

a) *M u s t be played with the left hand. The minute caesura resulting from the downward jump is surely intentional.*

b) *Hold the quaver* d ♭ *for approximately two bars beyond its value, then continue without pause.*

c) *See page* **409** *a*).

a) Unbedingt mit der linken Hand **zu** spielen. Der winzige Einschnitt, der durch ihren Weg nach unten entstehen muß, ist gewiß beabsichtigt.

b) Das Achtel «des²» etwa zwei Takte über seinen Wert halten, dann ohne Pause weiter!

c) Siehe Seite **409** *a*).

a) *Doit absolument être joué de la main gauche. La minime respiration occasionnée par cette direction vers la basse est certainement voulue.*

b) *Tenir la croche* ré b² *environ deux mesures en plus de sa valeur et continuer sans faire d'arrêt!*

a) Tiene que ser absolutamente tocada con la mano izquierda. La pequeñisima pausa producida de este movimiento hácia el bajo es seguramente querida.

b) Sostener la corchea *re b* dos compases aproximadamente más de su valor y continuar sin pausa.

a) Vedi pag. 409 a).
b) Pedale autografo.
c) Tenere l'accordo altre quattro battute circa (♩ = 120) più del suo valore. Poi alzare il pedale e fare una pausa di dodici battute circa (al massimo) nello stesso movimento ♩ = 120. Attaccare l'Adagio.

a) *See page 409 a).*
b) *Pedal indication by Beethoven.*
c) *Hold the last chord for about four bars (♩ = 120) beyond its value; then release the pedal and wait for another twelve bars, at the most, (always ♩ = 120) before beginning the Adagio.*

a) Siehe Seite 409 a).
b) Pedal autograph.
c) Den letzten Akkord noch etwa vier Takte (♩ = 120) über seinen Wert hinaus halten. Danach Pedal aufheben und ungefähr (höchstens) zwölf Takte — ebenfalls ♩ = 120 — Luftpause! Anschließend daran das Adagio.

For French and Spanish notes see page 520

a) Pedale autografo.

b) Con l'abbondanza delle indicazioni circa l'interpretazione, diciassette (senza contare il pedale), tutte in forte contrasto l'una con l'altra, nelle poche note del Recitativo fino all'«Adagio ma non troppo», Beethoven ha dato qui una prova esauriente e convincente del suo concetto di libertà di espressione. La disuguaglianza della lunghezza delle battute dimostra la libertà completa della forma. Il recitativo comprende 85 semicrome e mezza, o 85, o 83, a seconda del valore che si dà alla seconda battuta. La prima battuta ne ha esattamente 29 (7/4), la terza 20 (5/4) e la quarta ne ha 10, di cui però 6 fanno già parte dell'Adagio (10 = 4 e 2 × 3). La seconda battuta è la sola che provochi discussioni. La prima nota è una biscroma o è un'appoggiatura? Probabilmente, ambedue le cose, ossia un'appoggiatura il cui posto e valore sono incontestabilmente determinati. Essa è posta sull'accordo e ha il valore stabilito di una biscroma. Probabilmente è erroneo rimpiazzarla con una notina avanti all'accordo. Allora il valore di questi due accordi è: 8/4. Includendo in questi quarti la prima biscroma e lasciando il loro valore intero alle ultime tre crome (secondo il revisore farne una terzina come si trova nella maggior parte delle edizioni è molto dubbio), abbiamo 33 semicrome e mezza, ossia troppe per 8/4. Trasformando le tre ultime crome in terzina avremmo 31 semicrome e mezza e senza la biscroma del principio 31 semicrome: troppo poco per 8/4. Vicino al primo accordo leggiamo «sempre tenuto». Qui, il solo significato possibile è «tenere questo accordo fino al prossimo». E questo secondo accordo, qualunque sia la divisione del tempo, non verrà mai esattamente dopo quattro quarti. Per dare al secondo accordo il suo valore di quattro tempi alcune edizioni lo mettono sotto il ventesimo la sopra il rigo. Il revisore ritiene che debba andare sotto il diciottesimo

a) Pedal mark (and release-sign) by Beethoven.

b) To the few notes from the beginning of the «Recitativo» to the beginning of the «Adagio ma non troppo», Beethoven added seventeen — sharply contrasting — interpretation marks (not counting the pedal indications): this lavish abundance conveys his conception of unrestrained expression exhaustively and conclusively. Moreover, the perfect freedom of form becomes evident by the uneven length of the bars The «Recitativo» has a total length of 85½, or 85, or 83 semiquavers, depending upon the manner in which the second bar is conceived. The first bar contains precisely 28 of them (= 7/4), the third bar 20 (= 5/4) and the fourth 10, of which 6, however, belong already to the «Adagio ma non troppo» (10 = 4 and 2 × 3). The only controversial bar is the second. Already the very first note: is it a demisemiquaver or a grace-note? Apparently both; namely a grace-note, for which the exact position and duration were incontestably determined: to be played simultaneously with the chord and having the precise value of a demisemiquaver. It is probably wrong to replace it with a note in small print, to be played b e f o r e the chord. — Then the note-value of the two chords: together it is 8/4. Counting the first demisemiquaver as part of the bar and the last three notes of the right hand as regular quavers (the editor thinks that considering these three quavers as a triplet, as most editions do, is highly contestable), the whole bar will consist of 33½ semiquavers = too m a n y for 8/4. Transforming the last 3 quavers into a t r i p l e t, there would be 31½, and without the first demisemiquaver (regarding it as a grace-note) 31 = in both cases too f e w for 8/4. Next to the first chord Beethoven put the indication « sempre tenuto ». H e r e it can only mean: « simply hold the chord until the next one is due ». And that next chord will definitely not come exactly after 4 crotchets — however one counts. In order to achieve that at least the second chord has its correct length of four crotchets, many editions put it together with the twentyfirst note of the right hand. The editor is convinced that it belongs together

a) Pedal autograph.

b) Mit der verschwenderischen Fülle von siebzehn — scharf gegensätzlichen — Vortragszeichen (Pedal nicht mitgezählt) für die wenigen Töne vom ersten des «Recitativo» bis zum ersten des «Adagio ma non troppo» gab Beethoven eine erschöpfende, zwingende Uebertragung seiner Vorstellung von Ungebundenheit des Ausdrucks. Durch die Ungleichheit der Taktlängen wird die vollkommene Freiheit der Gestaltung außerdem noch ersichtlich. Das «Recitativo» enthält, je nachdem man den zweiten Takt deutet, 85½ oder 85 oder 83 Sechzehntel. Der erste Takt sehr genau 28 davon (7/4), der dritte 20 (= 5/4) und der vierte 10, wovon aber 6 schon zum «Adagio» gehören (10 = 4 und 2 × 3). Der allein umstrittene Takt ist der zweite. Die erste Note gleich: ist sie Zweiunddreißigstel- oder Vorschlagnote? Wohl beides: eine Vorschlagnote, deren Platz und Wert unantastbar bestimmt wurde. Sie tritt mit dem Akkord zusammen auf und hat die Dauer eines Zweiunddreißigstel. Es ist wahrscheinlich falsch, sie durch eine kleine, vor den Akkord gestellte Note zu ersetzen. Dann der Wert der beiden Akkorde: 8/4. Wenn man das erste Zweiunddreißigstel als Teil des Taktes mitzählt, und die drei letzten Achtel voll rechnet (wie der Herausgeber meint, ist ihre Erscheinung als Triole, die sie in den meisten Ausgaben hat, sehr anzuzweifeln), ergeben sich 33½ Sechzehntel, also zuviel für 8/4; mit den letzten Achteln als Triole 31½, ohne das beginnende Zweiunddreißigstel 31, also in beiden Fällen zu wenig für 8/4. Neben den ersten Akkord ist: «sempre tenuto» gesetzt. Kann hier nur heißen: haltet ihn einfach so lange, bis der nächste kommt; und dieser nächste, wie immer man rechnen mag, kommt keinesfalls genau nach vier Vierteln. Um dem zweiten Akkord wenigstens seine genauen vier Viertel zu verschaffen, wird er in vielen Ausgaben erst zu dem zwanzigsten «a²» gebracht; der Herausgeber ist überzeugt von

For French and Spanish notes see page 521

la, che come prima nota del sesto gruppo di due biscrome, di cui abbiamo qui dieci gruppi (2 × 5), è esattamente nel mezzo. Le opinioni possono differire sulla prima biscroma, sulle tre ultime crome, sul posto del secondo accordo, ma in qualunque caso la notazione originale non viene alterata sensibilmente. Se però, come talvolta avviene, per completare gli otto quarti (con la notina di appoggiatura al principio e la terzina all'ultimo quarto) i dieci gruppi di biscrome divengono undici — sette dei quali prima del secondo accordo — se inoltre si riuniscono in un gruppo tante note quante sono necessarie per fare un quarto, allora le disposizioni caratteristiche di Beethoven sono quasi abolite e si oltrepassano largamente i limiti di ciò che è permesso. Infine, per quanto riguarda l'esecuzione dei gruppi di note sul la, la diteggiatura 4, 3 è di Beethoven (Confrontare con l'op. 106, III movimento; pag. 161 a). Il tasto toccato col terzo dito deve produrre un suono che sembri vibrare fra la realtà e il sogno, ma tuttavia deve essere percettibile. Forse sarebbe utile prendere come parola corrispondente a questi gruppi di note, un monosillabo, per esempio, « Du » (in italiano, "tu,,) la cui vocale dovrà avere una intensità variante fra il più tenero ed etereo sospiro e l'invocazione più appassionata. In talune edizioni il terzo e il quarto gruppo sono scritti nel modo seguente:

ma il testo che noi adottiamo è probabilmente migliore.

a) Pedale autografo.
b) È strano che nell'Urtext l'indicazione dim. si trovi soltanto al principio della battuta seguente, e che il p che dovrebbe essere proprio in quel punto, manchi completamente. Noi qui ci conformiamo al manoscritto.
c) Proseguire con movimento continuo, senza fare nessuna pausa prima dell'entrata della voce superiore.

with the nineteenth note, which as the first tone of the sixth of ten (2 × 5) groups of two demisemiquavers represents just the middle. Nevertheless, different opinions can be sustained about the first demisemiquaver, the three last quavers and the placement of the second chord, and whatever one may decide in these cases, the original notation will not be essentially changed. But if certain editions, in order to arrive at the exact 8/4 (with gracenote at the beginning and triplet at the end), add an e l e v e n t h group of two demisemiquavers — seven of them still with the first chord, four with the second —, if furthermore always that many notes are united in o n e group as to fill the length of a crotchet, then Beethoven's uncommonly significant dispositions are practically revoked and the limits of the permissible have surely been overstepped by far. — Finally, regarding the realization of the groups of two notes on a: the fingering 4,3 is by Beethoven (compare with op. 106, third movement; page 161, footnote a). When the third finger touches the key, it should bring forth an added pulse, something between a real and imagined sound, but audible in any case. It might be helpful to think of a word to represent the desired sound and expression, o n e syllable for the group of two notes: perhaps the word « Du » (in English, « you » is closest in meaning and the sound of its vowel is identical; but « Du » is more intimate, expressive and warm), its vowel to be given soulful emphasis, varying in intensity between a most tender ethereal sigh and a most passionate invocation. — In some editions the third and fourth group appear like this:

but the text as printed here is probably better.

a) Pedal indications by Beethoven.
b) Curiously, in the Urtext · edition the « dim. » appears only at the beginning of the next bar and the p, which has its proper place there, is missing altogether. The text shown here is that of the manuscript.
c) Continue in uninterrupted motion; no pause before the entrance of the upper voice.

seiner Zugehörigkeit zum achtzehnten « a² », das, als erster Ton des sechsten von zehn (2 × 5) Zweiunddreißigstel-Paaren gerade die Mitte ist. Ueber das erste Zweiunddreißigstel, die letzten drei Achtel, den Eintritt des zweiten Akkords kann es immerhin verschiedene Meinungen geben, und wie immer man in diesen Fällen entscheiden mag, das ursprüngliche Notenbild wird wesentlich nicht verändert. Wenn aber, was leider einige Male geschah, zur Aufrundung auf volle 8/4 (bei kleiner Note am Anfang, Triole am Schluß) aus zehn elf Zweiunddreißigstel-Paare geworden sind — sieben davon vor dem zweiten Akkord auszuführen —, wenn überdies unter einem Balken Noten so lange benachbart werden, bis sie ein Viertel füllen, dann wird die ungemein bezeichnende Anordnung Beethovens fast aufgehoben, und damit wohl die Grenze des Erlaubten weit überschritten. — Nun noch zur Darstellung der Paare auf « a² ». Der Fingersatz 4, 3 ist von Beethoven. (Vergl. op. 106, III. Satz; Seite 161 a). Die mit dem dritten Finger berührte Taste sollte einen Klang schaffen, der schier zwischen wirklichem und nur geahntem schwingt; er muß aber jedenfalls doch hörbar sein. Vielleicht ist es fördernd, als ein entsprechendes Wort zu dem Paar ein einsilbiges anzunehmen, etwa das Wort du, dessen Vokal beseelten Nachdruck erhält, vom zartesten Seufzerhauch bis zu leidenschaftlichster Anrufung wechselnd. — In manchen Ausgaben heißen drittes und viertes Paar:

aber der hier wiedergegebene Text ist wohl besser.

a) Pedal autograph.
b) In der Urtextausgabe steht merkwürdigerweise das Zeichen dim. erst am Anfang des folgenden Taktes, und das Zeichen p, das dorthin gehört, fehlt überhaupt. Im Autograph so wie hier.
c) Keine Pause vor Eintritt der oberen Stimme, in ununterbrochener Bewegung weiter.

For French and Spanish notes see page 522

a) Vedi pag. **399** a).
b) Anche questo *p* manca nell'Urtext.
c) Il *fa b* che si trova in talune stampe è erroneo. Deve essere *sol b*.

a) *See page* **399** a).
b) *Also this p is missing in the Urtext.*
c) f ♮, *as found in several prints, is wrong;* g ♮ *is correct.*

a) Siehe Seite **399** a).
b) Auch dieses *p* fehlt im Urtext.
c) «Fes[1]», das mancher Druck hat, ist falsch, «ges[1]» richtig.

a) *Chant plaintif! Voir à la page* **399** a).

b) *Ce p manque aussi dans l'édition primitive.*

c) *Le* fa b[1] *de certaines éditions est faux, c'est un* sol b[1] *qu'il faut lire.*

a) Aire doloroso. Mirar pág. **399** a).

b) El *p* falta tambien en la edición original.

c) El *fa b* que se encuentra en algunas ediciones es equivocado, tiene que ser *sol b*.

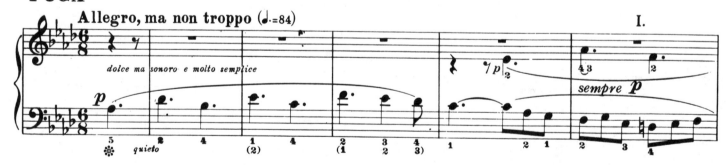

a) Come nel manoscritto. L'edizione originale non ha che *fa* $\overset{do\ b}{}$ $\overset{re}{}$ alle due ultime semicrome della sinistra.

b) Pedale autografo.

c) Corona della durata di 5 crome circa (♪ = 42). Attaccare l'Allegro senza pausa, e alzare il pedale soltanto dopo questo attacco.

a) *Like this in the manuscript. The Original Edition has only* f $\overset{c\ b}{}$ $\overset{d}{}$ *on the last two semiquavers left hand.*

b) *Pedal mark by Beethoven.*

c) *Length of Fermata about five quavers (♪ = 42). No pause before the Allegro; release the pedal only when striking the first note of the Allegro.*

a) So im Autograph. Die Originalausgabe hat zu den beiden letzten Sechzehnteln links $\overset{ces}{}$ $\overset{d}{}$ nur « f ».

b) Pedal autograph.

c) Fermate etwa fünf Achtel (♪ = 42) halten; danach ohne Luftpause das Allegro, bei dessen Eintritt erst das Pedal aufzuheben ist.

For French and Spanish notes see page 522

a) Esecuzione:

Taluni vogliono l'attacco del trillo sulla nota superiore.

a) *To be played like this:*

Others begin the trill with the auxiliary note.

a) Ausführung:

Andere lassen den Triller mit dem Nebenton beginnen.

For French and Spanish notes see page 523

a) Come nel manoscritto. In molte edizioni — compreso l'Urtext — troviamo le prime tre crome della voce media scritte così:

a) *Like this in the manuscript. In many editions, including the Urtext, the first three quavers of the middle voice consist of:*

a) So im Autograph. Bei vielen — auch in der Urtextausgabe — bestehen die drei ersten Achtel der Mittelstimme aus:

a) *Comme dans le manuscript. Dans beaucoup d'éditions — aussi dans l'édition primitive — les premières trois croches de la voix médiale sont écrites comme suit:*

a) Como en el manuscrito. En muchas ediciones — comprendida la edición original — encontramos las primeras **tres** corcheas de la voz mediana escrita **así:**

a) Spesso troviamo su questo *fa* una lega-tura che parte dal *fa* precedente: questa legatura è probabilmente erronea.

a) *Many editions have a tie from the preceding f to this f; it is most likely incorrect.*

a) Zu «f[1]» findet man oft einen Hal-tebogen vom Vortakt geführt; er ist wohl falsch.

a) *On trouve souvent au fa[1] une liaison partant de la mesure précédente; cette liai-son doit être fausse.*

a) Muchas veces encontramos en este *fa* una ligadura que empieza desde el compás precedente: esta ligadura es equi-vocada.

a) La terza croma nella seconda voce sul rigo superiore è indubbiamente *si b*: in talune edizioni troviamo un *do* che è erroneo.

b) La diteggiatura della voce media per le tre ultime crome di questa battuta e le due prime della battuta seguente (1, 1, 2, 1, 1), è di Beethoven.

a) *Indubitably, the third quaver in the lower voice, right hand must be* b♮. *Some editions have* c *instead, which is wrong.*

b) *The fingering (lower voice, right hand) for the last three quavers and the first two of the next bar (1,1,2,1,1) is by Beethoven.*

a) Das dritte Achtel in der Mitte heißt zweifellos «b»; «c¹», das in mancher Ausgabe steht, ist falsch.

b) Fingersatz in der Mittelstimme, für die drei letzten Achtel und die beiden ersten des nächsten Taktes (1, 1, 2, 1, 1) von Beethoven.

For French and Spanish notes see page 523

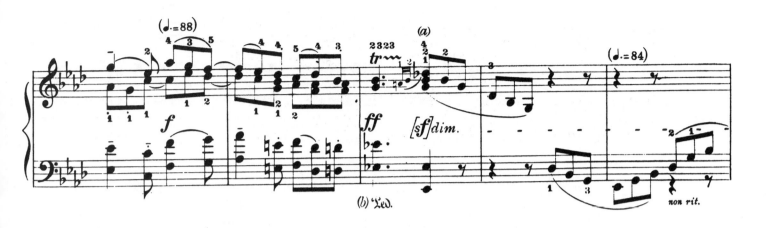

a) In altre edizioni l'accordo sulla quarta croma è $\begin{matrix} re\,b \\ si\,b \\ sol \\ re\,b \end{matrix}$ ma deve invece essere a tre voci $\begin{matrix} re\,b \\ si\,b \\ sol \end{matrix}$

b) Pedale autografo.

c) Non prolungare il valore di questo accordo e attaccare subito il tempo di 12/16!

d) Vedi pag. 399 a).

a) *Other editions have the chord* $\begin{matrix} d\,b \\ b\,b \\ g \\ d\,b \end{matrix}$ *on the fourth quaver, right hand; but the 3-voice chord* $\begin{matrix} d\,b \\ b\,b \\ g \end{matrix}$ *is correct.*

b) *Pedal mark and subsequent release-sign by Beethoven.*

c) *Don't hold this chord beyond its note-value! Continue without any break!*

d) *See page 399 a).*

a) Zum vierten Achtel haben Andere den Akkord « $\begin{matrix} des^2 \\ b^1 \\ g^1 \\ des^1 \end{matrix}$ »; dreistimmig « $\begin{matrix} des^2 \\ b^1 \\ g^1 \end{matrix}$ » ist er richtig.

b) Pedal autograph.

c) Den Akkord nicht über seinen Wert halten, sondern sofort 12/16-Takt anschliessen!

d) Siehe Seite 399 a).

For French and Spanish notes see page 523

a) Vedi pag. 413 b). La diteggiatura 4, 3 è di Beethoven.

a) See page 413 b). The fingering 4,3 is by Leethoven.

a) Siehe Seite 413 b). Fingersatz 4, 3 von Beethoven.

a) Voir à la page 413 b). Le doigté 4, 3 est de Beethoven.

a) Mirar pág. 413 b). La digitación 4, 3 es de Beethoven.

a) Talune edizioni modificano la distribuzione fra le due mani data da Beethoven, che deve assolutamente essere seguita, e affidano alla mano destra la sesta e la nona semicroma, *re*.

b) Pedale autografo.

a) *It is mandatory to comply with Beethoven's manner of distributing the notes between the two hands. Some editions change it by allocating the middle* d *on the sixth and ninth semiquaver to the right hand.*

b) *Pedal mark by Beethoven.*

a) In mancher Ausgabe wird die Beethovensche Satzweise, der unbedingt zu folgen ist, verändert, das «d» zum sechsten und neunten Sechzehntel der rechten Hand übergeben.

b) Pedal autograph.

a) *Certaines éditions modifient ici la manière de répartir les voix de Beethoven, et font exécuter le ré, sixième et neuvième double-croche, par la main droite. Nous devons absolument nous conformer aux intentions de l'auteur.*

b) *Pédale originale.*

a) Algunas ediciones modifican la repartición entre las dos manos hecha por Beethoven, que tiene que ser absolutamente ejecutada, y confían a la mano derecha la sexta y nona semicorchea, *re*.

b) Pedal autógrafo.

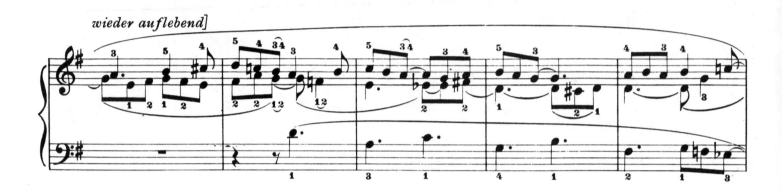

a) L'indicazione « poi a poi di nuovo vivente » probabilmente non deve essere considerata che in rapporto a «L'istesso tempo della fuga » e non può riferirsi che al tempo. La possibilità che si riferisca al volume di suono è esclusa dall'indicazione « sempre una corda ». Dunque si deve certamente cominciare lento (e con molta calma) ed accelerare insensibilmente, e non a salti, il movimento per circa 15 battute per arrivare, press'a poco alla sedicesima battuta, al movimento primo della 1ª parte della fuga. Il grado di sonorità (*pp*) *una corda* deve essere mantenuto fino al *cresc.* (battuta 24). Il revisore ritiene che il *cresc.* raggiunga il punto culminante al *p* (del « meno allegro »), che perciò, pur essendo un *p*, deve avere una sonorità piena in confronto alla precedente sonorità di questa seconda parte della Fuga. (Confrontare con l'op. 101, III movimento, pag. 102 *a*) e 103 *c*)·

b) Il testo «L'inversione della Fuga» è stato aggiunto in seguito.

a) Most likely the indication « poi a poi di nuovo vivente» (*gradually coming to life again*) *can only be understood in conjunction with* « *L'istesso tempo della Fuga* »; *it can only refer to tempo. The possibility that it refers to volume is excluded by the indication «* s e m p r e *una corda» (a l w a y s with left pedal). Thus one should, without doubt, begin here slowly (and very quietly), accelerating the tempo continuously, gradually, evenly, without any sudden changes for about 15 bars, arriving at the tempo. of the first part of the fugue in the 16th bar, approximately. The dynamic level — (pp) una corda — should remain the same until the 24th bar, where Beethoven indicated a « cresc. ». According to the editor's opinion, the crescendo should then reach its climax eight bars later at the p (Meno allegro); and though the volume should not rise above p, this p should, compared with the sound of the preceding page, have a full, rich tone. (See op. 101, third movement, page 102 a) and 103 c).*

b) This text (« Inversion of the Fugue ») is not an original indication by Beethoven, but was added later.

a) Die Angabe «poi a poi di nuovo vivente» (nach und nach wieder auflebend) kann wohl nur im Zusammenhang mit « l'istesso tempo della Fuga » verstanden werden, kann nur dem Zeitmaß gelten; sie auch auf den Stärkegrad zu beziehen, verbietet die Bezeichnung «*sempre* una corda». So ist gewiß hier langsam (und ganz still) zu beginnen und in einer etwa 15 Takte anhaltenden, niemals ruckweisen Beschleunigung schließlich im sechzehnten Takt ungefähr in die Geschwindigkeit des ersten Fugenteiles zu münden. Der Stärkegrad « (*pp*) una corda » aber wird erst vom Zeichen *cresc.* an (Takt 24) verlassen, der Höhepunkt der Anschwellung, wie der Herausgeber meint, bei *p* (zum «Meno allegro») erreicht, das also, obgleich durchaus nicht mehr als *p*, im Verhältnis zum bisherigen Klang des zweiten Fugenteiles volltönig sein muß. (Vergl. op. 101, III. Satz, Seite 102 *a*) und 103 *c*).

b) L'inversione della Fuga (die Umkehrung der Fuge): ein späterer Zusatz.

For French and Spanish notes see page 523

a) La legatura sulla quarta croma, *sol.* manca in molte edizioni.
b) La diteggiatura 2, 5 è di Beethoven.

a) *The tie from the third to the fourth quaver g is missing in many editions.*
b) *The fingering 2,5 is by Beethoven.*

a) Der Haltebogen zum vierten Achtel «g¹» fehlt bei vielen.
b) Fingersatz 2, 5 von Beethoven.

a) *La liaison à la quatrième croche* sol¹, *manque dans beaucoup d'éditions.*
b) *Le doigté 2, 5 est de Beethoven.*
c) *Le doigté 2, 5 est de Beethoven.*

a) La ligadura en la cuarta corchea, *sol,* falta en muchas ediciones.
b) La digitación 2, 5 es de Beethoven.
c) La digitación 2, 5 es de Beethoven.

a) La diteggiatura 5, 1 è di Beethoven | a) *The fingering 5,1 is by Beethoven.* | a) Fingersatz 5, 1 von Beethoven.

a) *Le doigté* 5, 1 *est de Beethoven.* | a) La digitación 5, 1 es de Beethoven

For French and Spanish notes see page 524

a) La diteggiatura sulle due prime semi-crome e le ultime sei è di Beethoven.

b) Spesso troviamo che la decima semi-croma è *sol*. Può darsi che sia giusto, ma nel manoscritto, a cui noi ci conformiamo, si trova *si b*.

c) Il *re b*, seconda semicroma, adottato da alcune edizioni, è errato.

a) *The fingering for the first two semiqua-vers and the last six semiquavers is by Beetho-ven.*

b) *Many editions have g on the tenth semi-quaver; perhaps it is correct, but the manu-script has b ♮ (as shown here).*

c) *Some editions have d ♮ on the second semiquaver, which is wrong.*

a) Fingersatz für die beiden ersten und die sechs letzten Sechzehntel von Beethoven.

b) Bei vielen heißt das zehnte Sechzehntel «g»; es ist vielleicht auch richtig, aber im Autograph, dem hier Folge geleistet wurde, steht jedenfalls «b».

c) «Des[1]» als zweites Sechzehntel, das manche haben, ist falsch.

a) Invece dell'accordo *re ♭* *fa* che è certamente giusto, in alcune edizioni troviamo *si ♭* *re ♭* oppure *re ♭*. *fa* *fa* *do ♭*

b) Pedale autografo.

c) Suonare la prima metà della battuta con la mano sinistra e la seconda metà con la mano destra. Questa ripartizione è fatta da Beethoven e non può essere rimpiazzata da altre.

a) *Instead of* d ♭, *which is unquestionably* f *right, some editions have* b ♭ *or* d ♭. f d ♭ f c ♭

b) *Pedal indications by Beethoven.*

c) *First half of the bar with the left hand, second half with the right: this distribution is by Beethoven and must not be replaced by another one.*

a) Man findet an Stelle des Akkords «des²», f³ f² der zweifellos richtig ist, in manchen Ausgaben « b² » oder « des³ ». des³ f³ f² ces²

b) Pedal autograph.

c) Erste Takthälfte linke, zweite rechte Hand: diese Verteilung Beethovens darf nicht durch eine andere ersetzt werden.

SONATA N. 32

(Dedicata all'Arciduca Rodolfo)

Composta nel 1821-22
Pubblicata in aprile 1823
presso Schlesinger, a Berlino-Parigi

Op. 111

a) Le espressioni « Maestoso » e « Grave » vengono spesso considerate nello stesso senso, ma in realtà sono contraddittorie. Il vigore, la certezza, la severità e la solitudine sublime del Maestoso esprimono l'indipendenza matura, la nobile fede universale dell'essere libero: il Grave, al contrario, è più inceppato, pesante, legato alla terra, non porta che la dignità dell'abito o, al massimo, il peso di una miseria particolare.

b) Pedale autografo.

c) Molte edizioni aggiungono, alla quinta croma della mano sinistra, un *sol,* e due battute dopo un *do.* Nel manoscritto si trovano delle ottave ben chiare. Delle dieci note (decomposte) di cui si compone l'accordo di sesta, Beethoven ne affida alla mano destra tre in questa battuta, e quattro due battute dopo. Qualsiasi altra disposizione è ingiustificata e peggiore.

a) Maestoso *and* Grave *are often considered as being alike, while they are essentially opposites. Vigour, certainty, restraint and sublime solitude of the* Maestoso *express the detachment of maturity, the all-embracing, exalting faith of the free spirit. The* Grave, *however, is more inhibited, dragging, earth-bound, displays only a semblance of dignity and carries, at best, the burden of individual grief.*

b) Pedal mark and release-sign by Beethoven.

c) Many editions add a g to the octave on the fifth quaver, left hand, and two bars later they add a c; in both bars the manuscript has, quite clearly, only octaves. Of the ten preceding notes (in small print) B e e t h o v e n assigns t h r e e to the right hand here, but two bars later f o u r; other dispositions are unjustified and — inferior.

a) Maestoso und Grave werden oft gleichgesetzt und sind doch eigentlich Gegensätze. In Kraft und Gewißheit, Strenge und erhabener Einsamkeit des Maestoso lebt die Gelöstheit der Reife, die umfassende beschwingte Gläubigkeit des Freien; das Grave aber ist gehemmter, schleppender, erdgebunden, trägt die Würde nur der Gewandung, bestenfalls die Last einer Ichnot.

b) Pedal autograph.

c) Viele Ausgaben haben zum fünften Achtel links noch « G »; im übernächsten Takt « c »; im Autograph stehen aber ganz deutlich nur Oktaven. Von den zehn Tönen des zerlegten Sextakkords teilt *Beethoven* der rechten Hand hier *drei,* im übernächsten Takt *vier* zu; andere Anordnungen sind unberechtigt und — schlechter.

For French and Spanish notes see page 524

Allegro con brio ed appassionato (♩=69)

a) Molte edizioni hanno qui un punto di staccato sulla prima croma. Il manoscritto (qui come altrove molto esatto e molto leggibile) ha il punto soltanto sui quattro accordi precedenti.

b) Pedale autografo.

c) Naturalmente, non si deve eseguire un numero di note superiore a quello del testo! Perciò non deve essere un trillo lasciato al gusto dell'esecutore.

a) *Many editions have a staccato dot on this chord; the manuscript (which is also in this respect quite clearly and distinctly legible) has staccato-marks only on the four preceding chords.*

b) *Pedal mark and release-sign by Beethoven.*

c) *Naturally one must play the exact number of notes! Not simply a trill!*

a) Viele setzen zur erster Achtel hier einen Stakkatopunkt; das auch die bezüglich recht genau und gut lesbare) Autograph hat Stakkatozeichen nur zu den vier vorangegangenen Akkorden.

b) Pedal autograph.

c) Selbstverständlich nicht mehr Töne als die vorgeschriebenen spielen! Also keinen Triller nach Belieben!

For French and Spanish notes see page 524

For French and Spanish notes see page 524

a) Nel manoscritto manca il punto di staccato sulla prima semiminima, che si trova in quasi tutte le edizioni. Secondo il revisore esso non deve esserci; questa semiminima, molto significativa perchè costituisce la fine dell'Introduzione e nel medesimo tempo il principio dell'Allegro, deve essere prolungata, piuttosto che accorciata. (D'altronde in questa parte della sonata Beethoven non esige mai lo staccato per una sola nota, ma sempre per una serie di note).

b) Corona della durata di 5 quarti e mezzo circa: poi continuare senza pausa.

c) In questa battuta, dalla seconda semicroma nella sinistra, la diteggiatura è di Beethoven.

a) *Nearly all editions have a staccato-dot here, but n o t the manuscript, and according to the editor's opinion it does not belong here: this crotchet, which has very special significance as conclusion of the Introduction and actual beginning of the Allegro, should rather be lengthened than shortened. (Besides, Beethoven never indicates « staccato » for an individual note in this movement, but solely for successions of notes).*

b) *Length of Fermata about 5½ crotchets; then continue without pause!*

c) *From the second semiquaver to the end of this bar, the fingering for the left hand is by Beethoven.*

a) Im Autograph ist der Stakkatopunkt zum ersten Viertel, den man sonst fast überall findet, nicht vorhanden; wie der Herausgeber meint, gehört er auch nicht hin, darf dieses erste Viertel, das als Abschluß der Einleitung und eigentlicher Beginn des Allegro ganz besondere Bedeutung hat, eher verlängert als verkürzt werden (Uebrigens verlangt Beethoven in diesem Satz « staccato » niemals für einen alleinstehenden Ton, sondern immer nur für eine Folge von Tönen).

b) Fermate etwa 5½ Viertel lang; danach ohne Pause weiter!

c) Fingersatz, für die linke Hand, in diesem Takt von Beethoven, vom zweiten Sechzehntel ab.

a) Nel manoscritto l'ultima semicroma è certamente *la b*: molte edizioni hanno *sol* al suo posto.

b) La risoluzione manca in molte edizioni, il *sol* sul secondo quarto, mano destra, manca quasi dappertutto. Tanto l'una quanto l'altro appaiono molto chiaramente nel manoscritto.

a) *In the manuscript the last semiquaver is unmistakably a ♭; many editions have g instead.*

b) *The after-beat is missing in many editions and the g on the second crotchet, right hand, is omitted nearly everywhere. Both appear perfectly clearly in the manuscript.*

a) Das letzte Sechzehntel im Autograph ist unzweideutig « as[2] »; viele haben statt dessen « g[2] ».

b) Der Nachschlag fehlt bei Vielen, das « g[1] » zum zweiten Viertel fast überall. Beides steht durchaus klar im Autograph.

For French and Spanish notes see page 525

a) Pedale autografo.

a) *Pedal indications by Beethoven.*

a) Pedal autograph.

a) *Pédale originale*

a) Pedal autógrafo

a) Pedale autografo.
b) È ovvio che le pause debbano essere calcolate sul tempo Adagio (senza pedale!).

a) *Pedal mark and release-sign by Beethoven.*
b) *The pauses still « Adagio », of course! Without pedal!*

a) Pedal autograph.
b) Die Pausen selbstverständlich im Adagiotempo aushalten (ohne Pedal)!

a) *Pédale originale.*
b) *Il va sans dire qu'il faut observer les pauses dans la mesure que le demande le mouvement de l'Adagio (sans pédale)!*

a) Pedal autógrafo.
b) Es claro que los silencios tienen que ser calculados en el tiempo Adagio (sin pedal).

a) Esecuzione:

Però quest'altra esecuzione:

sarà sufficiente se si prende un vero tempo « Allegro con brio ».

b) La diteggiatura per le tre prime semicrome della sinistra è di Beethoven.

c) Anche su questo quarto, il manoscritto non mette il punto di staccato e il revisore ritiene che questa omissione sia volontaria. (Vedi pag. 431 a).

a) *Execution:*

But the following:

is sufficient, if the tempo is truly « Allegro con brio ».

b) *The fingering for the first three semiquavers of the left hand is by Beethoven.*

c) *Also for this crotchet the manuscript has no staccato-dot. The editor believes that it was omitted intentionally. (See page 431 a).*

a) Ausführung:

Aber:

genügt, wenn ein richtiges «Allegro con brio» Zeitmaß genommen wird, durchaus.

b) Fingersatz für die drei ersten Sechzehntel links von Beethoven.

c) Auch zu diesem Viertel fehlt im Autograph der Stakkatopunkt und, wie der Herausgeber meint, auch hier mit Absicht. (Siehe Seite 431 a).

a) Esecuzione:

assolutamente sufficiente.

a) *The following execution:*

is absolutely sufficient.

a) Ausführung:

genügt vollkommen.

a) *Exécution:*

absolument suffisante.

a) Ejecución:

absolutamente suficiente.

a) Alcune edizioni ci consigliano di prendere qui un movimento più lento: consiglio da non seguire, come anche l'altro che vorrebbe in ottave, nelle due mani, le semicrome della battuta seguente. La battuta « poco ritenendo » che troviamo ai passaggi corrispondenti è qui ripetuta due volte e inoltre con un « ritardando ». Questo « allargamento » non ci dimostra che Beethoven vuole nelle due battute precedenti il ritardando una interpretazione particolarmente veemente ed impetuosa? (Anche il carattere del brano che prepara la loro entrata conferma che la loro espressione deve essere impetuosa piuttosto che pesantemente grave).

a) *Some editions recommend taking a broader tempo here. That advice seems just as inappropriate as the accompanying suggestion to play the semiquavers of the next bar (in both hands) in octaves. In the corresponding places these two bars are followed by o n e bar marked « poco ritenendo »; here this bar appears t w i c e and is marked « ritardando ». Should not this expansion reveal Beethoven's desire for an especially vehement, impetuous interpretation of the two bars before the ritardando? (Also the character of the section leading to them confirms that their expression should be wild rather than heavy and ponderous).*

a) Der in manchen Ausgaben erteilte Rat, hier ein breiteres Zeitmaß eintreten zu lassen, ist wohl ebenso verfehlt wie der damit zusammenhängende Vorschlag, im nächsten Takt die Sechzehntel beider Hände in Oktaven zu spielen. Der *eine* Takt « poco ritenendo », der an den entsprechenden Stellen folgt, erscheint *hier* zweimal, dazu im « ritardando ». Sollte diese Erweiterung nicht Beethovens Wunsch nach einer besonders heftigen, stürmenden Darstellung der beiden Takte erraten lassen, die dem ritardando vorangehen? (Auch ihrer Herkunft nach sind sie mehr zur Wildheit als zu wuchtender Schwere bestimmt).

a) Pedale autografo.
b) La terzina sempre «poco ritenendo».

a) Pedal mark and release-sign by Beethoven.
b) The triplet still «poco ritenendo»; «a tempo» only at the beginning of the next bar.

a) Pedal autograph.
b) Die Triole noch im « poco ritenendo ».

a) Pédale originale.
b) Le triolet toujours en: «poco ritenente».

a) Pedal autógrafo.
b) El tresillo siempre «poco ritenente ».

a) In molte edizioni la dodicesima semicroma nella sinistra è *do b*. Tuttavia nel manoscritto questo *do* non è alterato. Il revisore crede al *do* naturale del manoscritto.

b) È strano che nel manoscritto il bequadro riferentesi al *la* (mano sinistra) non si trovi che davanti alla decima semicroma: può essere forse un errore. Se Beethoven avesse voluto che la quarta e la sesta semicroma fossero *la b* avrebbe segnato questa alterazione davanti alla quarta semicroma, dato che la penultima semicroma della battuta precedente era *la* naturale.
Naturalmente, anche il *la b* ambedue le volte, può essere giusto!

c) Pedale autografo.

a) *In many editions the twelfth semiquaver of the left hand is c b. In the manuscript the c has no b-sign. The editor believes that c is correct.*

b) *Strangely enough, the manuscript has the natural-sign for a only at the tenth semiquaver; this could perhaps be a mistake. If Beethoven had wanted a b on the fourth and sixth semiquaver, he would presumably have put a b next to the fourth semiquaver, as the penultimate semiquaver of the preceding bar was an a-natural. Of course, a b on the fourth and sixth semiquaver could be correct too!*

c) *Pedal mark and release-sign by Beethoven.*

a) Bei vielen heißt das zwölfte Sechzehntel links « ces¹ ». Im Autograph hat das « c » jedenfalls kein Versetzungszeichen. Der Herausgeber glaubt an « c¹ ».

b) Im Autograph steht merkwürdigerweise das Auflösungszeichen zu « a² » (links) erst beim zehnten Sechzehntel; hier liegt vielleicht ein Versehen vor. Hätte Beethoven zum vierten und sechsten Sechzehntel « as² » gewollt, so stünde neben dem vierten Sechzehntel, da das vorletzte des vorigen Taktes « a² » war, vermutlich wieder das b-Zeichen; « as² », die beiden Male, kann selbstverständlich auch richtig sein!

c) Pedal autograph.

For French and Spanish notes see page 526

a) Molte edizioni hanno qui *mi b* (con sei tagli) invece del *do* certamente giusto che si trova in *tutti* i testi originali. Esse fanno appello in primo luogo al passaggio corrispondente a pag. 433, e in secondo luogo all'estensione limitata del pianoforte a coda che Beethoven aveva in casa sua nel 1822. Il passaggio corrispondente non può servire di esempio: in esso le due battute (poichè per il confronto bisogna osservare anche la battuta precedente) non hanno che due armonie su cui le quattro minime sono una differente dall'altra. Qui invece abbiamo *quattro* armonie e soltanto *due* note nelle minime (tre *do* e un *fa*). Perciò anche adottando il *mi b* non si stabilirà mai un'analogia fra questi due passaggi. (Il revisore disapprova questi "adattamenti,, anche quando la differenza è di *una sola nota*). In quanto all'estensione del pianoforte di Beethoven, è un argomento di una leggerezza incomprensibile. Troviamo il *mi b* non soltanto in opere precedenti questa, ma anche *in questa stessa prima parte della sonata*, nella diciassettesima battuta che segue quella in cui questo *mi b* non è ammissibile (secondo loro) perchè il pianoforte di Beethoven non raggiungeva quella estensione!

b) Pedale autografo.

c) Nel manoscritto l'accordo sull'ultima

                mi

semicroma è indubbiamente *do*: in tutti gli

                sol

                sol

altri testi si trova sempre *mi*, in con-

                sol

formità all'accordo a pag. 434. Possono essere giusti ambedue.

d) Per le mani medie o piccole è consigliabile prendere con la sinistra il *si* (sul primo quarto) per evitare di arpeggiare l'accordo o di togliere alle note parte del loro valore.

a) *This* c*, which appears unmistakably in a l l original texts, has been replaced by a (higher)* e ♭ *in many editions. As justification they quote,* 1) *the corresponding place on page* 433 *and* 2) *the limited range of the piano which Beethoven had at that time (in* 1822) *in his home. The corresponding place cannot be used as reference because there the two bars (also the preceding bar must be examined for comparison, of course) comprise two harmonies and the four minims are four different notes, while here the two bars contain f o u r harmonies, while the minims consist of only t w o different notes (three times* c *and once* f). *Therefore: also if the last* c *were replaced by* e ♭, *the two places would not be nearly alike. (The editor really disapproves of such «adjustments» even in cases where the difference between two places does consist of only a s i n g l e note). The allegation about the limited range of the keyboard, however, reveals an almost inconceivable carelessness. That same* e ♭ *appears in works which Beethoven composed long before this sonata, but better still: to our amazement we find it right h e r e, i n t h i s v e r y m o v e m e n t, just seventeen bars after this place where Beethoven supposedly had to substitute another note, only because his keyboard was too short!!!*

b) *Pedal mark and release-sign by Beethoven.*

c) *On the last semiquaver, left hand, the*

                               e

manuscript has, perfectly clearly c; *all other*

                   g

texts have e, *in conformity with the corresponding place (page* 434).

        g

Both chords can be correct.

d) *For medium-sized and certainly for small hands it will be necessary to take the* b *on the first beat with the left hand, in order to avoid having to play the chord «arpeggio» and to be able to hold the notes for their full value.*

a) Viele haben hier statt « c⁴ », das unmißverständlich in allen Originalvorlagen steht, « es⁴ » gesetzt. Sie berufen sich dabei erstens auf die entsprechende Stelle (Seite 433), zweitens auf den beschränkten Umfang des Flügels, den Beethoven im Jahre 1822 gerade in seiner Wohnung hatte. Die entsprechende Stelle kann nicht herangezogen werden; dort sind die zwei Takte (der Vortakt muß selbstverständlich zur Vergleichung auch betrachtet werden) aus zwei Harmonien gebildet, auf die vier verschiedene Töne in den vier halben Noten kommen, hier aus *vier* Harmonien mit nur *zwei* Tönen auf die vier halben (davon « c » dreimal). Also: Gleichheit der beiden Stellen wird auch durch das « es⁴ » nicht annähernd erreicht. (Der Herausgeber lehnt derartige Anpassungen auch ab, wenn die Abweichung einen *einzigen* Ton betrifft). Die Rechtfertigung mit dem Flügel gar erweist sich als eine schier unverständliche Sorglosigkeit. Das « es⁴ » erscheint in Beethovens Klavierwerken längst vor dieser Sonate, aber, man staune: *hier, in diesem ersten Satz* findet es sich auch, und zwar im siebzehnten Takt nach dem, der es nur deshalb nicht enthalten soll, weil die Flügel der Zeit nicht so weit hinaufreichten!!!

b) Pedal autograph.

c) Im Autograph heißt das letzte Sech-

                          e¹

zehntel links vollkommen klar « c¹ »; sonst

                          g

haben Alle übereinstimmend mit der Stelle

                         g¹

auf Seite 434 « e¹ ». Beides kann richtig sein.

                  g

d) Für mittelgroße oder gar kleine Hände wird es, zur Vermeidung einer Brechung des Akkords oder einer Verkürzung von Notenwerten, notwendig sein, « h » (erstes Viertel) mit der linken Hand zu nehmen.

For French and Spanish notes see page 526

a) Vedi pag. **434** b).

b) Secondo il sentimento e la convinzione del revisore, il « meno allegro » deve avere inizio dal terzo quarto, o possibilmente dalla quarta croma, ma non prima.

a) *Voir à la page* **434** b).

b) *Il répond au sentiment musical et à la conviction du reviseur de ne placer le* meno Allegro *qu'au troisième temps, ou peut-être au quatrième demi-temps.*

a) *See page* **434** b).

b) *According to feeling and conviction of the editor, the « meno allegro » should begin on the third beat — possibly already on the fourth quaver, but not earlier.*

a) Siehe Seite **434** b).

b) Nach Gefühl und Ueberzeugung des Herausgebers gilt « meno allegro » erst vom dritten Viertel, allenfalls vom vierten Achtel ab.

a) Mirar pág. **434** b).

b) Segun el sentimiento y el convencimiento del revisor, el « meno allegro » no tiene que tener principio que desde el tercer cuarto o, en todos casos, desde la cuarta corchea.

a) Nel manoscritto le ultime quattro se-microme. in entrambe le mani, sono *la b, si, sol, si:* però in tutti gli altri testi le note sono *la b, si, la b, si.* La seconda ver-sione è probabilmente più convincente.

b) In talune edizioni l'ottava semicroma è un *la.* Deve essere, senza alcun dubbio, *la b.*

a) With indisputable clarity and in both hands the four last semiquavers in the manu-script prove to be a♭ b g b. Yet in all other texts they are a♭ b a♭ b. The second version is probably more convincing.

b) Some editions have a on the eighth se-miquaver; but without doubt it must be a♭.

a) Im Autograph heißen die vier letzten Sechzehntel, und zwar für beide Hände, unabweisbar deutlich « as h g h », sonst aber überall « as h as h ». Ueberzeugender ist wohl diese zweite Lesart.

b) Das achte Sechzehntel heißt bei man-chen « a », es muß aber zweifellos « as » sein.

a) Dans le manuscript, les quatre dert nières double-croches à l'octave s'écriven-distinctement la b, si, sol, si, *chez les au-tres, partout:* la b, si, la b, si. *C'est la deu-xième manière d'écrire que nous jugeons la plus convaincante.*

b) Dans certaines éditions, la huitième double-croche est un la. *Sans erreur pos-sible, ce doit être un* la b.

a) En el manuscrito las últimas cuatro semicorcheas son *la b, si, sol, si:* pero en todas otra partes hay siempre *la b, si, la b, si,* que encontramos más convincentes.

b) En algunas ediciónes la octava semi-corchea es un *la.* Tiene que ser sin alguna duda *la b.*

a) Vedi pag. 435 a).

b) Nella maggior parte delle edizioni si trovano dei punti di staccato sui quattro accordi *sf*. Nel manoscritto si trovano solamente gli *sf*. Ciò non deve indurre a suonare questi accordi troppo pesantemente: in netto contrasto con le battute seguenti essi devono essere bruschi, violenti e relativamente corti.

a) *See page* 435 a).

b) *Most editions have also staccato-dots on the four chords with the sf-signs. The manuscript has only the sf-signs. But that should not be interpreted as an encouragement to play these four chords oppressively. In sharp contrast to the next four chords they should be brusque, impetuous, and relatively short too.*

a) Siehe Seite 435 a).

b) Zu den vier Akkorden mit den *sf*-Zeichen sind in den meisten Ausgaben auch Stakkatopunkte gesetzt. Das Autograph hat nur die *sf*-Zeichen. Dadurch sei man aber nicht verleitet, die vier Klänge zu schwerfällig zu bringen; sie sollen sicherlich, als scharfer Gegensatz zu den folgenden Takten, schroff, heftig und vergleichsweise auch kurz sein.

For French and Spanish notes see page 527

a) Pedale autografo.
b) Soltanto quattro quarti! (Molti aggiungono arbitrariamente una corona nell'ultima battuta). Poi una pausa (senza pedale) di quattro battute circa, (♩ = 66) prima di attaccare l'Arietta.

a) *Pedal mark by Beethoven.*
b) *Not longer than four crotchets! (In many editions a Fermata is added arbitrarily to this last bar). Then a pause (without pedal) of about four bars (♩ = 66) before beginning the Arietta.*

a) Pedal autograph.
b) Nur vier Viertel! (Viele fügen dem letzten Takt eigenmächtig eine Fermate zu). Dann (ohne Pedal) etwa vier Takte (♩ = 66) Luftpause vor Eintritt der Arietta.

a) *Pédale originale.*

b) *Pas plus de quatre temps! (Beaucoup ajoutent de leur propre autorité un point d'orgue à la dernière mesure). Avant d'attaquer l'Arietta, faire une pause d'environ quatre mesures (♩ = 66) sans pédale.*

a) Pedal autógrafo.

b) ¡Solamente cuatro cuartos! (Muchos añaden arbitrariamente un calderón en el último compás). Después una pausa (sin pedal), aproximadamente de cuatro compases (♩ = 66) antes de empezar la «Arietta».

ARIETTA
Adagio molto semplice e cantabile ($\flat$=48–50)

For French and Spanish notes see page 527

a) È evidente che Beethoven non ha usato intenzionalmente il termine « Variazione » in questo movimento.

b) La maggior parte delle edizioni ha una legatura dal *mi* terza semicroma al *mi* quarta semicroma. Questa legatura non esiste nel manoscritto, ma vi è, molto chiaramente, una legatura tra il *si* e il *do* della seconda voce. Noi riteniamo che il *mi* della voce superiore debba probabilmente essere ripetuto (mentre quello del basso deve essere legato).

a) It is obvious that Beethoven omitted the title « Variation » in this movement.

b) Most editions have a tie from the e third semiquaver, to e fourth semiquaver in the right hand. This tie does not appear in the manuscript, which has, however (and that very distinctly) a slur from b to c in the middle voice. Most likely it is correct to repeat the e in the right hand (but hold the e in the bass).

a) Die Bezeichnung « Variation » ist von Beethoven in diesem Satz mit deutlicher Absicht unterlassen worden.

b) Vom dritten Sechzehntel «e¹» zum vierten «e¹» haben die meisten einen Haltebogen; im Autograph steht er nicht, dort ist nur — und zwar ganz deutlich — ein Legatobogen von «h» zu «c¹» geführt. «e¹» zweimal anzuschlagen (im Baß aber «e» zu halten) ist wohl richtig.

a) In molte edizioni mancano nel basso le legature dalla terza alla quarta semicroma e dalla sesta alla settima, che si trovano nei testi originali.

b) L'indicazione « L'istesso tempo » posta sul 6/16 (nella parte seguente 12/32) può *qui* significare soltanto che la battuta di 6/16 (12/32) deve essere eseguita nello stesso tempo in cui erano eseguiti i 9/16 delle battute precedenti. La durata di una battuta (divisa in elementi più piccoli: un terzo di battuta) deve esser presa qui come unità di misura. Prendere la semicroma come unità di misura in tutto questo movimento, diventerebbe un letto di Procuste e costringerebbe a fare distorsioni insopportabili: il tema e la prima variante come le parti che seguono il 12/32 si trascinerebbero zoppicando, mentre nel tempo 12/32 i passaggi sarebbero compressi in modo da divenire irriconoscibili. Confrontare con l'op. 109, terzo movimento; pag. 215 *a*): tuttavia il revisore ritiene che là si tratti di un caso totalmente diverso.

c) Dobbiamo assolutamente conformarci all'indicazione di Beethoven « mano sinistra ». Molte edizioni non solo non rispettano questa indicazione ma la passano completamente sotto silenzio. Riportiamo qui a titolo di curiosità ciò che si trova in una delle edizioni più note. L'indicazione di Beethoven è riprodotta a grandi lettere, come si fa sempre per le indicazioni originali, ma la diteggiatura è tale da affidare alla mano destra ciò che viene *imposto formalmente* di affidare alla sinistra!

a) *In many editions the ties from the third to the fourth and from the sixth to the seventh semiquavers, left hand, are missing; they do appear in the original texts.*

b) *H e r e , the indication « L'istesso tempo » above the 6/16 (in the next section: above the 12/32) can only mean that from now on s i x semiquavers (later on twelve demi-semiquavers) should occupy the same time as previously n i n e semiquavers. In other words: throughout the whole of this movement all bars should have the same length, the standard unit of time being the b a r (or, divided into smaller units, one third of each bar). Considering the s e m i q u a v e r instead, as the standard unit of time (playing the semiquavers of all sections at the same speed), would prove to be a Procrustean bed, necessitating unbearable distortions, stretching the tempo of all the sections in 9/16-time with paralyzing effect, while compressing the passages of the 12/32-section so much as to make them unrecognizable. Compare with op. 109, third movement (page 215 a); however, according to the editor's opinion it is a totally different case there.*

c) *Beethoven's instruction « mano sinistra » (assigning the middle voice to the left hand) m u s t be followed. Many editions simply omit it, without any mention. Let us report, for the sake of fun, what can be found in one of the most widely circulated editions: Beethoven's instruction appears there in large print (indicating that it is an original mark), but next to it we find a fingering assigning to the right hand what the prominently printed text e x p l i c i t l y allots to the left!!!*

a) Bei vielen fehlen im Baß vom dritten zum vierten und vom sechsten zum siebenten Sechzehntel die Haltebogen, die in den Originalvorlagen stehen.

b) «6/16 L'istesso tempo» (im nächsten Stück 12/32) kann *hier* nur bedeuten: 6/16 (12/32) in der gleichen Zeit, die vorher von 9/16 eingenommen wurde. Eine Taktlänge (in kleinere Bestandteile zerlegt: ein Taktdrittel) ist also hier das bestimmende Maß. Ein Sechzehntel als Maß für den ganzen Satz beizubehalten, würde sich als Prokrustesbett erweisen und unerträgliche Verzerrungen erzwingen. Thema und erste Veränderung, ebenso die Teile, die dem 12/32 folgen, lähmend strecken, im 12/32 Stück aber die Glieder bis zur Unkenntlichkeit zusammenpressen. Vergleiche op. 109, dritter Satz (Seite 215 *a*); dort aber liegt, wie der Herausgeber meint, ein ganz anderer Fall vor.

c) Beethovens Vorschrift « *mano sinistra* » (die sich natürlich auf die Mittelstimme bezieht) muß unbedingt befolgt werden. Bei vielen ist seine Anordnung nicht einmal mitgeteilt, sondern ganz einfach übergangen. Der Drolligkeit halber sei hier aber berichtet, was man in einer der meistverbreiteten Ausgaben antreffen kann. Beethovens Anweisung ist dort in dem großen Druck, der den Originalvortragszeichen vorbehalten ist, wiedergegeben, dazu aber ein Fingersatz gestellt, der just der rechten Hand zuweist, was *ausdrücklich* der linken gehört!!!

For French and Spanish notes see page 527

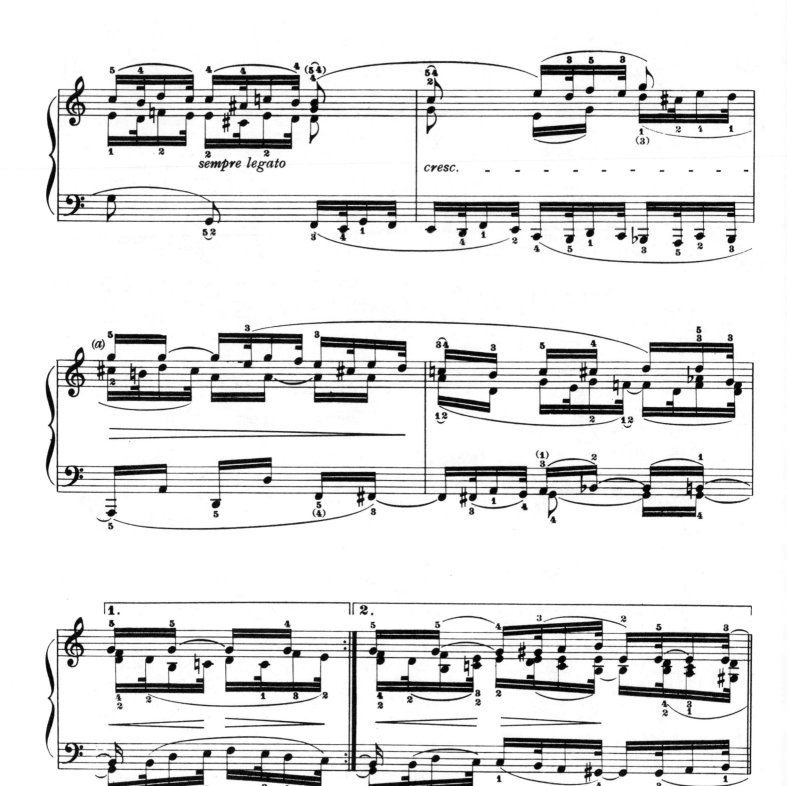

a) Nel manoscritto, a cui il revisore si conforma, mancano le legature (che si trovano invece dappertutto) sul *sol*, prima battuta, secondo rigo (1º sedicesimo), sul *re*, pag. **449**, prima battuta, terzo rigo (5º sedicesimo) e sul *sol*, pag. **449**, prima battuta, quarto rigo (5º sedicesimo). Al contrario, in quasi tutte le edizioni manca la legatura, che si trova sul manoscritto, sul *si b*, pag. **449**, seconda battuta, terzo rigo (5º sedicesimo).

*a) The following ties (found in all other texts) are missing in the manuscript: to g on the first beat here; to d on page **449**, line 3, bar 1, fifth semiquaver (= third beat); and to g on page **449**, line 4, bar 1, fifth semiquaver. The tie to b ♭ on page **449**, line 3, bar 2, fifth semiquaver of the middle voice, however, appears in the manuscript, but is missing in nearly all other texts. The editor follows in all these cases the version of the manuscript.*

a) Im Autograph, dem der Herausgeber folgte, fehlen die folgenden (sonst überall geführten Haltebogen: zu « g² », erstem Sechzehntel hier; zu « d² », Seite **449**, System 3, Takt 1, fünftes Sechzehntel; und zu « g² », Seite **449**, System 4, Takt 1, fünftes Sechzehntel. Hingegen fehlt fast überall der im Autograph geführte Haltebogen zu « b¹ », Seite **449**, System 3, Takt 2, fünftes Sechzehntel.

a) Vedi pag. 448 a).
b) In alcune edizioni manca il re nell'accordo dell'ultima biscroma: tuttavia deve esserci.

a) *See page* 448 a).
b) *In some editions the* d *in the chord on the last demisemiquaver is missing, but undoubtedly it belongs there.*

a) Siehe Seite 448 a).
b) Bei einigen fehlt «d¹» zum letzten Zweiunddreißigstel; es gehört aber unzweifelhaft dazu.

a) *Voir page* 448 a).
b) *Il manque parfois le* ré¹ *à la dernière triple-croche; ce* ré *cependant s'impose.*

a) Mirar pág. 448 a).
b) En algunas ediciones falta el *re*, en el acorde de la última fusa: sin embargo tiene que estar.

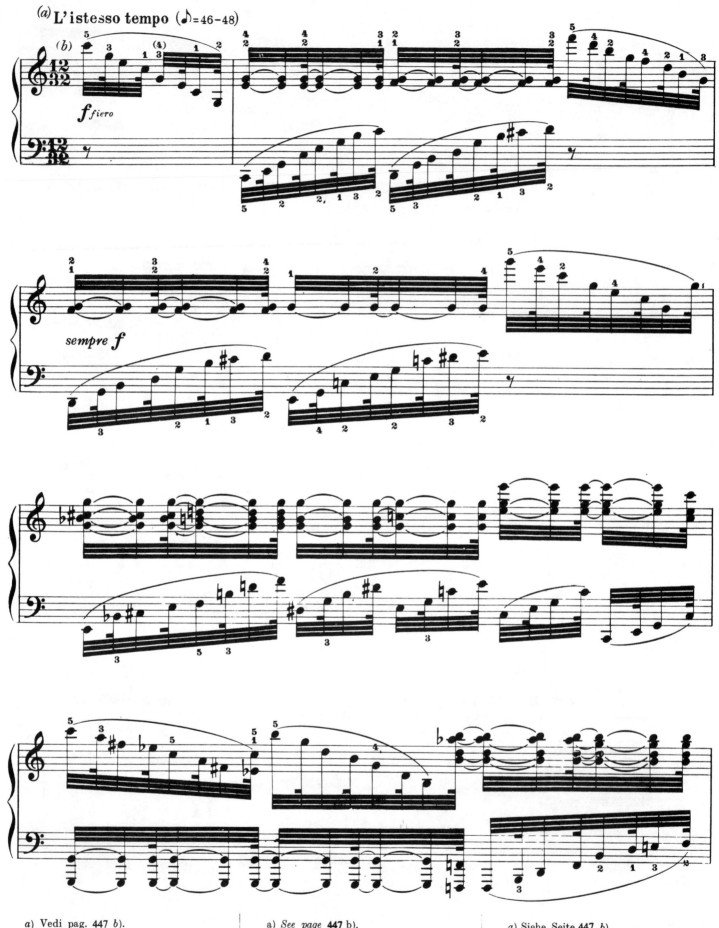

(a) **L'istesso tempo** (♪=46-48)

ff fiero

sempre f

a) Vedi pag. **447** b).
b) Il consiglio dato in alcune edizioni di eseguire con ambedue le mani queste otto note in levare, non è accettabile!

a) *See page* **447** b).
b) *Occasionally the advice is given to play this upbeat (first 8 notes) with both hands. It must not be followed!*

a) Siehe Seite **447** *b*).
b) Der gelegentlich erteilte Rat, die Auftaktfigur mit beiden Händen auszuführen, darf nicht befolgt werden!

a) Le conseil qu'on donne parfois, d'exécuter des deux mains le passage de levée de la première mesure-ne peut être suivi.

a) El consejo que dan algunas ediciones de ejecutar con las dos manos el tercer cuarto (anacrusi), no es aceptable.

a) Il secondo *sf* in questa battuta manca spesso.

a) *The second sf in this bar is missing in many editions.*

a) Das zweite *sf* in diesem Takt fehlt bei Vielen.

a) *Le deuxième sf de cette mesure manque souvent.*

a) El segundo *sf* en este compás muchas veces falta.

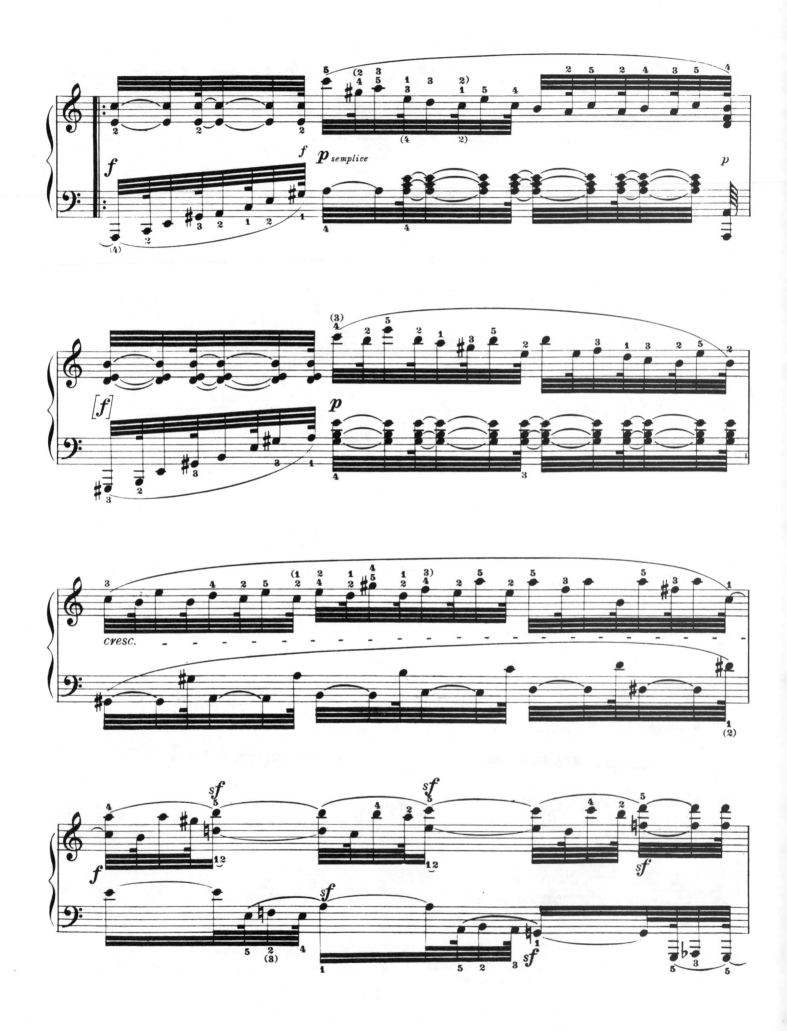

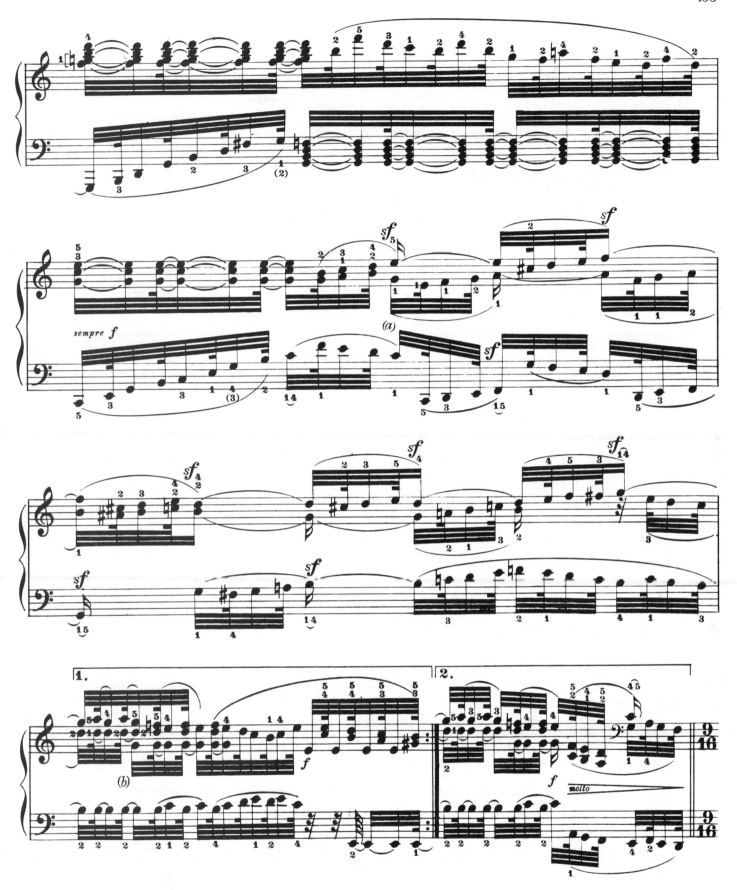

a) Gli *sf* in questa battuta e nella battuta seguente mancano in parte in qualche edizione.

b) Il *sol* inferiore nell'accordo sulla seconda semicroma manca nella maggior parte delle edizioni.

a) *In several editions some of the sf-signs of this and the next bar are missing.*

b) *The lower g in the chord on the second semiquaver is missing in most editions.*

a) Die *sf*-Zeichen in diesem und dem folgenden Takt fehlen bei einigen teilweise.

b) «g[1]» zum zweiten Sechzehntel fehlt bei den meisten.

a) *Les sf, dans cette mesure et la mesure suivante, manquent en partie chez quelques éditeurs.*

b) *Le sol[1] a la deuxième double croche manque à la plupart d'éditions.*

a) Los *sf* en este compás y en el compás siguiente en parte faltan en algunas ediciones.

b) El *sol* en el acorde en la segunda semicorchea falta en la mayor parte de las ediciones.

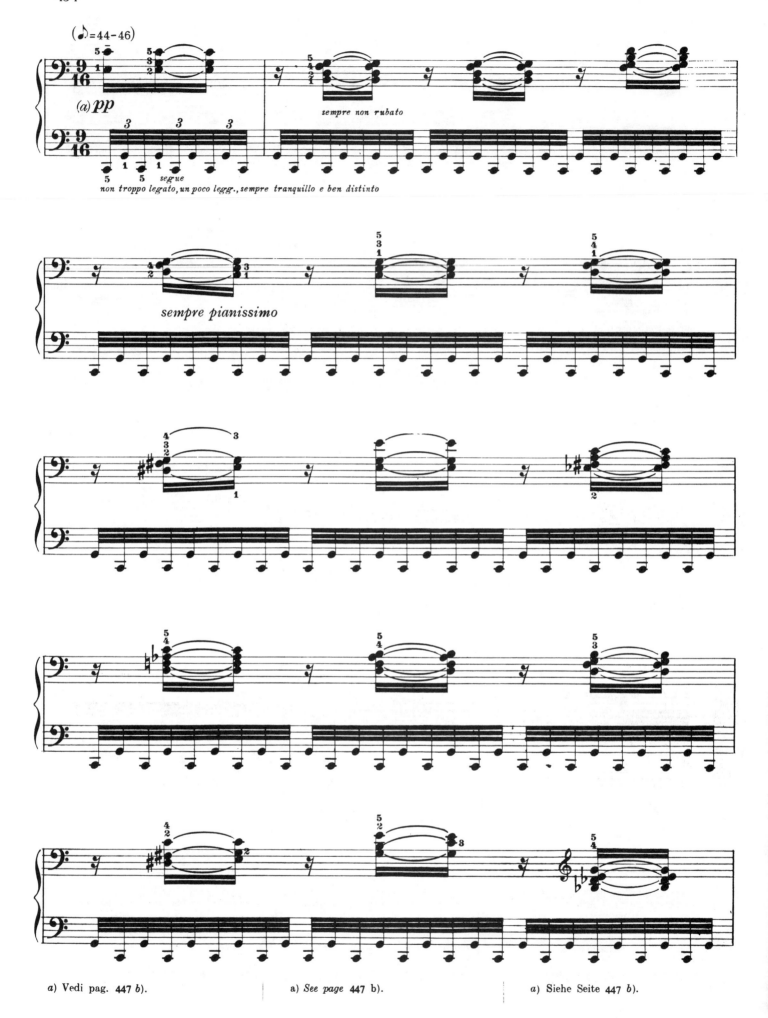

a) Vedi pag. **447** *b*). | a) *See page* **447** b). | a) Siehe Seite **447** *b*).

456

a) Le sbarre dei gruppi di figure come nel manoscritto.

a) *The division into groups of three according to the manuscript!*

a) Balken nach dem Autograph!

a) *Barre de mesure selon le manuscript.*

a) Las barras de los grupos de figuras, igual que en el manuscrito.

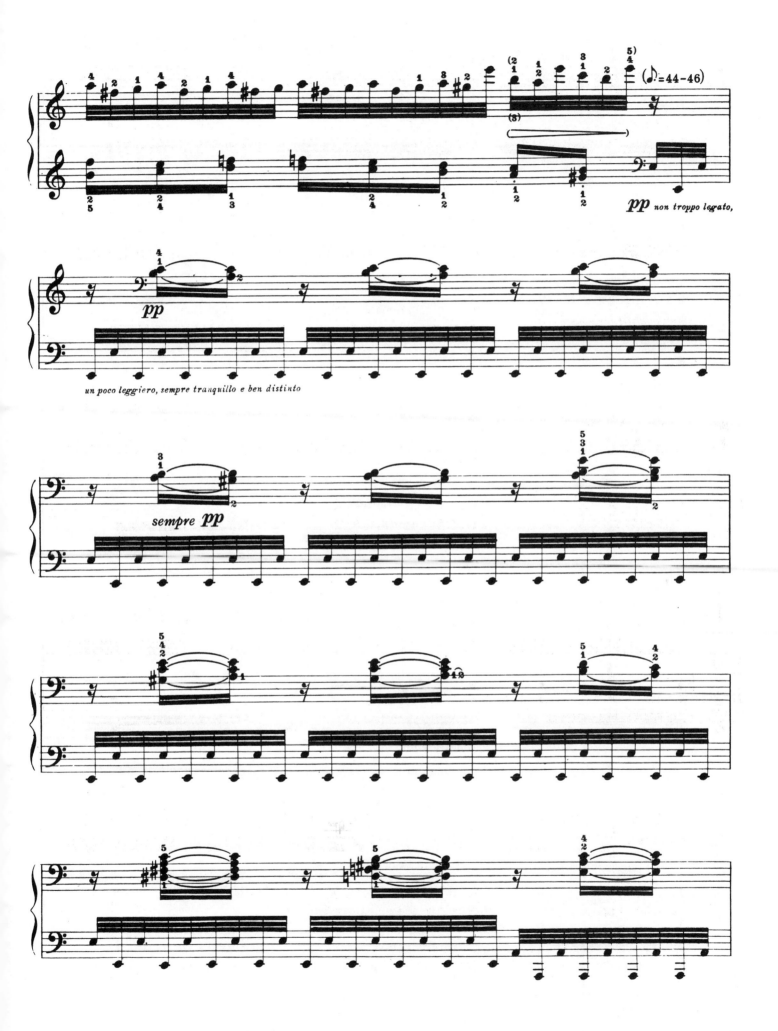

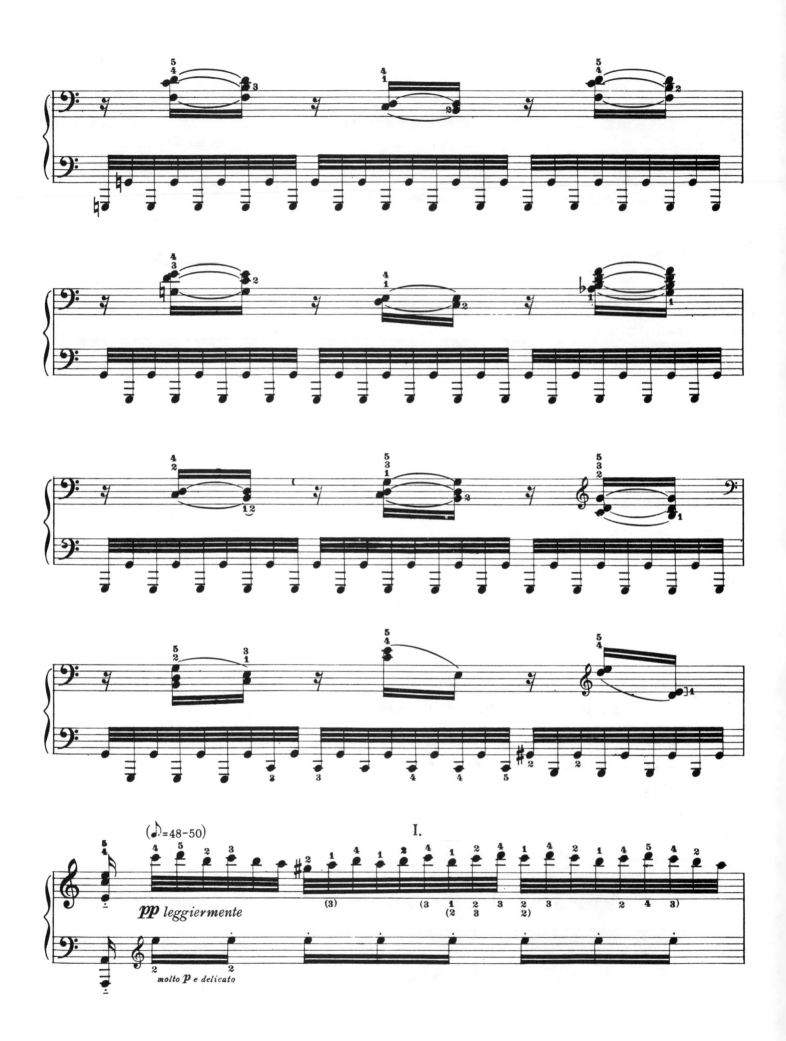

a) Le sbarre dei gruppi di figure come nel manoscritto.

b) È strano che nel manoscritto le note della quinta terzina siano *si, sol diesis, si.* È probabile che Beethoven le abbia modificate in seguito facendone *la, do e si.*

a) *The division into groups of various length according to the manuscript!*

b) *Strangely enough, in the manuscript the three demisemiquavers on the fifth semiquaver are b, g♯, b. Most likely Beethoven changed them subsequently to a, c, b.*

a) Balken nach dem Autograph!

b) Die drei Zweiunddreißigstel zum fünften Sechzehntel heißen im Autograph merkwürdigerweise « h², gis², h² ». Sicherlich hat Beethoven sie nachträglich zu « a², c³, h² » verändert.

a) *Barre de mesure selon le manuscrit.*

b) *Il est étonnant que dans le manuscript les notes du cinquième triolet sont si², sol dièse², si². Il est certain que Beethoven les a ultérieurement modifiées en la², do³ et si².*

a) Las barras de los grupos de figuras, igual que en el manuscrito.

b) Es estraño que en el manuscrito las notas del quinto tresillo sean *si, sol sost., si.* Es seguro que Beethoven los ha modificado después haciendo *la, do, y si.*

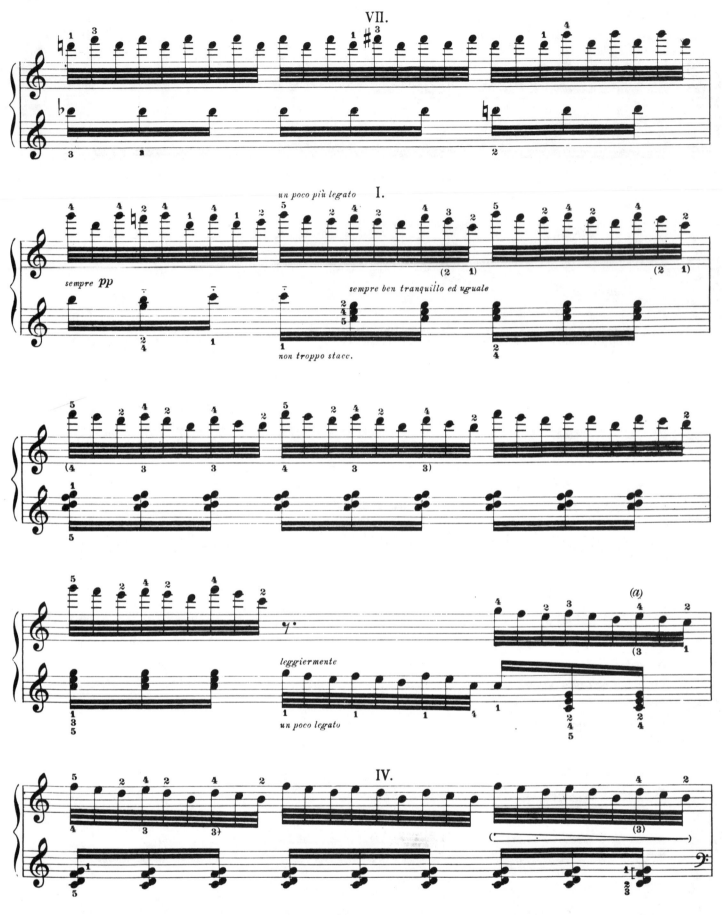

a) L'edizione originale e il manoscritto hanno (molto chiaramente) all'ultima terzina: *mi, re, do*. La maggior parte delle edizioni hanno *fa, mi, do*, in conformità alle figure precedenti.

a) *The last three demisemiquavers in the Original Edition and the manuscript are (very clearly!)* e, d, c. *Most éditions have, in conformity with the preceding figures,* f, e, c.

a) Die letzten drei Zweiunddreißigstel heißen in Originalausgabe und Autograph (ganz deutlich!) « e², d², c² ». Die meisten haben, den vorangehenden Figuren entsprechend, « f², e², c² ».

a) *L'édition originale et le manuscript ont (très distinctement!) au dernier triolet:* mi², ré², do². *La plupart, se conformant aux figures précédentes, en font* fa², mi², do².

a) La edición original y el manuscrito tienen (muy claro) en el último tresillo: *mi, re, do*. La mayor parte de las ediciones tienen *fa, mi, do*, en conformidad de las figuras precedentes.

a) Pedale autografo.

a) Pedal marks and release-signs by Beethoven.

a) Pedal autograph.

a) Pédale originale.

a) Pedal autógrafo.

III.

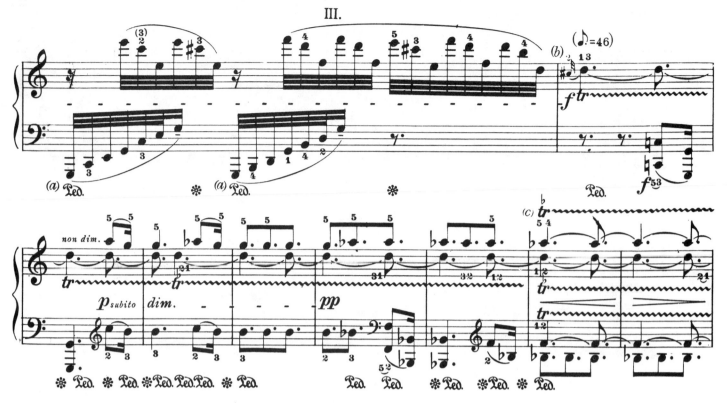

a) Pedale autografo.

b) Il revisore consiglia la seguente esecuzione:

L'esecutore che non potesse fare un trillo così rapido dovrà limitarsi alla versione seguente:

Il trillo *deve* avere un movimento ininterrotto.

c) La diteggiatura $\begin{smallmatrix} 5 & 4 \\ 1 & 2 \end{smallmatrix}$ è di Beethoven; inoltre, nel manoscritto la diteggiatura $\begin{smallmatrix} 5 \\ 1 \end{smallmatrix}$ è posta ben chiaramente davanti al $\begin{smallmatrix} la\,b \\ re \end{smallmatrix}$: dunque il trillo deve cominciare dalle note superiori $\begin{smallmatrix} si\,b \\ mi\,b \end{smallmatrix}$. È incomprensibile come molte edizioni (tra le più diffuse) abbiano soppresso tacitamente la diteggiatura originale e l'abbiano rimpiazzata con quella (meno sonora, meno pratica) $\begin{smallmatrix} 4 & 5 \\ 1 & 2 \end{smallmatrix}$ che fa cominciare il trillo con la nota reale, rendendo così impossibile di conformarsi alle intenzioni (chiaramente espresse) di Beethoven. Sotto le due battute col doppio trillo Beethoven scrisse (in margine):

"ossia "

Questa facilitazione proposta da Beethoven non ha soltanto lo scopo di *aiutare* gli esecutori che non hanno una tecnica sufficiente per eseguire il doppio trillo, ma anche di prevenire soluzioni trovate da incompetenti, per facilitare il trillo. I suoi timori sono giustificati? Vi è qualcuno che osi affrontare l'esecuzione di questa sonata (in cui si incontrano ovunque difficoltà non inferiori al trillo doppio) se non possiede una tecnica molto sviluppata? La versione più difficile stimulerà l'ambizione e nessuno vorrà certo adottare quella più facile.

a) *Pedal indications in this bar by Beethoven.*

b) *The editor recommends:*

Those who are unable to play the trill as rapidly, will have to be satisfied with the following:

The movement of the trill **m u s t n o t** *be interrupted!*

c) *The fingering* $\begin{smallmatrix} 5 & 4 \\ 1 & 2 \end{smallmatrix}$ *for the double-trill in the right hand is by Beethoven. Moreover, in his manuscript he marked the numbers* $\begin{smallmatrix} 5 \\ 1 \end{smallmatrix}$ *clearly b e f o r e the* $\begin{smallmatrix} a \\ d \end{smallmatrix}\flat$, *thus indicating that the trill should begin with the auxiliary notes* $\begin{smallmatrix} b \\ e \end{smallmatrix}\flat$. *Inexplicably, many later editions (among them the most widespread ones) have tacitly removed this original fingering and replaced it by the less euphonious, less practical* $\begin{smallmatrix} 4 & 5 \\ 1 & 2 \end{smallmatrix}$, *beginning the trill on the principal notes and making it thus impossible to carry out Beethoven's unmistakable instruction. Below the two bars with the double-trill Beethoven wrote on the margin:*

"ossia "

Certainly this suggested facilitation was not designed only to **h e l p** *those who are incapable of mastering the double trill, but also to forestall that incompetent performers make up their own alternatives. Was Beethoven's concern justified? Will anyone really attempt to play this sonata, which is abounding in tasks equal in difficulty to that of the double-trill, before he is equipped with the necessary technical means? The version for «adults» stimulates ambition and, surely, no-one will choose the «easier» one.*

a) Pedal autograph.

b) Der Herausgeber empfiehlt:

Wer so geschwind nicht trillern kann, muß sich mit:

begnügen. Der Triller *muss* in ununterbrochener Bewegung bleiben.

c) Der Fingersatz $\begin{smallmatrix} 5 & 4 \\ 1 & 2 \end{smallmatrix}$ von Beethoven; im Autograph stehen $\begin{smallmatrix} 5 \\ 1 \end{smallmatrix}$ überdies deutlich vor «$\begin{smallmatrix} as^2 \\ d^2 \end{smallmatrix}$»: der Triller hat also mit den Nebentönen «$\begin{smallmatrix} b^2 \\ es^2 \end{smallmatrix}$» zu beginnen. Unbegreiflicherweise haben viele spätere Ausgaben, darunter die meistverbreiteten, den Originalfingersatz stillschweigend entfernt und durch (den schlechter klingenden, minder geschickten) $\begin{smallmatrix} 4 & 5 \\ 1 & 2 \end{smallmatrix}$ ersetzt, der den Trillerbeginn auf die Haupttöne verlegt und damit Beethovens (unmißverständliche) Forderung unerfüllbar macht. Unter die beiden Doppeltrillertakte schrieb Beethoven (an den Rand):

"ossia "

Dieser Erleichterungsvorschlag Beethovens sollte aber gewiß nicht nur den Ohnmächtigen *helfen*, die den Doppeltriller nicht bewältigen können, sondern gleichzeitig eigenen Notlösungen der Unzulänglichen vorbeugen. War seine Besorgtheit begründet? Wird überhaupt jemand diese Sonate (in der fortwährend Aufgaben gestellt sind, die an Schwierigkeit dem Doppeltriller nicht nachstehen) spielen, bevor er mit allen handwerklichen Mitteln gerüstet ist? Die Fassung für «Erwachsene» spornt den Ehrgeiz an, und sicherlich wird keiner zur anderen greifen.

For french and Spanish notes see page 528

a) Nei testi originali il trillo sul *fa* dura fino alla fine delle tre prime semicrome; e termina sulla nota principale *fa*, immediatamente prima dell'attacco del trillo sul *la* (quarta semicroma):

a) *According to the original texts the trill on f must continue until the end of the third semiquaver. It should terminate, of course, with the principal note f, immediately before the start of the trill on a (fourth semiquaver):*

a) Der Triller auf «f¹» ist, nach den Originalvorlagen, bis an das Ende der ersten drei Sechzehntel fortzusetzen; unmittelbar vor Eintritt des Trillers auf «a²» (viertes Sechzehntel) hört der auf «f¹» auf, selbstverständlich mit dem Ton «f¹»:

Molti tolgono a questo trillo, volutamente ma erroneamente, un valore di tre sedicesimi facendolo cessare quando cessa il trillo sul *re*, che non è prolungato oltre per ragioni di tecnica pianistica. Queste ragioni non valgono per il trillo alla mano sinistra. Nelle voci inferiori seguono delle pause mentre la voce superiore continua il trillo. Perchè il trillo sul *la b* possa passare facilmente al trillo sul *la* (col cambiamento delle dita) occorre che il trillo sul *re* cessi a tempo.

Many editions shorten it, intentionally yet wrongfully, by bringing it to an end three semiquavers too early, together with the trill on d, which Beethoven evidently did not extend beyond the first beat for reasons of pianistic technique. Such considerations, however, do not apply to the trill in the left hand, where pauses follow in both voices, while in the right hand the upper voice moves on. And in order to make a smooth transition to the trill on a possible (by a change of fingering after the first beat on the trill on a b) the trill on d must end beforehand.

Bei Vielen wird zwar absichtlich, aber doch fälschlich, der Trillerschluß um drei Sechzehntel zu früh angesetzt, zusammen mit jenem auf «d²», der offenbar aus klaviersatztechnischen Gründen nicht weitergeführt ist. Solche Rücksicht gilt aber nicht für den unteren Triller. Hier folgen in beiden Stimmen Pausen, dort geht die Oberstimme weiter. Damit sie (durch Fingerwechsel) glatt an den Vorton anschließen kann, *muss* eben die Bewegung der unteren Finger rechtzeitig eingestellt werden.

b) Il revisore ritiene che dal *la* (quarta semicroma) in poi, i trilli debbano cominciare con la nota reale:

b) *From here on (fourth semiquaver) the trills should, according to the editor's opinion, begin with the principal note:*

b) Wie der Herausgeber meint, beginnen von «a²» (viertem Sechzehntel) ab die Triller mit dem Hauptton, also:

Lo *sf* sul *re* che troviamo appresso (che richiede senza dubbio un accento su questa nota), e le note lunghe e non più trillate che sopraggiungono due battute dopo giustificano questo cambiamento.

c) Sul manoscritto risulta evidente che il *dim.* comincia sulla quinta semicroma. Molte edizioni lo cominciano sulla settima e altre sulla quarta.

The subsequent sf which undoubtedly infers an accent on d (the principal note), as well as the long notes without trills, which follow, justify this reversal.

c) *In the manuscript the «dim.» begins unmistakably on the fifth semiquaver. In most editions it begins on the seventh semiquaver, in others already on the fourth.*

Das späterfolgende *sf*-Zeichen, das die Betonung unzweifelhaft für «d²» verlangt und die im übernächsten Takt danach kommenden langen trillerlosen Töne begründen den Platzwechsel.

c) *Dim.* im Autograph unzweideutig vom fünften Sechzehntel ab. Die Meisten lassen es erst beim siebenten beginnen, andere aber schon beim vierten.

For French and Spanish notes see page 529

a) Per questi ultimi tre sedicesimi adottiamo la versione del manoscritto. Tutti gli altri testi danno la versione seguente:

a) *The version shown here is that of the manuscript. All other texts have:*

a) So, wie sie hier wiedergegeben sind, stehen die drei letzten Sechzehntel im Autograph. Sonst überall:

a) *Le cinquième temps est parfois un* ré dièse[1]; *c'est un* ré naturel qu'il faut lire.

b) *Chez quelques edition, on ne sait pourquoi, les trois derniers temps de la basse se trouvent ainsi:*

a) A veces se encuentra un *re sost.,* pero tiene que ser un *re* natural.

b) Algunas ediciones, no se sabe porqué, transforman así estas últimas tres semicorcheas del bajo:

a) A volte si trova qui un *re diesis*, ma deve essere *re* naturale.

b) Alcune edizioni, non si sa perchè, trasformano così questi ultimi tre sedicesimi del basso:

a) *Some editions have* d ♯ *here, but* d *is right.*

b) *Mysteriously, the following text appears in several editions (last three semiquavers, left hand):*

a) Das fünfte Sechzehntel heißt bei einigen « dis¹ »; « d¹ » ist richtig.

b) Die drei letzten Sechzehntel unten bei einigen rätselhafterweise:

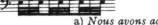

a) *Nous avons adopté pour ces trois derniers temps, l'écriture du manuscript. Nous es voyons partout de façon suivante:*

a) *Por estas últimas tres semicorcheas adoptamos la versión del manuscrito. Casi en todos lado encontramos la versión siguiente:*

I.

a) La sbarra sotto le note secondo il manoscritto.

b) Manca spesso il *cresc.* (anche nell'Urtext!).

a) *Division into groups as in the manuscript.*

b) *The indication « cresc. » is missing
in many editions, including the Urtext!*

a) Balken nach dem Autograph.

b) *Cresc. fehlt* bei vielen (auch **in der**
Urtextausgabe)!

a) *Barre de mesure selon le manuscript.*

b) *Le cresc. manque souvent (aussi dans
l'édition primitive).*

a) La barra de bajo las notas segun
el manuscrito.

b) Falta muchas veces el *cresc.* (tambien en la edición original).

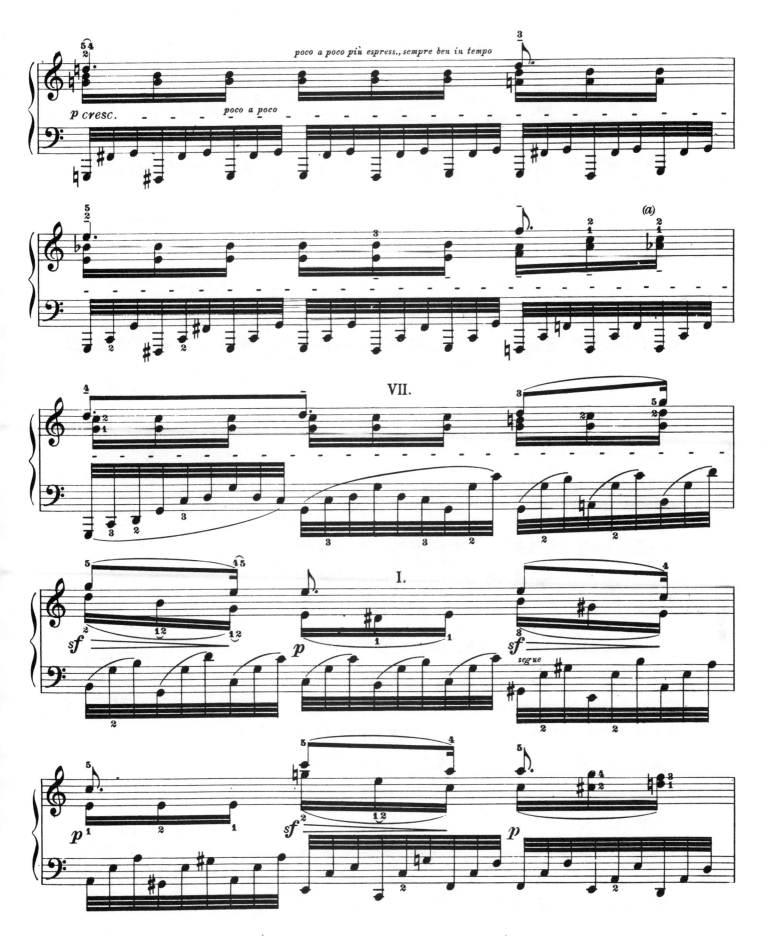

a) Spesso (anche nell'Urtext) l'ultima semicroma è $\frac{do}{la}$: il *la* deve essere indubbiamente *bemolle*.

a) *Many editions (also the Urtext) have* $\frac{c}{a}$ *on the last semiquaver; a is definitely wrong, it must be a* ♭.

a) Letztes Sechzehntel bei Vielen (auch in der Urtextausgabe) « $\frac{c^2}{a^1}$ »; « a^1 » ist unbedingt falsch, es heißt « as^1 ».

a) *La dernière double-croche est souvent (aussi dans l'édition primitive)* $\frac{do^2}{la^1}$; *le* la^1 *est indiscutablement faux, ce doit être un* $la ♭^1$.

a) Muchas veces (tambien en la edición original) la última semicorchea es $\frac{do}{la}$: el *la* tiene que ser indudablemente *bemol*.

a) Secondo l'opinione del revisore, sostenuta ancora dal segno *sf* e dalla prima nota della misura dopo i trilli (pag. 294, secondo rigo, prima misura) il trillo deve cominciare anche qui sulla nota reale e, come prima, deve essere eseguito possibilmente con la rapidità di sestine di semibiscrome.

b) Il movimento del trillo non deve mai essere interrotto. Cominciandolo dalla nota reale, tutte le note sopra o sotto di esso devono cadere sulla nota reale.

a) *According to the editor's opinion, which is substantiated again by the sf-sign and the first tone of the bar a f t e r the trills (page 294, line 2, bar 1), the trill should begin here too with the principal note and, as earlier, it should (if feasible) have the speed of hemidemisemiquaver-sextuplets and maintain it throughout.*

b) *The movement of the trill must never be interrupted. As it begins with the principal note, also a l l notes of the voice below or above the trill should be played simultaneously with the principal note.*

a) Auch hier sollen, nach (wiederum durch das *sf*-Zeichen und den ersten Ton des Taktes nach den Trillern begründbarer) Auffassung des Herausgebers, die Triller auf dem Hauptton beginnen und, wie früher, tunlichst in der Geschwindigkeit von Vierundsechzigstel-Sextolen bleiben.

b) Die Bewegung des Trillers darf niemals unterbrochen werden. Durch den Anfang auf dem Hauptton fallen auch alle über oder unter den Triller gesetzten Töne mit ihm zusammen.

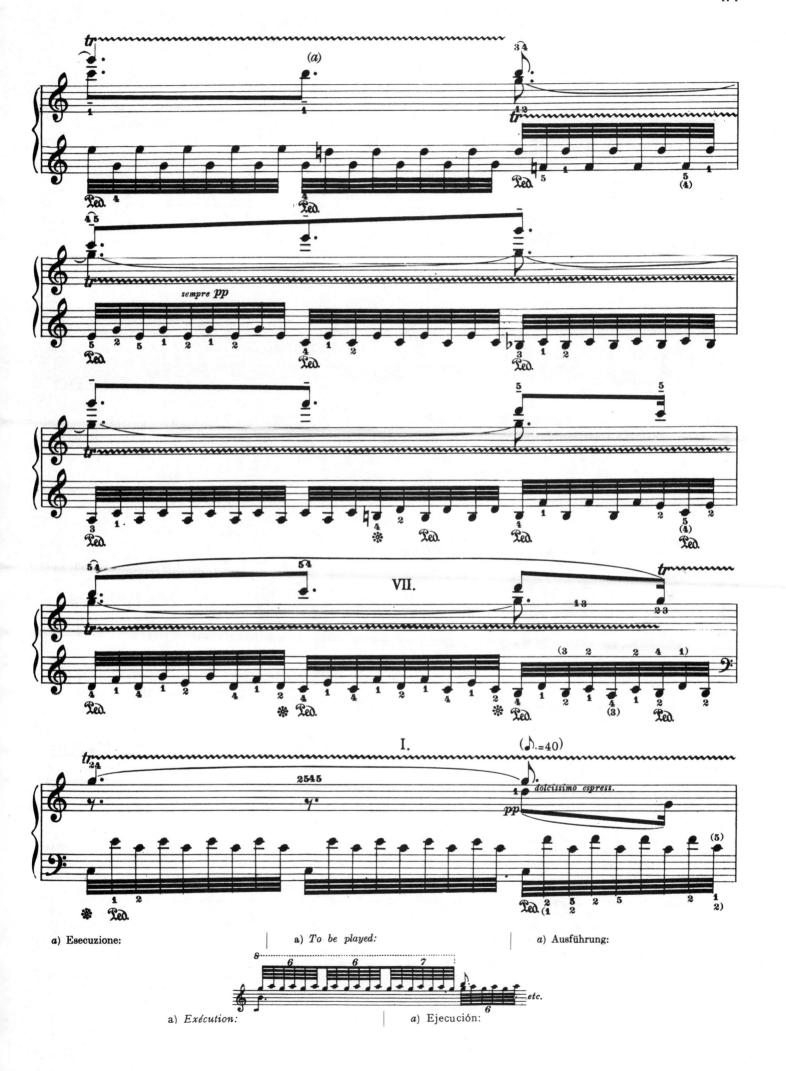

a) Esecuzione: a) *To be played:*   a) Ausführung:

a) *Exécution:*   a) Ejecución:

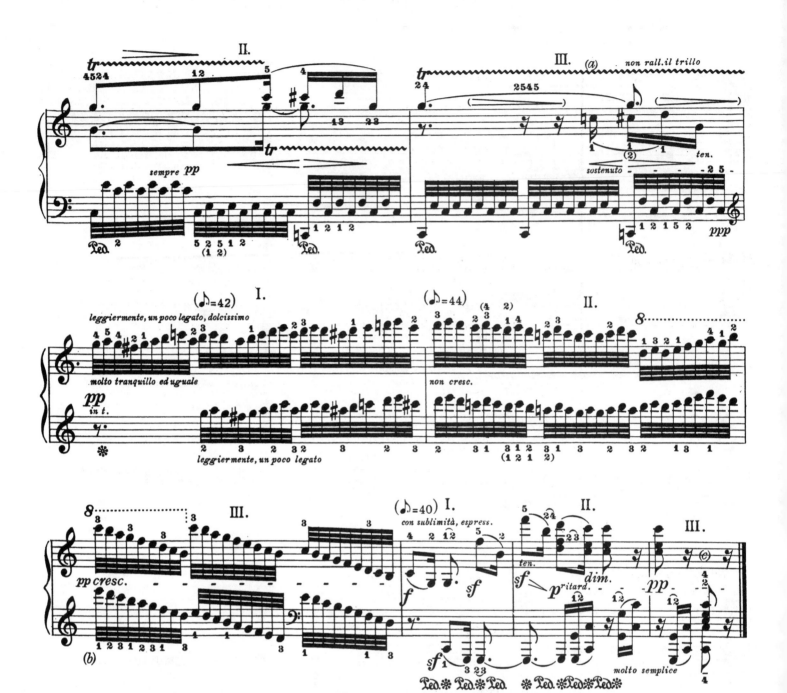

a) Il revisore consiglia di rallentare le ultime quattro semicrome; l'ultima deve essere tenuta come se vi fosse una corona della durata di due semicrome e mezza (tre al massimo) su di un tempo sostenuto. Il trillo però deve continuare sempre alla stessa velocità oltre la corona, *fino* alla prima biscroma della battuta seguente (col pedale). Rallentando le semicrome e lasciando sempre la stessa velocità al trillo, naturalmente aumenta il numero delle note eseguite su ogni semicroma, che divengono così prima 128-esimi (circa) e poi sestine di 128-esimi. Ripetiamo: le terzine della battuta che segue che hanno un carattere etereo e scorrono calme e delicate, devono concatenarsi senza pausa al trillo sul *sol* che finora ha dominato e che continua ininterrottamente fino alla sua fine nella stessa velocità, per quanto su di un ritardando.

b) Diteggiatura 1, 2, 3 di Beethoven.

c) Soltanto una croma!

a) *The editor recommends the following: the final four semiquavers should become gradually slower; the last one should then be held out, as if there were a Fermata with a length of about 2½ (at the most 3) semiquavers in progressive sostenuto (= ritard.); meanwhile the trill should proceed with* undiminished *speed, all the time, also during the Fermata (always with pedal), right up to the first note of the next bar. As the semiquavers broaden, while the trill maintains its initial speed, there will be more and more notes of the trill on each semiquaver, of course; instead of the original 6 there will be 8, 10, finally 12. Summing up: the trill, predominant up to now and at its end still long spun-out, should finally — without slackening and without interruption — lead to g of the next bar and the perfectly quiet and delicate triplets, flowing in a region remote from earth.*

b) *The fingering 1, 2, 3 is by Beethoven.*

c) *Only one quaver!*

a) Der Herausgeber empfiehlt, die vier letzten Sechzehntel zu verlangsamen, das letzte, als ob es eine Fermate trüge, bis zur Dauer von etwa zweieinhalb (höchstens drei) Sechzehnteln — im Sostenuto — auszuhalten, den dazu bewegten Triller aber immer in unverminderter Geschwindigkeit, über die Fermate hinaus, *bis* zum ersten Zweiunddreißigstel des folgenden Taktes fortzusetzen (mit Pedal). Durch die Dehnung der Sechzehntel, bei unveränderter Schnelligkeit des Trillers, wird selbstverständlich die auf *ein* Sechzehntel entfallende Anzahl seiner Töne vermehrt, zuerst etwa zu Hundertachtundzwanzigsteln, schließlich zu Hundertachtundzwanzigstel-Sextolen. Also noch einmal: «g²» und die erdfern fließenden, ganz ruhigen und zarten Triolen des nächsten Taktes sollen ohne Pause an die bisher beherrschenden, zum Schluß noch lang ausgesponnenen, aber stets gleichmäßig schnellen Triller anschließen.

b) Fingersatz 1, 2, 3 von Beethoven.

c) Nur ein Achtel!

Continued from page 9

a) *Le f au premier temps parait être une erreur, à l'avis du reviseur; il exécute les deux premières noires à la droite p; par contre, le deuxième temps à la gauche f, (accentuant la note inférieure) ou plutôt en sf, ainsi que les trois notes suivantes. Les 4 f doivent être d'un effet imprévu, ils dominent et caractérisent ce passage.*

a) Segun el revisor, el f en el primer tiempo es una equivocación. Él ejecuta p las dos primeras negras de la derecha, mientras la negra en el 2º tiempo en la mano izquirda tiene que ser ejecutada f (acentuando la nota inferior), más bien sf, como tambien las tres negras siguientes. Los cuatros f tienen que dar un efecto imprevisto: ellos dominan y caracterizan este pasaje.

Continued from page 21

a) *Si, dans ce passage-ci les quatre doubles-croches ont été modifiées, il faut en chercher la raison en ce que le clavier du piano de Beethoven ne s'etendait que jusqu'an fa supérieur; la façon dont Beethoven a surmonté la difficulté présente un attrait particulier; en tout cas il ne convient guère de sacrifier la solution imposée que Beethoven a choisie parmi de nombreuses possibilités, pour lui substituer la forme qu'il aurait donnée à ce passage, s'il avait eu à sa disposition notre clavier moderne. Il ne l'avait précisément pas et on en tire finalement l'avantage d'une plus grande variété de formes.*

b) *Les textes ne permettent pas de décider, si les accents de sf ont ici et plus tard volontairement été omis ou seulement oubliés. Ici et partout ou ils font défaut, le reviseur joue les croches uniformément sans donner d'accent.*

a) Es evidente que en este pasaje las cuatro semicorcheas han sido modificada porqué el pianoforte de Beethoven no llegava al fa superior. La manera en que Beethoven ha superado esta dificultad es en particular modo atrayente. En todo caso non conviene sacrificar la solución impuesta por Beethoven y que él ha escogido entre muchas otras, para substituir la forma que habria dado a este paso si hubiera tenido a su disposición un pianoforte moderno. El hecho de no tenerlo ha dado el resultado de ofrecer una mayor variedad de forma.

b) No es posible asegurarse de los textos si aqui, como a continuación, los acentos sf hayan querido ser ometidos o hayan sido olvidados. En todas partes falten, el revisor da una ejecución uniforme y sin algun acento.

Continued from page 27

a) *Les grandes liaisons supérieures sont du reviseur; ils indiquent, non pas le toucher, mais le phrasé.*

a) Las grandes ligaduras superiores son del revisor: ellas no indiquan el toque, pero el frasco.

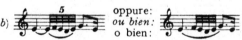

oppure:
ou bien:
o bien:

c) *Trille sans note complémentaire:*

c) El trino es sin nota de complemento:

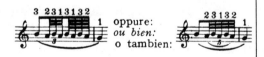

oppure:
ou bien:
o tambien:

Continued from page 32

a) *Liaison autographique.*

a) La ligadura es autografa.

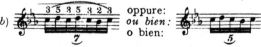

oppure:
ou bien:
o bien:

o anche:
ou peut être aussi:
o tambien:

c) *Point d'orgue d'une durée de 7 croches sans pause respiratoire.*

d) *Point d'orgue d'une durée d'environ 2 ½ mesures!*

c) Calderón de la duración de 7 corcheas, sin respiro.

d) Calderón de la duración alredededor de 2 compases y medio.

Continued from page 43

a) *La dénomination « Sonate facile » est de Beethoven.*

b) *Dans l'Edition Critique Générale, on trouve également ici* mf p; *il fait défaut dans le texte original. Le reviseur adopte la version du texte original.*

c) *L'Edition Critique Générale a une liaison du ré au ré (à la main gauche); cette liaison ne se trouve pas dans le texte original, dont, comme précédemment, le reviseur adopte la version.*

a) El titulo « Sonata facile » es de Beethoven.

b) Tambien en la Edición Critica General se encuentra aqui mf p, que falta en el texto original. El revisor ha adoptado la version del texto original.

c) En la Edición Critica General hay una ligadura del re al re (en la mano izquierda): esta ligadura no se encuentra en el texto original, que es el texto que el revisor ha adoptado.

Continued from page 85

a) *Le reviseur conseille d'adopter la répartition suivante:*

a) El revisor conseja de adoptar la división siguiente:

Continued from page 88

a) *Ce mode d'exécution, quelque peu facilité, est également bon et de style conforme:*

a) Esta ejecución, algo facilitada, es sin embargo buena y conforme al estilo:

b) *Dans l'édition primitive et l'édition originale, les do à la septième et huitième double-croche sont liés, alors que le si b, auquel il manque la liaison, devrait se répéter. Cette indication est certainement singulière, et la plupart d'éditions, croyant à une erreur, proposent un des deux modes d'exécution suivants:*

b) En el texto original y en la primera edición, la ligadura se encuentra solamente encima de los do (sétima y octava semicorchea) mientras el si b, que no esta ligado, tendria que ser repetido. Esta indicación parece estraña, y en muchas ediciones, creyendo ser un error, proponen una de las ejecuciones siguientes:

(*Liaison aux deux notes, cependant improbable, car le mouvement continue de la septième et huitième croche est devenu impossible*), ou:

(Ligadura en las dos notas). Pero esto no parece posible, porque no habria el movimiento indispensable de la setima a la octava semicorchea. O bien:

(*Liaison du si b inférieur*). *Ce deuxième mode d'exécution peut se motiver par la progression* fa dièse, sol, la si b, do *et est certainement le plus acceptable; mais le reviseur, cependant, ne l'adopte pas. Il se conforme aux indications de l'original et trouve justement de l'attrait au mouvement contraire:*

(Ligadura del si b inferior). Este segundo ejemplo puede basarse en la progresión fa sostenido, sol , la, si b, do, y es seguramente mejor; sin embargo el revisor no la admite. El se conforma a la indicación del original y encuentra que el movimiento contrario:

il lui trouve une expression persuasive et un moyen admirable de lui donner une juste valeur et de le sauver de la banalité de certains modes d'exécution comme le suivant:

tenga una especial atractiva, una expresión penetrante y sea un buen medio para dar a este pasaje su justo valor y guardarlo de la banalidad de algunas ejecuciones como la siguiente:

Continued from page 92

a) *Le reviseur recommande:*

a) El revisor recomienda el trino siguiente:

Celui, qui trouve trop difficile l'exécution en triples-croches, peut exécuter, du début à la fin, le trille en sextolets.
b) Pédale originale.

El ejecutor que encontrase dificultad en las fusas puede ejecutar el trino desde el principio hasta el final en seisillos.
b) Pedal autógrafo.

Continued from page 101

a) *Pédale originale.*
b) *A partir d'ici, toutes les pédales sont de Beethoven.*
c) *A l'avis du reviseur l'«espressivo» se rapporte à six mesures, qui doivent se distinguer des six mesures précédentes comme des six mesures suivantes par plus de liberté dans le mouvement et une sonorité plus intense (tout en conservant le* pianissimo *prescrit).*

a) Pedal autógrafo. ———
b) Desde este momento todos los pedales son de Beethoven.
c) Segun el revisor la indicación « espressivo» sirve por seis compases que tienen que diferenciarse de los seis precedentes y de los seis siguientes por una mayor libertad en el movimiento y una sonoridad más intensa (aunque siempre *pp*).

Continued from page 106

a) *Pedale originale.*
b) *Pédale du reviseur.*
c) *Au passage correspondant à la page* **93**, *première alinéa, deuxième mesure, deuxième croche de la main gauche nous ne voyons qu'un* do, *le do inférieure. La faute se trouve-t-elle ici où au passage en question, cette différnece est-elle peut-être voulue? Nous ne pouvons en décider.*

a) Pedal autógrafo.
b) Pedal del revisor.
c) En el pasaje correspondiente a pág. **93**, primer renglón, segundo compás, en la segunda corchea de la mano izquierda no encontramos que un *do*, el inferior. Es dificil establecer si es una equivocación o si está hecho intencionalmente.

Continued from page 110

a) *Le signe de p au deuxième temps de la main gauche et l'indication «sempre pianissimo», se rapportant aux deux mains, à la même mesure, semblent incompatibles et peu sensés. Mais si cependant, le «sempre pianissimo» ne se rapportait qu'à la main droite? En ce cas, la main gauche, d'une nuance plus accentuée, dominerait et prendrait ici, jusqu'au ff, dans les dix mesures suivantes la directive; cette interprétation resterait toute musicale et présenterait un certain attrait.*

a) La indicación *p* en el segundo cuartos de la mano izquierda y la indicación empre pianissimo » relacionada a las dos manos en el mismo compás, parecen incompatibles y sin sentido. ¿Pero si la indicación «sempre pianissimo» se refiere a la mano derecha solamente? En este caso, la mano izquierda, un poco más acentuada, dominaria y tomaria la directiva en los diez compases siguientes, hasta el *ff*. Esta interpretación no es antimusical y representa úna cierta atractiva.

FRENCH AND SPANISH TEXT

Continued from page 112

a) *Le reviseur conseille de répartir de la façon suivante les passages en octaves; sans sacrifier seulement une note de ces huit mesures, l'exécutant est mis à même de répondre aux exigence de rapidité, légèreté et clarté:*

a) El revisor aconseja de dividir en la manera siguiente el pasaje de octavas; sin sacrificar ninguna nota de estos ocho compases, se puede alcanzar la ejecución rapida, ligera y clara que el pasaje requiere:

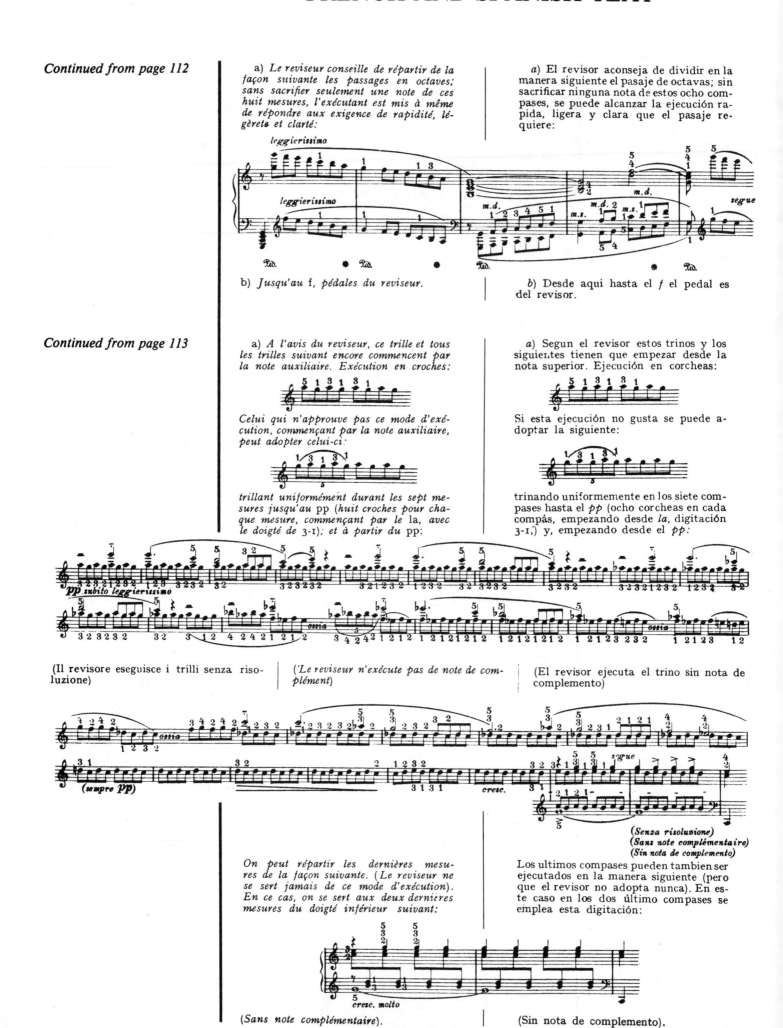

b) *Jusqu'au f, pédales du reviseur.*

b) Desde aqui hasta el *f* el pedal es del revisor.

Continued from page 113

a) *A l'avis du reviseur, ce trille et tous les trilles suivant encore commencent par la note auxiliaire. Exécution en croches:*

a) Segun el revisor estos trinos y los siguientes tienen que empezar desde la nota superior. Ejecución en corcheas:

Celui qui n'approuve pas ce mode d'exécution, commençant par la note auxiliaire, peut adopter celui-ci:

Si esta ejecución no gusta se puede adoptar la siguiente:

trillant uniformément durant les sept mesures jusqu'au pp *(huit croches pour chaque mesure, commençant par le la, avec le doigté de 3-1); et à partir du* pp:

trinando uniformemente en los siete compases hasta el *pp* (ocho corcheas en cada compás, empezando desde *la*, digitación 3-1,) y, empezando desde el *pp*:

(Il revisore eseguisce i trilli senza risoluzione)

(*Le reviseur n'exécute pas de note de complément*)

(El revisor ejecuta el trino sin nota de complemento)

On peut répartir les dernières mesures de la façon suivante. (Le reviseur ne se sert jamais de ce mode d'exécution). En ce cas, on se sert aux deux dernières mesures du doigté inférieur suivant:

Los ultimos compases pueden tambien ser ejecutados en la manera siguiente (pero que el revisor no adopta nunca). En este caso en los dos último compases se emplea esta digitación:

(*Sans note complémentaire*).

(Sin nota de complemento).

Continued from page 114

a) *Le manuscript porte l'indication suivante de Beethoven, se rapportant à l'exécution du trille (à partir du* pp) *(comparer à Thayer, Catalague chronologique des ouvres de Beethoven): « Les exécutants auquels le trille concordant avec le thème occasionne trop de difficulté, peuvent user de la facilité suivante:*

a) Para la ejecución del trino (empezando desde el *pp*) el manuscrito lleva la indicación siguiente de Beethoven (comprobar con Thayer, Catalogo cronologico de las composiciónes de Beethoven): «Para los ejecutores a quien el trino concordante con la melodia fuera demasiado dificil, pueden usar la siguiente facilitación:

où bien, en proportion de leurs moyens, doubler:

o bien, segun sus medios, doblar:

Deux croches des sextolets pour une noire de la basse. Somme toute, il n'est pas d'une importance si considérable, que le trille perde un peu de la vitesse usuelle ». Ces notices, dont en particulier la dernière phrase, permettent indubitablement à l'exécutant de choisir ici de son propre gré; le reviseur prend pour lui-même la liberté d'adopter, en moyen terme, la répartition en croches (en non en triolets de noires ou sextolets de croches), ce mode d'exécution étant à son avis le plus propre à répondre aux exigences de la diction musicale.

b) *A partir d'ici, les pédales sont de Beethoven.*

c) *Voir à la page 113 a).*

dos corcheas de los seisillos en cada negra del bajo. No importa si el trino pierde un poco de su rapidez habitual ». Estas anotaciones, y sobre todo la ultima frase, donan facultad al ejecutor de escojer segun su proprio gusto y su habilidad; el revisor adopta un termino medio, o sea la división en corcheas (en lugar de los tresillos de negras o seisillos de corcheas) opinando que esta sea la ejecución más conveniente para dar la expresión necesaria.

b) Desde este momento los pedales son de Beethoven.

c) Mirar pág. 113 *a*).

Continued from page 117

mais aussi:

ou bien:

il nous laisse le choix.
La note, page 266 b) nous montre l'exécution du deuxième embellissement. La plupart d'éditions assimilent le trille et le ℵ *. Le signe* ℵ *s'exécute de manières fort différentes. Le plus souvent de la manière suivante:*

o bien:

o tambien:

dejando que escojan. La manera en la cual él ejecuta el segundo bordado la indica en la nota a pág. 266 *b*). La mayor parte de las ediciones no hacen diferencia entre el trino y el ℵ Sin embargo la marca ℵ se puede ejecutar en diferentes maneras, y la más frecuente es la siguiente:

Continued from page 118

a)

L'exécution la plus usitée est:

b) *Comparer à la note à page* 117 *a).*

a)

La ejecución más empleada es la siguiente:

b) Comparar con la nota a pág. 117 *a).*

Continued from page 119

a) *Les trois croches (surmontées de la liaison) peuvent au besoin être jouées de la main gauche avec le doigté de 1, 3, 2.*

b) *Ici, en opposition au passage correspondant (précédant celui-ci de 14 mesures) nous ne plaçons pas de sf. La théorie nous enseigne que si au cours d'un morceau, une partie se répète (parfois en un autre ton), et qu'il y manque les signes qu'avait ce passage à sa première apparition, il nous faut l'exécuter de façon toute identique à la première; le reviseur repousse en principe cette théorie. (Mais il est naturel qu'il faut s'y conformer au cas échéant).*

a) Las tres corcheas (con la ligadura) pueden, si se necesita, ser ejecutadas con la mano izquierda con la digitación 1,3,2.

b) En este pasaje, al revés de aquello correspondiente (14 compases antes) no hay la marca *sf.* La teoria nos enseña, que si en una pieza, un pasaje se repite, a veces en otra tonalidad, se tiene que ejecutar en manera identica a la primera vez, tambien si no hay las misma indicaciones. Pero el revisor recusa este principio. (Naturalmente algunas veces se tiene que seguirlo).

Continued from page 125

a) *Le mouvement ne nous permet que d'effectuer des quintolets:*

a) La rapidez del tiempo permite solamente unos quintillos:

b) *Le reviseur exécute la cadence de la façon suivante:*

b) El revisor ejecuta la cadencia en la siguiente manera:

Exécution la plus usitée de la deuxième mesure (jusq'à l'Adagio):

Generalmente el segundo compás (hasta el Adagio) se ejecuta como sigue:

que le reviseur ne trouve absolument pas convaincante.

pero el revisor no lo encuentra convincente.

Continued from page 130

a) Beaucoup d'éditions ont déjà ici un ré b (à partir de la 5ᵉ double-croche). Le reviseur opte pour le ré naturel.

b) L'indication « espressivo » ne peut se rapporter qu'à la seule mesure à laquelle elle se trouve placée (la première fois à la deuxième, la seconde fois à la première des quatre mesures de la période). Si l'on rapportait cette indication également aux mesures suivantes les deux mesures en question, il faudrait aussi déterminer le nombre des mesures auxquels l'indication se rapporte. La restriction de l'« espressivo » à ces seules mesures ne doit faire naître en nous ni objections ni scrupules. L'« espressivo » nous impose ici plus de sonorité (mais non plus de force), le caractère ici doit être plus pressant, plus actif que celui des mesures voisines qui doivent s'écouler tranquilles, de façon égale et douce, comme exemptes de désir et de façon pur dire impersonnelle.

a) Muchas ediciones tienen aqui un *re b* (empezando desde la quinta semicorchea). El revisor opina que la quinta semicorchea tiene que ser todavia un *re becuadro.*

b) La indicación « espressivo » no puede relatarse que al solo compás en el cual se encuentra escrito (la primera vez al segundo compás del periodo, la segunda vez al primer compás). Si se tendria que atribuirse tambien a los que siguen, necesitaria establecer a cuanto de ellos. No puede haber duda ni objeción alrededor de la restricción de la indicación « espressivo » a estos dos solos compases. « Espressivo » en este caso significa con mayor sonoridad, (pero no más fuerte) más reforzado, más activo de los compases cercanos que tienen que escurrir tranquilos, iguales, sin deseos, casi impersonales.

Continued from page 136

a) Nous reproduisons ici et à la mesure suivante de la main droite, le phrasé de l'édition primitive, bien qu'il se soit élevé des doutes quant à la justesse de ce phrasé. Le do inférieur de la deuxième à la troisième croche, ne devrait-il pas s'écrire sans liaison, et par conséquent être répété? Cela est peu probable (malgré que cela soit possible et possède une certaine originalité) et au cas échéant, nous ajoutons ici les liaisons:

a) Reproducimos aqui y en el compás siguiente, por la mano derecha, la notación de la edición original, por cuanto haya dudas concerniente a su esmero. ¿El *do* inferior desde la segunda a la tercera corchea tiene que ser sin ligadura y por consiguiente se tiene que volver a tocar? No es probable (aunque sea posible y tienga cierta originalidad); en tal caso se pueden añadir las ligaduras:

Ensuite: s'en rapportant à la disposition des quatre avant-dernières mesures à la basse, la première des mesures en question ne devrait-elle pas être exécutée de la manière suivante?:

Además, fijandose en la forma ritmica en la mano izquierda de los cuatro compases antes del final, ¿no nos ocurre preguntarnos si el primer compás cuyo encima no tenga que ejecutarse asi?:

Est-il nécessaire de s'en rapporter à la main gauche, pour justifier un changement à la droite, qui on ne sait pourquoi, est censée faire exactement la même chose que fera plus tard la gauche? Cette considération est à repeter, même au cas ou les quatre mesures à la droite (en croches) s'assimileraient rhythmiquement aux quatre mesures suivantes jusqu'à leur être pareilles; mais malgré cette assimilation, des différences très sensibles (qui ne sont pas difficiles à découvrir) continueraient à exister. Toute cette procédure ne nous servirait donc pas à atteindre le but; but qui ne nous a jamais paru désirable. Nous en cherchons vainement le motif, car l'oeuvre de Beethoven justement abonde d'inegalités de ce genre, et nous les saluons à chaque fois comme les créations particuliérement heureuses du génie du maître. Donc, pour finir; il est à conseiller d'exécuter ce passage de la façon indiquée dans l'édition primitive.

b) Observer le point d'orgue.

Lo que se refiere a la mano izquierda para justificar el cambio de introducir en la derecha no es aceptable. ¿Porqué la derecha tiene que hacer exactamente lo que hace la izquierda? No seria aceptable tampoco si después de este cambiamento, los dos pasajes pareciesen completamente semejantes. Por lo demás subsistirian siempre unas diferencias muy sensibles (que no es dificil de averiguar). Por eso el cambio no saldria con su intento, que además no es ni deseable ni justificable, de momento que toda la obra de Beethoven está llena de desigualdades de este tipo, y nosotros las recibimos y gozamos cada vez, como felices creaciones de un genio. Pues, para terminar, es mejor ejecutar este pasaje en la manera indicada en la edición original.

b) Respectar el calderón.

Continued from page 137

a) *Pour l'exécution des nombreuses et diverses figures d'agrément de la musique classique, il existe certaines régles traditionelles qui finirent par s'imposer comme des lois presque inviolables. Probablement Beethoven se servait lui-aussi de la notation que tout le monde comprenait à son époque; il exigeait par conséquent une interprétation bien déterminée. Mais comme il arrive souvent chez lui que certaines mesures présentant par ailleurs un aspect de parfaite conformité n'offrent nullement les mêmes agréments et les mêmes signes d'interprétation, nous voyons naître une grande et légitime confusion. Là où les indications se multiplient on peut aisément conclure que l'auteur avait le désir d'agrémenter le passage en question. Mais que faut-il faire là où les indication sont plus rares et incomplètes? Est-ce le signe de l'insouciance omettant de répeter ce qui doit logiquement s'appliquer à certains passages déterminés? Vu le nombre considérable d'altérations minimes de ce genre, altérations parfois à peine perceptibles, mais indubitablement voulues et donnant encore aujourd'hui plus de vie à l'oeuvre de Beethoven, il serait dangereux ou pour le moins très imprudent et certainement injustifiable d'accuser Beethoven d'insouciance, tant que la possibilité — quelque minime qu'elle soit — d'une vraie agrémentation subsiste encore.*

Des premières 23 mesures, les six mesures qui sont pourvues d'un trille, offrent malgré leur ressemblance presque entière, la particularité suivante: quatre fois, une appogiature précède le trille; deux fois, elle fait défaut. Pour les trilles à appogiature inférieure, la régle exige une double appogiature:

a) Para la ejecución de los muchos y varios bordados en la musica clasica, existen unas reglas tradicionales que se imponen como leyes inviolables.

Probablemente Beethoven se servia tambien de la notación que todos usavan en aquella epoca y requeria una interpretación bien determinada. Pero por su costumbre de no conservar los mismos bordado en trozos perfectamente iguales bajo todos los otros aspectos, nace un poco de confusión.

Donde las marcas son más numerosas se puede pensar que el autor desearia adornar todavia más el pasaje. ¿Pero que es lo 'que se tiene que hacer donde las indicaciones son más escasas? ¿Se tiene que considerar como un descuido del autor que omitió de repetir aquellas marcas que era necesario de poner totovía? Considerando la cantidad de diferencias pequeñas, pequeñisimas o casi inperceptibles, todos indudablemente queridas, que animan todavia más las obras de Beethoven, seria peligroso o por lo menos arriesgado y muy injustificado inculpar Beethoven de descuido, cuando hay la probabilidad del que estas diferencias por cuanto pequeñas fuesen en la intención del autor.

Entre los primeros 23 compases, los seis donde encontramos un trino ofrecen esta particularidad (tambien siendo muy parecidos en lo demás): cuatro veces la apoyadura precede el trino, dos veces falta. Por los trinos con la apoyadura inferior la regla pide una doble apoyadura:

Continued from page 138

a) *Pour faire mieux ressortir les trois dernières doubles-croches, on peut choisir la version suivante (elle offre cependant certaines difficultés dans un mouvement si rapide):*

a) Por hacer sobresalir mejor las tres ultimas semicorcheas se puede escojer la versión siguiente (que no obstante ofrece dificultad en un tiempo tan veloz):

Le trille sans appogiature commence en général par la note supérieure (11e mes.):

El trino sin apoyadura empieza, segun la regla, desde la nota superior (compás 11):

Le reviseur ne se conforme pas cette fois à la convention, il recommande d'exécuter une appogiature brève et de faire débuter le trille par la note principale, en accentuant le temps fort:

El revisor esta vez no se conforma a la regla y conseja de ejecutar una apoyadura breve y de empezar el trino desde la nota principal, acentuando el tiempo fuerte:

(Sauf indication contraire: il doit en être de même partout où l'on rencontre la notation ci-dessus). De même à la mesure 11 (ainsi qu'aux mesures correspondantes), sans appogiature:

(Si no hay indicaciones contrarias, esta tiene que ser la ejecución cada vez que se encuentra la dicha notación). Lo mismo al compás 11 (y compases correspondientes) sin apoyadura:

L'exécution usuelle peut amener l'effet suivant:

La ejecucion habitual produce con facilidad el siguiente efecto:

C'est ce que craint le reviseur; à son avis il faut exécuter:

Es lo que el revisor tiene miedo: segun él, el efecto tiene que ser este:

b) *Voir la remarque a).*

b) Ver la nota *a*).

Continued from page 141

a) *Ici en forme d'une double appogiature:*

a) Aqui, como doble apoyadura:

(L'effet serait un peu paralysé, si l'on prenait 24 notes pour la mesure entière, c'est-à-dire des double-croches au-lieu des 36 notes en triolets indiquées ci-dessus). Aux deux mesures suivantes commencez par la note supérieure au premier temps de la mesure:

(Ejecutando el trino con 24 notas (semicorcheas) por todo el compás, en lugar que con 36 notas, tresillos de semicorcheas, como está indicado aqui, el efecto seria un poco misero).En los dos compases siguientes empezar el trino desde la nota superior en el 1° cuarto.

b) *Ne quitter l'accord qu'au moment où commence le trille de la mesure suivante.*
c) *Dans le manuscript, la deuxième double-croche est un* mi². *Quatre mesures plus loin, nous voyon cependant un fa bémol.*

b) Retener el acorde hasta el momento de empezar el trino en el compás siguiente.
c) En el manuscrito la segunda semicorchea es un *mi*. Pero cuatro compases después encontramos que es un *fa b*.

Continued from page 151

a) *Dans l'édition originale, l'indication du trille fait défaut ici. C'est sans nul doute une erreur. Dans le manuscript, nous trouvons le trille, mais il y manque l'appogiature (en contraste avec le passage correspondant à la page 141). Nous avons ajouté la double appogiature, de la façon suivante:*

a) **En la edición original en este punto falta el trino. Es sin falta un error. En el manuscrito encontramos el trino pero sin apoyadura (al revés del pasaje correspondiente a pág. 289). El revisor añade la doble apoyadura en la manera siguiente:**

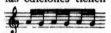

(Pas de note complémentaire!) La plupart des éditions ont seulement:

(¡Sin nota de complemento!) La mayor parte de las ediciones tienen solamente:

Plusieurs éditions ont même, pour des raisons inconnues, comme note complémentaire, un fa[1]:

Muchas ediciones, no es claro porqué razon, tienen la resolución del trino con el *fa:*

b) *Voir page* 141 b).
c) *Voir page* **141** a).

b) Mirar pág. **141** *b*).
c) Mirar pág. **141** *a*).

Continued from page 153

a) *Nous trouvons dans le manuscript deux sf dans cette mesure. Le premier se trouve placé, comme dans toutes les mesures correspondantes, à la quatrième noire pointée; l'autre, placé à la 22ᵉ double-croche, n'est — avec une intention certainement bien déterminé — prescript uniquement qu'à ce passage.*
b) *Dans de nombreuses éditions, les figures de la droite, ici comme aux six mesures suivantes, sont faussement notées. La forme qui leur a été rendue ici, et qui est la seul juste, se trouve non seulement dans le manuscript, mais dans tous les anciens textes.*

a) En el manuscrito encontramos dos *sf* en este compás; el primero, como en todos los compases correspondientes, en la cuarta negra puntada, el otro, que es seguramente querido se encuentra solamente aqui, en la 22ᵃ semicorchea.

b) En muchas ediciones las notas de la mano derecha no son justas, tanto en este compás como en los seis siguientes. La forma que ha sido producido aqui, y que es la justa, se encuentra en el manuscrito y en todas las viejas ediciones.

Continued from page 157

a) *Quatre triolets de croches valent huit demi-temps. Une mesure en 12/8 ne peut donc se composer de quatre triolets de croches. La manière d'écrire de Beethoven, en triolets 3̂ ne peut donc avoir d'autre but que de déterminer de façon précise la répartition en quatre temps, et de prévenir contre une exécution phrasée par six. Il est cependant incompréhensible pourquoi Beethoven ne s'est pas à cette intention plutôt servi de barres pour la liaison des croches. Le détaché prescript par les silences aurait pu s'obtenir par des points de staccato.*

a) Cuatro tresillos de corcheas corresponden a un compás de ocho corcheas, por tanto un compás en 12/8 no puede estar hecho con cuatro tresillos de corcheas. Por consiguiente la indicación que da Beethoven: 3̂ no puede tener otro fin que lo de determinar en manera exacta la división del compás en cuatro y de evitar una division en seis. Sin embargo es incomprensible porque el autor no haya agrupado las corcheas por tres. El « staccato » requerido de los silencios hubiera podido ser alcanzado con unos puntos encima de las notas.

Continued from page 158

a) *A partir de la septième croche, les signes de 3̂ font défaut dans le manuscript. Une nouvelle forme rythmique, une répartition par six est-elle intentionné à partir d'ici? Cela est peu probable. Nous conserverons la répartition précédente.*
b) *Pédale autographique.*
c) *Cela veut probablement dire: « più pianissimo ».*
d) *Point d'orgue d'environ dix-huit croches; pédale de même durée. Ensuite, pause respiratoire correspondant à environ quatre mesures entières du Più Allegro; sur quoi attaquez l'Andante.*

a) Desde la sétima corchea falta en el manuscrito la marca 3̂. ¿Ha talvez querido el autor introducir una nueva manera con la division del compás en 6? No es probable. Seguimos entonces la división precedente.
b) Pedal autógrafo.
c) Este « più piano » que está después del pianissimo quiere decir *ppp*.
d) Calderón de la duración de cerca 18 corcheas. Pedal de la misma duración. Sigue una pausa de la duración de alrededor 4 compases del tiempo « Più Allegro », pues empieza el « Andante ».

Continued from page 160

a) Aucune des doubles-croches de la main droite ne doit être accentuée ou tenue d'une façon spéciale. Si Beethoven avait désiré des noires et des croches, une voix supérieure s'élevant distinctement, il en aurait certainement fait la remarque. Pour rendre bien harmonieusement et d'une sonorité pleine cette variation, il est utile de se figurer la partie de la main droite confiée au violon: dessinant des arcs et des rubans au-dessus des valeurs larges de la basse, avec beaucoup de sentiment, sans pédale si possible, d'un mouvement uniforme et tranquille, avec simplicité et douceur. (Sans pour cela négliger la gradation finale).

b) La deuxième fois, à la reprise, le troisième doigt sur le ré *bémol (*1re *noire m.g.).*

a) Ninguna semicorchea de la mano derecha tiene que ser acentuada o tenida en manera especial. Si Beethoven hubiese querido en la voz superior unas negras o corcheas o tambien una mayor énfasis, lo hubiéra indicado. Para dar a esta variación una interpretación armoniosa, con buena sonoridad, es util pensar la parte de la mano derecha como si fuera confiada a un violin, que dibujase arcos y volutas sobre las notas larga del bajo; con mucho animo, posiblemente sin pedal, igual y tranquilo, sensillo y dulce. (Naturalmente sin empobrecer el crescendo antes del final).

b) La segunda vez a la repetición después del estribillo, el *tercer* dedo en el *re b* (primera negra de la izquierda).

Continued from page 165

a) Pédale originale.
b) Cette mesure et la mesure suivante sont la reproduction exacte du manuscript. A la première de ces mesures, ainsi que l'indique une seule ligne ininterrompue d'arpège, les neuf notes de l'accord, réparties aux deux mains, doivent être frappées l'une après l'autre. Le reviseur est d'avis que l'exécution de l'arpege ne doit pas être trop rapide mais très douce et régulière, à peu près celle-ci:

les huit triples-croches environ en un mouvement de ♪ = 132; à partir du re b¹ on reviendra naturellement au mouvement primitif ♪ = 88. Dans la deuxième mesure, l'accord n'est brisé qu'à la portée inférieure, à la portée supérieure il porte l'indication de secco. Donc les cinq notes attribuées à la main gauche doivent à nouveau être frappées l'une après l'autre (cette fois de façon rapide et impétueuse), les quatre notes supérieures en accord plaqué (et on les frappera le mieux simultanément avec le si b¹ supérieur de la main gauche). Malgré la ligne indiquant déjà de façon indubitable la brisure de l'accord, Beethoven ajouta encore en toutes lettres à cette deuxième mesure, à la gauche l'indication d'«arpeggio». Ainsi toute altération est inadmissible, le «secco» ne pouvant se rapporter à la gauche, de même que l'«arpeggio» ne peut se rapporter à la droite. Quant à ces deux mesures, la plupart d'éditions ne sont pas conformes au manuscript. Beaucoup d'éditions ont (toujours pour les deux mesures) deux lignes d'arpège: } *Beaucoup d'éditions ont le signe ininterrompu:* } *Je n'ai trouvé le «secco» dans aucune édition.*
Point d'orgue d'une valeur d'environ six croches (♪ = 88); ne pas faire suivre de pause.

a) Pedal autógrafo.
b) Este compás y el siguiente son exactamente reproducidos como en el manuscrito. Desde el primer compás, como lo indica la linea de arpegio ininterrumpida, las nueve notas del acorde divididas entre las dos manos tiene que ser tocada una después de la otra. El revisor opina que la ejecución de este arpegio no tiene que ser demasiada rapida pero muy dulce y regular: más o menos así:

las ocho fusas ejecutadas en un movimiento de ♪ = 132. Naturalmente desde el *re b* se vuelve al movimiento ♪ = 88.
En el segundo compás el acorde no está arpegiado que en la parte inferior, mientras la parte superior tiene la indicación «secco». Entonces las cinco notas de la mano inferior tienen que ser de nueve ejecutadas arpegiadas (esta vez en manera rapida e impetuosa) mientras las cuátro notas de la mano derecha serán ejecutadas simultaneamente (junto al *si b* superior de la mano izquierda). A pesar la linea ondulada que indica indiscutiblemente el arpegio, Beethoven añada tambien la indicación «arpeggio» por la mano izquierda en el segundo compás. No es por consiguiente posible ejecutarlo de otra manera, pués que la palabra «arpeggio» no puede atribuirse a la derecha, ni la palabra «secco» a la izquierda. Respecto a estos dos compases la mayor parte de las ediciones no se conforman al manuscrito.
Siempre respecto a estos dos compases, muchas ediciones tienen dos lineas onduladas interrumpidas: } y muchas tienen una sola linea ininterrumpida: }

En ninguna edición he encontrado la palabra «secco». Calderón de alrededor seis corcheas (♪ = 88) sin pausa

Continued from page 176

a) *Dans le manuscript, nous voyons mentionné, si distinctement qu'il ne peut s'élever aucun doute, un rinforzando. Toutes les éditions connues par le reviseur ont là un ritardando au lieu du rinforzando. Cette erreur est due probablement à la négligence du graveur d'une des anciennes éditions, (ce qui, vu la clarté du texte, nous étonne) et cette erreur a uniformément été adoptée dans les éditions ultérieures. Si, comme les rédacteurs des éditions ultérieures semblent l'admettre, l'erreur avait été commise par Beethoven, si en place du ritardando intentionné, il avait écrit un rinforzando, cela aurait été aussi superficiel qu'oublieux, car il aurait à la deuxième mesure suivante également oublié un a tempo, qui s'imposerait alors là. Dans le manuscript nous n'en voyons pas trace. (Beethoven a toujours très soigneusement mentionné les changements de mouvement, les retours au mouvement et nous ne trouvons à citer pour dire aucune omission). Naturellement, la plupart des éditions imprimées ont cet a tempo. Les éditions primitives revues et corrigées décident presque toujours de la justesse du texte. Le reviseur ignore si ces éditions revues portent un rinforzando ou un ritardando. Si elles mentionent un ritardando que Beethoven ne modifia point, il est à se demander s'il faut trouver la négligence dans sa rédaction ou dans sa révision du texte. Le reviseur croit absolument au manuscript et il ne comprend pas qu'il puisse s'élever des considération d'ordre musical à ce sujet; il trouve le rinforzando absolument convaincant, absolument justifié et même nécessaire, le sf de la quatorzième mesure du thême principal s'avance d'une demi mesure, le point culminant ne s'atteint cette fois qu'au rinforzando qu'un cresc. précède, il est suivi d'un soufflet décroissant; somme toute, nous avons des garanties suffisantes pour la justesse du rinforzando. Pour ce qui concerne par contre le ritardando, le reviseur, durant des années, avant qu'il n'eut connaissance du manuscript, se conforma à contre-coeur à cette indication, le ralentissement des passages de la basse ne lui étant pas sympathique, et il fut heureux de découvrir enfin la justification de son antipathie.*

a) En el manuscrito encontramos aqui indicado un « rinforzando » con una claridad que no admite dudas. Todas las ediciones conocidas del revisor tienen un retardando en lugar de un rinforzando. Probablemente este error es debido al descuido de un grabador de una de las primeras ediciones (cosa muy estrana porque el texto es muy claro); falta que ha sido repetida en todas las siguientes ediciones. Si este error hubiese sido cometido por Beethoven (como evidentemente los revisores después han supuesto) y que el en lugar del retardando que estaba en sus ideas hubiese escrito un rinforzando, a esta distracción se junta dos compases mas tarde un olvido, porque después del retardando es necesaria la indicación « a tempo » que falta el en manuscrito. (Beethoven tiene siempre indicado escrupolosamente todos los cambios de tiempo y la vuelta al tiempo precedente: no hay casi ejemplo en que haya ometido alguna).

Naturalmente la mayor parte de las ediciones tienen aqui la indicación « a tempo ».

Usualmente, pero no siempre, las primeras ediciones revisadas y corectas por Beethoven deciden la exactitud del texto. El revisor no sabe si tienen aqui un rinforzando o un retrazando. Si tienen un ritardando, que no se encuentra en el manuscrito, nos preguntamos si la distracción de Beethoven consiste de no indicarlo en el manuscrito o de no borrarlo en el texto estampado. El revisor cree que el manuscrito sea justo y no comprende como se pueda haber duda de natura musical, alrededor de este rinforzando, que él encuentra muy convincente, justificado y tambien necesario. El sf en el 14° compás del tema principal es anticipado de medio compás, el punto culminante se alcanza esta vez con el rinforzando el cual está precedido de un crescendo, y seguido de una horquilla que indica el diminuendo: en cuentas hay todas las garantias por la exactitud del rinforzando. Al revés, por lo que se refiere al «ritardando» el revisor antes de ver el manuscrito se conformaba, por cuanto de mala gana, a esta indicación tambien no siendo de su gusto y se alegró cuando el «rinforzando» encontrado en el manuscrito le dió la justificación de su aversión al «ritardando ».

Continued from page 178

a) *Quelques éditions, entre autres le texte primitif, ont ici et par deux fois encore un texte erroné. Ici à la première double-croche, il faut lire au lieu du la b à la première octave* do mi b, *à la deuxième mesure suivante, la même faute se répète et quatre mesures plus loin, toujours à la première double-croche, il faut placer au lien du ré b à la deuxième octave la b[1]* la b.

Ici, comme à tous les passages analogues (avec deux exceptions nécessaires du point de vue musical), Beethoven s'est servi à chaque deuxième mesure de ces figures à deux mesures, des signes de reprise:

en place des notes. Il est inutile de mentionner que chacun de ces signes impose la répétition de la demi-mesure précédent immédiatement. Les trois erreurs énoncées ici, ont certainement pour origine la distraction d'un graveur (ou d'un reviseur?) qui justement à partir de ces mesures répète à chaque fois la mesure précédente entière, comme s'il ne se trouvait, dans les trois mesures en question, qu'une seule reprise:

a) Algunas ediciones entre las cuales el texto original tienen aqui, y tambien otras dos veces, un texto equivocado. La primera semicorchea no tiene que ser *la b*, pero do mi b; el mismo error se repite dos compases después. Cuatro compases después, la primera semicorchea no tiene que ser *re b* pero la b la b. Aqui como en todos los pasajes analogos (con solamente dos exceptiones necesarias desde el punto de vista musical) Beethoven se ha servido en los segundos compases de las siguientes marcas:

en lugar de las notas. Es inutil decir que cadauna de estas marcas impone la repetición del *medio* compás precedente. La forma equivocada de los tres compases sobredichos deriva seguramente de la distracción de un grabador (¿o de un revisor?) que ha repetido por entero el compás precedente, como si en los tres compases sobredichos se encontrase la marca:

Continued from page 185

a) *A rendre comme suit:*

b) *Le soupir a été ajouté par l'éditeur.*

c) *Point d'orgue d'environ neuf doubles-croches; la dixième double-croche forme pour ainsi dire le temps de la levée de l'Allegro.*

d) *Pour des raisons inconnues, plusieurs éditions (les plus répandues d'ailleurs!) ont un alla breve au-lieu de 4/4. Dans le manuscrit, la double barre avant le 4/4 fait défaut. On y trouve ceci:*

De cette façon, le temps de levée forme bien nettement le deuxième temps de la quatrième mesure. Il aurait été plus exact encore de placer la nouvelle indication de temps après la levée et de n'indiquer au-dessus de la levée que le nouveau mouvement. Si nous n'avons pas éliminé la double barre, c'est parce que l'usage technique demande de s'en servir avant une nouvelle indication de temps.

a) Ejecución:

b) La pausa ha sido añadida por el editor.

c) Calderón de la duración de alrededor nueve semicorcheas: la decima semicorchea hase la anacrusi del « Allegro ».

d) No se sabe por que razón algunas ediciones (y las más conocidas) indican aqui el tiempo « alla breve » en lugar del 4/4. En el manuscrito falta la doble barra antes el 4/4. Es escrito así:

En esta manera el anacrusi del « Allegro » es bien claro el segundo cuarto del cuarto compás. Hubiera sido más exacto poner la indicación del tiempo siguiente después del anacrusi y indicar sobre ella solamente el nuevo movimiento. No hemos excluido la doble barra porque el uso la requiere antes la indicación de un nuevo tiempo.

Continued from page 186

a) *Dans le manuscrit, l'édition originale ainsi que dans différentes éditions anciennes, le quatrième temps (à la gauche) est noté comme suit:*

Toutes les éditions plus récentes (de même que le texte original et l'Edition Critique Générale) voient ici une erreur d'écriture; la notation suivante serait exacte:

Ici le ré dièse[1] a été également remplacé par la dièse[1] Il n'est pas impossible, que la forme voulue soit fa dièse[1] *. A l'endroit de* ré dièse[1] *la reprise correspondant à celui-ci, on trouve, il est vrai:*

et non pas:

c'est pourquoi justement il pourrait y avoir en tout d'abord:

b) *A rendre comme suit:*

a) En el manuscrito, en la edición original y en muchas ediciones antiguas, encontramos el cuarto compás a la izquierda indicado así:

Todas las nuevas ediciones (lo mismo que el texto original y la Edición Crítica Completa) lo consideran una falta de escritura: la notación siguiente sería justa:

Tambien en este caso el *re sostenido* ha sido remplazado por *la sostenido*; podría ser talvez que la notación requerida sea *fa sostenido* Sin embargo al paso corres*re sostenido* pondiente encontramos:

y no:

Por esta razón es posible que la primera vez sea:

b) Ejecución.

Continued from page 187

a) Le manuscrit, le texte original ainsi que les éditions plus anciennes ont à la main gauche (ici et à la mesure suivante) un sol *et à la droite un* fa double dièse. *Toutes les éditions plus récentes éliminent cette différence en notant également* fa double dièse *à la main gauche et enlevant ainsi à la forme primitive son aspect caractéristique.*

b) Dans le manuscrit et l'édition originale, il n'y a pas de note complémentaire.

a) En el manuscrito, en el texto original y en muchas viejas ediciones encontramos en este compás (y en el siguiente) un *sol* a la mano izquierda y un *fa doble sostenido* en la mano derecha. Todas las ediciones más recientes eliminan esta diferencia poniendo *fa doble sostenido* tanto en la mano izquierda como en la derecha, y quitando así a la manera primitiva su aspecto característico.

b) En el manuscrito y en la edición original el trino termina sin resolución.

Continued from page 193

a) Le fa dièse[1] *qui se trouve ajouté dans plusieurs éditions au quatrième temps de la droite, c'est-à-dire:* mi fa dièse do dièse *au-lieu de:* mi do dièse *est absolument faux.*

b) Le doigté des dernières doubles-croches est de Beethoven lui-même.

a) No creemos justo el *fa sost.*, que en muchas ediciones ha sido adjunto en el cuarto compás de la derecha, o sea: mi fa sostenido do sostenido lugar de mi do sostenido.

b) La digitación de las ultimas semicorcheas es de Beethoven.

Continued from page 196

a) Dans le manuscrit et l'édition originale, les quatre premières doubles-croches sont notées comme suit:

Dans toutes les éditions plus récentes, on les trouve transformées comme suit, semblablement aux passages qui correspondent à celui-ci:

Cette transformation resterait défendue, même s'il s'agissait d'une « amélioration » (ce qui n'est certainement pas le cas ici).

b) Pédale originale.

a) En el manuscrito y en la edición original las cuatro primeras semicorcheas son las siguientes:

En todas las ediciones más recientes ellas son trasformadas como sigue, en conformidad a los pasos correspondientes:

Este cambio seria prohibido tambien si produciese un mejor efecto (cosa que no es).

b) Pedal autógrafo.

Continued from page 202

a) **sf** *ici à la troisième croche!!*

b) *Point d'orgue d'environ 6 croches; ensuite une pause respiratoire d'une croche.*

c) *Pédale originale.*

d) *En doubles-croches et non pas en triples-croches!! Qu'on se figure un point d'orgue sur la dominante, d'une durée consi dérablement plus longue que les points d'orgue précédents il a pour ainsi dire la valeur de six noires (2 × 3 serait le mieux) (Les arpèges sont indispensables pour le crescendo sur le piano). Point d'orgue sur le soupir (pause respiratoire) d'une valeur d'environ trois croches; mais cette fois il faut prendre une pédale jusqu'au début de la mesure suivante. Voici par conséquent l'interprétation du reviseur:*

a) El **sf** aqui se encuentra en la tercera corchea.

b) Calderón de la duración de alrededor seis corcheas, después pausa de una corchea.

c) Pedal autógrafo.

d) En semicorcheas y no en fusas. Figurarse un calderón en la dominante considerablemente más largo de los precedentes o sea del valor de seis negras (2 × 3 sería todavia mejor). (Los arpegios son indispensables — en el pianoforte — por el crescendo). Calderón sobre la pausa de la duración de alrededor tres corcheas. Pero esta vez se necesita el pedal hasta el principio del compás siguiente. Esta es la interpretación del revisor:

Continued from page 203

a) *Le premier thème apparaît trois fois tout entier (sept mesures); dans l'édition originale, la cinquième mesure de la main gauche apparaît chaque fois sous une nouvelle forme. La première fois:.*

(Deux temps pour la sous-dominante, le troisième temps pour la dominante, en conservant la note fondamentale) La seconde fois:

(Tous les temps dans la dominante) et la troisième fois:

(Le premier temps dans la sous-dominante, les deux autres dans la dominante). Il est incompréhensible pourquoi les éditions ultérieures mettent en doute l'authenticité de ces diversions. Il est à croire qu'ils ne peuvent s'accommoder d'une telle richesse d'inspiration, car aux répétitions de cette mesures, ils lui enlèvent (chacun selon sa manière de concevoir) sa note d'originalité en lui rendant son écriture primitive. (Cela, de plus, sans mentionner ni justifier d'aucune façon cette généralisation). Pour le reviseur, il ne peut être question de cette assimilation; à son avis, l'éloignement de ces diversions si heureuses, abaisserait la génialité au niveau du commun.

a) El primer tema se presenta tres veces todo entero (siete compases); en la edición original el quinto compás de la mano izquierda resulta cada vez de manera distinta. La primera vez:

(Dos compases en la sottodominante, el tercer compás en la dominante manteniendo la nota fundamental). La segunda vez:

(Todos los tres compases en la dominante), y la tercera vez:

(El primer compás en la sotto-dominante y los otros dos en la dominante). Es incomprensible la razón por la cual las ediciones más recientes pongan en duda la autenticidad de estas variantes. Parecen que no puedan soportar tanta riqueza de inspiración, puesto que en el momento que este compás se repite la segunda y la tercera vez le quitan su originalidad repitiendola cada vez en la primera forma, cada edición a su manera (sin además dar una explicación de este cambiamento). Segun el revisor no pueden haber dudas sobre este punto, y quitar esta meravillosa diversidad envileceria la genialidad al nivel de las cosas ordinarias.

Continued from page 217

a) *Beethoven donna pour titre à la première partie de cette sonate:*
« Les adieux. Vienne, le 4 mai 1809, à l'occasion du départ de son Altesse Impériale, le révéré Archiduc Rodolphe », la deuxième partie s'intitule: « l'absence », la troisième: « le retour de son Altesse Impériale, le révéré Archiduc Rodolphe au 30 janvier 1810 ».
Son éditeur de sa propre autorité, substitua à le texte allemand un texte français, ne mentionnant pas l'Archiduc, oubliant même de faire remarquer que la sonate lui est dédiée. Furieux de cette manière d'agir arbitraire, Beethoven exigea la stricte exécution de ses ordres. (De plus, dans une lettre à son éditeur, il dit — s'exprimant à peu près en termes analogues — que « Les adieux » n'est qu'une expression banale, ne pouvant traduire l'intime et personnel mot allemand « Lebewohl »).

b) *Toute cette partie est en quelque sorte déterminée par les trois premières valeurs de noires; c'est à elles et seulement à elles que se rapporte l'« espressivo » (du début, qui par la suite se répète quatre fois) cela assez distinctement pour que nous limitions l'étendue de cet « espressivo » à ces trois syllabes: « Lebewohl! » Mais comme l'oeuvre toute entière doit être empreinte de chaleur, de vie et de passion, il est naturel que nous efforçions à répondre aux intentions du compositeur, qui exige à certaines parties d'importance toute spéciale une exécution particulièrement noble, élevée, impressive, enfin une forme décisive bien déterminée.*

c) *Exécution:*

d) *Le doigté 5, 5, 5 est le doigté original de Beethoven.*

a) Beethoven ha dado a la primera parte de esta sonata el titulo:« El adiós. Vienna 4 de mayo de 1809 en la ocasión de la partida de su Alteza Imperial el Arciduque Rodolfo». La segunda parte tiene el titulo « La Ausencia » y la tercera « El regreso de su Alteza Imperial el Arciduque Rodolfo el 30 de enero de 1810 ».
El editor de Beethoven cambió estas indicaciones a su manera: tradució en francés el texto alemán, no nombró el arciduque y no citó tampoco que la sonata le había sido dedicada. Beethoven furioso por esta manera de proceder impuso la ejecución exacta de sus ordenes. (Además en una carta a su editor dice aproximadamente que la expresión común « El adiós » no corresponde absolutamente a la palabra mucho más intima y personal « Lebewohl ».

b) Toda esta frase en cierta manera es determinada de las primeras tres negras: solamente a ellas se refiere la indicación « expresivo » (tanto al principio como las cuatro veces siguientes) y esto tan claramente de hacer ver que estas indicaciones se refieren solo a las tres silabas « Lebewohl ». Pero como todo el trozo tiene que ser lleno de color, de vida y de pasión se tiene que dar tambien a las otras partes que tienen una importancia especial, esa interpretación en particular modo noble, elevada y segura que estaba en la intención del autor.

c) Ejecución:

d) La digitación 5, 5, 5 es de Beethoven.

Continued from page 222

a) *Ici et aux trois fois suivantes, Beethoven fait partir déjà la liaison du premier temps, tandis qu'aux autres passages correspondants, elle ne se trouve qu'au quatrième.*
b) *Pédanterie de maître d'école, plusieurs reviseurs assimilent ce passage aux passages correspondants qui le précèdent et en font:*

alors que toutes les copies de l'original et aussi le manuscript nous montrent indubitablement:

L'« erreur » de Beethoven est passée le plus souvent sous silence, et c'est tacitement que l'on procède à sa « rectification ». C'est la thèse qui l'emporte. (Ces reviseurs attachent moins d'importance à l'expression nouvelle, se faisant toujours plus pressante, qui justement ici est provoquée par cette inégalité. C'est pour se conformer à cette expression, qu'à la période suivante, comparée à la période parallèle de la première partie, il manque une mesure entière).

a) Tanto aqui como otras tres veces Beethoven empieza la ligadura en el primer cuarto, mientras en otros pasos correspondientes no empieza que al cuarto cuarto.
b) Muchas ediciones, con una pedanteria de maestro de escuela, asimilan este pasaje a aquellos correspondientes que lo preceden y lo trasforman así:

mientras todas las copias originales, comprendido el manuscrito piden sin alguna duda la siguiente versión:

Esta « adaptación » esta hecha sin decir una palabra sobre el « error » de Beethoven. La regla tiene el maximo derecho. (Semejantes revisores dan poca importancia a la expresión nueva, siempre más apresurada dada de esta diversidad, y es para conformarse a esta expresión que nel periodo siguiente falta un intero compás, en comparación al periodo correspondiente que se encuentra en la primera parte).

Continued from page 225

a) Ne pas faire d'arrêt respiratoire avant la mesure suivante.

b) *Dans ces huit mesures (dix à la fois suivante) le reviseur n'applique l'accentuation qu'à la voix inférieure, la voix médiale doit donc se subordonner aux deux autres.*

a) Sin pausa entre este compàs y el siguiente.

b) El revisor cree que la expresión característica de estos 8 compases (10 la proxima vez) cae en la parte inferior. La voz mediana tiene que ser menos expresiva.

Continued from page 226

a) *Dans le manuscript, l'accord est écrit de façon suivante:*

dans les éditions originales il y manque la tierce.

b) *Comparer à la page* **221** a). *Les licences, calmato, accélération, retour au mouvement, doivent toujours s'enchaîner de façon naturelle et avec souplesse, sans aucun arrêt interrompant la pulsation.*

a) En el manuscrito encontramos:

en la edición original falta la tercera.

b) Confrontar con la pág. **221** *a*). Todos los «ritardando» «accelerando» y las «reposiciones» del tiempo tienen que ligarse con naturaleza y delicadeza sin producir paradas en las pulsaciones.

Continued from page 229

a)

b) *L'arrêt respiratoire ne doit en aucun cas dépasser une durée d'un quart de temps!*

a)

b) La pausa respiratoria no tiene que superar la duración de una semicorchea.

Continued from page 230

a) *Ici l'arrêt respiratoire doit être un peu plus long, mais ne peut dépasser la durée de deux quarts de temps au plus!*
b) *Pédale originale.*
c) *L'appogiature se place exactement sur le premier temps, à l'unisson avec la main droite. Le ré[1], suivant un huitième de temps après environ, est un peu moins fort que le si b. Certaines éditions ont à la quatrième croche de la portée inférieure (à cette même mesure) un la b erroné. C'est un* fa *qu'il faut lire ici.*
d) *Sur la dernière croche de cette mesure, un court point d'orgue qui prolongue sa durée d'environ un quart de temps, ensuite, sans faire d'arrêt respiratoire, enchaîner au Finale.*

a) Aqui la pausa tiene que ser un poco más larga pero no tiene que superar la duración de dos semicorcheas.

b) Pedal original.

c) La apoyadura tiene que encontrarse exactamente en el primer compás, junto a la mano derecha, y tener más o menos el valor de una fusa. El *re* tiene que ser tocado meno fuerte del *si b.* En algunas ediciones la cuarta corchea en la parte inferior (en este compás) es un *la b*: tiene que ser un *fa.*

d) En la ultima corchea de este compás, corto calderón que prolonga su valor de alrededor una semicorchea: empezar el Final sin pausa.

Continued from page 234

a) *Le reviseur exécute cette figure sans notes complémentaires:*

b) *Voir à la page 233 b).*

c) *Le reviseur exécute cette figure sans notes complémentaires; le trille finit naturellement par* do.

a) El revisor ejecuta este trino sin resolución:

b) Mirar pág. **233** *b).*

c) El revisor ejecuta este trino sin resolución. El trino naturalmente termina en el *do.*

Continued from page 235

a) *Sans seulement mentionner qu'elles s'écartent du texte original, beaucoup, voir la majorité d'éditions, orthographient de façon suivante les trois premiers temps de la basse:*

(*Dans l'original cette figure ne se place pas à l'octave inférieure, et elle se compose de quatre double-croches et d'une croche). Du temps où cette sonate a été composée, le clavier ne s'étendait à la basse que jusqu'au* fa, *et chaque compositeur écrivant pour cet instrument devait en tenir compte. Un génie tel que Beethoven, forcé par des telles limites, devint inventif et avait recours à de pareils moyens; mais il ne nous en rend que plus riche. On ne peut continuellement « adapter » ses oeuvres aux plus récentes constructions instrumentales. (Il est à se demander où nous feraient aboutir de telles dangereuses plaisanteries).*

b) *Certaines éditions haussent cet accord à l'octave; il s'entend de soi de ne pas suivre de pareils conseils.*

a) Muchas ediciones, más bien la mayoría de ellas, escriben en la manera siguiente al primer medio compás de la mano izquierda sin citar que ella es diferente en el texto original:

(En el texto original ella no se encuentra en la octava inferior y es bien diferente: se compone de cuatro semicorcheas y de una corchea).
En la epoca en que esta sona'a fue escrita el pianoforte no llegaba en el bajo que hasta el *fa,* y por esto los compositores que escribian por este instrumento tenian que estar entre este limite. Un genio como Beethoven, delante esta limitación volviase todavia más inventivo y desplegaba con más riquezas sus composiciones. No se pueden « aplazar » continuamente sus obras segun las construcciones más recientes del instrumento (no se puede suponer hasta donde estas peligrosas bromas nos llevarian).

b) Algunas ediciones ponen este acuerdo en la octava superior: se comprende que estos consejos no se tienen que tomar en consideración.

Continued from page 252

a) *Ne pas ajouter l'octave* (mi) *à la basse!*

b) *Point d'orgue (repos sans pédale) d'environ* 4 *temps en ritardando continu. (Temps très lents, en considération de ce qu'ils suivent un ritardando très élargi).*

c) *Ne pas oublier le point d'orgue!*

a) No se tiene que añadir la octava (*mi*) al bajo.
b) Calderón (silencio sin pedal) de la duración alrededor de cuatro compases en un retardando gradual. (Los compases, naturalmente, muy lentos puesto que estamos al final de un retardando gradual.
c) Respectar el calderón.

Continued from page 253

a) *La première double croche est ici un* la. *Huit mesures après cependant, elle se change en un sol dièse. Il est étonnant que le texte primitif nous donne à la première répétition du thème principal un* sol *dièse aux deux passages correspondants; cela doit être une erreur, et il doit s'agir ici la premiere fois de nouveau d'un* la. *Dans l'édition primitive, la deuxième répétition est conforme au premier thème. (Il pourrait cependant s'agir deux fois d'un* la *et d'un* sol *dièse, et à la première répétition placé entre celles ci, d'un* sol *dièse et d'un* sol *dièse. Cette déviation est peu admissible car à l'exception d'une note, nous voyons trois fois le thème principal en une forme toute identique. Beaucoup d'éditions ont, sans prêter aucune attention au texte original qui prescrit une modification, à chacun des six temps en question un* sol *dièse. Celui qui se sert d'une édition semblable, n'est donc pas à même de choisir entre la version originale et sa «* rectification *».*

a) La primera semicorchea es aqui un *la*, pero ocho compases después encontramos en su lugar un *sol sost.*. És estraño que en la primera repetición del tema, se encuentra, en el texto original, *sol sost.* en los dos pasajes; con mucha probabilidad es una equivocación, y la primera vez tendria que ser seguramente un *la*. En el texto original la segunda repetición es lo mismo que al principio. (Naturalmente podria ser dos veces *la* y *sol sost.*, y una vez, en el medio, *sol sost.* y *sol sost.*, pero no es probable ya que el tema se repite tres veces en la manera identica, excepto de esta unica nota). Muchas ediciónes tiene todas las seis veces *sol sost.*, sin hacer algun caso a la edición original que quiere de otro modo. Por consiguiente quien usa semejantes ediciones no puede escoger entre el texto y sus «rectificaciones».

Continued from page 254

a) *Voir à la page* 253 a).
b) *Ici «* teneramente *», au début de cette partie «* dolce *». Ainsi les deux périodes sont d'une exécution douce, la première d'un caractère tendre, vif et gracieux, la seconde d'un caractère rèveur, quelque peu passionné et un peu plus énergique. Il faut se garder de souligner trop cette nuance et de tomber ainsi dans l'éxagération, cette différence ne doit se marquer que presque imperceptiblement.*

a) Mirar pág. 253 *a*).
b) Aqui «teneramente»; al principio de este tiempo «dolce». Los dos pasajes tienen que ser ejecutados con dulzura, pero la primera vez amablemente, muy escurrido, con gracia, mientras la segunda vez, con pasión, abandono, energia. Naturalmente no se tiene que exagerar demasiado, todo tiene que ser más intuido que oido, solo como vibración.

Continued from page 261

a) *Voir à la page* 253 a).
b) *Voir à la page* 254 b).
c) *Dans l'édition originale ce passage à cette mesure et à la mesure suivante est en octaves:*

L'édition complète analysée ne donne que des notes simples et l'éditeur se range à son avis.

a) Mirar pág. 253 *a*).
b) Mirar pág. 254 *b*).
c) En la edición original el pasaje tanto aqui como en el compás siguiente es en octava:

La edición critica completa no tiene octavas, y el editor cree que esta sea la justa versión.

Continued from page 262

a) *Continuer immédiatement.*

b) *Le soufflet ne s'ouvre ici que jusqu'à la barre de mesure tandis qu'au passage correspondant (à la page 255), il s'étend jusqu'au troisième demi-temps de la mesure suivante. Il est impossible de déterminer s'il s'agit ici d'une incorrection, mais si l'auteur désirait une exécution uniforme, il faudrait choisir un de ces deux modes d'exécution. Lequel? Le reviseur trouve un certain attrait à varier ces deux passages que cela réponde ou non aux intentions de l'auteur.*

c) *Nous voyons dans l'original ainsi que dans l'édition complète analysée, une grande liaison partant déjà du 3ᵉ demi-temps; le reviseur est d'avis que cette fois également, la liaison, laissant libre la 4ᵉ croche de cette mesure, ne commence que sur le premier temps de la mesure suivante. (A plus forte raison, qu'à la main gauche les liaisons restent identiques aux précédentes).*

d) *Beaucoup d'éditions se conformant au passage analogue à la page 255, 8ᵉ et 9ᵉ mesure) donnent ici:*

Certaines d'entre elle passent sous silence l'altération qu'elles se sont permis, convaincues sans doute de l'inexactitude de l'original. Le reviseur, certain de l'exactitude de l'original, se conforme à celui-ci, il n'a aucun sujet à en douter.

a) Continuar inmediatamente.

b) La marca que indica el crescendo empieza aqui al final del compás, mientras al pasaje correspondiente en la pág. 255 se prolonga hasta la tercera corchea del compás siguiente. Es imposible decir si esto estaba en las intenciones del autor, pero si el deseaba una ejecución uniforme se tendria que escoger una de estas dos versiones. ¿Cual? El revisor encuentra que la diversidad entre estos dos pasajes es atrayente, sea ella querida o accidental.

c) Tanto en el texto original como en la edición critica general encontramos aqui una larga ligadura que empieza en la tercera corchea: el revisor cree que tambien esta vez ella tendria que empezar en la primera corchea del compás siguiente; así la cuarta corchea del compás en cuestión no seria ligada. (Tanto más que las ligaduras quedan iguales en la mano izquierda).

d) Muchas ediciones conformandose al pasaje analogo a pág. 77, compases 8 y 9, tienen aqui:

Algunas ediciones no hacen caso a esta alteración llevada al texto original, talvez porqué bajo su punto de vista se trata de un error que no merece la pena de notar. El revisor opina que la forma original sea justa y la sigue no viendo la razón de dudar.

Continued from page 265

a) *Dans l'édition originale, le si à la basse est une noire; dans presque toutes les autres éditions il a été remplacé par une croche suivie d'un demi soupir (comme de coutume, sans faire aucune mention de cette altération). Cette noire doit elle nécessairement être fausse? Le reviseur est non seulement convaincu de sa raison d'être, mais il est d'avis qu'elle s'impose par le legato de la basse qui doit commencer au deuxième temps. Jusqu'ici, dans cette partie, nous n'avons rencontré à la troisième mesure de la basse du thème principal aucun legato; nous ne le trouvons qu'ici (seulement ici) ou la forme de la basse se modifie comme suit (ce qui est l'important):*

aux fois précédentes:

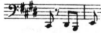

Notre avis en ce qui concerne cette noire est confirmé par la 20ᵉ mesure à la page 89. Il y a ici, (mais non également deux mesures auparavant) à la basse un legato, et c'est à cause de cela que là également, le premier temps de la mesure est une noire. Il est incompréhensible pourquoi toutes les nouvelles éditions en un cas la modifie et ensuite la tolère.

b) *Accord dans l'édition originale:*

La plupart des autres éditions (entres autres la première édition et l'édition complète analysée) l'écrivent de façon suivante:

Nous n'avons pas de raisons suffisantes de douter de la justesse de l'original.

a) En la edición original el *si* en el bajo es una negra: en casi todas las demás ediciones ha sido remplazada de una corchea seguida de una pausa de octavo (sin dar, como siempre, algunas esplicaciones del cambiamento).
¿Esta negra es necesariamente un error? El revisor cree no solamente que ella sea justa, sino indispensable por el ligado del bajo que tiene que empezar en el segundo cuarto.
Hasta aqui no hemos encontrado en esta frase ninguna ligadura en el bajo. Pero en el tercer compás del tema principal las otras veces el bajo se presenta en manera diferente de aquella que tiene aqui (y solamente aqui) y esto es de la maxima importancia:

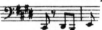

mientras antes ha sido siempre:

La exactitud de esta negra está confermada en el 20° compás a pág. 89 en donde el bajo tiene que ser seguramente ligado (no lo mismo dos compás antes) y por esta razón el compás empieza por una negra. No se comprende la razón por la cual todas las nuevas ediciones la modifiquen en un caso y la toleren en el otro.

b) En la edición original encontramos este acorde:

La mayor parte de las otras ediciones (entre las cuales la primera edición y la edición critica general) tienen aqui:

Tambien aqui no hay razones suficientes para dudar de la exactitud del original.

FRENCH AND SPANISH TEXT

Continued from page 268

a) Le ritardando (de quatre mesures) n'est pas suivi, comme de coutume, de l'indication: a tempo, mais d'un accelerando (de trois mesures et demie) et ce n'est qu'après, au deuxième temps de l'avant-dernière mesure, que se place l'a tempo. Comme exceptionnellement ici, le ritardando n'est pas suivi d'un a tempo, certains éditeurs ne voient dans l'accelerando qu'un retour au premier mouvement; en ce cas, les dernières doubles croches de l'accelerando atteindraient à peine le mouvement primitif. Le reviseur trouve cette interpretation maniérée, lourde et monotone. Nous avons comme mouvement primitif un: pas trop vite; un ritardando continu de quatre mesures finit en un: très lent. Il répugne au sentiment musical du reviseur d'attaquer les doubles croches qui suivent en un mouvement d'andante, sentant que ce ne peut être là la conception de l'auteur. Sans aucun doute, Beethoven était-il d'avis que la reprise du mouvement primitif s'imposait de façon si catégorique après le ritardando, qu'il jugeait inutile d'en appeler à la musicalité et à la connaissance des traditions musicales de l'interprète. L'accelerando commence donc dans le mouvement primitif, accélerant ensuite, plein d'impatience, possédé du désir de saisir encore une fois la chimère; s'apercevant de l'inutilité de son effort, il s'arrête subitement et lui envoie un doux adieux empreint de regret et de résignation.

b) Ne pas faire d'arrêt respiratoire.

a) El retardando (cuarto compás) no está seguido como casi siempre de la indicación « a tempo » pero de un acelerando (tres compases y medio), y solo después, al segundo cuarto del penultimo compás, encontramos la indicación « a tempo ». Desde el momento que aqui excepcionalmente el retardando no está seguido de « a tempo » muchas ediciones no encuentran en el acelerando que un volver al primer movimiento, en este caso las ultimas semicorcheas del acelerando alcanzarian la velocidad del tiempo original. El revisor encuentra que esta interpretación es amanerada, pesada y monótona. Tenemos como tiempo principal un « non troppo presto »: un retardando de cuatro compases termina muy lento. Es contrario al sentido musical del revisor atacar las semicorcheas siguientes en un tiempo andante, intuiendo que esta *no podia* ser la intención del autor. Sin duda Beethoven pensava que la continuación del primer tiempo se imponia de manera tan categorica después del retardando de ser inutil una indicación, que el sentido musical del ejecutor (y conociendo las tradiciones) tiene que hacerle intuir. Por esto el acelerando empieza desde el tiempo principal, crece deseoso de cojer lo que le huye, y se para de repente en el inutil esfuerzo y anuncia un dulce, recogido adiós.

b) Sin pausa.

Continued from page 269

a) Le titre « Für das Hammerklavier » a été employé pour la première fois par Beethoven pour désigner cette Sonate. « Hammerklavier » n'est que la traduction de « pianoforte ». Il ne s'agit donc pas ici d'un instrument spécial pour lequel Beethoven aurait été censé écrire cette Sonate. Il avait commencé à ne plus se servir que de la langue allemande pour ses indications musicales, et pour plus d'uniformité avait adopté cette traduction de « pianoforte ».

b) Les opinions divergent en ce qui concerne certaines liaisons dans cette partie de la Sonate. Les copies de l'original ne disent pas beaucoup à ce sujet et ne peuvent nous éclairer de façon précise. Pour exemple: mi² et mi² (3ᵉ et 4ᵉ croche du soprano) sont liés: le ténor do dièse¹ et do dièse¹ (le premier temps et la 4ᵉ croche) n'ont pas de liaison. Du point de vue musical, la différence entre une note tenue et une note répétée est d'une grande importance et il répugne à la plupart de traiter ainsi différemment les deux voix en question. C'est ainsi que chaque nouvelle édition, selon la manière de voir de son reviseur, nous enlève la liaison du soprano ou en ajoute une nouvelle au ténor. Si à ce sujet le reviseur de cette édition était forcé à décider, il choisirait le second procédé, mais comme cela n'est nullement nécessaire, il vaut mieux respecter l'originalité qui consiste à lier le soprano et à répéter au ténor.

c) Dans cette mesure, de mi à mi une liaison s'impose; elle manque dans plusieurs éditions.

d) Point d'orgue tenu à peu près la valeur de 5 croches en poco ritardando; continuer sans faire aucun repos.

a) El titulo « Für das **Hammerklavier** » ha sido empleado por la primera vez de Beethoven para indicar esta sonata. « Hammerklavier » no es que la tradución de Pianoforte, no se trata entonces de un instrumento especial por el cual Beethoven hubiera escrito esta sonata. Beethoven habia empezado a utilizar solamente el idioma aleman para las indicaciones musicales y por mayor uniformidad adoptó esta traducción de la palabra pianoforte.

b) Las opiniones difieren respecto a algunas ligaduras en esta frase. Las copias originales no dicen mucho acerca de este punto, y no nos pueden dar claras indicaciones. Por ejemplo: hay una ligadura en *mi* y *mi* (tercera y cuarta corchea del soprano): el tenor en el *do scst., do sost.,* (primer cuarto y cuarto octavo) no tiene ligadura. Desde el punto de vista musical la diferencia entre una nota tenida y una nota repetida es de gran importancia, y la mayor parte de los revisores son contrarios a tratar en manera diferente las dos voces. Por esto cada nueva edición quita la ligadura del soprano o la añade a la del tenor según la manera de ver del revisor. Si el revisor de esta edición fuera forzado a escoger entre los dos procedimientos, preferiria el segundo. Pero ya que esto no es necesario es mejor respectar esta diferencia, que puede tener atractiva, es decir la ligadura del soprano y la nota repetida del tenor.

c) En muchas ediciones, en este compás entre *mi* y *mi* falta la ligadura, pero tendria seguramente que estar.

d) Calderón de la duración aproximadamente de cinco corcheas en un « poco ritardando »: después continuar sin pausa.

Continued from page 270

a) *Dans certaines, éditions, les liasons de* la[1] *ré dièse*[1] *à* la[1] *ré dièse*[1] *du premier au quatrième temps de la mesure manquent.*

b)

c) *Beaucoup d'éditions font à la dernière croche de cette mesure* si[1] *sol dièse*[1], *trois mesures après* si[1], do dièse[1] *sol dièse*[1], *ensuite* do dièse[1] la[1] *des liaisons qui n'ont aucune raison d'être.*

a) Agunas ediciones no tienen la ligadura entre la *re sost.,* y la *re sost.* primera y cuarta corchea.

b)

c) Muchas ediciones tienen las siguientes ligaduras: en el ultimo octavo de este compás si *sol sost.,* : tres compases do sost., después si ; y otros tres compases después do sost. la ; ligando estos acordes a los siguientes. Estas ligaduras son seguramente un error.

Continued from page 271

a) *Certaines éditions ont déja ici, comme au passage correspondant que nous rencontrons trois mesures après:* 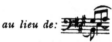 *au lieu de:*

Le reviseur est d'avis que la différence est juste, il s'agit donc la première fois de croches de mélodie.

b) *Voir à la page* 270 *c).*

c) *Point d'orgue d'une valeur d'environ* 9 *croches; continuer sans faire de repos.*

d) *Beaucoup d'éditions mettent, de la basse de* mi do dièse *1er temps* mi do dièse (*3e*), *des liaisons qui sont probablement fausses.*

a) Algunas ediciones escriben este pasaje como lo que encontramos tres compases después:

en lugar de:

El revisor opina que sea justo escribirlas en manera distinta ya que la primera vez son corcheas melodicas.

b) Mirar pág. 270 *c).*

c) Calderón de la duración de alrededor 9 corcheas. Continuar sin pausa.

d) Muchas ediciones tienen aqui una ligadura entre mi do sost. (primera corchea) y mi do sost. (tercera corchea). Probablemente es un error.

Continued from page 272

a) *Dans l'édition originale et dans le manuscrit, nous avons au dernier temps de la mesure à la main gauche* sol dièse[1] mi[1].
Chez différents éditeurs nouveaux, nous trouvons uniquement mi[1], *le sol dièse est jugé par eux de peu d'importance, se trouvant déjà dans la droite. Il n'est certainement pas superflu et il se recommande de le prendre du pouce des deux mains.*

b) *Certaines éditions ajoutent au* 2e *temps un sol dièse à la main gauche, ce changement ne se justifie pas.*

c) *La respiration (avec pédale) ne doit avoir que la valeur d'un quart de soupir.*

d) *La liaison du* ré (*1er temps*) *au* ré (*4e temps*) *à été ajoutée par le reviseur.*

e) *L'édition originale et le manuscript montrent indubitablement:*

et un changement: (*rappel de la page* 270) *ou bien cet accord:*

ne se justifient pas et sont inadmissibles.

a) La edición original y el manuscrito tienen aqui, en la ultima corchea de la mano izquierda, sol sost. mi En muchas nuevas ediciones se encuentra solamente el *mi:* evidentemente el *sol sost.,* es judicado superfluo, desde el momento que se encuentra en el acorde de la mano derecha. Pero no es así y se recomienda de tocarlo con el dedo pulgar de las dos manos.

b) Algunas ediciones añaden un *sol sost.,* absolutamente superfluo en la segunda corchea de la mano izquierda.

c) La pausa (con pedal) tiene que tener la durcaión solamente de *una* semi corchea.

d) La ligadura entre el *re* (primera seminima) y *re* (cuarta corchea) ha sido añadida por el revisor.

e) La edición original y el manuscrito tienen el siguiente acorde que es adapto y en caracter:

El cambio: (según el pasaje correspondiente en la pág. 270 o bien:

son injustificados y inadmisibles.

Continued from page 273

a) *L'édition Cotta descend d'une octave* le } *mi deuxième octave* } *mi première octave.*

b) *Pédale originale.*

c) *Très longs points d'orgue (avec pédale) d'une durée de trois mesures au plus (avec ritardando), puis très long silence sans pédale d'une durée de huit mesures de l'Allegretto, pas plus. Après attaquer la Marche.*

a) En la edición Cotta esta octava *mi mi* está puesta una octava más en bajo.

b) Pedal original.

c) Calderón (con pedal) muy largo, pero al maximo de la duración de tres compases (en un retardando): después una larga pausa — sin pedal — de la duración de ocho compases del « Allegretto » y no más. Luego empezar la « Marcia ».

Continued from page 277

a) *Dans la plupart d'éditions, nous voyons des liaisons fa¹ à fa¹, de la 4ᵉ à la 5ᵉ et de la 8ᵉ à la 9ᵉ double croche de la main droite. A notre avis, elles n'ont pas raison d'être.*

b) *Dans différentes éditions nous avons au premier temps de cette mesure et de la mesure suivante, à la basse une croche pointée et une double croche. A notre avis, les valeurs de ces deux mesures doivent être identiquement* une noire do *et* do en octave à la portée inférieure.

c) *Dans beaucoup d'éditions, le point d'orgue n'entre en vigueur qu'après la noire, au 3ᵉ temps de la mesure finale de la marche. Il n'est dons pas destiné à prolonger le repos entre cette note finale et la première note de la partie en* si b. *Le reviseur est d'un avis tout contraire. Le point d'orgue représente un repos (sans pédale) d'une valeur d'environ 5 demi-temps. Dans beaucoup d'éditions, le 4ᵉ temps de cette dernière mesure se divise en un demi-soupir pointé surmontée d'un point d'orgue et de la double croche* fa¹. *Cette conception est inadmissible et il nous faut adopter le demi-soupir et la croche* fa.

a) En algunas ediciones encontramos unas ligaduras entre *fa-fa* (cuarta - quinta semicorchea y octava - nona de la mano derecha) que no son justas.

b) En algunas ediciones el primer cuarto en el bajo consiste, tanto aqui come en el compás siguiente en una corchea punteada y una semicorchea. Creemos que la negra sea justa.

c) Muchas ediciones no quieren el calderón que cuando el acorde en el tercer cuarto del compás ha resonado por la ultima vez. Por esto ello no tendria servir a prolongar la duración de la pausa entre la tercera negra y la anacrusi de la parte en *si b* mayor. El revisor, al revés, da al calderón la duración de cinco corcheas (sin pedal). En algunas ediciones encontramos la pausa de la corchea en el cuarto cuarto trasformada en la pausa de una corchea punteada (con el calderón) y el *fa* siguiente transformado en una semicorchea. Esta manera es seguramente equivocada mientras es justa la manera: pausa de una corchea, corchea.

Continued from page 278

a) *La dernière croche* fa¹ *dans l'édition originale doit être une faute d'impression. Le reviseur est d'avis qu'il s'agit ici d'un* mi¹. (*Il est naturel que celui qui ne partage pas cette manière de voir continue à jouer le* fa). *Parmi les éditions connues du reviseur, « l'Universal-Ausgabe » est la seule qui fait ici à la fin de cette mesure une répétition des dix mesures précédentes. Cette répétition ne se trouve ni dans l'original ni dans le Manuscript. Dans ce dernier nous trouvons à la première mesure de la partie en si majeur, à la barre, des points qu'on pourrait prendre pour une reprise, si au cours du morceau on rencontrait les points s'y rapportant, indiquant ainsi la période d'où la reprise serait censée se faire. Mais nous ne rencontrons rien d'analogue, et il nous faut en conclure qu'il s'agit ici de taches. Pour le reviseur cette répétition n'est en aucun cas admissible, étant propre à détruire la construction musicale.*

a) En la edición original la ultima corchea es un *fa*: el revisor cree sea una falta de imprenta y que tiene que ser en lugar un *mi*.
(Naturalmente quien no es de su opinión puede continuar a tocar un *fa*.) Solo la Universal Edition, entre todas aquellas notas al revisor, tiene al final de este compás la marca del estribillo que esije la repetición de los diez compás precedentes. Este estribillo no se encuentra ni en la edición original ni en el manuscrito. En el manuscrito en la barra de división del primer compás de la parte en *si b* se encuentran unos puntos que podrian indicar un estribillo si en la pieza se encontrasen otros puntos que limitasen el periodo de repetir. Pero como no los hay se viene a la conclusión que los primeros puntos sean sensillamente unas manchas. Según el revisor esta repetición no es admisible pues tendria el efecto de destruir la forma.

Continued from page 280

a) *L'indication « avec sourdine » se rapporte sans aucun doute à toute cette partie de la sonate jusqu'aux triolets en doubles croches précédant le mouvement de 6/8. Tout en restant libre, variée, la sonorité doit rester uniformément douce, voilée et d'un caractère éthéré. Le crescendo final culmine au* p *dolce de l'Allegretto. Ici tout en restant* p *dolce, le son perd son caractère voilé, et devient plus clair qu'au cours de l'Adagio.*

b) *Dans beaucoup d'éditions il y a ici de* mi (3ᵉ) *a* mi 4ᵉ *croche) une liaison, qui certainement est fausse.*

c) *Pédale de Beethoven*

a) La indicación « su una corda » se refiere sin duda en toda esta parte de la sonata hasta los tresillos de semicorcheas que preceden el movimiento 6/8. A pesar la intensidad, la libertad, la variedad y la profundidad de la expresión, el sonido tiene que ser siempre casi impalpable, tiernamente velado. El crescendo final alcanza el punto culminante al « p dolce » del « Allegretto ». Aqui el sonido pierde su caracter velado, tambien quedando « p dolce » volviendose más claro que en el Adagio.

b) En muchas ediciones encontramos entre estas dos corcheas (*mi* tercera corchea y *mi* cuarta corchea) una ligadura que es seguramente una equivocación.

c) Pedal de Beethoven.

Continued from page 281

a) *Voir à la page* 280 c).
b) *Beaucoup d'éditions font une liaison du* sol dièse¹ *du premier temps au* sol dièse¹ *de la croche suivante. Il est certainement plus beau (et aussi plus judicieux) de répéter le* sol dièse *marquant le commencement des quintolets de la cadence. Point d'orgue d'une durée d'environ* 10 *doubles croches. La pédale se tient jusqu'après le premier quintolet de la cadence.*
c) *Voir à la page* 280 a).
d) *Les doubles croches sont d'un mouvement quelque peu (presque imperceptiblement) plus rapides que les croches de l'Allegretto.*
e) *Voir à la page* 280 a).
f) *Point d'orgue (avec respiration) d'une durée de quatre croches.*
g) *Voir à la page* 269 b).
h) *Point d'orgue (pause) d'environ sept croches. Les deux demi soupirs dans la mesure suivante strictement en mesure.*
i) *Les triples croches le plus rapidement possible et le trille à peu près de la manière suivante:*

a) Mirar pág. 280 c).
b) Muchas ediciones tienen una ligadura entre el *sol sost.* del acorde y la corchea siguiente, *sol sost.* Es seguramente más bonito (y más logico) repetir el *sol sost.*, marcando el principio de los quintillos de la cadencia. Calderón de la duración de alrededor 10 semicorcheas. Quitar el pedal después el primer quintillo de la cadencia.
c) Mirar pág. 280 'a).
d) Las semicorcheas tienen que ser ejecutadas un poquito más rapidas (pero apenas perceptible) de las corcheas del « Allegretto ».
e) Mirar pág. 280 a).
f) Calderón (en la pausa) de la duración de cuatro corcheas.
g) Mirar pág. 269 b).
h) Calderón (en el silencio) de la duración aproximadamente de siete corcheas. Los dos silencios de 1/8 cadauno, en el compás siguiente, rigurosamente a tiempo.
i) Las fusas lo más rapidamente posible y el trino más o menos en la manera siguiente:

Continued from page 282

a) *Dans des éditions plus anciennes, on voit sur le trille un bécarre qui ne se trouve pas dans l'original. Il est inutile de discuter à ce sujet.*
b) *Exécution:*

c) *Points d'orgue d'environ trois demi-temps chaque; continuer immédiatement après le second.*

a) En las ediciones más antiguas se encuentra en el trino un becuadro que *no* existe en el original, esto no merece de ser tomado en consideración.
b) Ejecución:

c) Calderones de la duración de alrededor tres corcheas.
Después del segundo calderón continuar inmediatamente.

Continued from page 283

a) *Ici, comme à la page 293, 4ème alinèa, 1ère mesure, toutes les voix au 3ème et 4ème demi temps sont notées au système supérieur, tandis que à la page 293, 5ème alinéa 1ère mesure, dans le passage analogue, la basse est notée au systeme inférieur. Le reviseur voit en ceci une intention du compositeur à laquelle il se range. (Voir le doigté de l'éditeur). Pour ces trois mesures identiques avec les deux croches égales les édition à lui connues prescrivent une exécution uniforme. La voix de basse se joue de la main gauche. Si on le profère on peut aussi prendre à la droite* $\frac{3}{2}\frac{2}{1}$ *et 1, 2 de la main gauche.*

b) *Dans beaucaup d'éditions on trouve une liaison du sol dièse au deuxième temps de cette mesure au sol dièse du premier temps de la mesure suivante. Le reviseur répète cette note.*

a) Aqui, como en la pág. 293, cuarto renglón, primer compás, en la segunda y en la tercera corchea, todas las voces estan escritas en el pentágrama superior, mientras en lugar a pág. 115, en el primer compás del quinto renglón, las notas del bajo, en el pasaje identico, estan escritas en el pentágrama inferior. El revisor cree que esto estea hecho intencionalmente y ejecuta el pasaje como está escrito (su digitación lo demuestra). Todas las ediciones conocidas por el revisor indican por todos los tres compases la misma ejecución. La parte inferior siempre con la izquierda. Si se prefiere se puede tocar con la derecha: $\frac{3}{2}\frac{2}{1}$ y con la izquierda 1, 2.

b) En muchas ediciones se encuentra una ligadura entre el *sol sost.*, en el segundo cuarto de este compás y el *sol sost.*, en el primer cuarto del compás siguiente. El revisor repite esta nota.

Continued from page 284

a) *Certaines éditions ajoutent à la main droite une troisième voix à l'octave supérieure (s'inspirant probablement d'un passage analogue, page 291, 3ᵉ mesure de la 5ᵉ ligne) mais oubliant de tenir compte de la différence de la mesure précédente. Cette addition est absolument inadmissible.*
b) *Pédale originale.*
c) *A certaines éditions il manque ici et aux temps correspondants, à la droite, une liaison, de la dernière croche à la croche suivante. Cette liaison s'impose certainement.*

a) Algunas ediciones añaden una tercera voz a la octava superior. (Talvez por analogia al pasaje igual a pág. 291, quinto renglón, tercer compás) sin hacer caso de la diferencia del compás precedente. Esta añadidura es inadmisible.
b) Pedal autógrafo.
c) En algunas ediciones falta aqui y en los pasajes correspondientes una ligadura en la mano derecha entre la ultima corchea del compás y la primera del compás siguiente. Esta ligadura es necesaria.

Continued from page 285

a) *Le premier point d'orgue a une durée d'environ 5 demi temps, le second également; tous deux en un poco ritenuto progressif. Après le second, une pause sans pédale (et toujours ritenuto) d'une durée d'environ 3 demi temps.*

b) *Beaucoup d'éditions n'ont pas ici le* p, *mais déja un* pp, *et nulle indication à la mesure suivante. Le reviseur, sans cependant être convaincu d'avoir raison en ceci, adopte le* p.

a) El primer calderón tiene la duración aproximadamente de cinco corcheas, la segunda una duración igual. Las dos se encuentran ancima de un retardando gradual. Después el segundo, pausa (sin pedal) de la duración aproximadamente de tres corcheas siempre en el retardando.

b) Muchas ediciones tienen aqui el pp en lugar del p y ninguna indicación en el compás siguiente. El revisor empieza con el p aunque no esté muy seguro de su exactitud.

Continued from page 287

a) *Il est certainement faux de substituer ici ainsi que le font différentes éditions un* fa *au* sol *dans la basse.*

b) *La liaison de la croche la du temps précédent à la première double-croche de ce temps-ci faite par certaines éditions est fausse.*

c) *Dans certaines éditions la 4ᵉ croche* si, *est remplacée par un* sol. *Le* si *est juste.*

a) Es seguramente equivocado substituir este *sol* del bajo con un *fa* como se encuentra en algunas ediciones.

b) La ligadura que une la ultima corchea, *la*, a las semicorcheas siguientes, que se encuentra en algunas ediciones, es un error.

c) En algunas ediciones la cuarta corchea es *sol* en lugar de *si*. *Si* es justo

Continued from page 288

a) *Le* fa[1] *mis en place du* sol[1] *par certains éditeurs est faux.*

b) *La deuxième croche est certainement un* ré *et non un* mi *que nous donnent certaines éditions.*

c) *Ici la deuxième croche* mi, *et le* la *à la mesure suivante sont justes. Le* fa *et le* sol *de certaines éditions sont faux.*

d) *Dans beaucoup d'éditions, il manque ici un* p *qui cependant s'impose.*

a) El *fa* que encontramos en lugar de *sol* en algunas ediciones es un error.

b) La segunda corchea es seguramente un *re* y no un *mi* como encontramos en algunas ediciones.

c) Aqui el *mi* a la segunda corchea y el *la* en el compás siguiente son justos. El *fa* y el *sol* de algunas ediciones estan equivocados.

d) En algunas ediciones falta aqui el *p* que sin embargo tendria que estar

Continued from page 289

a) *Nous trouvons dans quelques éditions, de la 4ᵉ double croche* la *à la croche suivante, une liaison qui est fausse. L'édition Cotta ajoute encore à la droite un* fa dièse[2] *et un* mi[2] *aux deux dernières croches. Cela probablement en égard des tierces que nous voyons deux mesures après celle en question, aux deux dernières croches à la main gauche. Ce complément est inadmissible.*

b) *La quatrième croche à la portée supérieure n'est pas un* mi[2] *donné par différentes éditions, mais doit certainement être un* ré[2]. *Le* p *au 4ᵉ demi temps qui certainement s'impose ici, manque à beaucoup d'éditions.*

a) En algunas ediciones encontramos una ligadura entre la ultima semicorchea (*la*) y la corchea siguiente. Es una equivocación. La edición Cotta añade a las dos ultimas corcheas un *fa sost.* y un *mi*. (Evidentemente porqué dos compases después las dos ultimas corcheas a la izquierda tienen la tercera). Esta añadidura es inadmisible.

b) La cuarta corchea en la parte superior no es un *mi* como encontramos en algunas ediciones, pero *re*. El *p* en el cuarto octavo, que es seguramente justo, falta en muchas ediciones.

Continued from page 292

a) *Pédale originale.*

b) *Le* la *de la basse est une noire. Certaines éditions en font une croche, ce qui est faux.*

c) *L'accord du premier quart de temps est à quatre voix. Certaines éditions omettent le* mi[1] *à la basse.*

d) *Voir page 284 c).*

e) *Au premier quart de temps nous n'avons ici qu'un simple* mi[2]. *En maniere d'une certaine réparation pour la spoliation effectuée quatre mesures plus tot, certains reviseurs ajoutent] à le* mi[2], $\begin{smallmatrix} si[1] \\ sol~dièse[1] \end{smallmatrix}$; *cela pour plus d'uniformité avec les passages correspondants de la page 285.*

a) Pedal autógrafo.

b) El *la* bajo es una semicorchea. Muchas ediciones hacen una corchea, esto es una equivocación.

c) El acorde en la primera semicorchea es a cuatro voces; algunas ediciones omiten el *mi* bajo.

d) Mirar pág. 284 *c*).

e) La primera semicorchea es solamente un *mi*. Para compensar la nota quitada cuatro compases antes, algunas ediciones añaden, bajo el *mi*, $\begin{smallmatrix} si \\ sol~sost. \end{smallmatrix}$ evidentemente para que el pasaje no sea diferente de aquello correspondiente a pág. 285

Continued from page 293

a) *Point d'orgue d'une valeur de quatre temps environ suivi d'une pause d'environ sept demi soupirs (sans pédale).*

b) *Dans beaucoup d'éditions le* pp *manque.*

c) *Voir page 283 a).*

d) *Facilité:*

a) Calderón de la duración aproximadamente de 4 compases, después una pausa de alrededor siete octavos (sin pedal).

b) En muchas ediciones falta el *pp.*

c) Mirar pág. 283 a).

d) Más facil:

Continued from page 294

a) *Doigté de Beethoven aux* 3ᵉ *et* 4ᵉ *doubles croches de la main droite; il nous enjoint de façon précise à prendre aussi de la droite la deuxième et la troisième croche. Les exécutions différentes proposées par plusieurs reviseurs n'en rendent que l'exécution plus difficile. Deux mesures après il est inévitable que la main droite se charge des tierces.*

b) *Sans droit ni raison, certaines éditions ajoutent au* 3ᵉ *accord une quatrième voix à la main droite.*

c) *Ne pas négliger le point d'orgue final.*

a) La digitación en la tercera y en la cuarta semicorchea de la mano derecha es de Beethoven: ella demuestra en manera inequivocable que las dos corcheas tambien tienen que ser tocada con la mano derecha. Otras versiones propuestas de algunas ediciones no hacen que volver más dificil el pasaje. Dos compases después es inevitable la ejecución de las terceras con la mano derecha.

b) Algunas ediciones sin derecho ni razón, añaden una voz al tercer acorde de la mano derecha.

c) Atención al calderón.

Continued from page 295

a) *« Grosse Sonate für das Hammerklavier » est le titre de la deuxième édition de cette sonate (1823). La première (1819) était intitulée: « Grande Sonate pour le Pianoforte ». (Comparer à la première partie de l'op. 101). Les mouvements de métronome que l'on voit au début de chaque partie et à l'introduction du finale, sont placés là par Beethoven. Cette Sonate est la seule, dans laquelle il se sert de cet instrument, invention nouvelle de l'époque, pour déterminer le mouvement. — (Dans l'édition anglaise de 1820 — chose singulière — cette oeuvre est dédiée à Maximiliane Brentano).*

b) *Il est inexplicable pourquoi on place parfois un* C *à la place du* ₵.

c) *Pédale originale.*

d) *Point d'orgue (repos sans pédale) de trois temps environ, quatre temps au plus.*

e) *Point d'orgue de trois temps — en* ritard. *— large; continuer sans arrêt!*

a) « Grosse Sonate für das Hammerklavier » es el titulo de esta sonata en la segunda edición (1823). En la primera edición (1819) su titulo era « Grande Sonate pour le pianoforte» (Confrontar con el primer tiempo dell'op. 101). Las indicaciones por el metronomo que se encuentran al principio de cadauno de los cuatro tiempos y al principio de la introducción del final son de Beethoven. Esta es la unica sonata en la cual Beethoven se sirve del metronomo, nueva invención en aquella epoca. (En la edición inglés (1820) ella está dedicada — cosa estraña — a Maximiliane Brentano).

b) Es inesplicable porqué en algunas ediciones tenemos aqui C en lugar de ₵.

c) Pedal autógrafo.

d) Calderón en el silencio (sin pedal) de la duración de alrededor tres cuartos o, como maximo, cuatro.

e) Calderón de la duración de tres cuartos — retardando — después continuar sin pausa.

Continued from page 298

a) Dans la première édition, les deux dernières croches de la mesure manquent dans la voix médiale.

b) Pour ce qui concerne la septième croche à la main gauche, dans cette mesure et le mesure suivante, nous reproduisons ici le texte de l'édition primitive. L'édition londonienne diffère de ce texte, mais est conforme au passage correspondant de la page 310 (de même une édition parue à Francfort en 1820): $\frac{ré^1}{si}$ et $\frac{do^1}{la}$. Beaucoup d'éditions, dont les éditions nouvelles les plus répandues, se conforment à ce texte; elles repoussent la première version, jugeant que « la disposition impossible et immotivée des différentes voix ne peut résister à un examen sérieux, et que c'est probablement à une faute dans le manuscript que nous devons cette cacophonie ». Malgré cela, le reviseur donne ici les raisons probantes qui démontrent (de façon très simple) la justesse des notes ré dièse[1] et do dièse[1], objets du litige. Le ré dièse se répète au quatrième demi-temps et le do dièse au deuxième temps de la mesure suivante. La progression du mi[2] au ré[2] et du ré[2] au do[2] est cromatique. A la page 310, par contre, les demi-temps chromatiques manquent, le fa[2] s'enchaîne au sol[2]. Cela doit nous convaincre des raisons pour lesquelles à un passage de la main gauche nous voyons une tierce majeure, et à l'autre une tierce mineure. (Les éditions Breitkopf ont le texte correct).

a) En la primera edición faltan las dos ultimas corcheas del compás, en la voz mediana.

b) La versión que se da en este compás y en el siguiente por el setimo octavo de la mano izquierda, es igual a aquella de la primera edición. La edición de Londres (como tambien la edición imprimida en Francofort en el 1820) difieren de este texto, y en conformidad al pasaje analogo a pág. 310 tiene aqui: $\frac{re}{si}$ y $\frac{do}{la}$. Muchas nuevas ediciones, las más conocidas, se conforman a este texto: ellas rechazan la primera versión creiendo que « la disposición imposible y inesplicable de las varias voces no pueda soportar un examen serio y la cacofonia que se constata sea devida probablemente a un error del manuscrito ». A pesar esto, el revisor, aqui demuestra (muy sensillamente) la exactitud de las notas en discusión *re sost.*, y *do sost.* El *re sost.*, se repite a la cuarta corchea del compás siguiente y el *do sost.*, al segundo cuarto. La progresión del *mi* al *re* y del *re* al *do* es cromatica. A la pág. 310 faltan los intervalos cromaticos, y *fa* sigue el *sol.* Esto demuestra porqué en un pasaje encontramos en la mano izquierda una tercera mayor y en el otro una tercera menor. (En las ediciones Breitkopf el texto es exacto).

Continued from page 300

a) Pédale originale.

b) L'édition anglaise a ici un fp. *D'autres:* sf, *mais le crescendo commençant à la mesure suivante nous persuade de la justesse du* fp.

c) Dans cette mesure et jusqu'à la moitié de la mesure suivante, les passages de la basse sont doigtés par Beethoven.

d) Les deux premières mesures de la page 313 décident de l'exécution du trille dans cette partie; il débute par la note auxiliaire et garde un mouvement interrompu:

Dans le mouvement prescrit, il est impossible d'exécuter le trille en double-croches.

a) Pedal autógrafo.

b) La edición inglés tiene aqui *fp.* Otras ediciones *sf*, pero el crescendo que empieza en el compás siguiente demuestra que *fp* es exacto.

c) La digitación del bajo (hasta la mitad del compás siguiente) es de Beethoven.

d) Los dos primeros compases a pág. 313 deciden la ejecución del trino en esta parte: el empieza desde la nota superior y conserva un movimiento ininterrumpido:

Por la velocidad del tiempo en que se tiene que ejecutar la pieza es imposible que el trino sea en semicorcheas.

Continued from page 302

a) Ici, à nouveau point d'orgue d'une valeur de quatre blanches environ!

b) Point d'orgue d'une valeur d'environ cinq temps et demi, enchaîner immédiatement!

c) Pédale originale.

d) On voit souvent une liaison du deuxième au troisième temps à la portée inférieure; elle est probablement incorrecte.

e) On place parfois le si b du quatrième temps seulement au dernier demi-temps.

f) Au premier temps à la basse, on voit parfois un sol; le mi b cependant est parfaitement correct.

a) Otra vez, calderón de la duración aproximadamente de cuatro blancas.

b) Calderón de la duración aproximadamente de cinco cuartos y medio, después continuar inmediatamente.

c) Pedal original.

d) Se encuentra muchas veces una ligadura entre el segundo y tercer cuarto del bajo. Probablemente no es justa.

e) En algunas ediciones el *si b* se encuentra en la última corchea en lugar que en el cuarto cuarto

f) Muchas veces se encuentra en este primer cuarto del bajo un *sol*: pero *mi b* es exacto.

FRENCH AND SPANISH TEXT

Continued from page 305

a) *Certains éditeurs placent également au premier temps* ré dièse[1] *une blanche agrémentée d'une liaison partant de la croche précédente; cela est absolument incorrect, et est propre à détruire le sens de ce passage déterminé par le mouvement ascendant et descendant des octaves de la mélodie.*

b) *Le reviseur est d'avis, que la manière d'écrire de Beethoven nous indique clairement la répartition des voix aux deux mains. Certains n'en tiennent pas note, et sans raison aucune, proposent d'autres modes d'exécution.*

a) Algunas ediciones tienen al primer cuarto otro *re sost.* en la cuarta linea, una blanca, unida a la corchea precedente por una ligadura: pero esto es fuera de lugar y destruye el sentido de este pasaje determinado del movimiento ascendente y descendente de las octavas de la melodia.

b) El revisor opina que la manera de escribir de Beethoven indica con claridad la repartición de las voces entre las dos manos. Algunas personas no tienen cuenta de esto, y proponen, sin razón, otras ejecución.

Continued from page 306

a) *L'exactitude du* la *ou du* la dièse, *dernière croche de cette mesure et des deux mesures suivantes est un vif sujet à discussion. Dans les éditions originales, le* bécarre *manquant, nous voyons un* la dièse. *Les partisans du* la *opinent que Beethoven avait pour habitude de ne pas placer de signes d'altération là où ils s'imposaient d'eux-même au sens musical. (Pourquoi alors le bécarre au* fa *à la dernière mesure? Indépendamment de l'objet du litige «*la dièse ou la*», le* fa dièse *en place du* fa *est inimaginable). Il paraît qu'il existe une esquisse qui mentionne de façon précise le* la *en question. Malgré tous les arguments dont les partisans du* la *se servent pour leur défense (on oppose même les règles théoriques de l'harmonie) le reviseur est d'avis qu'ils doivent s'incliner devant la génialité du* la dièse.*

b) *Pédale originale.*

c) *Certains recommandent, voire jugent nécessaire l'exécution en octaves de ce passage dans la main gauche jusqu'au* p. *Ce conseil ne peut être suivi. Beethoven, ne tenent jamais compte des qualités techniques de l'exécutant, n'écrivit certainement qu'à une voix ce passage à la main gauche, sans égards pour la facilité du pianiste. Beethoven n'ignorait certainement pas l'effet d'un renforcement d'octaves.*

a) Se ha discutido mucho si la ultima corchea de este compás y de los dos compases siguientes tiene que ser *la* o *la sost.* En las ediciones originales resulta *la sost.,* puesto que no encontramos nunca un becuadro. Los que prefieren el *la* dicen que Beethoven tenia la costumbre de no marcar las alteraciones, donde ellas venian impuestas por el sentido musical. (Entonces ¿porqué poner el becuadro al *fa* del ultimo compás? Independientemente del hecho que *la* sea sostenido o becuadro es imposible que el *fa* sea sostenido). Parece que exista un bosquejo de éste pasaje en el qual resulta claramente que tiene que ser *la.* El revisor cree que todos los argumentos que apoyan el *la* sean demasiado flacos (tambien llamando en ayuda las reglas teoricas del armonia) para poderse sostener delante la genialidad del *la sost.*

b) Pedal original.

c) Algunos aconsejan, más bien lo creen necesario, tocar en octavas este pasaje de la mano izquierda hasta al *p.* Es un consejo que no se tiene que seguir. Beethoven no se fijaba en las posibilidades tecnicas del ejecutor y si escribió este pasaje por la izquierda a una sola voz, no ha sido seguramente porque sea más facil. El conocia seguramente el efecto de un renforzando de octavas.

Continued from page 308

a) *Pédale originale.*

b) *Point d'orgue en ritardando continu d'environ* 6½ *temps (maximum) avec pédale!*

c) *Voir à la page* 297 c).

d) *La substitution d'un* do[1] *au* si *du premier temps est aussi peu discutable que l'omission du* do[2] *à l'accord du deuxième temps (cela afin d'éviter une «dureté de son»). Il est regrettable que c'est une édition des plus répandues qui propage cet erreur.*

a) Pedal autógrafo.

b) Calderón en un retardando gradual de la duración aproximadamente de seis cuartos y medio (al maximo) con el pedal.

c) Mirar pág. 297 c).

d) La substitución de un *do* en lugar de *si* en el primer cuarto es tan poco admisible cuanto la omisión del *do* en el segundo cuarto. (Para evitar la dureza del sonido). Es deplorable que una de las más difusas ediciones propague este error.

Continued from page 309

a) *Nous rencontrons parfois au premier temps un* mi b[1] *au lieu du* fa[1]. *Cette fois aussi, le passage correspondant (à la page 297) doit justifier la fausse note, car le* mi *est faux, mais il ne fait que nous confirmer la justesse de la différence. Ici, nous avons au premier temps de la mesure précédente, un accord de septième dominante, cependant qu'au passage correspondant, nous n'avons qu'une note (la note fondamentale de l'accord de septième dominante!)*

a) En algunas ediciones encontramos en el primer cuarto un *mi b* en lugar de *fa*. Tambien esta vez alude para justificar este error (desde el momento que *mi b* es un error) al pasaje analogo en la pág. 297 el cual no hace que confermar la necesidad de la diferencia. En este caso en el primer cuarto del compás precedente tenemos un acorde de setima dominante, en el pasaje analogo hay, por contra una sola nota (la fundamental del acorde de setima dominante).

Continued from page 311

a) *Erreur étrange, certaines éditions (dont l'édition primitive et l'édition complète analysée) descendent l'octave* $\frac{mi^2}{mi^1}$ *au premier temps, de deux octaves à la basse. C'est indiscutablement* $\frac{mi^2}{mi^1}$ *qu'il faut lire ici, mais ce* mi *portant une liaison du troisième temps de la mesure précédente ne peut être répété.*
  b) *Pédale originale.*
  c) *Voir à la page* 299 c).
  d) *Voir à la page* 300 b).
  e) *Voir à la page* 300 c).

a) Es estraño que algunas ediciones (comprendido el texto original y la edición critica general) pongan la octava $\frac{mi\ b}{mi\ b}$ del primer cuarto dos octavas más en bajo. Si algunas dudas los dos *mi b* tienen que ser respectivamente en la primera linea y en el cuarto espacio, pero no se repeten porqué estan ligados a la minima del compás precedente.
  b) Pedal autógrafo.
  c) Mirar pág. 299 *c)*.
  d) Mirar pág. 300 *b)*.
  e) Mirar pág. 300 *c)*.

Continued from page 314

a) *Pédale originale.*
  b) *Un reviseur particulierement perspicace modifie l'aspect (et par cela le caractère) de cette mesure, en transformant d'abord la pause de deux temps en une de un temps et en faisant de la septième croche* si b *une noire qu'il place à la main droite, à la place devenue vacante par la modification du silence, et cela en continuation de l'accord du deuxième temps. (La croche* si b *manque à plusieurs éditions).*
  c) *Point d'orgue d'une valeur d'environ cinq blanches. Faire suivre d'une très longue pause avant d'attaquer la partie suivante!*

a) Pedal autógrafo.
  b) En una edición encontramos transformado como sigue el aspecto (y por consecuencia la esencia) de este compás: el silencio de dos cuartos viene reducido a silencio de un cuarto, el *si b* de la setima corchea, transformado en negra, es confiado a la mano derecha y tiene que ser considerado como una continuación del acorde precedente. Además esta setima corchea *si b* falta en algunas ediciones.
  c) Calderón de la duración aproximadamente de cinco blancas. Después una pausa muy larga antes de empezar el tiempo siguiente.

Continued from page 315

a) *Dans l'édition londonienne originale, chose curieuse, l'Adagio se place avant le Scherzo.*
  b) *Voir à la page* 295 a).
  c) *Dans l'édition originale, le si b manque à la cinquième croche; ce doit être une omission involontaire.*
  d) *La liaison du premier au deuxième temps (fa[1]) manque dans beaucoup d'éditions.*
  e) *Beaucoup ne donnent que le la[1] à la dernière double-croche de la portée inférieure. Il doit cependant y avoir ici la tierce:* $\frac{do^2}{la^1}$

a) Es estraño que en la edición original de Londres se encuentra el Adagio antes del Scherzo.
  b) Mirar pág. 295 *a)*.
  c) En la edición original falta el *si b* en la quinta corchea: tiene que tratarse de una omisión involuntaria.
  d) En muchas ediciones sobre los dos *fa* (primer y segundo cuarto) falta la ligadura.
  e) Muchas ediciones no tienen que *la* en la ultima semicorchea del pentágrama inferior. Sin embargo la tercera $\frac{do}{la}$ es justa.

Continued from page 319

a) *Point d'orgue d'environ quatre temps; continuer immédiatement!*

b) *Il est naturel, que d'un bout à l'autre, la répartition de ce passage se fasse de la manière exigée par Beethoven.*

c) *Point d'orgue d'une durée d'environ trois temps au mouvement de $\downarrow$. = 80, sans pédale!*

d) *Pédale originale.*

a) Calderón aproximadamente de cuatro cuartos: continuar inmediatamente.

b) Este pasaje tiene que ser ejecutado desde el principio hasta el final así como lo ha dispuesto Beethoven.

c) Calderón de la duración apróximadamente de tres cuartos en el tiempo $\downarrow$. = 80, sin pedal.

d) Pedal autógrafo.

Continued from page 323

a) *Dans certaines éditions, le do dièse, cinquième temps n'a qu'une valeur de croche de la troisième voix, la queue de note tirée vers le bas manquant. Ce doit sans doute être une noire.*

b) *Les double-croches sont parfois surmontées ici — seulement ici et non aux mesures correspondantes à la page 333 — de points de staccato; ils sont, à vrai dire, superflus, la séparation des notes étant déjà donnée par les silences. Le son court, sec, qui s'imposerait ici par les détachés ne peut être intentionné.*

a) En algunas ediciones el *do sost.*, (quinto compás) en el segundo espacio no tiene que el valor de una corchea y falta el mango hácia el bajo. Sin embargo es más probable tenga que ser una negra.

b) Muchas veces se encuentran aqui — solamente aqui y no en los compases correspondientes en la pág. 333 — unos puntos de staccato sobre las semicorcheas: ellos son superfluos, puesto que la separación de las notas ya está dada por las pausas. Los puntos exigerian un sonido duro que no podia estar en las intenciones del autor.

Continued from page 324

a) *Nous voyons parfois à la troisième double-croche* $\frac{sol~dièse^1}{mi^1}$*, à la sixième la; il s'agit de façon certaine de* $\frac{sol^1}{mi^1}$ *au premier cas, et ensuite d'un fa dièse.*

b) *Beaucoup ont à la basse, dans cette mesure et dans la mesure suivante une liaison du la au la qui à l'avis du reviseur est fausse.*

a) Algunas veces encontramos $\frac{sol~sost.}{mi}$ en la tercera semicorchea y *la* en la sexta: es exacto $\frac{sol}{mi}$ en la tercera semicorchea y *fa sost.* en la sexta.

b) Muchas ediciones tienen en el bajo de este compás y en el compás siguiente una ligadura entre un *la* y el otro. El revisor cree que sea incorrecto.

Continued from page 325

a) *Souvent nous voyons un la dièse au quatrième temps de la basse; le reviseur croit qu'il doit s'agir ici d'un la naturel.*

b) *Beaucoup d'éditions ont des liaisons du dernier temps de cette mesure: si^1 au premier temps de la mesure suivante, ensuite du troisième temps de cette mesure: ré² au quatrième. Le reviseur les juge peu correctes.*

c) *Pédale originale.*

a) Muchas veces encontramos un *la sost.*, en la cuarta corchea del bajo. El revisor opina tenga que ser *la* natural.

b) En algunas ediciones encontramos una ligadura entre la ultima corchea del compás precedente, *si* tercera linea, y la primera de este compás, y entre la tercera corchea, *re* cuarta linea, y la cuarta de este compás. El revisor tiene dudas sobre ellas.

c) Pedal autógrafo.

Continued from page 326

a) *Certaines éditions ont au quatrième quart de temps à la basse uniquement un si, alors qu'il doit certainement y avoir* $\frac{si}{sol}$. *D'autres font une liaison de ce même sol au sol du temps suivant, liaison qui probablement est fausse.*

b) *Pédale originale.*

a) Algunas veces encontramos que esta cuarta semicorchea es solamente un *si*, mientras tiene que ser seguramente un $\frac{si}{sol}$. Otras veces este *sol* está ligado a el *sol* siguiente, cosa que es erronea.

b) Pedal autógrafo.

Continued from page 327

a) *En beaucoup de cas, on ajoute à l'octave* fa dièse *à la basse un* la $\begin{array}{c}\text{(fa dièse)}\\\text{(la)}\\\text{(fa dièse)}\end{array}$ *Cela est probablement faux.*

b) *Pédale originale.*

c) *Nous reproduisons la manière d'écrire de l'édition originale. Presque toutes les éditions ultérieures descendent de deux octaves les cinq et sixième double-croches à la main droite, cela sans raison apparente.*

a) En muchas ediciones encontramos el la ultima corchea el acorde $\begin{array}{c}fa\ sost.\\la\\fa\ sost.\end{array}$ (que es probablemente erroneo) en lugar de $\begin{array}{c}fa\ sost.\\fa\ sost.\end{array}$

b) Pedal autógrafo.

c) Esta es la versión de la edición original. Casi todas las ediciónes sucesivas transportan la quinta y la sexta semicorchea de la mano derecha dos octavas más en bajo. No se explica el porqué de este combiamento.

Continued from page 328

a) *Certains éditeurs font de la dixième double-croche un* mi b[1]*, alors qu'il s'agit certainement d'un* re b*. D'autres transforment le dernier temps de cette mesure en:*

alors qu'il faut lire:

b) *Certains éditeurs font de la première noire et de la deuxième double-croche un* mi*, et ne placent le dièse qu'à partir de la cinquième double-croche. Il s'agit indiscutablement, dès le premier temps, d'un* mi dièse[1].

c) *Pédale originale.*

d) *Il est souvent recommandé de continuer la basse en octave jusqu'au troisième temps de la mesure suivante; cela n'est certainement pas admissible.*

a) En algunas ediciones la decima semicorchea es *mi b*, pero tiene que ser seguramente *re b*. Otras transforman las ultimas dos semicorcheas en la manera siguiente, seguramente erronea:

en lugar de:

b) Algunas ediciones tienen a la 1ª negra y a la 2ª semicorchea un *mi* y el *mi sost.* no se encuentra que a la quinta semicorchea. Sin duda tiene que ser un *mi sost.* hasta de la primera semicorchea.

c) Pedal autógrafo.

d) Muchas veces aconsejan de continuar el bajo en octava hasta la tercera corchea del compás siguiente. Eso no es admisible.

Continued from page 333

a) *Le « più crescendo », que nous rencontrons partout, n'a raison d'être que s'il est précédé d'un « poco crescendo ». Au passage correspondant, page 145, la mesure précédente a un « espressivo »; le reviseur se permet d'établir ici un rapport entre ces mesures.*

b) *Voir à la page* 323 b).

c) *La plupart placent le petit soufflet que nous voyons ici, en accent sur la quatrième double-croche, et le reviseur se range à leur avis. D'autres y voient un soufflet de decrescendo du deuxième au troisième temps. La liaison à la huitième double-croche* la[2] *que nous rencontrons parfois, est absolument fausse.*

d) *Certaines éditions, conformément à l'édition anglaise, font un* fa dièse[3] *de la première double-croche, alors que le* ré dièse[3] *est parfaitement juste.*

a) El « più crescendo », que encontramos en todos lados, no tiene razón de estar si no está precedido de un « poco crescendo ». Al pasaje correspondiente, pág. 145 encontramos un « expresivo » en el compás precedente. El revisor se permite de proponer una relación igual entre los dos compases.

b) Mirar pág. 323 b).

c) La mayor parte de las ediciones ponen la pequeña horquilla que vemos aqui como acento sobre la cuarta semicorchea. El revisor es él tambien de este opinión. Otras ediciones las consideran como una horquilla de diminuendo desde la segunda a la tercera corchea. Algunas veces en la octava semicorchea (la) se encuentra una ligadura que es seguramente erronea.

d) Algunas ediciones, siguiendo la edición inglés, tienen en la primera semicorchea un fa sostenido, mientras un re sost. es seguramente exacto.

Continued from page 334

a) *Il faut repousser la proposition d'exécuter, conformément au passage correspondant, un* sol[2] *à la dixième double-croche seulement, cependant qu'à la huitième nous exécutons un* sol dièse[2].

b) *La liaison à la onzième double-croche* fa dièse[2] *souvent rencontrée est probablement fausse.*

a) No es aceptable el consejo de ejecutar, conformemente al pasaje correspondiente, sol natural solamente a la decima semicorchea dejando sol sost., la octava semicorchea.

b) La ligadura que muchas veces encontramos en el fa sost., undecima semicorchea, probablemente es una equivocación.

Continued from page 335

a) *L'édition anglaise à laquelle plusieurs se conforment, fait un* do[1] *de la sixième double-croche, alors que c'est certainement le* do dièse[1] *de la première edition qu'il faut lire. Dans cette même mesure, certains font de la cinquième croche à la voix supérieure un* la[2], *alors qu'il s'agit incontestablement ici d'un* la dièse[2].

b) *La liaison souvent faite au* fa dièse *du premier temps est sans doute fausse. La liaison du* re dièse[3] *qui sans doute s'impose manque par contre parfois.*

c) *Pédale originale.*

a) La edición inglés, y otras que siguen su ejemplo, tienen en la sexta semicorchea un do, mientras el do sost., que se encuentra en la primera edición es seguramente justo. En este mismo compás algunas ediciones tienen la a la quinta corchea (mano derecha) mientras tiene que ser indudablemente la sost.

b) La ligadura que muchas veces se encuentra en el fa sost. del primer compás es seguramente erronea. Por contro, falta a veces la ligadura del re sost., que es exacta.

c) Pedal original.

Continued from page 337

a) *Pédale originale.*

b) *Les liaisons, du* do diese[2] *à la neuvième triple-croche, et du* la dièse[1] *à la mesure suivante, que nous voyons parfois, sont certainement erronées. Il manque à certaines éditions la liaison du* mi[2] *à la cinquième double-croche.*

c) *La plupart font du sixième temps un* do dièse[3]; *l'édition primitive et l'édition complète analysée ont un* la dièse[2]. *Le reviseur préfère également le* la dièse[2].

a) Pedal autógrafo.

b) Las ligaduras del do sost., a la nona fusa, y, en el compás siguiente, en el la sost., que encontramos en algunas ediciones están seguramente equivocadas. Falta en cambio a veces la ligadura del mi a la quinta semicorchea.

c) En la mayor parte de las ediciones la sexta corchea es un do sost; en el texto original y en la edición critica general es la sost. El revisor prefiere el la sostenido.

FRENCH AND SPANISH TEXT

Continued from page 338

a) *L'édition Cotta, à l'opinion de laquelle certains éditeurs se rallient, présumant une erreur dans les copies de l'original (dont nous adoptons ici la manière d'écrire), font de la tierce* si/sol *au cinquième temps à la portée inférieure un* ré/si. *Le reviseur ne trouve au texte primitif le moindre sujet de doute, la modification lui semble superflue et désavantageuse.*
b) *Pédale originale.*

a) La edición Cotta, y su opinion está condivisa tambien por otros, opina que en el texto de la edición original (que nosotros seguimos) haya un error, y a la tercera, en la quinta corchea del bajo, si/sol sostituye re/si. El revisor no vé la razón de dudar de la forma original y encuentra la modificación inutil y desventajosa.
b) Pedal autógrafo.

Continued from page 339

a) *Chez certains éditeurs les points de staccato (très importants) manquent à la basse. Le doigté 4, 3 à la main droite est de Beethoven. Comparer op. 110, page 412.*

b) *Un repos — d'une valeur d'environ quatre double-croches — paraît nécessaire au reviseur avant l'attaque de la mesure suivante. Garder la pédale jusqu'au premier temps do dièse de la mesure suivante.*

c) *Dans l'édition originale, l'appogiature est ici exceptionnellement un si. Il s'agit peut-être d'une erreur, il est possible qu'ici comme à tous les passages correspondants, il s'agit d'un sol[1]. En tous cas, le sol joué en place du si ne serait pas à considérer comme fautif.*

a) En algunas ediciones faltan los puntos del staccato en el bajo (muy importantes). La digitación 4, 3, en la mano derecha es de Beethoven. Confrontar con la op. 110 a pág. 412.
b) El revisor cree necesaria aqui una pausa de la duración aproximadamente de 4 semicorcheas, antes de empezar el compás siguiente. Quitar el pedal solo en el primer cuarto del compás siguiente, do sost.
c) En la edición original la apoyadura es aqui excepcionalmente un *si*. Podria ser una falta, podria ser que aqui como en todos los pasajes analogos tenga que ser un *sol*. En todos casos tocando *sol* en lugar de *si* no se haga un error.

Continued from page 340

a) *Pédale originale.*
b) *Le doigté 1 à la troisième double-croche est de Beethoven.*
c) *Les liaisons au premier temps ont été ajoutées par le reviseur; c'est probablement par erreur qu'elles ont été omises dans l'édition originale.*
d) *L'indication « tutte le corde » ne doit probablement se rapporter qu'à la mesure suivante, première mesure du « Largo »; sans doute, son apparition prématurée exige-t-elle l'enchaînement immédiat à la partie suivante et aurait donc un sens identique à « attacca ». Le reviseur est d'avis que le repos entre les deux parties en question ne peut dépasser la durée prescrite; au besoin, on pourrait cependant quelque peu rallentir les croches de la dernière mesure (comme nous le proposons). L'accord doit être brisé lentement et de façon égale (les six notes se suivant l'une après l'autre).*

a) Pedal autógrafo.
b)La digitación 1 en la tercera semicorchea es de Beethoven.
c) Las ligaduras en el primer cuarto son del revisor. Ellas faltan en la edición original, tal vez es una equivocación.
d) La indicación « tutte le corde » se refiere probablemente al compás siguiente, la primera del Largo: su anticipada aparición requiere evidentemente que se empiece enseguida el tiempo siguiente y ella ha por tanto el mismo significado de « attacca ». El revisor opina que la pausa entre los dos tiempos no tiene que exceder la duración prescripta: a lo más se podrá retardar un poco (como nosotros aconsejamos) las corcheas del ultimo compás. El acorde tiene que ser arpegiado lentamente y con igualdad (naturalmente las seis notas tienen que ser ejecutadas una después de la otra).

Continued from page 341

a) A cette page, toutes les pédales sont de Beethoven.

b) Point d'orgue d'une valeur d'environ cinq triples-croches.

c) Point d'orgue d'une valeur d'environ quatre triples-croches.

d) Point d'orgue d'une valeur d'environ quatre double-croches (♪= 126).

a) En esta pagina todos los **pedales** son de Beethoven.

b) Calderón de la duración aproximadamente de cinco fusas.

c) Calderón de la duración aproximadamente de cuatro fusas.

d) Calderón de la duración aproximadamente de cuatro semicorcheas (♪= 126).

Continued from page 343

a) Pédale originale.

b) A l'avis du reviseur, ce «ritardando» n'est appelé qu'à former la transition du «Prestissimo» à l'«Allegro risoluto», mais en aucun cas à un retour au mouvement du Largo. Les quatre demi-temps auquels se rapporte le ritardando sont à prendre dans un mouvement gradué d'environ ♪= 184 à ♪= 144.

c) Ce trille et les deux trilles suivants débutent sur la note principale et sont à exécuter sans notes de complément.

d) Dans l'édition originale, il manque à la dernière pédale de Beethoven (au premier fa de la basse) l'astérisque. Le reviseur a placé cet astérisque de sa propre autorité.

a) Pedal autografo.

b) Segun el revisor este «ritardando» no tiene otro fin que aquello de llevar desde el «Prestissimo» hasta el «Allegro risoluto» y no es en ninguna manera un retorno al tiempo Largo. Los cuatros octavos a los cuales el retardando se refiere tienen que andar gradualmente de «♪= 184 a ♪= 144».

c) Este trino y los dos siguientes tienen que empezar en la nota principal y terminar sin resolución.

d) En la edición original en el ultimo pedal de Beethoven (primer *fa* del bajo) falta el asterisco. El está puesto por el revisor.

Continued from page 344

a) Ce n'est qu'une partie des nombreux trilles de cet Allegro qui est agrémentée de notes complémentaires; l'absence intentionnée de celles-ci ressort parfois très clairement, mais elles manquent parfois également là où elles s'imposent. En ce cas, le reviseur les a ajouté et, afin de les distinguer comme siennes, les a placé entre parenthèses. Tous les trilles sans notes complémentaires doivent immédiatement enchaîner la note principale à la note suivante. Il est à recommander de faire débuter tous les trilles dans cette partie par la note principale. Cependant, dans les deux cas où les trilles sont écrits en doubles-croches (page 365, ligne 3, mesure 1 et page 367, ligne 3, mesure 1) Beethoven prescrit de faire débuter le trille par la note auxiliaire. A l'avis du reviseur, exception à la règle intentionnée ici.

a) Las resoluciones son indicadas solo en una parte de los numerosos trinos de este tiempo: a veces es claro que el trino tiene que terminar sin resolución, pero la indicación falta a veces tambien donde la resolución es indispensable. En algun caso el revisor las añade, poniendole entre parentesis para indicar que son suyas. Todos los trinos sin resolución tienen que atarse inmediatamente desde la nota principal hasta la siguiente. Se aconseja empezar todos los trinos en este tiempo desde la nota principal. Sin embargo en los dos casos en los quales los trinos estan escritos en semicorcheas (pág. 365 3º renglón, 1er compás y pág. 367. 3" renglón, 1er compás) Beethoven pide que el trino empieze desde la nota complementar. Segun el revisor esta excepción a la regla es querida.

Continued from page 345

a) Certains transforment le soufflet de decrescendo de cette mesure et des deux mesures suivantes en un simple accent se rapportant uniquement au deuxième temps (de la portée inférieure). Il est certain que ce soufflet de diminuendo, placé dans une période où il s'effectue un crescendo, est absolument contradictoire, des accents par contre, soulignent encore ce «crescendo». Le reviseur cependant est d'avis, qu'il s'agit ici d'un contraste voulu. Les soufflets ne se rapportent qu'à la basse; chacune de ces trois mesures est d'une sonorité plus forte que la précédente, mais la dernière croche doit être cependant plus faible que la noire du deuxième temps. Les double-croches de la main droite continuent de façon ininterrompue le crescendo. (Comparer page 364 b).

a) Algunas ediciones transforman esta horquilla del diminuendo y aquellas de los dos compases siguientes en un sensillo acento que se refiere unicamente al segundo cuarto (bajo). Evidentemente unas horquillas de diminuendo en un pasaje en el cual se efectua un crescendo están absolutamente en contradición, mientras los acentos marcan un crescendo. Sin embargo el revisor cree que sea aqui un contrasto querido. Las horquillas no se refieren que al bajo: cadauno de estos tres compases tiene una sonoridad más potente de la precedente, pero la ultima corchea del bajo tiene que ser más debil de la negra que la precede. Las semicorcheas de la mano derecha continuan sin interrupción el crescendo (Mirar pàg. 364 *b*).

Continued from page 346

a) *Dans l'édition anglaise, différante de la première, nous rencontrons un bécarre à la deuxième croche. Le reviseur croit cependant que c'est un mi b² qu'il faut lire.*

b) *Certains font un mi b de la dixième double-croche Il doit s'agir ici d'un mi naturel.*

c) *Beaucoup font exécuter de la main gauche les quatre dernières double-croches de cette mesure, la première noire et les quatre dernières double croches de la mesure suivante*

a) Contrariamente a la primera edición la edición inglés tiene aqui un becuadro en la segunda corchea. Sin embargo el revisor cree que *mi b* sea exacto.

b) En algunas ediciones encontramos aqui un *mi b* en la decima semicorchea. Tiene que ser un *mi* natural.

c) Muchos confian a la mano izquierda las ultimas cuatro semicorcheas de este compás, la primera negra y las ultimas semicorcheas del compás siguiente.

Continued from page 347

a) *Le bécarre à la quatrième croche se trouve dans les copies de l'original. Chose singulière, ce bécarre manque dans beaucoup d'éditions ultérieures, aussi dans les éditions de Breitkopf.*

b) *Dans l'édition originale, il manque le bémol à la dernière double-croche du deuxième temps; ce doit donc être un sol naturel. Il doit s'agir ici d'une erreur; ce doit probablement être un sol b.*

c) *Certains font de la huitième double-croche un do² erroné.*

d) *Le doigté des quatre dernières double-croches est de Beethoven.*

a) Encontramos este becuadro en la cuarta corchea en las copias originales. Es estraño que falte en muchas ediciones posteriores, comprendida las ediciones Breitkopf.

b) En la edición original falta el bemol a la octava semicorchea, por esto tendria que ser un *sol* natural. Pero podria ser una equivocación y probablemente tiene que ser *sol b.*

c) En algunas ediciones la octava semicorchea es *do.* Es un error.

d) La digitación de las ultimas cuatro semicorcheas es de Beethoven.

Continued from page 348

a) *Ici et dans la deuxième mesure suivante, une des éditions les plus répandues, transforme l'octave de façon suivante:*

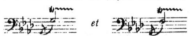

sans mentionner qu'il s'agit ici d'une déviation du texte de l'original. L'octave ne peut en aucun cas être brisée.

a) Aqui, y dos compases después, una de las ediciones más conocidas cambia así la octava:

sin decir que el texto original es diferente. Nunca se tiene que arpegiar la octava.

Continued from page 349

a) *Nous voyons souvent une liaison de la dernière croche ré b² à la première double-croche de la mesure suivante. Cette liaison est probablement fausse.*

b) *L'édition Cotta est d'avis, qu'ici les deuxième, troisième et quatrième double-croches, de même que les deuxième et troisième double-croches de la troisième mesure suivante ne sont pas à leur juste place; elles devraient être placées à l'octave inférieure à celle où elles se trouvent, ce n'est que le signe d'8va qui aurait été oublié. L'édition Cotta n'oublie pas de mentionner cette modification «répondant de façon évidente aux intentions du compositeur», d'autres cependant adoptent tacitement cette modification et ne disent mot de la version originale «erronée». Le texte original est certainement juste, et ce n'est pas uniquement l'avis du reviseur, mais aussi l'avis de la plupart. Jamais Beethoven (ni un autre) n'a donné à des notes placées à cette octave le signe de 8va; car elles sont encore placées de moitié dans l'espace de la portée. Ce qui plaide encore pour la justesse de l'original est le mouvement descendant effectué par les troisième et quatrième double-croches du deuxième passage en question; il démontre clairement l'intention qu'a eu Beethoven de s'écarter de la «formule».*

c) *Beaucoup placent à la première double-croche de cette mesure si b¹ et à la première croche de la mesure suivante si b¹ des liaisons que nous supposons fausses.*

a) Encontramos muchas veces una ligadura desde la ultima corchea *re b* hasta la primera semicorchea del compás siguiente. Probablemente esta ligadura es equivocada.

b) La edición Cotta opina que aqui la segunda, la tercera y la cuarta semicorchea, y tres compases después la segunda y la tercera semicorchea no esten en su sitio. Tendrian que estar en la octava inferior y la marca *8ª* ha sido olvidada. Cotta a lo menos dice que esta modificación «corresponde en manera evidente a la idea del compositor» pero otros adoptan esta versión sin mencionar el «error» de la edición original. Tanto el revisor como muchos otros creen que el texto original sea justo. Beethoven (como los otros) no ha puesto nunca la marca *8ª* a notas escritas a esta altura del pentágrama, ya que tambien transformandolas a la octava baja la mayor parte de ellas seria siempre escrita en las líneas. Otra cosa nos demuestra que la posición original es justa: y es decir el movimiento descendente desde la tercera a la cuarta semicorchea en el segundo pasaje, el cual nos dá claramente prueba que Beethoven queria alejarse de la «formalidad».

c) Muchas veces se encuentra una ligadura en el *si b* primera semicorchea de este compás y en el *si b* primera corchea del compás siguiente. Probablemente es erronea.

Continued from page 350

a) Voir à la page **349** b).

b) Certaines éditions ont à la première croche de la portée inférieure la sixte mi b² / sol b¹ , *d'autres ont à la deuxième croche la septième* ré b² / mi b¹ . *Le texte que nous reproduisons est probablement juste.*

a) Mirar pág. **349** *b).*

b) Algunas ediciones tienen en la primera corchea de la mano izquierda una sexta: mi b / sol b , otras tienen en la segunda corchea la setima: re b / mi b . El texto que reproducimos es justo.

Continued from page 351

a) Beaucoup placent à la deuxième croche de la basse un bécarre qui ne se trouve pas dans les copies de l'original. C'est un la b *qu'il faut probablement lire.*

b) Le trille de la basse débute naturellement au temps qui lui est indiqué. Il est incompréhensible pourquoi il est une fois mentionné que le trille ne peut commencer que sur le premier temps de la mesure suivante.

c) Le reviseur déconseille de doubler ici et à la première croche de la mesure suivante la basse.

d)  *et deux mesures après:*

conformément à la copie de l'original. Cela nous indique le début du trille de la main droite et sa continuation, à partir du premier temps suivant, de la main gauche. Le reviseur cependant conseille d'effectuer dans toute sa durée le trille de la main gauche. Celui qui se conforme à la manière d'exécution de l'original adopte à la droite le doigté de 1, 2.

a) Muchas veces se encuentra un bequadro en la segunda corchea del bajo, becuadro que no existe en las copias originales. *La b* es justo.

b) El trino del bajo empieza, naturalmente en el sitio indicado. Es incomprensible la razón por la cual algunos sostienen que el tiene que empezar en el primer cuarto del compás siguiente.

c) El revisor desaconseja de redoblar el bajo aqui y en la primera corchea del bajo en el compás siguiente.

d)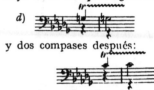

y dos compases después:

segun la copia original. Por esto resulta que la ejecución del trino ha sido confiada desde el principio a la mano derecha pero su continuación, desde el primer cuarto siguiente, a la mano izquierda. Sin embargo el revisor aconseja de ejecutarlo todo con la mano izquierda. Quien quiere adoptar la versión de la edición original tiene que usar por la derecha la digitación 1, 2.

Continued from page 352

a) On peut naturellement exécuter déjà la deuxième croche de la main gauche.

b) La liaison à la première croche mi b² *qui certainement s'impose, manque à beaucoup d'éditions.*

c) Beaucoup font de l'avant-dernière double-croche à la basse un do *naturel, alors qu'il s'agit probablement ici d'un* do b.

a) Naturalmente, la segunda corchea puede ser tocada tambien con la mano izquierda.

b) La ligadura de la primera corchea *mi b* que es ciertamente justa, falta en algunas ediciones.

c) Se encuentra muchas veces *do* natural a la undecima semicorchea en el bajo, pero probablemente es justo el *do b.*

Continued from page 354

a) La sixième croche et la première croche de la mesure suivante peuvent naturellement s'exécuter de la main gauche. Nous recommandons le doigté suivant:

b) La liaison du premier temps mi *(qui est certainement correcte) manque souvent.*

c) Voir à la page **353** a).

a) Naturalmente la sexta corchea y la primera del compás siguiente se pueden tocar con la mano izquierda. Aconsejamos la siguiente digitación:

b) Muchas veces falta la ligadura del primer cuarto, *mi* (que es seguramente justa).

c) Mirar pág. **353** *a).*

Continued from page 355

a) *L'étendue et la place des six soufflets, d'ici au p suivant, varie beaucoup dans les différentes éditions. Quelques-unes placent uniformement les soufflets de decrescendo au premier temps, d'autres font se rapporter ces soufflets aux trilles des différentes voix, d'autres les placent conformément à l'édition primitive; nous aussi adoptons cette dernière manière de voir. (La première et la dernière paire de soufflets se rapportant aux gammes, et disposées de manière différente. L'autre paire se rapporte au trille).*

b) *Certaines éditions — dont l'édition primitive — ajoutent à la noire du troisième temps et à la mesure suivante, un point de staccato qui sans doute n'est pas juste.*

c) *Certaines éditions ont un: « ben legato », alors que toutes les copies de l'original ont un: « non legato » bien distinct. Il ne peut non plus s'agir d'autre chose ici.*

a) La largura y el lugar de las seis horquillas, hasta el *p*, varian bastante de edición a edición. Algunas ponen siempre la horquilla del diminuendo en el primer cuarto, otras en la voz que tiene el trino, otras siguen el texto original, que nosotros tambien hemos adoptado. (Las dos primeras horquillas y las ultimas dos en las escalas, puestas en manera diferente, aquella central en el trino).

b) Algunas ediciones, comprendido el texto original tienen, tanto aqui, en la tercera negra, como en el compás siguiente un punto de « staccato » que es seguramente equivocado.

c) En algunas ediciones encontramos aqui « ben legato », esto es equivocado. En todas las copias originales encontramos « non legato » y no puede ser de otra manera.

Continued from page 358

a) *Certains font un si b[1] de la dernière croche de cette mesure, alors qu'il s'agit certainement ici d'un si[1].*

b) *Exécution la plus recommandable:*

ou bien:

ou encore (moins bonne):

Les trilles suivants également sans notes complémentaires; la main gauche se conforme au premier de ces trois modes d'exécution.

a) En algunas ediciones la ultima corchea del compás es *si b*, pero tiene que ser *si* natural.

b) La ejecución siguiente es la que más se aconseja:

o tambien:

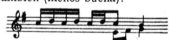

o tambien (menos buena):

Tambien los trinos siguientes no tienen resolución: por la mano izquierda ejecutar el trino en la manera indicada en la primera versión.

Continued from page 359

a) *Exécution:*

mais la manière suivante est également suffisante:

a) Ejecución:

pero la manera siguiente es suficiente:

Continued from page 360

a) *L'édition originale n'a pas placé de bécarre au deuxième et troisième temps, qui restent donc* do dièse. *Certains voient en ceci une faute et font un* do *de ces notes, jugeant le* do *naturel seul possible au cours de ces trois mesures en* sol majeur; *cette tonalité dominant de façon si évidente, que les bécarres sont devenus superflus. Le reviseur ne doute pas de la justesse du* do dièse, *qui poursuit la route — prolongée par des séquences — vers le ton de* la majeur, *et ne permet au* sol majeur *qu'une apparition transitoire. La direction de la deuxième voix, passant aussi par le* do dièse *dès son début, plaide aussi pour celui-ci. Comparer page* 306 a).

a) La edición original no tiene becuadros en este compás, por esto el segundo y el tercer cuarto quedan *do sost*. Muchos lo consideran un error y lo sostituyen con un *do* becuadro creyendo que sea la sola solución posible en estos tres compases en *sol* mayor, durante los cuales en esta tonalidad bien clara sería inutil marcar el becuadro. El revisor no duda de la exactitud del *do sost*. El camino, prolongado de secuencias, hacia la tonalidad de *la* mayor no permite a la tonalidad de *sol* mayor que una fugaz aparición. Además el pasaje en el *do sost.*, corresponde a la entrada de la segunda voz. Confrontar pág. 306 *a*).

Continued from page 361

a) *Certains croient à une erreur dans la disposition des valeurs de notes au premier temps; ils placent la croche à la voix médiale, la noire à la voix supérieure. Le reviseur repousse cette modification, ne voyant pas sa raison.*

b) *La deuxième voix se continue par la croche* si[1], *la noire* ré[1] *appartient à la voix supérieure. Certains intervertissent cette disposition cependant très juste.*

c) *La dernière double-croche au deuxième temps a dans l'édition anglaise un bécarre que ne porte pas l'édition primitive; le* mi *naturel est probablement juste.*

a) Algunos consideran equivocada esta repartición de las figuras en el primer cuarto y dan la corchea a la voz mediana y la negra a la voz más aguda. El revisor rechaza esta modificación, no comprendiendo la razón.

b) La corchea *si* apartenece a la voz mediana y la negra *re* a la voz aguda. Algunos invierten este orden, que es sin embargo justo.

c) El becuadro que se encuentra en la edición inglés delante a la octava semicorchea falta en la primera edición, pero con mucha probabilidad el *mi* natural es justo.

Continued from page 362

a) *L'édition primitive a au troisième temps un* do[1]. *Selon toute probabilité, c'est un* ré[1] *qu'il faut exécuter ici.*

b) *La liaison au* mi b *du premier temps (certainement juste) est souvent omise.*

c) *Ici également, la liaison (du* fa) *manque fréquemment.*

d) *Voir à la page* 358 b)

a) La primera edición tiene un *do* al tercer cuarto. Probablemente tiene que ser *re*.

b) La ligadura en el *mi b* del primer cuarto (que es seguramente exacta) muchas veces la omiten.

c) Tambien aquí falta muchas veces la ligadura (en el *fa*).

d) Mirar pág. 358 *b*).

Continued from page 364

a) *Dans l'édition primitive, il manque le bécarre à la huitième double-croche; on le trouve cependant dans l'édition anglaise. Il ne peut cependant s'agir que d'un* mi[2]; *beaucoup en font un* mi b[2].

b) *L'accent dans cette mesure et les cinq mesures suivantes est transformé par certains éditeurs en soufflets de decrescendo. Ils assimilent ainsi ce passage au passage correspondant à la page* 345 (*voir la remarque* a). *Ces deux passages diffèrent cependant suffisamment pour que la différence de signes s'explique. Le reviseur est d'avis qu'il faut à la première fois adopter les soufflets, à la seconde les accents.*

a) En la primera edición falta el becuadro a la octava semicorchea, pero lo encontramos en la edición inglés; no puede ser que *mi* natural aunque muchos los consideren *mi* b mol.

b) En algunas ediciones el acento en este compás y en los cinco compases siguientes esta transformado en una horquilla de diminuendo, en analogia al pasaje a pág. 345 (mirar nota *a*). Sin embargo estos pasajes son suficientemente diferentes para justificar la diversidad de las marcas. El revisor opina que la primera vez se tengan que adoptar las horquillas y la segunda los acentos.

Continued from page 367

a) *Le trille commençant ici sur le* si b *devrait « se subordonner aux harmonies de la voix supérieure et prendre comme note auxiliaire le* do b *où bien le* do *au gré du changement de ces harmonies. L'exécution avec le* do *uniforme, que tous les autres trouvent naturelle, est fausse ». Nous trouvons cette indication dans la même édition dont nous avons parlé dans la remarque précédente; cette indication est toute aussi singulière que celle dont nous avons parlé tantôt.*

a) El trino que aqui empieza en el *si b* «tendria que haber como nota ausiliar a veces *do b* a veces *do.* natural segun las armonias de la parte superior. Trinar siempre con el *do* que todas las demás ediciones encuentran justo, es una equivocación ». Encontramos esta indicación en la misma edición de la cual hemos hablado en la nota precedente y es por lo menos tan estraña cuanto aquella citada precedentemente.

Continued from page 368

a) *Pédale originale.*
b) *Le mode d'exécution souvent recommandé:*

est absolument à repousser.
c) *Le reviseur croit que les notes de complément ont été volontairement omises aux deux premier trilles; de même que dans la période suivante, ce n'est que le troisième trille qui s'agrémente d'une note complémentaire. Ces quatre mesures ne doivent en aucun cas faire l'impression de* 3 × 4 *temps, mais être très distinctement rhythmées en* 4 × 4, *ce qui par la variation de rythme est d'un grand attrait. L'octave de la main droite ne peut être brisée. (Comparer a la page* **348** *a).*
d) *Point d'orgue (avec pédale) d'une durée maximum de trois mesures.*

a) Pedal autógrafo.
b) La siguiente ejecución, muchas ve ces aconsejada:

no se puede admitir.
c) El revisor opina que en los dos primeros trinos la resolución haya sido ometida voluntariamente: tambien en los cuatro compases siguientes solamente el tercer trino tiene que tener la resolución. Los cuatro compases no tienen de ninguna manera que dar la impresión de un tiempo 3 × 4, pero de un tiempo 4 × 4, haciendo asi lucir el encanto de la variedad ritmica. La octava de la mano derecha no tiene que ser arpegiada (confrontar con la pagina **348** *a*).
d) Calderón de la duración maxima de tres compases (con el pedal).

Continued from page 370

a) *Pédale originale.*
b) *Tous les textes originaux présentent ici le même aspect: six temps (2 × 3), avant le sixième temps on trouve l'indication: 2/4. Toute autre répartition est fausse. Nous ne comprenons pas ce que le texte de Beethoven peut avoir d'obscur et d'équivoque; il nous est, par conséquent, difficile de voir la raison, pour laquelle cette mesure a été si souvent « rectifiée » par le moyen d'une véritable altération du texte.*

a) Pedal autógrafo.
b) El texto, en todas las copias origi nales, es el siguiente: seis cuartos (2 × 3) antes del sexto cuarto la indicación 2/4 Cualquier otra división es equivocada El revisor no encuentra que es lo que pueda haber de dudoso en la versión de Beethoven, y por esto no comprende por qué este compás venga muchas veces alterado con « correcciones ».

FRENCH AND SPANISH TEXT

Continued from page 372

a) *Cette mesure ci ainsi que la suivante font défaut dans un certain nombre d'édition; elles sont devenues les victimes d'une erreur pénible.*

b) *Dans l'autogramme on trouve:*

c) *Le* mi dièse *au deuxième temps, le do double* dièse *aux deux dernières doubles croches, qu'on trouve malheureusement bien souvent encore, représentent de fausses notes; cependant il ne s'agit pas ici d'erreurs typographiques, car c'est de bon escient qu'elles ont été placées dans le texte, sans qu'en général il fut donné note de leur origine. Des générations entières de pianistes ont joué ces notes fausses sans avoir en conscience de leur péché. Personne, dans ce domaine-là, ne leur enseigne la méfiance à l'égard d'une réalité, qui n'est pas nécessairement identique à la vérité. Il est, plus encore, nuisible et honteux de procéder comme le font certains reviseurs, qui apportent des transformations aux textes originaux, sans indiquer qu'il s'agit de transformations.*

d) *Le temps d'arrêt respiratoire entre le premier et le deuxième temps ne doit pas dépasser la durée d'une croche tout au plus!*

e) *On trouve souvent devant la première double-croche la note d'appogiature* si *en manière de basse, parfois aussi un* si *comme première croche simultanément avec* ré dièse. *Il va sans dire qu'il faut éviter et ne pas attribuer à Beethoven cette note d'origine ultérieure.*

a) Este compás y el siguiente faltan en muchas ediciones. Son las victimas de una penosa equivocación.

b) En el manuscrito se encuentra:

c) El *mi sost.*, nel segundo cuarto y el *do doble sost.*, en las dos ultimas semicorcheas, que desgraciadamente se encuentran todavia, son errores, y no es falta de imprenta, desde el momento que ellas estan puesta expresamente en el texto sin alguna explicación. Enteras generaciones de pianistas ejecutan similes faltas sin tener conciencia de su pecado. Ninguno les enseña a dudar en este campo y a desconfiar de una realidad que no puede ser verdad. Es un pecado y una verguenza que a veces los revisores introducan en el texto original, unos cambios sin hacerlos notar por tales.

d) La pausa entre el primer y segundo cuarto no tiene que superar la duración de una corchea, al maximo.

e) Se encuentra muchas veces delante de la primera semicorchea, la apoyadura *si* a manera de bajo y a veces tambien contemporaneamente al *re sost.* Naturalmente se tiene que evitar a Beethoven esta nota añadida.

Continued from page 374

a) *La répartition des six dernières triples-croches en trois fois deux se trouve dans tous les textes originaux; presque toutes les éditions ultérieures notent le sextolet comme les précédents sous une barre commune.*

b) *Cette mesure s'emploie souvent d'une manière plus outrée encore que la mesure précédant le premier « tempo primo »; on la rencontre dans les métamorphoses les plus étranges. Il est vrai qu'en ajoutant aux six temps un quintolet en triples-croches, on l'a rendue comparativement difficile à comprendre. L'explication est donnée par le point d'orgue sur la pause à la portée intérieure: le troisième temps a été précisément prolongé par l'adjonction du quintolet en question.*

a) La repartición de las ultimas seis fusas en tres duinas se encuentra en todos los textos originales: casi todas las ediciones siguientes escriven este último seisillo igual a los precedentes con una barra común.

b) Muchas veces este compás tiene más manumisión de la que precede el primer « Tempo primo »: ella recibe las transformaciones más estrañas. Es verdad que la añadidura del grupo de cinco fusas sobreabundante en el compás de seis cuartos, es relativamente dificil de comprender, pero la explicación la dá el calderón puesto en el tercer compás (silencio) del bajo. Este tercer compás está prolongado por el quintillo de fusas.

FRENCH AND SPANISH TEXT

Continued from page 375

a) *La note* la, *que plusieurs éditions ajoutent à l'accord sur le premier temps de la main droite, n'est pas à sa place ici.*

b) *Pédale originale.*

c) *L'autogramme avait un « attacca il prestissimo » après la double barre. Cette indication a été biffée par Beethoven, la double barre également. La disparition de la double barre, la pédale dont l'astérisque ne se trouve que sur le premier temps du prestissimo, et enfin les trois bécarres devant le signe d'altération nous imposent absolument l'enchaînement de ces deux parties de la sonate. L'« attacca » est donc parfaitement superflu. Point d'orgue d'environ huit temps (pas moins!). Continuer sans faire d'arrêt respiratoire!*

a) La nota *la* que muchas ediciones añaden al acorde al primer compás de la mano derecha aqui no tiene razón de estar.

b) Pedal autógrafo.

c) En el manuscrito se encontrava, después la doble barra, la indicación « Attacca il prestissimo »: tanto la indicación, cuanto la doble barra, fueron después borradas por Beethoven. La abolición de la barra, el asterisco del pedal, que se encuentra solamente en el primer cuarto del « prestissimo » y en fin los tres becuadros delante el unico sostenido que queda en la clave exigen claramente el colegamiento ininterrumpido de estas dos partes de la sonata. Conque la indicación « attacca », es completamente superflua. Calderón de la duración aproximadamente de ocho cuartos (¡nada menos!); continuar sin pausa.

Continued from page 377

a) *Beaucoup d'éditions ont — ici et à la mesure suivante — une liaison du premier temps à la quatrième croche; ces liaisons sont certainement fausses.*

b) *Le « rinfz. » se trouve dans le manuscript original.*

a) Algunas ediciones tienen aqui — y en el compás siguiente — una ligadura en la parte superior, entre la negra puntuada y la cuarta corchea. Es seguramente un error.

b) Este *rinfz.* se encuentra en el manuscrito.

Continued from page 382

a) *Les notes d'agrément sont ici conformes à l'original; elles se placent entre le deuxième et le troisième temps. Beaucoup d'éditions en font un groupe de quatre triple croches en notes ordinaires, placées au cinquième demi-temps (omettant comme de coutume de faire remarquer qu'il s'agit ici d'une interprétation toute personnelle).*

b) *Dans toutes les copies de l'original, le soufflet s'ouvre en crescendo jusqu'au deuxième temps où commence le diminuendo. Il est regrettable que la fin du crescendo et le commencement du diminuendo se placent souvent, de façon parfaitement erronée, au premier temps.*

c) *Dans le manuscript, le troisième temps à la main droite se compose d'une croche doublement pointée et d'une triple croche.*

a) El embellecimiento es aqui reproducido como en las copias originales: se encuentra entre el segundo y el tercer cuarto. En muchas ediciones está grabado en caracteres ordinarios como un grupo de cuatro fusas que forman la quinta corchea (omitiendo aqui también de citar que se trata de una interpración del todo personal).

b) En todas las copias originales la horquilla del crescendo llega hasta el segundo cuarto, de donde empieza la horquilla del diminuendo. Muchas veces encontramos en el primer cuarto el final del crescendo y el principio del diminuendo el que es erroneo.

c) En el manuscrito el tercer cuarto en la mano derecha está formado por una corchea con el doble punto y por una fusa.

FRENCH AND SPANISH TEXT

Continued from page 383

a) Pour une raison inexplicable, une édition nous donne au deuxième temps, au si (de la main gauche) en place de la noire, un soupir. Dans une autre édition — faute non moins grave — nous voyons au troisième temps les deux croches de la voix de basse surmontées d'un soupir, alors que le do dièse *appartient naturellement aux deux voix inférieures.*

b) Le signe: < > *se place aux deux derniers demi-temps; le crescendo ne peut en aucun cas commencer déjà au demi-temps précédent. Cette interprétation (que l'on rencontre malheureusement fréquemment) est absolument fausse.*

c) La liaison de la dernière double croche de cette mesure à la première croche de la mesure suivante (rencontrée fréquemment) est sans doute incorrecte.

a) Una edición, no se sabe por que razón, pone un silencio en el 2º cuarto, en el lugar del *si* (en la mano izquierda). En otra edición encontramos — falta bastante grave — que en las dos ultimas corcheas en la voz de bajo un silencio de un cuarto. Es evidente que el *do sost.*, en el tercer cuarto apartenece a dos voces.

b) La marca < > tiene que ser sin duda en las últimas dos corcheas: el crescendo por esto no puede empezar en la cuarta corchea. Esta interpretación (que desgraciadamente se encuentra con mucha frecuencia) es erronea.

c) La ligadura entre la última semicorchea de este compás y la primera corchea del compás siguiente (que se encuentra con frecuencia) es indudablemente equivocada.

Continued from page 384

a) Chez certains éditeurs, dans cette variation, les fausses notes abondent. Nous en citerons quelques-unes (comptant par mesures et non par lignes).
Deuxième mesure, septième double-croche, un la *au lieu du* si. *Quatrième mesure, quatrième double-croche* sol dièse[1] *au lieu de* fa dièse[1]. *Cinquième mesure, la dernière double-croche doit être un* la dièse[1] *au lieu du* la. *Huitième mesure, la septième double-croche* $\frac{mi^2}{sol^2}$ *au lieu de* mi[3] si b[2] . *(A la huitième mesure, on trouve aussi parfois à la neuvième double-croche un signe de* f). *A la vingt-troisième mesure, la huitième double-croche* si dièse[2] *au lieu de* do dièse[2] *et la neuvième double-croche* do dièse[2] *au lieu de* do double dièse. *Il n'y a que ce dernier* do *qui soit devenu objet à discussion Beaucoup sont d'avis que le* do double dièse *est faux, et plaident pour le* do dièse. *Le manuscript nous montre un* do double dièse *très distinct, et il ne peut être sérieusement question d'un* do dièse.
b) Le reviseur commence ce trille et les trilles suivants, comme de juste, par la note principale.

a) En esta variación, en algunas ediciones, las faltas abundan. Citaremos algunas (contando sucesivamente los compases). Segundo compás: la setima semicorchea, *la* en lugar de *si*. Cuarto compás: cuarta semicorchea un *sol sost.*, en lugar de *fa sost.* Quinto compás: ultima semicorchea tiene que ser *la sost.*, en lugar de *la*. En el octavo compás, setima semicorchea, encontramos $\frac{mi}{sol}$ en lugar de $\frac{mi}{si\ b}$. (En el octavo compás se encuentra a veces en la nona semicorchea un *f*). En el 23º compás encontramos que la octava semicorchea es *si sost.*, en lugar de *do sost.*, y la nona semicorchea es *do sost.*, en lugar de *do doble sost.* No ha surgido ninguna discusión, nada más que sobre este *do.* Muchos opinan que *do doble sost.*, sea equivocado y *do sost.*, sea exacto. En el manuscrito se lee muy claramente *do doble sost.*, y por esto el *do sost.*, no se puede tomar en consideración.

b) El revisor empieza este trino y los de los compases siguientes desde la nota principal.

Continued from page 388

a) Les soufflets qui se trouvent dans le manuscript original manquent à beaucoup d'éditions.
b) Dans l'édition originale il manque ici une liaison du si, *la dernière croche de cette mesure, à la première double croche suivante; cette liaison est cependant parfaitement juste.*
c) La liaison du sol dièse, *septième temps, qu'on rencontre parfois, est inadmissible, le* sol dièse *doit être répété.*
d) Beaucoup d'éditions remplacent le ré dièse *au quatrième temps, qui est absolument juste, par un* si; *d'autre éditions ont le* ré dièse, *mais y font une liaison fausse. Le* ré dièse *doit être répété au quatrième temps.*

a) Las horquillas, que se encuentran en el manuscrito, faltan en muchas ediciones.
b) En la edición original falta la ligadura de esta última corchea a la primera semicorchea del compás siguiente. Sin embargo esta ligadura tiene que estar.
c) La ligadura en el *sol sost.*, setima corchea, que se encuentra a veces, es inadmisible: el *sol sost.*, tiene que ser repetido.
d) Muchas ediciones sostituyen al *re sost.*, cuarta corchea, que es absolutamente exacto, un *si*: otras ediciones tienen el *re sost.*, pero ponen una ligadura que es equivocada. El *re sost.*, tiene que ser repetido.

Continued from page 389

a) Dans l'édition originale, nous voyons, partant des six dernières doubles-croches de la mesure précédente (qui ainsi que les six premières de cette mesure, sont naturellement descendues d'une octave) un signe d'8va – – – – qui s'étend jusqu'à la douzième double-croche (inclusivement). Le manuscript et la copie revue de ce manuscript par contre, descendent à partir de la septième déjà, les doubles-croches à la deuxième octave. Le reviseur n'a pas le moindre doute à ce sujet; le texte de l'édition originale est certainement fautif; il détruit et le sens, et la beauté de ce passage caractérisé par le mouvement contraire des voix. Comparer l'opus 110, première partie.

b) La première double croche si b au premier temps, est bien une double-croche et non une croche pointée (qu'on rencontre parfois ici).

c) Pédale originale.

a) En la edición original hay la marca *8ª* que empieza desde las ultimas seis semicorcheas del compás precedente (naturalmente, escritas una octava más baja de lo que estan escritas aqui), y llega hasta la duodecima semicorchea (incluida). En el manuscrito y en la copia revisada, al revés, las semicorcheas empezando desde la setima, están marcada en la segunda octava. El revisor no tiene duda cerca este caso: el texto de la edición original está seguramente equivocado, y distruye el sentito y la belleza de este pasaje que su caracteristica principal es el movimiento contrario de las partes. Confrontar con la opera 110, parte 1ª.

b) La primera semicorchea *si b* tiene que quedar una semicorchea y no una corchea punteada (como muchas veces passa).

c) Pedal autógrafo.

Continued from page 390

a) Pédale originale.

b) Il est excessivement difficile de déterminer la place des deux accents et des trois sf. Les accents se placent-ils sur la première ou sur la deuxième double-croche, sur le temps fort ou le temps faible, ceci est d'importance capitale. L'original plaide en faveur de la première double-croche, cependant que les premières éditions nous montrent l'autre possibilité. Il nous faut donc en exécutant ce passage, suivre notre impulsion, ne pouvant nous aider ici par le raisonnement. Le reviseur croit qu'une accentuation martellée de la deuxième double-croche répond le mieux au style de Beethoven. C'est pour cela que nous adoptons cette manière d'écrire qui nous est dictée par notre sentiment musical et l'examen des probabilités.

c) La liaison de la dernière double-croche mi³ à la suivante que nous voyons à la plupart des éditions, manque à l'édition originale. Le reviseur préfère répéter le mi³.

d) Arrêt respiratoire d'une durée d'un quart de temps (maximum!). La fois suivante d'environ un demi-temps (ce qui fait avec le repos d'un demi soupir, deux demi temps).

a) Pedal autógrafo.

b) Es muy dificil decidir la colocación de los dos acentos y de los tres *sf*. Es muy importante, para la interpretación de este compás, determinar si los acentos tienen que caer en la primera o en la segunda semicorchea, en el tiempo fuerte o en el tiempo debil. El manuscrito opina la primera semicorchea, pero las primeras ediciones prefieren la segunda. Por esto ejecutando este pasaje, el ejecutor tendrá que seguir su impulsión, puesto que no se puede alcanzár una decisión por medio del razonamiento. El revisor opina que la acentuación martillada en la segunda semicorchea responda mayormente al estilo de Beethoven: nuestro texto sigue este concepto que brota del sentido musical y del examen de las probabilidades.

c) La ligadura entre la ultima semicorchea, *mi*, y en aquella siguiente, que se encuentran en la mayor parte de la ediciones, falta en la edición original. El revisor prefiere repetir el *mi*.

d) Pausa de la duración de una semicorchea (al maximo). La vez siguiente, antes el « Allegro » la pausa tiene que ser de la duración aproximadamente de una corchea (que unida al silencio de una corchea forma dos octavos).

Continued from page 391

a) Pédale originale.

b) Voir à la page 390 d).

c) Dans le manuscript autographe, Beethoven a expressément donné pour titre: Variations, et ensuite il est fait spécialement mention de l'ordre numérique, I, II, III. IV des quatre parties suivant l'« Andante molto cantabile ed espressivo » (le thème, malgré qu'il ne soit pas spécialement indiqué comme tel); à l'Allegro ma non troppo et au mouvement suivant: Tempo primo del tema (thème) il manque et la dénomination et le numéro.

d) Le sf. ici et dans les deux mesures suivantes, ne se trouve pas dans le manuscript.

e) Dans toutes les copies de l'original, la deuxième croche est un si¹, le do dièse qu'on trouve parfois est erroné.

a) Pedal autógrafo.

b) Mirar pág. 390 *d*).

c) En el manuscrito, en las primeras cuatro partes que siguen el Andante muy cantabile y expresivo (el tema, que sin embargo no está indicado como tal) Beethoven escribió la indicación: « Variazioni » añadiendo a cada una de ellas un numero progresivo. Sin embargo en este « Allegro ma non troppo » y en el « Tempo primo del tema » (aqui tema) la denominación y el numero faltan.

d) La marca *sf*, aqui y en los dos compases siguientes no se encuentra en el manuscrito.

e) En todas las copias originales la segunda corchea es *si*: el *do sost.*, que se encuentra a veces, es equivocado.

Continued from page 392

a) Est indiqué très clairement dans le manuscript original; de plus il s'y trouve en marge de la page (probablement à titre de rectification) une annotation de Beethoven: « doit être un do *et un* mi ». *Il est incompréhensible pourquoi l'édition primitive ne donne que le* do dièse[1], *une noire; cette grave erreur a malheureusement été adoptée par la plupart d'éditeurs.*

a) Estas dos notas *do sost.*, y **mi** se encuentran bien claras en el manuscrito. Además encontramos en márgen (talvez a titulo de retifica) una anotación de Beethoven: « Tienen que ser *do* y **mi** ». La razón por la cual la edición original dea solamente el *do sost.*, haciendo de él una negra es incomprensible. Desgraciadamente este grave error ha sido adoptado por la mayor parte de las ediciones.

Continued from page 393

a) La tradition nous impose, dans un mouvement en .9/8 suivant un mouvement de 3/4, de donner à trois temps (croches) du mouvement en 9/8 la valeur de deux croches du mouvement précédent en 3/4. Elle nous défend de nous écarter de ce principe, soit en accélérant, soit en ralentissant la durée du temps. Cette tradition est par trop rigide. Ici, par exemple, le reviseur est d'avis qu'en nous conformant à cette règle, nous agirions aux dépens de l'expressivité du style. Il juge plus conforme aux intentions du compositeur et aussi plus expressif de laisser ici une valeur de temps égale aux croches de ces deux mouvements. Une accéleration ne serait pas une gradation ici. Il est vrai qu'une mesure en 9/8 se divise aussi en trois temps, et de cette façon, un temps de ce 9/8, serait de la moitié plus long qu'un temps de 3/4. Les triolets ne commencent qu'à la première mesure à la troisième ligne à la page. 394 Pour la modification de temps au cours de la première mesure du premier alinéa à la page 394 cette mesure se transforme en un 8/8 de répartition inégale. Si l'on se range à l'avis du reviseur, il faut aussi repartir ici en croches. (La mesure se divise en 3 + 3 + 2; *variation de beaucoup d'attrait). Comparer op.* III, *deuxième partie.*

a) La tradición quiere que cuando un tiempo 9/8 sigue un tiempo 3/4, tres corcheas del movimiento 9/8 tienen que tener la misma duración de dos corcheas del 3/4. No está permitido alejarse de este principio retrazando o acelerando la duración de los compás. Esta tradición es demasiado rigida. Aqui, por ejemplo, el revisor opina que conformandose a esta regla se alcanzaria una ejecución poco convincente, y que seria más cerca en las intenciones del compositor y más expresivo dejar que todas las corcheas de los dos tiempos tendrian la misma duración. Acelerando no se intensifiqueria la expresión. Es verdad que el tiempo 9/8 se subdivide en tres compases, pero cadauno de sus compás en comparación a aquello del tiempo 3/4 es aumentado de una mitad. Encontramos por la primera vez los tresillos en el primer compás del tercer renglón a pag. 394. Con el engrandecimiento, el primer compás en el primer renglón a pag. 394 se transforma en un compás de 8/8 dividido desigualmente, ya que, si se sigue la opinión del revisor, aqui tambien se tiene que dividir en corcheas. (Este compás tendria que dividirse asì 3 + 3 + 2: variación llena de incanto). Comparar con la op. III, segunda parte.

Continued from page 394

a) On prend souvent le fa dièse, *sixième croche à la basse, pour une note fausse, et on le remplace par un* ré dièse. *Le reviseur croit que le* fa dièse *(qui est conforme à la troisième noire de la première mesure de cette partie) est juste.*
b) C'est naturellement un ré dièse *qu'il faut lire ici.*
c) Le trille doit commencer par la note principale, être exécuté le plus rapidement possible, sans aucune interruption *et, dans la mesure du possible, groupé de façon à ce que sa note principale s'accorde avec chacune des croches supérieures et inférieures.*

a) Muchas veces el *fa sost.*, sexta corchea del bajo, creen ser una equivocación y lo sostituyen con el *re sost.* El revisor opina que el *fa sost.*, (que es conforme a la tercera negra en el primer compás de esta parte) sea justo.

b) Naturalmente tiene que ser *re sost.*

c) El trino tiene que empezar con la nota real, tiene que ser ejecutado lo más rapidamente posible y *sin interrupcion;* la nota real tiene que ser tocada contemporaneamente a la corchea superior y a aquella inferior.

Continued from page 395

a) *Il est parfois recommandé d'exécuter les notes de complément en battement double, de la façon suivante:*

Cet ornement n'est certainement pas à sa place ici.

a) Algunas ediciones aconsejan de ejecutar la resolución del trino en la forma siguiente:

Este floreo no es oportuno.

Continued from page 398

a) *Beaucoup d'éditions ont enrichi cette mesure de deux notes: d'un fa dièse au quatrième et d'un ré dièse au sixième demi-temps. Cette altération ne peut en aucun cas être admise, elle est indiscutable étant propre à défigurer le sens de la phrase musicale. Dans le manuscript, l'édition revue et corrigée et l'édition originale, il n'y a naturellement pas trace des deux notes en question. Par ce voisinage, le la[1] au deuxième demi-temps ne pourrait plus être considéré comme l'appogiature du sol dièse[1] au premier temps suivant. Il est offensant mais aussi amusant de lire dans les éditions agrémentées de telles «nouveautés», en marge de la reproduction des notes originales (seules admissibles) la remarque suivante: «dans les éditions plus anciennes, nous voyons la faute suivante».*

b) *Le sentiment musical impose ici à l'éditeur un arrêt respiratoire avant la dernière répétition du thème. La pause doit avoir environ trois temps ($\downarrow = 46$) et la pédale ne se lève qu'à l'attaque du premier temps suivant.*

c) *Il manque parfois à cet accord l'arpège en petites notes qui le précède et en fait un accord brisé; il faudrait donc en faire un accord frappé, pareil à celui du premier temps de la cinquième mesure à la dernière répétition du thème (qui diffère ici de la version première). Le réviseur est d'avis que les cinquième et treizième mesures ne représentent pas des cas identiques, et ne peuvent ni l'une, ni l'autre être prises pour exemple. L'arpège à la treizième mesure est probablement juste.*

d) *Pédale originale.*

a) Muchas ediciones han aumentado de dos notas este compás. Un *fa sost.*, en la cuarta corchea y un *re sost.*, en la sexta corchea; esto no es admisible ya que desluciria el sentido de la frase musical. Naturalmente en el manuscrito, en la edición revisada y en la edición original no hay traza de estas dos notas. Ellas quitarian al *la* su caracter de apoyadura del *sol sost.* en el primer cuarto del compás siguiente. Es ofensivo y tambien divertido leer en unas de las ediciones adornadas de esta «novedad», cerca de la reproducción en margen de las notas del texto (las unicas admisibles) la nota siguiente: «En las ediciones antiguas encontramos el siguiente error».

b) El sentido musical impone aqui al ejecutor una pausa antes la ultima repetición del tema. La pausa tiene que tener la duración de tres cuartos aproximadamente ($\downarrow = 46$) y el pedal tiene que ser levantado solamente al comienzo del primer tiempo siguiente.

c) Falta a veces en este acorde, el arpegio en pequeñas notas que lo precede: las cuatro notas vienen tocadas juntas como al primer cuarto del quinto compás en la segunda parte del tema y como lo encontramos aqui al final (pero en cierta manera diferente de su primera aparición). El revisor opina que el quinto y el decimotercio compás no siendo perfectamente analogos, l'uno no puede ser tomado de ejemplo para l'otro. Probablemente el arpegio en el decimotercio compás es exacto.

d) Pedal autógrafo.

Continued from page 401

a) *Certaines éditions, différant des copies de l'original, placent le signe de* p *déjà au premier temps et le* cresc. *au deuxième.*

b) *Il s'agit naturellement ici d'un staccato court; les liaisons placées par certains éditeurs au-dessus des notes détachées sont absolument incorrectes.*

a) Contrariamente a las copias originales, algunas ediciones ponen el *p* al primer cuarto y el *cresc.* al segundo.

b) Naturalmente estos sonidos tienen que ser ejecutados con un destacado corto. La ligadura que algunas ediciones ponen sobre el destacado es absolutamente erronea.

Continued from page 404

a) *La répartition des passages aux deux mains est celle prescrite par Beethoven; pour cette raison déjà, il faudrait l'adopter sans hésiter. Mais au cas même, ou l'on ne se sentirait pas forcé à suivre aveuglément toutes les indications de Beethoven, il serait cependant difficile de trouver ici un motif plausible pour ne pas nous y conformer, la conception en ce cas nous paraissant la meilleure. Certaines éditions (très répandues) croient nécessaire de lui donner une forme «nouvelle», et c'est pour cela que le réviseur juge utile de placer ici cette remarque.*

a) La manera di dividir este pasaje entre las dos manos está indicada por Beethoven y seria bastante para no dividirlo de otra manera. Pero tambien si el ejecutor no se sentiera obligado a seguir todas las indicaciones de Beethoven no hubiera ninguna razón para conformarse en este caso, desde el momento que esta división es la mejor que se puede encontrar. Algunas ediciones (muy difundidas) han querido sustituir una «nueva» manera y es por esto que el revisor cree util esta observación.

Continued from page 405

a) *Dans .toutes les copies de l'original, les cinquième et sixième demi-temps à la portée supérieure, sont placés à la deuxième octave; quelques reviseurs (parfois sans mentionner la modification) les placent à l'octave supérieure où ils n'ont rien à voir; ces demi-temps ont à effectuer avec la basse un mouvement contraire et de plus doivent se diriger vers la sphère tonale de la mesure suivante. Placés à l'octave supérieure, cela leur est impossible. La disposition musicale des mesures correspondantes, page 401, 3ᵉ et 4ᵉ alinéa, ne se répète pas, ce malgré que son début et sa fin sont analogues au début et à la fin de la phrase qui nous occupe; on ne peut donc s'en rapporter à elles pour justifier cette «répartition». Elle ne se justifie pas non plus par l'étendue limitée du clavier, car plusieurs années avant de composer cette sonate, Beethoven se servait déjà d'un piano à queue, dont le clavier s'étendait jusqu'au fa de la quatrième octave supérieure, et avait tiré parti de ceci dans beaucoup de ses compositions. (Comparer op. 109, IIIᵉ partie, variation IV).*

a) En todas las copias originales las fusas de los dos ultimos octavos se encuentran en la segunda octava: algunas ediciones (a veces sin citar la modificación) la llevan a la octava superior, que no es su sitio. Ellas tienen un movimiento contrario a lo del bajo, y además conducen al registro del compás siguiente, lo que se pone imposible si estan puestas en la octava superior. La disposición de los compases correspondientes, tercer y cuarto renglón en la pág. 401, aunque su origin y su intento sea el mismo no se repite aqui, y por esto no es posible referirse a ellas para justificar esta «transformación». Ella no es justificada tampoco por la extensión limitada del pianoforte en la epoca en que esta sonata fué escrita, porqué Beethoven ya desde algunos años conocia pianos que se extendian hasta el *fa* de la cuarta octava, e ya habia tenido en cuenta esta extensión en algunas de sus composiciones. (Confrontar op. 109, tercer tiempo, IV variación).

Continued from page 408

a) *Dans quelques revisons, le texte de cette mesure et de la suivante est erroné (il s'identifie cependant avec celui d'une des anciennes éditions). Au lieu du texte des copies de l'original auquel nous nous conformons, elles donnent au premier et au deuxième temps de la mesure:*

(et font parfois un ré bᵉ de l'avant dernière tripl. croche). Elles donnent au premier demi-temps de la mesure suivante:

et aux deux dernier demi-temps de cette même mesure:

A l'occasion, un reviseur, a transformé aussi des triples-croches en croches, croyant ainsi les souligner. Nous ne devrions jamais nous permettre de modifier la valeur originale des notes à l'avantage de l'interprétation musicale; nous avons suffisamment d'autres moyens de faire ressortir celle-ci.

b) *Entre cette partie et la partie suivante, ne faire un arrêt (sans pédale) plus long que celui des cinq demi-temps prescrit à la dernière mesure.*

a) En algunase diciones el texto de este compás y del siguiente es equivocado (aunque sea igual a aquello de una vieja edición). En lugar de la forma que encontramos en las copias originales (a la cual nos conformamos) ellas tienen al primer y segundo octavo del compás:

(a veces la penultima fusa es un *re b*). El primer octavo del compás siguiente viene transformado así:

y los dos ultimos octavos:

Un revisor ha transformado en corcheas aquellas fusas que segun él irian puestas en relieve. Los consejos en la interpretación no tienen nunca que ser dados por medio del cambio del valor original de las notas: hay otros medios a disposición.

b) Entre este tiempo y el siguiente hacer solamente una pausa de cinco octavos (sin pedal) como está indicado en el último compás.

Continued from page 409

a) *Dans une édition (le reviseur n'en connaît pas d'autre à ce sujet) il est décidé que la première mesure de cette partie se transforme en une demi-mesure, ouvrant une période en 4/4 temps. Il est décidé! Cela sans tenir compte de la répartition toute différente des temps forts. Le reviseur n'a cependant pas le moindre doute à cet égard; pour lui, la structure de cette pièce est excessivement simple: huit mesures en un temps de 2/4 commençant avec la première mesure de la période et finissant avec la huitième. En raison de cela, la première mesure de la coda est le temps fort de la période, la mesure suivante (la pause) le temps faible. Pour cette coda, il est souvent prescrit l'opposé, ce qui démontre que certaines personnes partagent l'opinion bizarre dont il a été question plus haut. Celui qui est persuadé de la valeur dominante des pauses dans la coda, aurait du, pour être logique, se conformer dès le début de cette partie à cette version dont nous avons rapporté la singularité (présumée).*

b) *D'ici à l'adagio toutes les pédales sont celles indiquées par Beethoven.*

a) En una edición (por lo menos el revisor no sabe de otras) este primer compás es el anacrusi de un periodo de cuatro compases en cuatro cuartos. Y esto sin tener alguna cuenta de la distribución de los cuartos fuertes. El revisor no tiene la menor duda a este sujeto. Para él la estructura de este trozo es extremamente sensilla: ocho compases en tiempo 2/4 empiezan con el primer compás del periodo y terminan con el octavo. Por esto en la « Coda » el primer compás es el tiempo fuerte, el segundo (el silencio) es el tiempo debil. Por la « Coda » muchas veces recomiendan el contrario y esto demuestra que algunas personas condividen la estraña opinion citada antes. Quien opina que el tiempo fuerte caiga en los compases de silencio tendria *desde el principio* de la pieza conformarse a esta versión de quien hemos relatado la (supuesta) singularidad.

b) Desde aqui hasta el Adagio todos los pedales son de Beethoven.

Continued from page 412

a) *Voir à la page* **409** a).

b) *Pédale originale.*

c) *Tenir le dernier accord encore environ quatre mesures ($\downarrow = 120$) en plus de sa valeur. Lever ensuite la pédale et faire un arrêt respiratoire d'environ douze mesures (au plus) dans ce même mouvement de $\downarrow = 120$. Enchaîner l'adagio.*

a) Mirar pág. **409** a).

b) Pedal autógrafo.

c) Sostener el acorde aproximadamente otros cuatro compases ($\downarrow = 120$) más de su valor. Después levantar el pedal y hacer una pausa aproximadamente de doce compases (al maximo) con el mismo movimiento $\downarrow = 120$. Empezar el Adagio.

Continued from page 413

a) *Pédale originale.*

b) *Nous n'avons dans les quelques mesures du début du « recitativo » à celui de l'« adagio ma non troppo » pas moins de dix-sept indications musicales (cela sans compter les pédales!) — toutes en contraste les unes les autres. Beethoven nous prouve ici de façon large et persuasive, quelle conception vaste il a de la liberté d'expression. L'inégalité des mesures nous démontre à l'évidence, qu'il nous est laissé ici toute liberté de réalisation plastique Le « recitativo » a, cela selon la valeur qu'on accorde à la deuxième mesure, 85 ½, 85, où bien 83 quarts de temps. La première mesure en a exactement 28 (7/4) la troisième 20 (5/4) et la quatrième en a 10, dont 6 cependant font déjà partie de l'« adagio » (10 = 4 et 2 × 3). La deuxième mesure est la seule discutée. La première note déjà est-elle une triple-croche ou une appogiature? Les deux sans doute: une appogiature dont la place et la valeur sont incontestablement déterminées. Elle est placée sur l'accord et a la valeur déterminée d'un huitième de temps. Il est probablement faux de la remplacer par une petite note en appogiature de l'accord. La valeur de ces deux accords est alors 8/4. En comprenant dans ce temps la première triple-croche, et en laissant leur valeur entière de croche aux trois dernières notes (dont le triolet qu'en font la plupart d'éditions, est à l'avis du reviseur très discutable), ce temps aurait 33 ½ quarts de temps, donc de trop pour 8/4; en faisant le triolet des dernières croches, cela ferait 31 ½, et sans la triple croche du début 31, donc toujours trop peu pour 8/4. Nous voyons au premier accord un « sempre tenuto », qui ici ne doit signifier rien d'autre que: tenir cet accord jusqu'à l'accord suivant; et cet accord suivant, qu'elle que soit la division de temps adoptée, ne se placera jamais exactement après quatre temps. Pour procurer au deuxième accord sa valeur intégrale de 4/4, certaines éditions ne le font coïncider qu'avec le vingtième la[2]. Le reviseur cependant est convaincu de ce qu'il se place déjà au dix-*

a) Pedal autógrafo.

b) Con el abundancia de las indicaciones alrededor de las interpretaciones, diez y siete (sin contar el pedal), todas en contraste la una con la otra, en las pocas notas del recitativo hasta el « Adagio ma non troppo » Beethoven ha querido dar aqui una prueba convincente de su concepto de libertad de expresión.

La desigualdad de la largura de los compases demuestra la libertad completa de la forma plastica.

En el recitativo hay 85 semicorcheas y media, o 85 o 83, según el valor que se le dá al segundo compás.

El primer compás tiene exactamente 28 (7/4), el tercero 20 (5/4) y el cuarto tiene 10, pero 6 forman ya parte del Adagio (10 = 4 y 2 × 3). El segundo compás es el solo que provoque discusiones. ¿La primera nota es una fusa o es una apoyadura? Probablemente, las dos cosas, o sea una apoyadura, de la cual sitio y valor son incontestablemente determinados. Ella está puesta en el acorde y tiene el valor establecido de una fusa. Probablemente es equivocado remplazarla con una pequeña nota delante el acorde. Entonces el valor de estos dos acordes es: 8/4. Incluyendo en estos cuartos la primera fusa y dejando su valor entero a las últimas tres corcheas (segun el revisor hacer de ellas un tresillo como se encuentra en la mayor parte de las ediciones es muy dudoso), tenemos 33 semicorcheas y media, o sea demasiadas por 8/4. Transformando las tres últimas corcheas en tresillo tendremos 31 semicorcheas y media y sin la fusa del principio 31 semicorcheas: demasiadas poco por 8/4. Al lado del primer acorde leemos « sempre tenuto ». El solo significado posible es « retener este acorde hasta el proximo ». Y esto segundo acorde, cualquiera sea la división del tiempo, no será nunca exactamente después cuatro cuartos. Para dar al segundo acorde su valor de cuatro tiem-

Continued from page 414

huitième la², qui, première note du sixième de dix (2 × 5) groupes de deux triples-croches, occupe ici justement la place
du milieu. Les avis peuvent différer au
sujet de la première triple-croche, au sujet
des trois dernières croches, de la place du
deuxième accord, mais quoi que l'on dé-
cide en ceci, l'écriture originale ne s'en
trouvera pas sensiblement altérée. Mais si,
ce qui est arrivé parfois, afin ae compléter les 8/4 (avec la petite note en appogiature et le triolet à la fin de la mesure)
les dix groupes de triples-croches se sont
augmentés d'un onzième — on se permet
d'exécuter sept de ces groupes avant le deuxième accord — si de plus, on réunit en
un groupe autant de notes qu'il faut pour
remplir un temps, la disposition très caractéristique de Beethoven s'effacerait pour
dire complètement, et on dépasserait de
beaucoup les limites permises. — Pour
ce qui concerne l'exécution des groupes de
notes sur le la², le doigté 4, 3 est de
Beethoven (comparer op. 106, IIIᵉ partie).
Le son produit par le troisième doigt,
doit paraître vibrer entre la réalité et le
rêve, mais doit cependant être parfaitement perceptible. Peut-être serait-il utile
de lui assimiler ici une syllabe, par exemple un mot tel que « du » (toi) dont la vo-
yelle peut traduire graduellement de l'expression de la plus tendre évocation à
l'appel le plus passionné. Dans certaines
éditions, le 3ᵉ et 4ᵉ groupes sont donnés
de façon suivante:

mais le texte que nous adoptons est certainement meilleur.

a) *Pédale originale.*

b) *Il est étonnant que dans l'édition
primitive, le signe de* dim. *n'est placé
qu'au début de la mesure suivante, et que
le signe de* p *qui devrait se trouver là
manque complètement. Nous nous conformons ici à l'écriture du manuscrit.*

c) *Ne pas faire d'arrêt avant le début
de la voix supérieure, rester en un mouvement continu.*

Continued from page 416

a) *Comme dans le manuscrit. L'édition
originale n'a que* fa^do^b ^ré^ *aux deux dernières doubles-croches à la gauche.*

b) *Pédale originale.*

c) *Point d'orgue d'environ cinq demi-
temps (♪ = 42); attaquer sans faire d'arrêt l'allegro, au début duquel on lève la
pédale.*

pos algunas ediciónes lo ponen debajo
el ventesimo *la.* El revisor opina que
tenga que ser debajo el 18° *la* que
como primera nota del sexto grupo de
dos semicorcheas, quien tenemos aqui 10
grupos (2 × 5), es exacto en el medio. Las
opiniones pueden ser diferentes cerca la
primera fusa, cerca las tres últimas corcheas, cerca el sitio del segundo acorde,
pero en todo caso la notación original
no viene alterada sensiblemente. Pero si,
como sucede muchas veces, para completar los ocho cuartos (con la pequeña
nota de apoyadura al principio y el tresillo en el ultimo cuarto) los diez grupos de fusas se vuelven once — siete
de los cuales antes el segundo acorde
— si además se reunen en un grupo
tantas notas cuantas son necesarias para
hacer un cuarto, entonces las disposi-
ciones caracteristicas de Beethoven estan
casi abolidas y se exceden los limites
de lo que está permitido. Por lo que se
refiere a la ejecución de los grupos de
notas en el *la,* la digitación 4, 3 es de Beethoven. (Confrontar con la op. 106, IIIᵃ
parte).

La tecla tocada con el tercer dedo tiene
que producir un sonido que parezca vi-
brar entre la realidad y el sueño, pero
sin embargo tiene que ser perfectamente
perceptible. Talvez seria útil tomar como
palabra correspondiente a estos grupos
de notas un monosilabo, por ejemplo
« du » (tu) la cual vocal tiene una expresión tierna que puede ir desde una
dulce evocación a una apasionada lla-
mada. En algunas ediciones el tercer y
el cuarto grupo estan escritos en la manera siguiente:

pero el texto que nosotros adoptamos es
el mejor.

a) Pedal autógrafo.

b) Es estraño que en la edición original la indicación *dim.* se encuentra solamente al principio del compás siguiente,
y que el *p* que tendria que seguirla falta
completamente. Nosotros aqui nos conformamos al manuscrito.

c) Continuar con movimiento continuo, sin hacer alguna pausa antes de la
entrada de la voz superior.

a) Igual, que el manuscrito. La edición original no tiene que *fa*^do^b ^re^ en las
dos últimas semicorcheas de la izquierda.

b) Pedal autógrafo.

c) Calderón de la duración **aproximadamente** de cinco corcheas (♪ = 42). Empezar el Allegro sin pausa, y quitar el
pedal solo después al ataque.

Continued from page 417

a) *Exécution:*

Certains font attaquer le trille par la note auxiliaire.

a) Ejecución:

Algunos quieren el empezar del trino en la nota superior.

Continued from page 420

a) *Le troisième demi-temps à la deuxième voix de la portée supérieure est, sans erreur possible, un si b; certains éditeurs en font un do¹ qui est erroné.*

b) *A la deuxième voix à la portée supérieure, les trois dernières croches de cette mesure et les deux premières de la mesure suivante ont le doigté (1, 1, 2, 1, 1) original de Beethoven.*

a) La tercera corehea en la segunda voz en el pentágrama superior es indudablemente *si b*. En algunas ediciones encontramos un *do* que es erroneo.

b) La digitación de la voz mediana en las tres últimas corcheas de este compás y las dos primeras del compás siguiente (1, 1, 2, 1, 1) es de Beethoven.

Continued from page 421

a) *Dans certaines éditions, l'accord au quatrième temps s'écrit de façon suivante:*
ré b²
si b¹
sol¹   *mais il ne doit avoir que trois*
ré b¹
          ré b
voix: si b.
          sol

b) *Pédale originale.*

c) *Ne pas donner à cet accord plus de sa valeur, enchaîner immédiatement le temps de 12/16!*

d) *Voir à la page 399* a).

a) En algunas ediciones el acorde en
              re b
la cuarta corchea es si b ; pero tiene que
              sol
          re b
ser a tres voces si b .
          sol

b) Pedal autógrafo.

c) No prolungar el valor de este acorde y empezar enseguida el tiempo 12/16.

d) Mirar pág. 399 *a*).

Continued from page 424

a) *L'indication: poi a poi di nuovo vivente (se ranimant peu à peu) ne peut probablement s'entendre qu'en connexion avec:* l'istesso tempo della Fuga, *et ne doit se rapporter qu'au mouvement; l'indication:* sempre una corda *nous défend de lui donner une portée dynamique. Ainsi il nous faut certainement commencer ici lentement (et le plus calmement possible) accélérant insensiblement, et non par bonds, le mouvement des 15 premières mesures, pour atteindre à la seizième le mouvement primitif de la première partie de la fugue. Nous conservons le degré de sonorité (pp) una corda jusqu'au: cresc. (à la vingtquatrième mesure). Le reviseur est d'avis que le crescendo atteint son point culminant au p (du meno allegro). Ce n'est qu'un simple piano, mais en égard de la sonorité de la partie précédente de cette deuxième partie de la fugue, il doit cependant atteindre une résonnance vaste (Comparer à l'op. 101, IIIᵉ partie).*

b) *L'inversione della fuga (l'inversion de la fugue) a été ajouté plus tard.*

a) La indicación «después a después de nuevo viviente» probablemente no tiene que ser considerada que relativamente al «mismo tiempo de la fuga» y no puede atribuirse que al tiempo. La indicación «siempre una cuerda» nos prohibe de atribuirla al colorido. Entonces se tiene seguramente que empezar lento (y con mucha tranquilidad) y acelerar insensiblemente, y no a brincos, el movimiento de los primeros 15 compases para llegar, al 16º compás, al primer movimiento de la primera parte de la fuga. El grado de sonoridad (*pp*) *una corda* tiene que ser mantenido hasta el *cresc.* (compás 24). El revisor opina que el *cresc.* alcanza el punto culminante al *p* (del «Meno allegro»), y por esto, tambien siendo un *p*, tiene que tener la sonoridad llena en comparación a la precedente sonoridad de esta segunda parte de la fuga. (Confrontar con la op. 101, parte tercera).

b) El texto «Inversión de la Fuga» ha sido añadido después.

FRENCH AND SPANISH TEXT

Continued from page 427

a) *Les deux premières et les six derniè-res doubles-croches sont doigtées par Beethoven.*

b) *Dans beaucoup d'éditions, la dixième double-croche est un* sol; *le* sol *est peut-être juste, mais dans le manuscript auquel nous nous conformons ici, nous trouvons un* si b.

c) *Le* ré b¹, *deuxièm double-croche, a-dopté par quelques-uns, est faux.*

a) La digitación en las dos primeras semicorcheas y las últimas seis es de Beethoven.

b) Muchas veces encontramos que la decima semicorchea es *sol*. Puede ser que sea justo, pero en el manuscrito, al cual nos conformamos, se encuentra *si b*.

c) El *re b* 2ª semicorchea, adoptado por algunas ediciones, es equivocado.

Continued from page 428

a) *Au lieu de l'accord:* ré b¹ , *qui est* fa² *indubitablement juste, nous trouvons dans* ré b² fa³ *certaines éditions* si b² *ou bien* ré b² fa² do b²

b) *Pédale originale.*

c) *La première moitié de la mesure se joue de la main gauche, la seconde de la main droite: c'est ici la répartition faite par Beethoven et nous ne pouvons rien y changer.*

a) En lugar del acorde *re b* que es *fa* seguramente exacto, en algunas edicio-nes encontramos *si b* o también *re b* . *fa* do b

b) Pedal autógrafo.

c) Tocar la primera mitad del compás con la mano izquierda y la segunda mitad con la mano derecha. Esta repartición está hecha por Beethoven y no puede ser reemplazada por otras.

Continued from page 429

a) *Les expressions:* Maestoso et grave, *que l'on trouve utilisées souvent dans le même sens, sont à vrai dire contraires. La vigueur, la certitude, la sévérité, le caractère de solitude sublime du Maestoso expriment la mûre indépendance, la foi universelle et vivante de l'homme libre; le Grave par contre est moins libre, plus traînant et plus lourd; il est terrestre et ne montre que la dignité de la parure; c'est tout au plus le fardeau d'une misère particulière.*

b) *Pédale originale.*

c) *De nombreuses éditions ajoutent, à la cinquième croche de la gauche, un* sol *(grande octave), et, deux mesures plus loin, un* do *(petite octave). Dans l'autogramme on ne trouve distinctement que des octaves. Des dix notes dont se compose l'accord de sixte, Beethoven confie trois, et, deux mesures plus loin, quatre à la main droite. Tout autre emploi est injustifiable et plus mauvais.*

a) Las expresiones « Maestoso » y « Grave » muchas veces vienen usadas en e mismo sentido, pero en realidad son contradictorias. El vigor, la seguridad, la severidad y la soledad sublime del Maestoso exprimen la indipendencia madura, la noble fé universal del ser libre. El « Grave » al revés, es más encepado, pesado, ligado a la tierra, no lleva que la dignidad del habito o, al maximo, el peso de una miseria particular.

b) Pedal autógrafo.

c) Muchas ediciones añaden, a la quinta corchea de la mano izquierda, un *sol* y dos compases después un *do*. En el manuscrito se encuentran unas octavas bien claras. De las diez notas (descompuestas) de las cuales se compone el acorde de sexta, Beethoven confia a la mano derecha tres en este compás, y cuatro dos compases después. Cualquier otra disposición es injustificada y peor.

Continued from page 430

a) *Beaucoup d'éditions ont ici un point-staccato sur la première croche; l'autogramme (très exact et très lisible ici comme ailleurs) a le point-staccato seulement sur les quatre accords qui précèdent.*

b) *Pédale originale.*

c) *On ne doit évidemment pas jouer plus de notes que n'en comporte le texte! Par conséquent, pas de trille au gré de l'exécutant!*

a) Muchas ediciones tienen aqui un punto de « staccato » en la primera corchea. El manuscrito (aqui como en otra parte muy exacto y muy legible) tiene el punto solamente en los cuatros acordes precedentes.

b) Pedal autógrafo.

c) Naturalmente no se tiene que ejecutar un numero de notas superior a los del texto. Por esto no tiene que ser un trino dejado al gusto del ejecutor.

Continued from page 431

a) *Dans l'autogramme, le point-staccato sur la première noire, que l'on trouve presque partout ailleurs, fait défaut ici; à l'avis du reviseur, il n'y est pas à sa place, en effet; cette première noire, dont l'importance provient de ce qu'elle constitue la fin de l'introduction et en même temps le vrai début de l'Allegro, doit être plutôt rallongée que raccourcie. (D'ailleurs, dans ce morceau, Beethoven ne demande jamais le « staccato » pour une note isolée; il le veut toujours pour toute une série de notes).*

b) *Point d'orgue d'environ cinq noires et demie; continuez sans interruption!*

c) *Dans cette mesure, à partir de la deuxième double-croche, à la main gauche, le doigté est de Beethoven.*

a) En el manuscrito falta el punto de « staccato » en la primera negra que se encuentra en casi todas las ediciones; segun el revisor no tiene que estar: esta negra, importante porqué constituye el final de la introducción y al mismo tiempo el principio del Allegro, tiene que ser prolongada más bien que abreviada. (Además en esta parte de la sonata Beethoven no exige el staccato por una sola nota pero siempre para una continuación de notas).

b) Calderón de la duración aproximadamente de 5 cuartos y medio: después continuar sin pausa.

c) En este compás, desde la segunda semicorchea en la izquierda la digitación es de Beethoven.

Continued from page 432

a) *Dans l'autogramme, la dernière double-croche est indubitablement* la b^2; *de nombreuses éditions ont à sa place un* sol^2.

b) *La note complémentaire fait défaut dans de nombre... ...s éditions; le* sol^1 *à la deuxième noire manque presque partout. Tous les deux se trouvent sans possibilité d'erreur dans l'autogramme.*

a) En el manuscrito la última semicorchea es seguramente *la b*: muchas ediciones tienen *sol* en su lugar.

b) La resolución falta en muchas ediciones, el *sol* en el segundo cuarto falta casi en todas partes. El uno y el otro se encuentran en el manuscrito.

Continued from page 435

a) *A rendre comme suit:*

Ceci, par contre:

suffit entièrement, si l'on prend un mouvement normal d'Allegro con brio.

b) *Les doigté pour les trois premières double-croches de la gauche est de Beethoven.*

c) *Dans le manuscript aussi, il manque à cette noire le point de staccato. Le reviseur croit, cette omission est également intentionnée ici.*

a) Ejecución:

Pero esta otra ejecución:

será suficiente si se toma un verdadero tiempo « Allegro con brio ».

b) La digitación para las tres primeras semicorcheas en la izquierda es de Beethoven.

c) Tambien en el manuscrito a esta negra falta el punto de staccato y el revisor opina que tambien esta omisión sea requerida.

Continued from page 437

a) *Certaines éditions nous conseillent de prendre ici un mouvement plus large; ce conseil est tout aussi mauvais que celui en dépendant de faire exécuter à la mesure suivante aux deux mains les doubles-croches en octaves. La mesure:* poco ritenente, *qui suit au passage correspondant, apparaît ici deux fois, et cela en ritardando. Cette extension ne nous indique-t-il pas que Beethoven désire, aux deux mesures qui précédent le ritardando, une exécution impétueuse, passionnée? (Leur provenance leur donne un caractère plutot impetueux que d'une majesté pesante).*

a) Algunas ediciones aconsejan de tomar aqui un movimiento más lento: consejo de no seguir, como tambien el otro que quisiera en octavas, en las dos manos, las semicorcheas del compás siguiente. El compás « Poco ritenente » que encontramos al pasaje correspondiente, es aqui repetido dos veces y además con un retrazando. ¿Este « engrandecimiento » no nos demuestra que Beethoven quiere en los dos compases precedentes el retrazando, una interpretación vehemente y impetuosa?

(Tambien por sus origen tienen ya un caracter impetuoso más bien que pesadamente grave).

Continued from page 439

a) Chez beaucoup de reviseurs, la dou-zième double-croche à la main gauche est un do b[1]. Dans le manuscript cependant, le do n'a pas de signe d'altération. Le re-viseur se conforme au do[1] du manuscript.

b) Dans le manuscript, le bécarre se rapportant au la[2] (à la main gauche), ne se trouve placé que devant la dixième dou-ble-croche; il doit s'agir ici d'une erreur. Si Beethoven avait voulu faire de la qua-trième et sixième double-croche un la b[2], il aurait à nouveau placé un bémol de-vant la quatrième double-croche, l'avant-dernière double-croche de la mesure précé-dente étant un la naturel. Le la b[2], aux deux fois, peut malgré tout être juste.

c) *Pédale originale.*

a) En muchas ediciones la duodecima semicorchea en la izquierda es *do b*. Sin embargo en el manuscrito este *do* no está alterado. El revisor se conforma al *do* natural del manuscrito.

b) En el manuscrito el becuadro que se refiere a *la* (mano izquierda) no se encuentra que delante a la decima semi-corchea. Tiene que ser una equivocación. Si Beethoven hubiese querido que la cuarta y la sexta semicorchea fuesen *la b*, hubiera marcado esta alteración delante la cuarta semicorchea desde el mo-mento que la última semicorchea del compás precedente era un *la* natural. Na-turalmente, tambien el *la b* las dos ve-ces puede ser justo.

c) Pedal autógrafo.

Continued from page 440

a) Beaucoup d'éditions ont ici au lieu du do[4] *indubitablement juste de toutes les copies de l'original, un mi b[4]. Ils s'en rap-portent au passage correspondant (à la page 433), et ensuite, à l'étendue limitée du clavier du piano à queue que Beethoven avait en usage dans sa demeure en l'an 1822. Le passage correspondant ne peut servir d'exemple; le passage correspondant ne contient aux deux mesures (car dans la comparaison il nous faut également con-sidérer la mesure précédente) que deux har-monies, et quatre notes différentes sur les quatre blanches. Le passage qui nous oc-cupe, contient quatre harmonies et deux notes différentes sur les quatre blanches (le do se répète trois fois). Donc, même en adoptant le* mi b[4], *nous ne parvenons à établir une analogie entre ces passages. (Le reviseur décline l'assimilation de pas-sages semblables, même au cas ou la dif-férence ne serait que d'une seule note). Il est établi que le second argument, s'en rap-portant au clavier, est d'une insouciance incompréhensible. Nous rencontrons déjà le* mi b[4], *non seulement dans des oeuvres plus anciennes que cette sonate, mais éga-lement dans la première partie de cette sonate, et cela à la dix-septième mesure suivant la mesure qui ne pouvait avoir ce* mi b[4], *en raison de l'étendue restreinte du clavier!!!*
b) *Pédale originale.*
c) *Dans le manuscript la dernière dou-ble-croche à la main gauche est indubita-*
mi[1]
blement do[1], *dans toutes les autres édi-*
sol

sol[1]
tions, uniformément, on trouve, mi[1] *cor-*
sol
respondent à l'accord de la page 434. Les deux peuvent être juste.
d) *Il s'impose pour celui qui n'a pas une très grande extension, de prendre le* si *(au premier temps) de la main gauche, afin d'éviter de briser l'accord ou d'enle-ver aux notes de leur valeur.*

a) Muchas ediciónes tienen aqui *mi b* en lugar del *do* seguramente justo que se encuentra en todas las copias origi-nales. Ellas llaman en primer lugar al pasaje correspondiente a pag. 433, y en segundo lugar a la extensión limitada del piano de cola que Beethoven tenia en su casa en el 1822. El pasaje correspon-diente no puede servir de ejemplo: en el los dos compases (puesto que para con-frontar se necesita observar tambien el compás precedente) no tienen que dos armonias, sobre las cuales las cuatro blancas son una distinta de la otra. Aqui en vez tenemos cuatro armonias y solamente dos notas en las blancas (tres *do* y un *re*). Por esto tambien adop-tando el *mi b* no se establecerá nunca una analogia entre estos dos pasajes. (Por el revisor no existe analogia tam-bien cuando la diferencia es de una sola nota). En cuanto a la extensión del piano de Beethoven es un argum to de un descuido incomprensible. Encontramos el *mi b* no solamente en obras precedentes a esta, pero tambien *en esta misma pri-mera parte de la sonata* en el decimo septimo compás que sigue aquello en el cual este *mi b* no es admisible (segun ellos) porqué el piano de Beethoven no alcanzaba aquella extensión!

b) Pedal autógrafo.

c) En el manuscrito el acorde en la última semicorchea es indudablemente
mi
do; en todos las otras ediciones se en-
sol

sol
cuentra siempre *mi*, en conformidad
sol
al acorde a pag. 434. Pueden ser exac-tos todos los dos.

d) Para las manos medias o pequeñas se aconseja cojer con la izquierda el *si* (en el primer cuarto) para evitar de ar-pegiar el acorde o de quitar a las notas su valor.

FRENCH AND SPANISH TEXT

Continued from page 443

a) *Voir à la page* **435** *a).*

b) *Dans la plupart d'éditions, les quatre accords* sf *sont surmontés d'un point de staccato. Dans le manuscript nous ne trouvons que le signe de* sf. *Cela ne doit pas nous entrainer à exécuter trop lourdement ces quatre accords. Contrastant nettement, de façon voulue, avec les mesures suivantes, leur exécution doit être d'un détaché rude et impétueux.*

a) Mirar pág. **435** *a).*

b) En la mayor parte de las ediciones encontramos unos puntos en los cuatro acordes *sf*. En el manuscrito no se encuentra que la marca *sf*. Esto no tiene que decidir a tocar estos acordes demasiado pesadamente ; en seguro contrasto con el compás siguiente, ellos tienen que ser bruscos, violentos y relativamente cortos.

Continued from page 446

a) *C'est dans une intention très évidente, que dans cette partie, Beethoven ne se sert pas du terme « Variation ».*

b) *La plupart d'éditions ont une liaison de* mi[1], *troisième double-croche au* mi[1], *la quatrième. Nous ne retrouvons pas cette liaison dans le manuscript, mais par contre, nous y voyons très lisiblement à la deuxième voix des mêmes valeurs une liaison du* si *au* do[1]. *Nous sommes d'avis que le* mi *de la voix supérieure doit être répété (ce pendant que le* mi *de la basse doit être lié).*

a) Es evidente que Beethoven no ha empleado intencionalmente la palabra « Variazione » en esta parte.

b) La mayor parte de las ediciones tienen una ligadura desde el *mi* tercera semicorchea al *mi* cuarta semicorchea. Esta ligadura no existe en el manuscrito, pero hay muy claramente una ligadura entre el *si* y el *do* de la segunda voz. Nosotros opinamos que el *mi* de la voz superior tiene que ser repetido (mientras aquel del bajo tiene que ser ligado).

Continued from page 447

a) *Les liaisons des copies de l'original, de la troisième à la quatrième et de la sixième à la septième double-croche de la basse, manquent à beaucoup d'éditions.*

b) *Les* 6/16 Lo stesso tempo *de ce mouvement (dans la pièce suivante* 12/32 *doivent être d'une durée égale à une mesure de* 9/16 *du mouvement précédent. La durée d'une mesure (en réduisant en unités moindre, d'un tiers de mesure) est à prendre ici pour unité de mesure. Dans toute cette partie, la double-croche adoptée pour unité de mesure nous forcerait à en dénaturer les différentes parties de manière absurde, et se trouverait être en ce cas un vrai lit de Prokruste; le thème et la première modification, les parties suivant le* 12/32 *se tireraient en longuer de façon insupportable, ce pendant que dans le* 12/32 *les passages seraient compressés jusqu'à devenir méconnaissables. Comparer à l'opus* 109; *troisième partie; le reviseur cependant est d'avis qu'il s'agit là d'un cas différent.*

c) *Nous devons absolument nous conformer à l'instruction: « mano sinistra » de Beethoven. Beaucoup d'éditions non seulement n'en font pas mention spéciale, mais la passent entièrement sous silence. Nous rapportons ici à titre curieux ce que nous avons trouvé dans une des éditions les plus répandues. Nous y voyons les instructions de Beethoven reproduites en caractères dont on se sert uniquement pour les indications originales, mais agrémentées d'un doigté qui ne rende possible qu'à la main droite l'exécution de ce qui* de façon formelle *est attribué à la gauche.*

a) En muchas ediciones faltan en el bajo las ligaduras desde la tercera a la cuarta semicorchea y desde la sexta a la sétima, que se encuentran en las copias originales.

b) La indicación « El mismo tiempo » colocada en 6/16 (en la parte siguiente 12/32) puede significar solamente que el compás de 6/12 (12/32) tiene que ser ejecutado en el igual tiempo en el cual habian sido ejecutados los 9/16 de los compases precedentes. La duración de un compás (dividido en elementos más pequeños: una tercera parte del compás) se tiene que tomar aqui como unidad de medida. Tomar la semicorchea como unidad de. medida en toda esta parte, obligaria a hacer destorcimientos insoportabiles: el tema y la primera variante como las partes que siguen el 12/32 se arrastrarian cojeando, mientras en el tiempo 12/32 los pasajes serian comprimidos en manera de no poderse reconocer. Comparar con la op. 109, tercer tiempo: sin embargo el revisor opina que allí se trata de un caso diferente.

c) Tenemos absolutamente que conformarnos a la indicación de Beethoven « mano izquierda ». Muchas ediciones no solamente no respectan esta indicación sino que la dejan completamente a parte. Referimos aqui como curiosidad lo que se encuentra en una de las ediciones más conocidas. La indicación de Beethoven está reproducida en grandes caracteres, como siempre se hace por las indicaciones originales, ¡ pero la digitación es tal de confiar a la mano derecha lo que *formalmente se impone* a la izquierda!

Continued from page 448

a) *Dans le manuscript, auquel le reviseur se conforme, les liaisons (toujours rencontrées) au sol², 1ᵉʳᵉ mesure au 2ᵉ alinéa (1ᵉʳ temps), du ré², page 449, 2ᵉ mesure au 3ᵉ alinéa (5ᵉ temps), et du sol², page 449, 1ᵉʳᵉ mesure au 4ᵉ alinéa (5ᵉ temps) manquent. Par contre il manque presque à toutes les éditions la liaison du manuscript au si b¹, page 449, 2ᵉ mesure au 3ᵉ alinéa (5ᵉ temps).*

a) En el manuscrito, a quien el revisor se conforma, faltan las ligaduras (que al revés se encuentran en todos lados) en el *sol*, primer compás, segundo renglón (I° dieciseisavo) en el *re*, pag. 271, segundo compás, tercer renglón (5° dicciseisavo) y en el *sol*, pag. 271, primer compás, cuarto renglón (5° dieciseisavo). Al revés en casi todas las ediciones falta la ligadura, que se encuentra en el manuscrito, en el *si b*, pag. 271, segundo compás, tercer renglón (5° dieciseisavo).

Continued from page 462

a) *Pédale originale.*
b) *Le reviseur recommande l'exécution suivante:*

L'exécutant dont le trille n'est pas assez rapide, devra se contenter de:

Le trille doit être d'un mouvement ininterrompu.
c) *Le doigté* $\frac{5\ 4}{1\ 2}$ *est de Beethoven; de plus dans le manuscript* $\frac{5}{1}$ *se trouve distinctement placé devant le* $\frac{la\ b²}{ré}$ *: le trille doit donc commencer par les notes complémentaires* $\frac{si\ b²}{mi\ b²}$ *. Il est incompréhensible pourquoi beaucoup d'éditions (des plus répandues) ont tacitement éloigné le doigté original et l'ont remplacé par celui (moins harmonieux et plutot maladroit) de* $\frac{4\ 5}{1\ 2}$ *faisant débuter le trille par la note principale, rendant impossible ainsi la conformation aux intentions (cependant neitement exprimées) de Beethoven. Beethoven écrivit en marge des deux mesures au trille double:*

"ossia"  "

Cette facilité proposée par Beethoven, n'es pas seulement à l'adresse de ceux qui ne disposent pas de moyens techniques suffisants pour exécuter le double trille prescrit, le compositeur l'oppose en quelque sorte, en moyen dilatoire à sa propre incompétence. Ses craintes sont-elles justifiées? Celui qui ne possède pas des qualités techniques très appréciables, osera-t-il s'attaquer à cette sonate (dont dans tout le cours du morceau, les exigences à ce sujet ne le cèdent en rien à celles du trille double)? La version « pour adultes » stimulera l'ambition, et il n'est pas probable qu'on adopte la version facilitée.

• *a*) Pedal autógrafo.
b) El revisor conseja la siguiente ejecución:

El ejecutor que no pudiese hacer un trino así rápido tendrá que limitarse a la versión siguiente:

El trino tiene que tener un movimiento ininterrumpido.
c) La digitación $\frac{5\ 4}{1\ 2}$ es de Beethoven, además en el manuscrito la digitación $\frac{5}{1}$ está bien claramente en el $\frac{la\ b}{re}$: con que el trino tiene que empezar desde las notas superiores $\frac{si\ b}{mi\ b}$. Es incomprensible porqué muchas ediciones (entre las más difundidas) hayan suprimido tacitamente la digitación original y la hayan remplazada con (menos armonioso y menos abil) $\frac{4\ 5}{1\ 2}$ que hace empezar el trino con la nota real, haciendo así imposible de conformarse a las intenciones (muy claramente manifiestas) de Beethoven. Debajo los dos compases con el doble trino Beethoven escribió (en margen):

"ossia"  "

Esta facilitación propuesta por Beethoven no tiene solamente el fin de aiudar los ejecutores que no tienen tecnica suficiente para ejecutar el doble trino, pero tambien de prevenir soluciones encontradas por incompetentes para facilitar el trino. ¿Sus temores son justificados? ¿Hay alguno que se atreve afrentar la ejecución de esta sonata (donde se encuentran en todos lados dificultades no inferiores al trino doble), si no posee una tecnica muy desarrollada? La versión más dificil estimulará la ambición y ninguno querrá por cierto adoptar aquella más fácil.

Continued from page 463

a) *Dans les copies de l'original, le trille sur le fa¹ dure jusqu'à la fin des trois premières double-croches, et se termine par la note principale fa, de façon immédiate avant l'attaque du trille sur le la² (quatrième double-croche):*

a) En las copias originales el trino en el *fa* dura hasta el final de las tres primeras semicorcheas y termina en la nota principal *fa* antes de empezar el trino en el *la* (cuarta semicorchea):

Beaucoup enlèvent intentionnellement, mais de façon erronée, à ce trille une valeur de trois seizième de mesure, en le faisant cesser simultanément avec le trille du ré²; celui-ci, pour des raisons techniques sans doute doit déjà finir sur le premier temps. Ces considérations ne s'étendent pas au trille à la troisième voix. Pendant que la voix supérieure continue, nous avons des pauses aux voix inférieures. Afin de faciliter (par le changement de doigté) un enchaînement correct, l'action des doigts inférieurs doit cesser à temps.

b) *Le reviseur est d'avis qu'à partir du la² (quatrième temps), le trille commence par la note principale, de façon suivante:*

Muchos quitan a este trino queriendolo hacer, pero equivocadamente, un valor de tres semicorcheas, haciendolo terminar cuando acaba el trino en el *re*, que no es prolongado más por razones de tecnica pianistica. Estas razones no valen por el trino inferior. En las voces inferiores hay unos silencios mientras en la voz superior continua el trino. Porqué un trino puede pasar con facilidad al otro (con el cambio de los dedos) se necesita que el movimiento de los dedos, en las partes inferiores, termine en tiempo.

b) El revisor opina que desde el *la* (cuarta semicorchea) en adelante, el trino tenga que empezar con la nota real:

Le sf suivant, exige incontestablement l'accentuation du ré³, et les notes longuement tenues et sans trille, rencontrées à la deuxième mesure après ce ré justifient ce changement.

c) *Le manuscript nous montre distinctement le* dimin. *partant du cinquième temps. La plupart ne le placent qu'au septième, et d'autres déjà au quatrième temps.*

El *sf* en el *re* que encontramos después exige sin duda un acento en esta nota, y las notas largas sin trino que llegan dos compases después justifican este cambio.

c) En el manuscrito consta evidentemente que el *dim.* empieza en la quinta semicorchea. Algunas ediciones lo empiezan en la sétima, otras en la cuarta.

Continued from page 470

a) *Ici également (et pour des motifs analogues: sf et la première note de la mesure suivant les trilles) le reviseur fait débuter les trilles par la note principale; ils doivent, comme auparavant, former dans la mesure du possible des sextolets de quadruples-croches.*

b) *Le mouvement des trilles ne peut d'aucune façon être interrompu; le fait que le trille commence par la note principale, fait coïncider celle-ci avec toutes les notes placées au-dessus ou en-dessous d'elle.*

a) Tambien aqui el revisor opina que el trino tenga que empezar en la nota real (siempre por la marca *sf* y por la primera nota del compás siguiente a los trinos): el trino, como la primera vez, tiene que ser ejecutado posiblemente con la rapidez de seisillos de semifusas.

b) El movimiento del trino no tiene que ser nunca interrumpido. Empezandolo desde la nota real, todas las notas arriba y abajo de él tienen que caer en la nota real.

Continued from page 472

a) *Le reviseur conseille d'exécuter en rallentando les quatre dernier temps, la dernière note comme si elle était surmontée d'un point d'orgue — durant deux temps et demi (trois temps au plus) — en sostenuto; le trille en un mouvement égal, sans ralentissement, dure au-delà du point d'orgue, et s'enchaine à la première triple-croche de la mesure suivante. (Tout cela en tenant la pédale!) Nous ralentissons les double-croches, et exécutons toujours le trille en un mouvement égal; en raison de cela, le nombre de battements se répartissant sur un temps augmente toujours, monte à 128, pour atteindre 128 sextolets. Ainsi, je répète: le sol² et les triolets suivants, au caractère éthéré, s'écoulant tranquillement, en quelque sorte en murmure doux, doivent s'enchaîner sans aucun arrêt, malgré le ritardando sensible de la mesure précédente qui cependant exclut un ralentissement dans l'exécution du trille.*

b) *Doigté 1, 2, 3 de Beethoven.*

c) *Seulement une croche!*

a) El revisor aconseja de retardar las últimas cuatro semicorcheas, la última como si hubiese un calderón de la duración de dos semicorcheas y media (tres al máximo) en un tiempo sostenido. El trino sin embargo tiene que continuar siempre a la misma velocidad, después del calderón, hasta la primera fusa del compás siguiente (con el pedal). Retrazando las semicorcheas y dejando siempre la misma velocidad al trino, naturalmente aumenta el numero de las notas ejecutadas en cada semicorchea, que se vuelven así antes 128^{avos} y después seisillos de 128^{avos}. Repetimos: los tresillos del compás que sigue que tienen un caracter etereo y escurren tranquilos y dulces, tienen que concadenarse sin pausa al trino en el *sol* que hasta ahora ha dominado y que continua hasta su fin con la misma velocidad, por cuanto sobre un retardando.

b) Digitación 1, 2, 3 de Beethoven.

c) ¡Solo una corchea!

Continued from page 6

EXPLICATIONS DES SIGNES UTILISÉS PAR A. SCHNABEL

Les chiffres romaines indiquent les groupes de mesures qui ne correspondent pas aux 8 mesures ou aux deux groupes de 4 mesures traditionnelles (dans lesquelles sont accentuées les première et troisieme mesures.)

Aussi, dans les périodes irrégulières, la première mesure devrait être accentuée et la dernière la plus faible.

Les signes ⌈ et ⌉ indiquent le commencement et la fin des phrases, demi-phrases et parfois les incises.

Les signes ⌈⌈ ⌉ et ⌈ ⌉⌉ indiquent qu'une phrase est divisée en petites phrases.

Ce signe (𝄌) signifie une brève respiration.

Une flèche horizontale → signale qu'il y a des endroits ou il y a danger d'interrompre un motif par une figuration subordonnée ou par un silence. Cette flèche est un advertissement de ne pas interrompre le son

La flèche verticale ↕ indique que dans les accords brisés (arpèges), dans les ornements et dans les appogiatures, la première our la dernière note tombe sur le temps

Ce signe ╱ pointant une note indique que, selon l'opinion de l'éditeur, cette note doit être accentuée. Cependant, il ne faut pas exagérer cet aacent

m.d. = main droite; m.s. = main gauche.

Toutes les indications en parenthèse ou en petits caractères sur les nuances, le tempo et l'interprétation sont de l'editeur.

EXPLICACION DE LOS SIGNOS USADOS POR A. SCHNABEL EN EL TEXTO MUSICAL

Los números romanos marcan fuera los periodos de las barras las cuales no corresponden a lo tradicional, la forma simétrica de 8 barras, o dos barras de 4 (en la cual la primera y la tercera barra estan enfatizadas.) También en los periodos irregulares de la primera barra deben siempre ser considerados más fuertes y la última como la más debil.

Los signos ⌈ y ⌉ marcan el princippio y fin de las frases, y media frase, partes de frases y, ocasionalmente, inserciones.

Los signos ⌈⌈ ⌉ ⌈ ⌉⌉ refieren a las frases las cuales son, subdividas entre partes de las frases.

El signo (𝄌) recomiendo una pausa corta (cesura.)

La flecha horizontal → enseña el sitio donde está el peligro de interrupción de un motivo p or figuracion subordina o por un descanso. La flecha sirve como un aviso contra interrupciones.

La flecha vertical ↕ indica si el acorde está roto (arpegio), adornado y la primera nota discreta o la última nota puede ser tocada en la el último compás.

El signo ╱ apuntando a la nota indica, en la opinion del director, esta nota debe ser poco enfatizada. Este enfasis, sin no debe exagerado.

m. d. = mano derecha; m. s. = mano izquierda.

Todas estas indicasciones se refieren a la dinámica, tiempo e interpretacion la cual esta puesta en paréntesis o parece en letra de imprenta pequeña hecha por el director.